A REVOLUÇÃO BAKHTINIANA

Conselho Acadêmico
Ataliba Teixeira de Castilho
Carlos Eduardo Lins da Silva
Carlos Fico
Jaime Cordeiro
José Luiz Fiorin
Tania Regina de Luca

Proibida a reprodução total ou parcial em qualquer mídia
sem a autorização escrita da editora.
Os infratores estão sujeitos às penas da lei.

A Editora não é responsável pelo conteúdo deste livro.
O Autor conhece os fatos narrados, pelos quais é responsável,
assim como se responsabiliza pelos juízos emitidos.

Consulte nosso catálogo completo e últimos lançamentos em **www.editoracontexto.com.br**.

Augusto Ponzio

A REVOLUÇÃO BAKHTINIANA
O pensamento de Bakhtin
e a ideologia contemporânea

Coordenador de tradução
Valdemir Miotello

Copyright © 2008 Augusto Ponzio

Todos os direitos desta edição reservados à
Editora Contexto (Editora Pinsky Ltda.)

Imagem de capa
Detalhe alterado de óleo sobre tela de Sílvio Oppenheim

Montagem de capa
Gustavo S. Vilas Boas

Diagramação
GAPP design

Coordenação de tradução
Valdemir Miotello

Revisão de tradução
Daniela Marini Iwamoto

Revisão
Marcia Nunes

Dados Internacionais de Catalogação na Publicação (CIP)
(Câmara Brasileira do Livro, SP, Brasil)

Ponzio, Augusto
A revolução bakhtiniana : o pensamento de Bakhtin
e a ideologia contemporânea / Augusto Ponzio ;
[coordenação de tradução Valdemir Miotello]. – 2. ed. –
São Paulo : Contexto, 2024.

Título original: La revoluzione bachtiniana.
Bibliografia.
ISBN 978-85-7244-409-5

1. Bakhtin, Mikhail Mikhailovitch, 1895-1975 2. Linguagem
e línguas – Filosofia 3. Literatura – Filosofia 4. Semiótica e
literatura I. Título.

08-07667   CDD-801.95092

Índice para catálogo sistemático:
1. Filosofia bakhtiniana : Análise literária   801.95092

2024

Editora Contexto
Diretor editorial: *Jaime Pinsky*

Rua Dr. José Elias, 520 – Alto da Lapa
05083-030 – São Paulo – SP
PABX: (11) 3832 5838
contato@editoracontexto.com.br
www.editoracontexto.com.br

SUMÁRIO

Apresentação 7
Introdução à segunda edição 11
Alteridade bakhtiniana e identidade europeia 15
Filosofia moral e filosofia da literatura 29
A caracterização da palavra literária 49
Bakhtin e Vigotski 71
A matéria linguístico-ideológica do inconsciente: Bakhtin e Freud 81
Signo e sentido em Bakhtin 89
A manipulação da palavra alheia: sobre as
formas do discurso reproduzido 101
Signo e ideologia 109
Bakhtin e Peirce: signo, interpretação, compreensão 161
Bakhtin e Propp: festa, carnaval e literatura 169
Diálogo e dialética 185
A relação de alteridade em Bakhtin, Blanchot e Lévinas 189
O humanismo da alteridade em Bakhtin e Lévinas 201
Alteridade e gênese da obra 217

Crítica da razão dialógica 231

Posfácio à edição brasileira 241

Bibliografia 303

Contribuições da leitura de Bakhtin na Itália (1970-1998) 313

Cronologia 321

Notas da tradução do Grupo de Estudos dos Gêneros do Discurso 333

O autor 335

O coordenador da tradução 336

APRESENTAÇÃO

O livro que o leitor tem em mãos é obra de um estudioso de longa data dos assuntos a que se dedicou Bakhtin, o que o situa entre outros autores já conhecidos do público brasileiro que também se dedicaram à compreensão do pensador russo. Um manuseio, mesmo que rápido, da *Cronologia* que compõe o apêndice desta edição brasileira revela a importância dos estudos de Augusto Ponzio. O leitor encontrará aqui um caminho seguro para realizar seu encontro com os vários Bakhtin que conhecemos ou desconhecemos. Somente um autor que conhece profundamente as temáticas bakhtinianas – e que jamais se limita a ler apenas a teoria que abraça – poderia escrever *A revolução bakhtiniana*.

Por isso este não é um livro sobre Bakhtin, mas um livro em que Ponzio dialoga com Bakhtin e o pensamento contemporâneo. Ele produz encontros que não ocorreram e faz dialogarem diferentes perspectivas, numa triangulação em que a voz que relata não é inaudível. Ao contrário, se faz presença para dirigir-se a nós, seus leitores. Por isso Ponzio não afirma somente reafirmando ou reproduzindo o já dito dos autores que convida para o diálogo, mas afirma a sua voz por entre as vozes e a estas fornece novos contextos e novos matizes. Nesse sentido, seu texto é profundamente bakhtiniano: suas contrapalavras não são ecos, não são repetição, mas modos de compreensão que abrem caminhos acrescentando elos nessa cadeia infinita de enunciados que se entrelaçam por entre direções variadas. Que a metáfora dos elos de uma cadeia infinita não nos engane: a direção dos sentidos produzidos nas compreensões da palavra alheia que alimenta a palavra própria não é linear, antes reticular. Nas palavras de Ponzio, a todos e aos muitos ecos do passado se juntam também aqueles sequer ainda produzidos:

Todo texto, escrito ou oral, está conectado dialogicamente com outros textos. Está pensado em consideração aos outros possíveis textos que este pode proporcionar; antecipa possíveis respostas, objeções, e se orienta em direção a textos anteriormente produzidos, aos que aludem, replicam, refutam ou buscam apoio, aos que congregam, analisam, etc.

A ressurreição dos sentidos não se realiza como um retorno do previsível dentro de uma sequência linear, mas como raiz que dá sustento a um novo que surge alternativa e aleatoriamente, ocupando espaços não previstos em tempos às vezes distantes. Entre a minipeia e o romance polifônico não se traça uma linha de sucessão, mas são traçáveis inúmeras linhas de invenção, cujos caminhos podem ser percorridos quando entra neste processo não uma dialética que se fecha na síntese da consciência única e idêntica, mas um diálogo que não se fecha. Por isso, em Bakhtin, os sintomas dos retornos, dos inacabamentos, das faltas de conclusões. Nas palavras de Ponzio:

> A obra de Bakhtin, segundo Todorov, não tem um desenvolvimento, num sentido estrito: mudam-se os temas de interesse e as formulações, porém, apesar de algum desvio e alguma mudança, o discurso bakhtiniano se volta continuamente sobre si mesmo. É como se cada uma de suas partes contivesse o conjunto, a totalidade (aberta) a qual pertence, de tal forma que se poderia dizer que entre o seu primeiro ensaio e último, ou seja, desde 1919 até 1974, seu pensamento permanece fundamentalmente o mesmo, de maneira que podemos encontrar frases idênticas escritas num intervalo de tempo de cinquenta anos.
> A falta de desenvolvimento a que se refere Todorov não é uma dogmática reiteração das mesmas ideias, mas tem o sentido que o próprio Bakhtin dava ao romance de Dostoievski: "o espírito do autor não se desenvolve, não ocorre", "não existe uma dialética de um só espírito" que siga relações de teses, antíteses e sínteses. Não se encaminha para uma única e definitiva conclusão na qual todas as partes da obra tenham que ser funcionais.

Aqui, neste livro, a reflexão corre solta sem perder profundidade. Aqui, neste livro, não é proibida de antemão a entrada de ninguém, evitando-se o pensado em nome da rigidez do caminho teórico único. Há rigor, não rigidez. O autor tratou de ir cercando, com diferentes ancoragens, os temas, os problemas, para desenhar compreensões abertas a serem nada mais do que fios a retomar em estudos que sempre prosseguirão: na aventura do pensar só há inconclusibilidade e responsabilidade com as respostas que virão.

Pelas mãos de Ponzio participamos de encontros de Bakhtin com Vigotski, com Freud, com Peirce, com Propp, com Blanchot, com Lévinas, na sala de visitas preparada pelo autor anfitrião. As perspectivas de um e outro são distintas

APRESENTAÇÃO

e não se trata de construir um ecletismo teórico, como se a posição do autor fosse uma esponja que tudo recolhe. Não se trata de compaginar concepções, mas de não excluir do amplo diálogo as muitas possibilidades de compreensões que a complexidade da linguagem, da cultura e da arte exige e da qual é palco. Ao fazer dialogarem os autores, o ponto de encontro é apontado por aquele que patrocina o encontro. Por exemplo, é Ponzio quem nos faz ver que Bakhtin e Blanchot se cruzam na defesa do jogo constante entre a estabilidade e a instabilidade. Dizer que o jogo é constante é afirmar a concomitância entre ambas: estabilidade e instabilidade. Os propósitos de Peirce e Bakhtin são distintos, mas no pensamento de ambos o interpretante ou a contrapalavra são conceitos essenciais, e ambos são modos de abertura e fechamento na construção das compreensões.

Nesse modo de expor e de se expor, Ponzio nos entrega um livro denso sem perder leveza: o leitor é convidado a participar do diálogo, trazendo suas próprias contrapalavras mesmo quando estas não estejam enfileiradas segundo um estudo prévio dos autores aqui presentes. Como a busca é dos lugares de encontros e desencontros, somos apresentados a cada autor através dos temas que os ligaram. Nesse sentido, *A revolução bakhtiniana*, não sendo um livro introdutório, é uma introdução e uma apresentação de Bakhtin e um diálogo seu com a ideologia contemporânea, como o subtítulo faz prever. Da leitura do livro saímos não só informados sobre Bakhtin e os demais autores, mas também aprendemos como promover, responsivamente, encontros semelhantes àqueles aqui patrocinados. Esse me parece ser o convite que nos faz o autor.

Ponzio recentemente soou em português do Brasil: em julho de 2007 foi publicada a obra *Fundamentos de filosofia da linguagem*, trabalho em coautoria com Patrizia Calefato e Susan Petrilli. Trata-se de tradução de Ephraim F. Alves de obra publicada na Itália em 1994. Na introdução à edição brasileira, o autor faz um alentado estudo de vários trabalhos na área da semiótica, especialmente na perspectiva de Thomas Sebeok, aproximando estudos aparentemente distantes das noções de semiosfera como aqueles produzidos por Ferruccio Rossi Landi nas décadas de 1960 a 1980 e os conceitos seminais elaborados anteriormente por Bakhtin, cuja recepção no Ocidente se dará principalmente a partir da década de 1980. Vai ainda além, atualizando seus *Fundamentos* com incursões pelas questões da tradução, do hipertexto e das relações entre semiose e ética.

A revolução bakhtiniana chega à edição brasileira após 11 anos de sua publicação italiana em 1997, seguida um ano depois pela publicação espanhola. Na Itália o livro teve como contexto de sua recepção as edições de textos do Círculo de Bakhtin e de inúmeros estudos neles inspirados: a *Cronologia* apresentada em apêndice mostra o interesse e a presença dos estudos bakhtinianos na vida intelectual italiana e a importância do trabalho de Augusto Ponzio. Também aqui o livro cai em terreno fértil: nossas estantes de obras 'bakhtinianas' vêm crescendo continuadamente, inclusive com obras de excelentes estudiosos brasileiros.* Entre nós, a influência de Bakhtin nos estudos da linguagem, na literatura, na linguística e nos estudos culturais já foi demonstrada pelo trabalho de Maria Teresa de Assunção Freitas (*O pensamento de Vygotsky e Bakhtin no Brasil*). Tudo isso permite prever que a palavra *ponziana* não se recolherá ao silêncio do impresso e às folhas do livro, mas fomentará o diálogo já persistente entre todos os que se preocupam com a linguagem e com a cultura.

João Wanderley Geraldi
Professor livre-docente da Unicamp

---

* Nota do Editor (N.E.): A Editora Contexto publicou duas obras sobre esse autor, *Bakhtin: conceitos-chave* e *Bakhtin: outros conceitos-chave*, ambas organizadas por Beth Brait.

INTRODUÇÃO À SEGUNDA EDIÇÃO

Desde que comecei a me dedicar à obra de Mikhail Bakhtin em 1975 até hoje, o interesse por este autor aumentou e se difundiu em todo o mundo e, desde a publicação da primeira edição deste *Revolução bakhtiniana* em 2008 no Brasil, surgiram muitas outras publicações de seus textos e de estudos dedicados a ele.

Duas questões foram especialmente debatidas: a relação de Bakhtin com os outros membros do chamado "Círculo"; e a relação de Bakhtin com o marxismo.

Atribui-se geralmente a Bakhtin um papel de não pouca importância no projeto e na realização de *Marxismo e filosofia da linguagem*, de V. N. Voloshinov, publicado no mesmo ano (1929) em que apareceu a sua monografia *Problemas da poética de Dostoiévski*. Isso ocorre também com outras obras que se referem ao chamado "Círculo de Bakhtin". São elas: *Freudismo*, de *Voloshinov*; *O método formal nos estudos literários*, de Medvedev, publicado em 1928; e os ensaios de *Voloshinov* surgidos entre 1925 e 1930, dos quais "A palavra na vida e a palavra na poesia" é geralmente considerado o mais "bakhtiniano".

O ensaio de 1926 – "O vitalismo contemporâneo" – publicado numa revista especializada em Biologia, com o nome do biólogo Ivan I. Kanaev, merece um comentário à parte. O próprio Kanaev declarou explicitamente a *Sergei G. Bocharov*, um dos organizadores das obras de Bakhtin, que esse ensaio "pertencia" a Bakhtin.

Porém, a questão da "paternidade" – a "questão homérica" – está um pouco deslocada, pois tanto Bakhtin quanto os outros dois autores em foco, Voloshinov e Medvedev, afirmavam o caráter essencialmente "quase-outro das palavras". O Círculo de Bakhtin não era uma "escola" no sentido acadêmico do termo, tampouco Bakhtin era um "diretor de escola", ou mesmo, nesse sentido, um "mestre". Trata-se essencialmente de uma associação, de uma intensa e estreita colaboração. "Círculo", portanto, é usado no sentido de que ali a palavra circulava livremente.

Assim, da mesma maneira que Bakhtin, como consta no ensaio mencionado acima, dedicou-se também à Biologia, o biólogo Kanaev publicou, respectivamente, em 1972 e em 1975, dois livros sobre Goethe. O livro de Bakhtin de 1936-38, *O romance na educação e a sua importância na história do realismo*, foi essencialmente dedicado a Goethe, e dele restam apenas alguns textos fragmentários. É também significativo que Medvedev tenha se dedicado entre os anos de 1925 e 26 a resenhas sobre Dostoiévski. No que diz respeito a Voloshinov, ele também se dedica nos anos 20 a temas que encontramos na monografia de Medvedev, de 1928, e na de Bakhtin, de 1929. Provavelmente toda a orientação dos estudos acadêmicos de Voloshinov, que originariamente se dedicava à música, foi influenciada pela colaboração com Bakhtin, com Medvedev e com os outros que faziam parte do Círculo. A notoriedade de Bakhtin e a relação de Voloshinov e de Medvedev com o nome do primeiro e com o Círculo com certeza contribuíram para a reedição de suas obras a partir dos anos 1970. Ambos morreram em 1930: Voloshinov de tuberculose; Medvedev preso em Leningrado e fuzilado em 17 de julho de 1938.

É desnecessário esclarecer que Voloshinov e Medvedev não foram certamente nomes inventados ou emprestados. Juntamente com Bakhtin, eles foram vozes inseparáveis no Círculo. Separar essas vozes e considerá-las independentes umas das outras significa fazer o mesmo que foi feito em relação às vozes da polifonia na obra de Dostoiévski. Bakhtin, na edição de 1963 de *Dostoiévski*, fala a propósito do "dostoievskismo": é a exploração monológica que foi feita da polifonia dostoievskiana, quando se investiga numa única consciência e se cria o culto da pessoa isolada. A polifonia de Dostoiévski é, portanto, o que se dá entre diversas consciências, ou seja, a interação e a interdependência entre elas. Se fizermos esta mesma operação em relação à polifonia do Círculo bakhtiniano, com o nobre objetivo de devolver cada obra a seu "verdadeiro autor", não surpreende que se possa chegar à conclusão, como faz Patrick Sériot (no "Prefácio" à edição francesa do livro *Marxisme et philosophie du langage* de Voloshinov, de 1929, Limoges, Lambert-Lucas, 2010, p. 87), de que "é difícil encontrar um texto mais antidialógico (e menos carnavalesco) do que *Marxismo e filosofia da linguagem*".

No que diz respeito à outra questão (se é possível falar de marxismo a propósito de Bakhtin e do seu Círculo) é oportuno lembrar que, durante uma discussão, "Marx disse rindo: 'Posso dizer uma coisa apenas: eu não sou marxista'" (H. M. Enzensberger, *Colloqui con Marx ed Engels*, Torino, Einaudi, 1977). O marxismo do Círculo de Bakhtin não era certamente o marxismo ortodoxo, mas tampouco é possível chamá-lo, como faz Sériot (op. cit., p. 57), de "marxismo acadêmico", ou de uma "metateoria das ciências humanas". "Voloshinov", ele diz, "não cita jamais Marx". Para desmentir essa última afirmação, basta lembrar a citação no livro de Voloshinov de 1927 sobre Freud, colocada até mesmo como epígrafe – epígrafe eliminada na tradução inglesa – da VI tese de Marx sobre Feuerbach. Afirma Sériot: Voloshinov "nunca foi membro de um partido político"; "as palavras 'política' e 'revolução' são extremamente raras em seus escritos"; "ele nunca se propõe a *mudar* o que quer que seja"; "ele nunca se envolveu em atividades revolucionárias ou mesmo de militância"; "ele nunca frequentou os bairros proletários"; "trata-se de um marxismo estranho", conclui Sériot, um "marxismo sem práxis, sem política e sem Marx" (op. cit., p. 57)

É evidente que Voloshinov, Bakhtin, Medvedev e outros componentes do Círculo bakhtiniano, como Lev Vigotski, não tinham o hábito de invocar, diferentemente dos costumes da época, a autoridade de Marx. Eles não eram militantes, não se declaravam "marxistas", como se o "marxismo" fosse uma religião. Mas sem dúvida eram "dissidentes". Suas vidas testemunham isso: Bakhtin foi exilado, Medvedev fuzilado, os outros foram marginalizados e presos. Eles não se limitavam a repetir a fórmula de caráter superestrutural e classista da língua, diferentemente de N. Ja. Marr, morto (como Vigotski) em 1934, cuja teoria dominou até 1950, quando, com os artigos de Stalin no *Pravda*, o marrismo foi substituído, no campo do estudo da língua e da linguagem, por outra teoria, que dogmaticamente recorria também à autoridade, direcionada, como tinha já acontecido em outras ciências, a Stalin em pessoa.

Voloshinov inicia a "Introdução" – eliminada na edição inglesa – de *Marxismo e filosofia da linguagem* afirmando corajosamente que "até hoje não existe nenhum trabalho marxista de filosofia da linguagem, nem são encontradas, nos trabalhos marxistas dedicados a temas afins, considerações sobre linguagem de alguma forma definidas e desenvolvidas. [...] A isso se deve acrescentar que em todos os setores mencionados superficialmente ou totalmente negligenciados pelos fundadores – Marx e Engels – instalaram-se fortemente categorias mecanicistas. Todos esses setores se encontram ainda fundamentalmente num estado de materialismo mecanicista pré-dialético".

Especificamente sobre Bakhtin, limito-me apenas a apontar que em *Rabelais* – que ocupa um papel central no conjunto da sua obra, contrastando com a interpretação redutora dominante da concepção de Marx – foi desenvolvida a ideia introduzida por ele de que o humano se realiza plenamente onde termina o reino da necessidade. Em *Rabelais*, afirma-se que, diferentemente da "festa oficial", a festa não vinculada a identidades, papéis, pertencimentos, e como expressão do direito humano à não funcionalidade, é – como o trabalho não reduzido à mercadoria e alienado, mas enquanto transformação, criatividade, invenção – uma modalidade especificamente caracterizadora do indivíduo humano, não abstratamente entendido, mas considerado no conjunto das suas relações sociais. Consequentemente poderemos dizer, com o Marx dos *Grundrisse*, que a verdadeira riqueza social não é o tempo de trabalho, mas o *tempo disponível para o outro – o outro fora de si e outro de si –*, e, com Bakhtin, que o tempo da festa oficial, como aparece em seu *Rabelais*, está ligado ao "tempo grande" da escritura literária e com a sua capacidade de *subversão não suspeitosa*.

A revolução de Bakhtin consiste na mudança do ponto de referência da visão e da construção do mundo, que já não se coloca no horizonte do "Eu", mas no horizonte do "Outro". Uma mudança que não só põe em discussão todo o rumo da filosofia ocidental, mas também a visão de mundo dominante em nossa cultura. O dialogismo de Bakhtin põe em discussão o monologismo em qualquer forma que se apresente, mesmo que de forma disfarçada, mal escondida, no chamado "diálogo" (noção hoje comum na ideologia dominante a serviço da reprodução da identidade e de sua razão da *extrema ratio* da guerra).

Este livro deve seu cuidadoso e amoroso trabalho de tradução ao Grupo de Estudos dos Gêneros do Discurso – GEGe, sob a liderança de Valdemir Miotello (também tradutor desta nova "Introdução"), a quem agradeço muito também, porque ele está entre aqueles que mais contribuem para que o Círculo de Bakhtin continue a existir e a renovar-se, perdurando no que o próprio Bakhtin chamava *"il tempo grande"*.

Bari, 30 de agosto de 2012.

Atualizações bibliográficas posteriores

BAKHTIN, Mikhail. *Para uma filosofia do ato responsável*. São Carlos: Pedro & João Editores, 2010.
_____; Duvakin, Victor. *Mikhail Bakhtin em Diálogo. Conversas de 1973 com Viktor Duvakin*. São Carlos: Pedro & João Editores, 2008.
BRAIT, Beth. *Bakhtin: dialogismo e polifonia*. São Paulo: Contexto, 2012.
_____. (org.). *Bakhtin conceitos-chave*. São Paulo: Contexto, 2012.
DE PAULA, Luciane; STAFUZZA, Grenissa (orgs.). *Círculo de Bakhtin: Teoria inclassificável*, vol. 1. Campinas: Mercado de Letras, 2010.
GRUPO DE ESTUDOS DOS GÊNEROS DO DISCURSO. *O Espelho de Bakhtin*. São Carlos: Pedro & João Editores. 2008.
_____. *Questões de Literatura e contemporaneidade. O olhar oblíquo de Bakhtin*. São Carlos: Pedro & João Editores, 2011.
MEDVIÉDEV, Pável N. *O método formal nos estudos literários*. Trad. E. Vókova Américo e S. Carmago Grillo. São Paulo: Contexto, 2012.
MIOTELLO, Valdemir. *O Discurso da ética e a Ética do discurso*. São Carlos: Pedro & João Editores, 2011.
_____. *Olhando a própria língua com múltiplos olhares*. São Carlos: Pedro & João Editores, 2010.
PONZIO, Augusto; PETRILLI, Susan. *Thomas Sebeok e os signos da vida*. São Carlos: Pedro & João Editores, 2011.
_____. *L'écoute de l'autre*. Paris: L'Harmattan, 2009.
_____. *Encontros de palavras. O outro no discurso*. São Carlos: Pedro & João Editores, 2010.
_____. *Procurando uma palavra outra*. São Carlos: Pedro & João Editores, 2010.
_____. *Dialogando sobre diálogo na perspectiva bakhtiniana*. São Carlos: Pedro & João Editores, 2012.
RIBEIRO, Ana Paula Goulart; SACRAMENTO, Igor (orgs.). *Mikhail Bakhtin. Linguagem, Cultura e Mídia*. São Carlos: Pedro & João Editores, 2010.
VAUTHIER, Bénédicte (ed.). Bakhtine, Volochinov et Medvedev dans les contextes européen et russe, *Sclavica Occitania*, 25. Université Toulouse II, 2007.
VOLOCHINOV, Valentin N. (M. Bachtin). *O freudismo*. Trad. P. Bezerra. São Paulo: Perspectiva, 2009.

ALTERIDADE BAKHTINIANA E IDENTIDADE EUROPEIA

A vida de Mikhail Bakhtin é de um valor exemplar. Bakhtin (1895-1975) viveu anos muito difíceis da cultura russa e da política da União Soviética. Foram anos cheios de transformações e novidades em todos os campos da cultura, mas, sobretudo, de imobilidade e estancamento; basta pensar no longo período da repressão stalinista. Anos terrivelmente duros para os livres-pensadores, para a pesquisa aberta e sem preconceitos e para qualquer forma de criatividade.

Os "amigos do Círculo de Bakhtin" se distinguiram por suas ideias e seus estudos em áreas que Marx e Engels haviam apenas tocado: o problema da ideologia e o das denominadas "superestruturas", o papel dos signos, a caracterização da linguagem verbal com relação a outros sistemas sígnicos, as características da arte, as peculiaridades da palavra literária, o problema do sujeito humano e da consciência. Porém, suas atividades criadoras não duraram muito.

Alguns dos amigos do Círculo de Bakhtin, como Valentin N. Voloshinov (1895-1936), não viveram muito; morte prematura também teve Lev Vigotski, que não fazia parte do Círculo, mas estava indiretamente ligado a ele pelo entusiasmo com que levava a cabo sua atividade investigadora e seus experimentos. Outros, como Pavel Medvedev (1891-1945?), foram engolidos pelos expurgos stalinistas dos anos 1930, e o próprio Bakhtin foi afastado dos círculos oficiais da vida cultural. Sua implacável enfermidade, osteomielite, fez com que as autoridades do período stalinista pensassem que ele não fosse "incomodar" por muito tempo, o que, paradoxalmente, o salvou da morte, fazendo com que sobrevivesse à época.

Desde a segunda metade dos anos 1960 e 1970 até princípios dos anos 1990 muitas coisas mudaram. Nós também atravessamos um período de entusiasmo ideológico depois da queda do stalinismo, sobretudo na segunda metade dos anos 1960, quando parecia que as teorias de Marx (as mesmas que haviam fascinado os amigos do Círculo de Bakhtin) podiam voltar a ser consideradas e desenvolvidas. Agora nos damos conta de que, mesmo que não houvesse uma influência direta, na Itália existia uma afinidade surpreendente de interesses e perspectivas (que se centravam nos problemas da linguagem e da ideologia, das superestruturas e da reprodução social) em revistas como *Ideologie* (fundada na segunda metade dos anos 1960), nos livros de Ferruccio Rossi-Landi, *A linguagem como trabalho e como mercado* (publicado em 1968) e *Semiotica e ideologia* (1972) por um lado, e, por outro, nas obras de Bakhtin, reeditadas ou publicadas pela primeira vez a partir do final dos anos 1960, como *Problemas da poética de Dostoiévski* (primeira edição de 1929, segunda de 1963), *A cultura popular na Idade Média e no Renascimento: o contexto de François Rabelais* (dos anos 1940, mas publicado somente em 1965) e *Marxismo e filosofia da linguagem* (publicado em 1929 e reeditado em inglês em 1973). Este último livro apareceu com o nome de Voloshinov, mesmo que hoje se atribua sua autoria, substancialmente, a Bakhtin.[1]

A crítica às ideologias dominantes e às instituições políticas e culturais, impulsionada pela revolta dos estudantes de Berkeley, nos Estados Unidos, e pelos movimentos estudantis europeus de 1968, como o "Novo Curso" da política e da "Primavera de Praga", deixava entrever não apenas que o mundo capitalista não era um todo homogêneo, afligido por fraturas letais, mas também que o âmbito aparentemente monolítico do chamado "socialismo real" apresentava elementos de uma radical inovação a respeito do modo reduzido, limitado e repressivo com que o marxismo havia sido interpretado e distorcido.

Hoje parece que transcorreram muitos anos desde aqueles acontecimentos; nós os sentimos distantes (o leitor deve ter em conta que o texto que tem em mãos é de 1990, e agora esses acontecimentos nos parecem ainda mais distantes). É certo que nos recentes episódios de revoltas nos países socialistas parecia ressurgir a "Primavera de Praga", os mesmos *slogans* voltavam a ser entoados e reapareciam

---

[1] Cf. Ferruccio Rossi-Landi, *Il linguaggio come lavoro e come mercato*, Milão, Bompiani, 1992; *Semiotica e ideologia*, Milão, Bompiani, 1944; *Ideologia*, Milão, Mondadori, 1982. (Ferruccio Rossi-Landi, *A linguagem como trabalho e como mercado*, trad. Aurora Fornoni Bernardini, São Paulo, Difel, 1985); e Mikhail Bakhtin, *Problemas da poética de Dostoiévski*, trad. Paulo Bezerra, Rio de Janeiro, Forense Universitária, 1981; *A cultura popular na Idade Média e no Renascimento: o contexto de François Rabelais*, trad. Yara F. Vieira, São Paulo, Hucitec, 1987; *Estética da criação verbal*, trad. Paulo Bezerra, São Paulo, Martins Fontes, 2003; *Marxismo e filosofia da linguagem*, trad. Michael Lahud e Yara Frateschi Vieira, São Paulo, Hucitec, 1979.

alguns dos líderes de então; o recente movimento dos estudantes na Itália – sob o símbolo da "Pantera"[2] – parece dar vida aos ideais de 1968. Para compreender esses acontecimentos é necessário relacioná-los com a formação de grandes ou pequenos espaços de identidade: existia, e existe ainda hoje, uma forte tendência a agrupar-se seguindo fundamentalmente formas corporativas. Um grande espaço de identidade, que forma parte de uma larga tradição histórica e que encontra sua expressão no que podemos chamar de *logos* ocidental, isto é, a Europa.

A Comunidade Europeia é hoje uma realidade. A unidade econômica vai se tornando cada vez mais forte, e também se afirma a unidade cultural. Tudo isso tem, sem dúvida, efeitos positivos. Entretanto, unificar os interesses econômicos, as práticas de pensamento, as ideologias, as investigações científicas, a moda, as aspirações e os desejos, a maneira de falar, apesar da utilização de diferentes línguas, tem também consequências negativas, como ocorre em toda forma de unificação quando se cria uma identidade (seja uma identidade pessoal, de um grupo, de uma classe, de uma associação, de um partido político, de uma nação ou de uma língua).

Uma prova fidedigna de que a unidade se reforçou na Comunidade Europeia é o fato de se ter cunhado uma nova palavra: "extracomunitário". Esta palavra denomina o elemento que parece estranho ao grupo dominante de identificação, ao qual não tem direito de pertencer. Trata-se de um adjetivo que não possui simplesmente um valor descritivo: dá lugar a uma série de comportamentos diferentes, reflete a falta de reconhecimento de determinados direitos, implica reserva, rejeição e repulsa àqueles que são classificados como "extracomunitários". Este termo é um novo estereótipo e, como todo estereótipo, seus significados e suas implicações não estão definidos, como tampouco está fixado, em um código escrito, o comportamento que provoca. Se o termo "extracomunitário" servisse somente para designar todas as pessoas e áreas políticas que não pertencem à Comunidade Europeia, sua referência seria tão óbvia e tão pequena que explicitá-la seria simplesmente redundante e inútil. No entanto, este termo não se usa para indicar, por exemplo, os americanos dos Estados Unidos ou os turistas japoneses que vêm à Europa. "Extracomunitário" designa os imigrantes que trabalham ou que buscam trabalho na Europa: argelinos, empregadas filipinas, operários negros e todos aqueles não europeus que, estando na Europa, passam,

---

[2] A "Pantera" foi um movimento que agitou as salas de aulas italianas nos anos de 1989-1990. As universidades e os institutos foram ocupados para pedir reformas no sistema educativo. Sua principal característica foi a de não contar com o apoio de nenhuma corrente política; porém o protesto foi protagonizado por grupos heterogêneos e independentes que não se reconheciam por nenhuma ideologia (nota da tradução espanhola).

na melhor das hipóteses, de um trabalho a outro, vivendo de forma precária e tentando integrar-se à sociedade europeia.

Um dos argumentos que se utilizam contra eles é que não é justo que um "extracomunitário" prive um membro da Comunidade Europeia do trabalho e que goze dos mesmos direitos e prerrogativas. Um homem de cor na Europa está marcado por um duplo estereótipo negativo: o primeiro se refere à cor de sua pele e é do tipo racista; o segundo se refere ao fato de que provém de uma determinada comunidade político-cultural e é do tipo nacionalista.

Outro resultado da conquista da unidade na Europa é que o etnocentrismo e o logocentrismo, que estavam em discussão e em crise graças ao encontro de povos diferentes, com diversos costumes e linguagens – além do que, as filosofias e ideologias críticas haviam ridicularizado e reformulado –, reaparecem neste momento.[3]

Esta nova circulação do *logos* ocidental não pode ser explicada unicamente em termos de história das ideias. Na raiz deste fenômeno existe uma realidade econômica que se orienta de forma concreta: essa realidade se chama Capitalismo. A unidade europeia é a unidade do capitalismo europeu que comporta, por exemplo, a redução ou a eliminação dos obstáculos de intercâmbio e dos inconvenientes devido à diferença monetária. Além disso, propicia a formação de monopólios, a concentração de capitais em sociedades multinacionais em que todos tenham as mesmas necessidades, graças à publicidade.

Hoje o capitalismo domina a Europa. O fenômeno das recentes revoltas e subversão dos países socialistas europeus deve ser relacionado à atração que a vitória do capitalismo europeu exerce sobre estes países e também, como consequência, ao refortalecimento da Comunidade Europeia. Em relação a esta mesma força de atração, tem-se que explicar a queda do muro de Berlim.

A crise do marxismo nos países socialistas deve ser analisada levando-se em conta duas coisas:

• a primeira é que, muitas vezes, o termo "socialismo" aplicava-se ao "socialismo real", que de socialismo (admitindo que seja suficiente eliminar o "livre

---

[3] Escreve E. Morin: "A Europa desenvolveu-se ao extremo e difundiu pelo mundo a busca obsessiva e demente da Salvação, a intolerância religiosa, o capitalismo, o sistema tecnocrático, a vontade de poder e ganância desenfreadas, o frenético mito do desenvolvimento, a destruição da cultura humana e dos ambientes naturais. [...] Abandonando para sempre a ambição de situar-se em uma ótica única e racionalizada, a Europa pode representar o respeito às diversas culturas, ao ponto de vista do outro e inesperado, que ajudaria a conhecer-se e a desenvolver-se em sua autonomia" (Edgar Morin, *Pensare l'Europa*, Milão, Feltrinelli, 1990, pp. 169-70). (*Pensar a Europa*, Portugal, Publicações Europa-América, 1988).

mercado" e a centralizar os meios de produção nas mãos do Estado, para justificar uma organização social em termos de socialismo) apresentava somente uma forma alienada. Essa forma alienada de socialismo se referia injustificadamente às ideias de Marx (sobre esse aspecto, veja-se a crítica que A. Schaff[4] formula em suas obras);

• a segunda refere-se à força de atração que o capitalismo exerce, como já dissemos.

Deve-se dizer também que, apesar de que se tenha difundido uma posição antisstalinista e de que o stalinismo é, na atualidade, bastante impopular, em todos os partidos políticos é muito comum identificar a derrota dos "socialismos reais" com a derrota da ideologia comunista, o que não deixa de ser uma ideia stalinista, porque, em total acordo com Stalin, pressupõe que o que não funcionou e hoje se rechaça é a realização do socialismo.[5]

Outra tendência que caracteriza a realidade de hoje é a desintegração das grandes ideologias.[6] De acordo com Rossi-Landi, se interpretamos a ideologia como um projeto social e consideramos que a comparação e o choque entre ideologias diferentes ou contrastantes sejam vitais para uma ideologia, podemos observar: 1) o projeto que predomina hoje na Europa identifica-se com o plano de desenvolvimento do capital. Esse plano baseia-se na realidade do capital, de tal forma que a ideologia do capital constitui sua lógica; 2) com relação à oposição à ideológica dominante, à luz de tudo o que foi dito, pode-se afirmar que tal oposição não

---

[4] "Segundo o modelo de Marx, a democracia socialista teria que conduzir a um desenvolvimento da pessoa humana nunca antes conhecido; portanto, também à sua liberdade. A democracia socialista não teria que rechaçar os sucessos da democracia burguesa, mas sim levá-la a um nível mais alto". Adam Schaff, *Il movimento comunista al bivio*, Milão, Sugar, 1988, pp. 118-9. Cf. também Schaff, *Umanesimo ecumenico*, introd. de A. Ponzio, Bari, Adriatica, 1994.

[5] O livro de Biagio de Giovanni, *Dopo il comunismo*, Nápoles, Cronopio, 1990, se inicia falando do socialismo real (sem aspas); depois essa expressão se substitui em todo o livro por comunismo real. E também depois de ter criticado amplamente, remontando-se não somente a Lênin como também a Marx, a ideia da contraposição entre comunismo e democracia. O autor conclui sustentando que hoje, depois do fim do comunismo real, são irreconciliáveis comunismo e democracia. A questão da diferença entre socialismo e socialismo real, ao contrário, se expressa já no título do capítulo: "Socialismo (real) depois do 'socialismo real'?", no livro de T. Maldonado, *Cultura, democrazia, ambiente*, Milão, Feltrinelli, 1990.

[6] Esta situação se considera como definitiva e etiquetada como "o final das grandes narrativas" (J. F. Lyotard). A mesma caracterizaria o final de um período em que subsistiam grandes modelos ideológicos. É certo o que observa Tomás Maldonado (*Cultura, democrazia, ambiente*, op. cit., p. 62): "Não se pode deixar à parte o fato de que, pensando bem, não existe discurso maior que o discurso que tenta rechaçar todo tipo de grande narrativa. Porque sustentar que os homens podem viver e sobreviver sem nenhuma narrativa ambiciosa é a mais ambiciosa das narrativas jamais prospectadas. Em outras palavras, a denúncia dos grandes é autoconflitante".

existe, pelo menos de forma consciente, organizada. Parece, pelo menos *grosso modo*, que a luta, o diálogo e a dialética entre as ideologias foram substituídos pela monotonia de um único ponto de vista dominante. Este último, dada a situação, não necessita de um nome que o caracterize, porque não existe nada do qual tenha que se diferenciar. O ponto de vista dominante impõe e reproduz a si mesmo, automática e silenciosamente, por meio da lógica do desenvolvimento da sociedade capitalista. Se houver necessidade de se recorrer a um nome, utiliza-se um termo genérico, gasto, ambíguo, uma espécie de curinga, um *passe-partout*: "Democracia".[7]

Nesse contexto, falar do fim da utopia é redundante, a menos que com o termo "utopia" queiramos nos referir não a algo diferente ou alternativo à realidade dominante, mas a puras fantasias sobre o que parece desejável como consequência do desenvolvimento e aperfeiçoamento dessa mesma realidade.

O que vale a pena destacar é que também a política, neste exato momento, está perdendo terreno e isso se pode atribuir à crise da ideologia. A atividade política não faz nada mais que responder às necessidades puramente técnicas e administrativas. A política representa o conjunto de mecanismos que sustentam e promovem a sociedade capitalista moderna; tampouco é certo falar de burocracia, com que a política tem se identificado ao longo da história. Hoje o lugar dos burocratas é ocupado por técnicos, os "especialistas" em questões sociais: hoje o político é um técnico. A eleição de um político já não responde a movimentos e correntes políticas diferentes e contrastantes, mas está ligada a formas de clientelismo: o melhor especialista de política é também o que consegue uma clientela maior. Como consequência, qualquer tendência que contraste oficialmente com a tendência dominante nem sempre é uma verdadeira força de oposição. Na maioria das vezes trata-se de outro grupo de clientes que aspira à hegemonia.

Tudo isso deve ser considerado à luz da tendência predominante ao corporativismo a que já nos referimos. Falamos do tipo de corporativismo que parte do interesse de se confirmar e reforçar a própria esfera de identidade. Além

---

[7] É um grande equívoco contrapor "democracia" e "socialismo" (e "democracia" e "comunismo"): o socialismo é uma forma econômica cujo termo de comparação e de contraposição pode ser o capitalismo, também forma econômica; a democracia, ao contrário, é uma forma política. Da mesma maneira que a forma econômica capitalista se apresenta em sociedades com sistemas políticos diferentes – sistemas republicanos e monárquicos, democracia parlamentarista e ditaduras totalitárias, sistemas com vários partidos e com um só partido – também a forma política da formação econômica socialista (dada a inexistência de uma relação de determinação mecânica entre "base" e "superestrutura") pode assegurar o caráter de sistemas políticos diferentes: pluralismo político ou sistema monopartidário, democracia ou ditadura, até apresentar-se como sistema totalitário, como um sistema comunista-facista (ver A. Schaff, *Il movimento comunista al bivio* e *Unamesimo ecumenico*, introd. de A. Ponzio).

das esferas mais amplas de interesses, existem também esferas mais restritas que contêm unicamente interesses setoriais ou privados. Porém, até mesmo a mais ampla esfera de interesse, posto que é voltada à afirmação da própria identidade, é uma esfera privada, se concordamos com o fato de que a esfera pública deveria levar em consideração também os interesses da alteridade. Na Europa, assistimos hoje à criação de uma série de reduzidos e restritos espaços de ação e a formação de outras distinções com relação àquela entre membros da comunidade e "extracomunitários": aquela entre áreas desenvolvidas e subdesenvolvidas, entre norte e sul, entre os que pertencem a uma determinada nação ou região, ou inclusive a uma cidade, e os que, ao contrário, são considerados forasteiros ou intrusos.

Tudo isso não é simplesmente consequência de uma postura de tipo nacionalista ou regionalista, mas é mais um resultado da necessidade de defender interesses materiais e privados das ambições alheias (como um posto de trabalho para si ou para os filhos). Essa situação se produz, sobretudo, em um momento de crise dos partidos políticos.

Geralmente, a pluralidade de ideologias que se opõem dá lugar a uma pluralidade de partidos políticos. Vale a pena recordar que, para designar a oposição ao fascismo (que impunha uma ideologia única), utilizou-se o termo "partigiano":[*] a resistência contra o fascismo, contra uma concepção monolítica e uma coesão forçada (implícita no próprio termo "fascismo", tão ambíguo quanto o termo "nacional-socialismo", que indica um nacionalismo fechado com respeito às possibilidades de abertura social), foi trabalho dos partigianos. Na atualidade, ao contrário, os partidos políticos se desfazem e se identificam cada vez mais com grupos de clientela. As associações, os pequenos grupos que compartilham interesses comuns, substituem os partidos políticos. Na Itália, durante as últimas eleições políticas (recordamos ao leitor que estamos falando de 1990), esses pequenos grupos de associações apresentaram-se oficialmente nas listas eleitorais, ao lado dos partidos tradicionais, como "ligas" e, além disso, obtiveram um grande consenso.

A má reputação que palavras como "marxismo" e "comunismo" ganharam, depois da crise atual do "socialismo" em países europeus (mas também a China e a terrível ação de repressão e eliminação, na República Popular, em nome do "comunismo")[8] provocou uma condição de mal-estar, desorientação

---

[*] Nota da tradução (N.T.): Em português o termo é geralmente traduzido como "guerrilheiro", mas optamos por mantê-lo como no original para preservar a relação que o autor faz com a palavra "partido".

[8] Para uma análise da situação na China com referência à repressão da praça de Tiananmén, ver A. Màdaro, *Le giornate di Tien-Na men*, Milão, Marcopolo, 1990.

e repulsa ao marxismo e à ideologia comunista, inclusive nos partidos que levam essa mesma bandeira. O caso mais surpreendente é o do Partido Comunista Italiano, o maior do Ocidente, que agora encontra-se em uma situação de "estancamento", na qual se busca uma nova identidade e um nome novo, com todas as contradições e rupturas que inevitavelmente essa situação comporta.[9]

Com relação ao problema da identidade europeia, que se salvaguarda pagando o preço de eliminar a alteridade, deve-se recordar também o amplo fenômeno da migração dos africanos à Europa. Segundo Umberto Eco,[10] esse fenômeno é um fator muito mais determinante que a própria "crise do comunismo" na Europa Oriental. Como Eco define, não se trata de emigração (um fenômeno menos aparente e que se pode controlar melhor), mas de migrações (um fenômeno relativamente novo, mais complexo e muito mais difícil de tratar).

Querendo ampliar o discurso para o nível mundial, pode-se acrescentar que o final da "guerra fria" e a política de distensão que se seguiu entre os Estados Unidos e a União Soviética (URSS) foram vitais para a paz no mundo, embora esses mesmos acontecimentos possam esconder um lado negativo: que tenha se formado um bloco quase monolítico em que a diversidade ideológica interna é mínima. Isso implica, uma vez mais, o predomínio da identidade sobre a alteridade. Se pelo menos reduzir as diferenças servisse para garantir a paz, ter-se-ia um motivo para tolerá-lo. Porém, como nos demonstram diferentes acontecimentos dolorosos, quando a identidade domina, existe sempre um inimigo externo contra o qual unir-se e contra quem lutar. Apesar de não se poder estabelecer uma relação de causa e efeito, é fato que após a "guerra fria" não se alcançou a paz mundial.

O enfoque de Bakhtin sobre problemas da cultura e, em consequência, os signos e os valores, assume um interesse especial à luz das circunstâncias históricas que descrevemos, porque tende a pôr em discussão a categoria da identidade em favor da alteridade. Desse ponto de vista, Bakhtin pode ser comparado a outro autor contemporâneo, Emanuel Lévinas. Contrariando a convicção geral, Lévinas demonstrou que as origens da consciência, nos níveis ontológico, axiológico e

---

[9] Cf. S. Veca e M. Salvati, "Il nome del partito. E se non ora quando?", em S. Veca, *Cittadinanza*, Milão, Feltrinelli, 1990, pp. 190-201. De Giovanni, op. cit., p. 144, se espera em partido não comunista um partido não partido no "sentido conhecido", "em que se possa reconhecer – e isso não é difícil! – também a quem hoje se mostra crítico com os partidos e com a partitocracia e tende a encerrar-se em si mesmo ou a reconhecer-se em experiências que podem romper o quadro da história da Itália".

[10] U. Eco, "L'Africa e l'Est. Migratione e liberazione", em *L'Expresso*, 15 abr. 1990. Agora em "Athanor", 5, *Migrazioni*, Ravenna, Longo, 1993.

político, não devem ser buscadas no "eu", mas no "outro". Significativamente, em uma entrevista[11] antecipava o título do seu livro: *Sans moi*.

Em primeiro lugar, é importante sublinhar que, segundo Bakhtin, nosso encontro com o outro não se realiza com base no respeito ou na tolerância, que são iniciativas do eu. O outro impõe sua alteridade irredutível sobre o eu, independentemente das iniciativas deste último. Ao contrário, é o eu que se constitui e tem que abrir caminho em um espaço que já pertence a outros. Isso é evidente no nível linguístico e também no nível de construção de nossa própria consciência. Bakhtin já havia insistido nesse aspecto desde seu livro de 1927, *O freudismo* (publicado com o nome de Voloshinov), que sustenta que a consciência é constituída de linguagem e, portanto, de relações sociais, concordando com o Marx da *Ideologia alemã* e das *Teses sobre Feuerbach* (deste último ensaio, Bakhtin tira a epígrafe de *O freudismo*). Nossas palavras nós tomamos, diz Bakhtin, da boca dos demais. "Nossas" palavras são sempre "em parte dos demais". Já estão configuradas com intenções alheias, antes que nós as usemos (admitindo que sejamos capazes de fazê-lo) como materiais e instrumentos de nossas intenções. Por esse motivo, todos os nossos discursos interiores, isto é, nossos pensamentos, são inevitavelmente diálogos: o diálogo não é uma proposta, uma concessão, um convite do eu, mas uma necessidade, uma imposição, em um mundo que já pertence a outros. O diálogo não é um compromisso entre o eu, que já existe como tal, e o outro; ao contrário, o diálogo é o compromisso que dá lugar ao eu: o eu é esse compromisso, o eu é um compromisso dialógico – em sentido substancial, e não formal – e, como tal, o eu é, desde suas origens, algo híbrido, um cruzamento, um bastardo. A identidade é um enxerto.

Se incluímos o discurso do eu, o discurso eu-penso nos gêneros discursivos, podemos dizer que esse gênero pertence a essa classe de gêneros que Bakhtin chama de secundários, enquanto a palavra do outro pertence aos gêneros primários. Chegamos ao nosso "próprio" discurso através de um itinerário que, partindo da repetição, imitação, estilização do discurso alheio, chega a ironizá-lo, parodiá-lo e criticá-lo em seus propósitos; um itinerário, vale dizer, que do sério conduz ao paródico. O gênero discurso do eu, ou seja, o discurso do eu-penso, é um gênero paródico, sério-cômico.

Apesar de todos os seus esforços, o eu não consegue conter a palavra alheia, a entonação alheia, os pensamentos alheios, dentro dos limites de sua

---

[11] A cargo de A. Biancofiore, em "Athanor", I, 1990. Cf. Emanuel Lévinas, *Fuori dal soggetto* (1987), trad. it. de F. P. Ciglia, Gênova, Marietti, 1992; e *Entre nous*, Paris, Grasset, 1991. (*Entre nós: ensaios sobre a alteridade*, trad. Pergentino S. Pivatto (coord.), Petrópolis, Vozes, 1997).

identidade: tudo o que releva a alteridade escapa da identidade do eu, como de um saco furado. O discurso do eu como discurso privado é sempre mais ou menos sério-cômico. Isso é fato não só porque o discurso se realiza sobre a base de uma atitude irônica e paródica a respeito do discurso alheio, mas, também, porque este último supera os confins da identidade do eu, apesar dos esforços do eu para possuir o outro. Isso significa que o discurso do eu supõe uma dupla caricatura: deve caricaturizar o outro de forma que possa diferenciar-se dele, mas, sem alcançar pleno êxito nesta empreitada, representa, ao mesmo tempo, a caricatura de si mesmo e de suas esperanças. A identidade é grotesca.

O que dissemos a propósito da identidade individual pode ser aplicado também à identidade de um grupo social, à identidade linguística de uma determinada comunidade e à identidade de todo um sistema cultural. Um grupo social se reconhece como tal através de um processo complexo de diferenciação a respeito do que é diferente. Em vez de ser resultado de uma escolha, decisão ou ato consciente, a identidade do grupo é a consequência, que se aceita de forma passiva, de relacionar-se com outros grupos, é uma conclusão-consequência de outros, de seus comportamentos e de suas correntes de pensamento.

No que se refere à identidade linguística, que se adquire através de processos de formação e transformação de uma determinada língua, Bakhtin se detém na importância da relação com outras línguas. O espaço no qual uma língua vive é um espaço interlinguístico, e a capacidade de expressão e adaptação da língua às necessidades da comunicação é diretamente proporcional à quantidade de contatos com outras línguas. A mesma autoconsciência de uma língua, sua capacidade metalinguística, isto é, sua capacidade em todos os níveis de falar de si mesma (desde perguntar normalmente pelo significado de uma expressão, passando pela reflexão do linguista que se ocupa de escrever uma gramática, até chegar à objetivação da linguagem como ocorre com o escritor na literatura), se dá pelo pluralismo interno da língua. Da mesma forma, dá-se através das referências a outras línguas, que oferecem signos interpretantes de suas palavras, de suas expressões e de suas formas sintáticas. Uma língua, como diz Bakhtin, pode ser vista somente através dos olhos de outra língua; portanto, a identidade linguística, seja como forma de ser específica de uma língua, seja como consciência linguística, é secundária no que diz respeito à relação de alteridade que se dá em um espaço mais ou menos plurilinguístico. Além disso, Bakhtin insiste no fato de que a língua nacional nunca é unitária; junto com as forças centrípetas que buscam a unificação existem também forças centrífugas que tentam a dispersão. A língua nacional se compõe de diferentes formas de falar (segundo o grupo social, a profissão, o tipo de trabalho), de diferentes linguagens cotidianas, técnicas, jargões. De fato, podemos falar de plurilinguismo interno dentro de uma mesma língua nacional, além de um plurilinguismo externo, determinado pela relação com outras línguas.

No que se refere à identidade cultural, Bakhtin demonstrou (especialmente no livro sobre Rabelais, mas também em outros ensaios) que diferentes formas de viver e de ver o mundo podem existir juntas, de forma dialética, na mesma cultura. Dependendo das circunstâncias históricas, uma forma pode predominar sobre as demais, porém nunca por completo. Em Rabelais, a relação entre "ideologia oficial" e "ideologia não oficial" (já analisada em *Freudismo*)[12] é considerada também como relação entre o "sério" e o "cômico". É a comicidade popular que põe em discussão as formas da cultura dominante.

O corpo grotesco em suas formas carnavalescas, que Bakhtin estuda em *A cultura popular na Idade Média e no Renascimento: o contexto de François Rabelais*, é uma metáfora válida, que podemos utilizar para compreender o contraste entre duas visões de mundo em uma mesma cultura. Por um lado, Bakhtin concebe o corpo como individual e fechado, autossuficiente e isento de qualquer relação com outros corpos; por outro lado, o coloca em uma relação intercorporal. Trata-se de um corpo aberto, com protuberâncias e furos, visto em todos os comportamentos que inevitavelmente o relacionam com o exterior. Encontramos assim o fechamento da identidade e a abertura para a alteridade.

A análise que Bakhtin propõe da ideologia mostra-se especialmente apropriada à realidade atual das ideologias, a sua estratificação, interconexão, ambivalência, convivência recíproca, unificação, camuflagem, fisionomia imprecisa, carência de posição definida e derivação duvidosa. Para tratar o problema do sentido ideológico, Bakhtin utiliza o ponto de vista da literatura. Como ele mesmo diz em seu livro sobre o formalismo russo (publicado com o nome de Medvedev),[13] em vez de refletir sobre ideologias oficiais – que são sistemas ideológicos com uma configuração específica – a literatura emprega ideologias ainda em formação como material da forma literária. A literatura se introduz no laboratório social em que as ideologias se forjam. Ao contrário, as ideologias já consolidadas tornam-se um corpo entranho no valor literário e convertem o texto em um ensaio pedagógico, em um panfleto, em um discurso propagandístico etc.

---

[12] Voloshinov, *Freudismo. Studio crítico* (1927), trad. it. R. Bruzzese, ed. de A. Ponzio e G. Mininni, Bari, Dédalo, 1977. (Mikhail Bakhtin, *O freudismo: um esboço crítico*, São Paulo, Perspectiva, 2004).

[13] Pavel Medvedev. *Il metodo formale nella scienza della letteratura*, trad. R. Brunezzem, introd. de A. Ponzio, Bari, Dedalo, 1978 (N.T. esp.: *El método formal en los estudios literarios* (1928), trad. Tatiana Bubnova, prol. Amália Rodríguez Monroy, Madri, Alianza, 1994).

A literatura sempre manteve relação com as ideologias flexíveis, incertas, evasivas, híbridas, cujos sujeitos são por sua vez indeterminados, divididos, plurais, sem um rosto reconhecível. Por todas essas razões, sob a superfície da ideologia dominante – que se identifica com a mesma lógica do capital e que, aparentemente, não sofre nem contradições, nem oposições –, a análise de Bakhtin nos permite perceber projeções ideológicas *in nuce*. Hoje, a alteridade ideológica está sufocada pela identidade. A literatura, quando se lê como faz Bakhtin, detecta a gênese da obra estética no ponto de vista do outro e na exotopia, e nos oferece a possibilidade de escutar um diálogo – não formal, mas substancial – que subjaz ao difundido monologismo.

Atualmente predomina a ideologia da produtividade e da eficácia, que exalta especialmente as ciências físico-matemáticas e as pesquisas científicas que podem melhorar a produção. Ao contrário, a palavra de Bakhtin, desde o primeiro até o último de seus ensaios de 1974,[14] contribui para recuperar o sentido e a importância, não só da literatura, mas também das ciências humanas. Ao colocar-se a questão da metodologia das ciências humanas, Bakhtin se pergunta pelo sentido do homem. E, de fato, devemos recordar que nenhuma das razões do progresso tecnológico nem do desenvolvimento científico pode justificar o esquecimento de uma pergunta como essa. Mas o que nos interessa destacar aqui é que, como Bakhtin demonstra, a questão do sentido do homem deve ser tratada sob a categoria do outro e não do eu. Do ponto de vista da identidade (de um indivíduo, de um grupo, de uma nação, de uma língua, de um sistema cultural, de uma vasta comunidade, como a europeia, ou de todo o mundo ocidental), não se pode descobrir o sentido do homem, apenas falsificá-lo. De fato, numa perspectiva como esta o sentido do homem coincide com interesses particulares e limitados, apesar de que são atuais e seguidos por muitos, interesses que são privados apesar de serem comuns. Para se opor a tal perspectiva é necessário o ponto de vista da alteridade. A alteridade coloca o problema do sentido do homem no que Bakhtin chama de o "tempo grande". Tal colocação nos permite ver esta questão desde um ponto de vista novo e criativo da exotopia, desde o ponto de vista de um cronotopo, que é *outro* em relação ao contemporâneo.

A mesma inter-relação entre gêneros literários, sua recíproca influência, pode ser entendida como um aspecto da manipulação da palavra alheia. A "palavra alheia" relacionada ao gênero romance, ou a outros gêneros, ou

---

[14] Cf. Bakhtin, "Para la metologia de la ciência humana", em *Estética de la creción verbal*, trad. De T. Bubnova, México, Siglo XXI, 1982; trad. it., *L'autore e l'ero* (1979), de C. Strada Jasnovic, Turim, Einaudi, 1988, pp. 375-86. Em *Estética da criação verbal*, trad. Paulo Bezerra, São Paulo, Martins Fontes, 2003).

seja, seus meios de representação e de expressão, ao penetrar no romance, se convertem em objeto de representação e assumem entonações diferentes. Quando o romance entra na grande literatura e se converte em um gênero literário hegemônico, a relatividade que caracteriza a palavra penetra também nos demais gêneros,[15] que "se romancizam", ou seja, adotam a estilização, a técnica da palavra distanciada, posta entre "aspas", e em alguns casos apresentam também o fenômeno da paródia estilizada.

---

[15] Cf. Bakhtin, "Epos e romanzo", em *Estetica e romanzo*, op. cit. Ver também A. Ponzio, "Conscienza linguistica e generi letterari", em Medvedev, *Il metodo formale...*, op. cit., Introdução.

FILOSOFIA MORAL
E FILOSOFIA DA LITERATURA

Um dos primeiros textos de Mikhail M. Bakhtin,* de 1929, intitulado "K filosofii postupka"[1] ("Para uma filosofia do ato"), foi publicado na Rússia apenas em 1986, editado por S. G. Bocharov (pp. 82-138).[2] Esse texto é de grande interesse não apenas pelo seu valor teórico intrínseco, mas também por ser altamente produtivo para se compreender, sobretudo o sentido da pesquisa bakhtiniana e seu alcance na primeira metade dos anos 1970. Além disso, ele está rigorosamente relatado no primeiro capítulo de outro texto, escrito no começo dos anos 1920: "Autor i geroj vi esteticeskoj dejatel'nosti" (O autor e o herói na atividade estética)[3] (cf. Bakhtin, 1979). Entretanto, esse capítulo

---

* N.T: Este capítulo corresponde às pp. 225-246 de M. M. Bakhtin, *Hacia una filosofia del acto ético. De los borradores y otros escritos*. Comentários de Iris M. Zavala e Augusto Ponzio, Antropos, San Juan, Universidade de Porto Rico, 1997 e nos foi enviado por Augusto Ponzio para compor a edição brasileira. Sob o mesmo título (*Hacia una filosofia del acto ético*), pode-se encontrá-lo na edição italiana, pp. 23-45. O leitor, no entanto, não o encontrará na edição espanhola de "A revolução bakhtiniana".

[1] Em *Filosofija i sociologija nauki i tekniki: ežegodnik 1984-85*, Moscou, Nauka, 1986, pp. 82-138.
[2] Traduzido para o inglês como *Toward a Philosophy of the Act*, 1993; e para o italiano como "Per una filosofia dell'azione responsabile" ("Toward a Philosophy of Responsible Action"), primeiramente apresentada com outros textos de Bakhtin e de seu Círculo (Bakhtin 1995), e posteriormente completamente revisada e publicada como volume independente (cf. Bakhtin, 1998) (N.T.: no Brasil existe uma tradução para fins didáticos e acadêmicos feita pelos estudiosos Carlos Alberto Faraco e Cristóvão Tezza a partir da edição em inglês de 1993).
[3] Este volume foi traduzido para o italiano em 1988 e também exclui o primeiro capítulo em questão. Entretanto, já se encontra traduzido do russo para o italiano e publicado no volume

não está publicado em sua versão completa. A primeira seção fora excluída por ter sido considerada demasiadamente fragmentária e acabou por ser publicada apenas em 1986, juntamente com "K filosofii postupka", no mesmo volume. A conexão entre os dois textos, "K filosofii postupka" e "Autor i geroj vi esteticeskoj dejatel'nosti" (e, em particular, a primeira seção do último) é, à primeira vista, óbvia: ambos são parte de um mesmo projeto de pesquisa, em que "Autor i geroj vi esteticeskoj dejatel'nosti" é a continuação e desenvolvimento de "K filosofii postupka" e ambos privilegiam o mesmo texto literário como objeto de análise: o poema *Razluka (Parting)*, de Pushkin.

"Para uma filosofia do ato", o qual é apenas o começo de um vasto projeto filosófico determinado a produzir um volume em filosofia moral, consiste em dois grandes fragmentos: o que seria, provavelmente uma introdução ao projeto (com algumas páginas iniciais desaparecidas) e a seção intitulada "eu" – como estabelece o próprio Bakhtin.

No fragmento introdutório, Bakhtin considera o problema de se capturar o momento de "transitividade" e de "evento" – *sobytijnost'* (cf. p. 1)[4] – do ato em sua "valoridade" e unidade de real transformação e autodeterminação. Tão logo o sentido deste ato é determinado pelo ponto de vista teórico – científico, filosófico, histórico ou estético –, ele perde seu caráter de evento único e autodeterminado, de ato verdadeiramente vivido, e assume um valor genérico, um sentido abstrato. Cria-se uma divisão entre dois mundos mutuamente impermeáveis: o mundo da vida e o mundo da cultura. E mesmo assim existimos no primeiro, mesmo quando conhecemos, contemplamos e criamos, isto é, quando construímos um mundo no qual a vida é o objeto de um domínio dado da cultura. Esses dois mundos estão unidos pelo evento único de nossas ações, de nossa experiência de vida, tornando-se a união das duas faces da responsabilidade: responsabilidade com relação ao significado objetivo, isto é, com relação a um conteúdo unitário relativo ao domínio da cultura, o qual Bakhtin chama de "responsabilidade especial", e responsabilidade com relação ao evento único do ato, o qual ele chama de "responsabilidade moral" (cf. pp. 2-3). Para que haja unidade entre esses dois tipos de

---

editado por A. Ponzio e P. Jachia, *Bachtin e...* 1993 sob o título "L'autore e l'eroe nell'attività estetica. Frammento del primo capitolo". Como a edição em inglês, inclui no volume *Art and Answerability*, 1990, editado por M. Holquist e V. Liapunov, "Mettere il russo, Author and Hero in Aesthetic Activity" foi publicado como "Author and Hero in Aesthetic Activity". Entretanto, o primeiro capítulo deste texto está alocado no final, sob o título de "Supplementary Section" (1990, pp. 208-31).

[4] Esta página e a seguinte referem-se à tradução inglesa *Toward a Philosophy of the Act*, M. Holquist e V. Liapunov (eds.), Austin, University of Texas Press, 1993.

responsabilidade, é preciso que a "responsabilidade especial entre em comunhão com a responsabilidade moral – unitária e única – como se dela fosse constitutiva. Este é o único caminho segundo o qual se poderia superar a perniciosa não fusão e não interpenetração entre cultura e vida" (cf. p. 3).

É este o mesmo problema abordado naquele que se acredita ser o primeiro trabalho, jamais publicado por Bakhtin: "Arte e responsabilidade", de 1919, isto é, o problema da relação entre vida e arte, com uma solução vislumbrada em termos que são similares:

> Os três campos da cultura humana – a ciência, a arte e a vida – só adquirem unidade no indivíduo que os incorpora à sua própria unidade. Mas essa relação pode se tornar mecânica, externa. Lamentavelmente, é o que acontece com maior frequência. [...] O que garante o nexo interno do indivíduo? Só a unidade da responsabilidade. Pelo que vivenciei e compreendi na arte, devo responder com a minha vida para que todo o vivenciado e compreendido nela não permaneça inativos. No entanto, a culpa também está vinculada à responsabilidade. Vida e arte não apenas devem arcar com a responsabilidade mútua, mas também com a culpa mútua. O poeta precisa compreender que sua poesia tem culpa pela prosa trivial da vida e é bom que o homem da vida saiba que a falta de seriedade das suas questões vitais respondem pela esterilidade da arte. O indivíduo deve tornar-se inteiramente responsável: todos os seus momentos devem não só estar lado a lado na série temporal de sua vida, mas também penetrar uns nos outros na unidade da culpa e da responsabilidade [...]. Arte e vida não são a mesma coisa, mas devem tornar-se algo singular em mim, na unidade da minha responsabilidade.[5]

Por um lado, então, a "responsabilidade especial" relativa a um domínio dado da cultura, a um dado conteúdo, a um dado papel e função delimitada, definida; responsabilidade circunscrita, referente à identidade repetível do objetivo e do individualmente intercambiável. Por outro lado, a "responsabilidade moral", "absoluta responsabilidade", sem limites, sem álibis, que sozinha se presta à ação única do indivíduo; responsabilidade da singularidade individual da qual não se pode abdicar. O nexo entre esses dois tipos de responsabilidade é também o nexo entre o significado objetivo, repetitivo – identidade de significado conferida pelo domínio da cultura no qual a ação é objetivada –, e entre a autodeterminação irrepetível do seu ser evento único e unitário, de sua atividade integral e complexa, que não é, de forma alguma, decomponível nem classificável. Aqui Bakhtin antecipa o critério usado para a distinção entre "tema" e "significação"

---

[5] Bakhtin (1919), "Arte e responsabilidade", em *Estética da criação verbal*, trad. Paulo Bezerra, São Paulo, Martins Fontes, 2003.

– distinção particularmente importante em sua concepção de signo, à qual dedica um capítulo inteiro no volume de 1929, assinado por Voloshinov.

O ato de nossa atividade, do experimento real, diz Bakhtin, é portanto "um Jano bifronte" (p. 2), orientado em duas diferentes direções: unicidade nunca repetível e unidade objetiva, abstrata. A esta última, minha atividade responsável como indivíduo único, completamente identificado em um dado momento e em dadas condições, é absolutamente indiferente, "completamente impenetrável" (p. 4). O momento do evento único, em que o julgamento é um ato responsável ou uma realização de seu autor, é absolutamente *indiferente* para o significado teórico e permanece, portanto, exterior ao pensamento, geralmente, como julgamento válido. A veracidade teórica do julgamento não permite elucidar como este possa ser um dever para aquele que pensa. Reciprocamente, o dever não pode fundamentar a veracidade teórica do julgamento. O momento da veracidade teórica é necessário, mas não suficiente para transformar-se em um dever ser: eis por que Bakhtin recusa a concepção de Rickert sobre *o dever* como categoria formal das mais elevadas e, citando Husserl, afirma que a assunção de um julgamento válido teoricamente como dever não pode derivar desse dever, mas, ao contrário, pode apenas ser trazida de fora. Com respeito ao dever, para a ação concreta de sua assunção, a veracidade teórica, diz Bakhtin, tem apenas valor técnico. Isso também se aplica a tudo o que é esteticamente, cientificamente, moralmente significante: todos esses significados têm um valor técnico dado que não contém, de forma alguma, dever em seu conteúdo; ao contrário, este deve ser traçado na unidade de minha vida responsável, da forma como se manifesta na unicidade da escolha responsável.

A conexão entre validade objetiva, abstrata, indiferente e unicidade nunca repetível de um ponto de vista, não pode ser explicada no domínio do conhecimento teórico, por obra de um sujeito teórico abstrato, de uma consciência epistemológica, precisamente porque todo elo tem uma validade técnica e formal indiferentes ao ato responsável do indivíduo único. As concepções de Bakhtin sobre a autonomia do que é tecnologicamente válido, do que é governado por suas próprias leis imanentes, são particularmente importantes por adquirirem valor, poder e domínio próprios sobre a vida do indivíduo único, uma vez perdida sua conexão com a unicidade da atividade responsável. Tudo que é tecnológico, diz Bakhtin, "quando divorciado da unidade única da vida e entregue à vontade da lei imanente de seu desenvolvimento, é assustador; pode de tempos em tempos irromper nessa unidade única como uma força terrível e irresponsavelmente destrutiva".[6]

Bakhtin insiste particularmente no caráter alheio da singularidade da vida como "vida responsável, plena de riscos e transformando-se através das ações realizadas"[7] no mundo das construções das consciências teóricas, suas abstrações "iluminadas" pela existência histórica, determinado como algo único e nunca repetível: absolutamente alheio com relação ao mundo como objeto do conhecimento no qual tudo encontra justificação, menos a singularidade de nossa posição existencial e sua respectiva ação responsiva. Enquanto, como princípio, ele está completo, terminado, dado, teoricamente indiferente àquilo que lhe é "absolutamente arbitrário (responsavelmente arbitrário)" e absolutamente novo e criativo com relação a uma vida única entendida como um *continuum* na atividade responsiva, esse conceito é indiferente ao "fato central – central para mim – da minha comunhão única e real com o Ser".[8] E, apesar da "unidade única" de minha vida ação permanecer alheia à consciência teórica indiferente, como unidade única, ela é o alicerce desta última "na medida em que o ato de cognição esteja incluído com minha ação, com todo o meu conteúdo, na unidade de minha responsabilidade, na qual e pela qual eu realmente vivo – executo ações".[9] Então, diz Bakhtin:

> A unicidade única não pode ser pensada, ela só pode ser experimentada ou vivida. Toda a razão teórica em sua totalidade é apenas um momento da razão prática, isto é, da razão da orientação moral única do sujeito no interior do evento do Ser único.

Bakhtin demonstra a inutilidade de se tentar resgatar a unicidade única da vida ação, quer através de formas do reducionismo do teoricismo, com base no qual se reconduz para categorias de um dado campo cognitivo, quer de termos biológicos, psicológicos, sociológicos, econômicos etc. (o reducionismo do teoricismo, observa Bakhtin, não é nada menos que "a inclusão de um grande mundo teórico dentro de um pequeno mundo, também teórico")[10] ou ainda através de filosofias de vida e de uma certa tendência a se estetizar a vida, o que Bakhtin considera ser o ponto alto da filosofia de Bergson: a crítica de Bakhtin

---

[6] N.T.: Mikhail Bakhtin, "Para uma filosofia do ato", trad. Carlos Alberto Faraco e Cristóvão Tezza (para fins acadêmicos).
[7] Idem, p. 27.
[8] Idem, ibidem.
[9] Idem, p. 30.
[10] Idem, p. 31.

à noção bergsoniana de "intuição" – a noção de empatia como cognição participativa, na qual a arte é direcionada para o individual e através da qual se entra na interioridade de um objeto para coincidir com aquilo que é único nele (empatia pura) – antecipa a crítica ao conceito de empatia estética que terá, na concepção bakhtiniana da relação de alteridade, um papel central em "O autor e o herói" e também nos seus escritos dos anos 1970. O conceito de "identificação", que permanece fundamentalmente teórico, apesar do seu esteticismo, conduz a uma crença ilusória de que se pode superar a estranheza, o *caráter transgrediente* (uma expressão presente nos escritos subsequentes de Bakhtin do começo dos anos 1920 e que desempenha um papel central na delineação do conceito de extralocalidade), a unicidade, a alteridade da situação a partir da qual o ato de identificação provém: o conceito de identificação, como identificação com o outro, envolve, diz Bakhtin, a perda da unicidade do único lugar que eu ocupo no mundo e pressupõe, neste caso, a asserção do caráter não essencial de minha unicidade e da unicidade de meu espaço. Bakhtin faz uma distinção entre identificação pura como uma noção teórico-estética e "ação/ato responsivo da abstração de si mesmo ou renúncia de si mesmo". A empatia pura é ilusória por não poder ser alcançada; se isso fosse possível, envolveria o "empobrecimento do Ser" da situação relacional, já que "em vez de dois participantes haveria um",[11] e isso implicaria também (por causa da descontinuidade do meu ser único e, portanto do meu não ser), mais uma anulação de minha consciência do que uma modalidade cognitiva. Por outro lado, minha autorrenúncia, a unicidade que implica "ser alguém no mundo", realiza-se plenamente em um mundo no qual, a partir de um único lugar, próprio de alguém, o ato de autorrenúncia é eleito responsavelmente e não é, absolutamente, um mundo indiferente da consciência teórica nem da intuição estética. Portanto, a identificação estética não nos pode esclarecer sobre a unicidade de estarmos manifestos no mundo quando tomamos uma posição em uma ação responsável. Bakhtin diz:

> O mundo estético inteiro como um todo é apenas um momento do Ser-evento, incorporado legitimamente no Ser-evento através de uma consciência responsável – através de uma ação responsável de um participante. A razão estética é um momento da razão prática.[12]

Se nem a consciência teórica e nem a estética captam o acontecimento único da ação responsável no contexto da unicidade do Ser no mundo, isso é

---

[11] Idem, p. 33.
[12] Idem, p. 36.

porque devem fundamentalmente abstrair do lugar ocupado pelo observador, de sua unicidade como intérprete, de sua alteridade e igualmente de sua unicidade – de sua irrepetibilidade-alteridade do que é observado, seguindo sua redução ao *status* de objeto. A filosofia contemporânea sempre se perfilou como a mais próxima da cientificidade, mas por causa disso transformou-se em uma filosofia dos domínios da cultura e de sua unidade específica e em uma filosofia sempre menos capaz de esclarecer o Ser evento unitário e original na ação vida. Para Bakhtin, disso deriva a atração exercida por um mecanismo de contraste no campo da filosofia (apesar de seus defeitos e lacunas) tanto pelo materialismo histórico – com seu objetivo de deixar o mundo teórico mais abstrato para construir um mundo como espaço para o desempenho dos atos que são determinados (um mundo concretamente histórico e tão ativo e responsivo quanto possível) – como pelas concepções filosóficas que, evocando a Idade Média ou as filosofias orientais, colocam a questão do conhecimento no centro de seus interesses. Ainda que diferentes, e mesmo opostas, Bakhtin evidencia o limite metodológico comum a essas tendências filosóficas na medida em que ambas falham ao estabelecer a diferença entre "o que é dado e o que é colocado como tarefa, entre o que *é* e o que *deve* ser".[13]

A asserção de Bakhtin de que a razão teórica e a razão estética são ambas parte da razão prática poderia nos levar a crer que ele é um seguidor do kantismo. A filosofia moral ou "filosofia primeira", como às vezes é chamada, que descreve o Ser evento como ação responsável, isto é, a questão da ação responsiva não pode beneficiar-se da concepção kantiana ou do renascimento do neokantismo, ainda que se considere realmente a moral como um problema de particular importância. Bakhtin acusa as éticas formais de Kant, o teoricismo kantiano, isto é, a "abstração do ato ação real único de seu autor":[14] não há aproximação alguma com o ato vivo e executado no mundo real.

A filosofia do ato responsável, diz Bakhtin, pode ser apenas a fenomenologia, a descrição participativa, do mundo da ação assumida não como contemplada ou teoricamente planejada a partir do exterior, mas como ação que parte de dentro (do interior) em sua responsabilidade. Apesar de associar-se à fenomenologia de Husserl, a abordagem que se acabou de descrever é substancialmente diferente, uma vez que propõe a relação de alteridade centrada na "responsabilidade moral" em contraste com o *noesis-noema*, relação sujeito-objeto.

---

[13] Idem, p. 38.
[14] Idem, p. 45.

Desse ponto de vista, a atitude de Bakhtin sobre a fenomenologia de Husserl é similar àquela adotada por Emmanuel Lévinas.[15]

A indiferença do teoricismo é substituída por aquilo que é entendido como *não indiferença*, pela participação no mundo unitariamente, pela *irrepetibilidade* e pela *irreponibidade (irrecolocabilidade/insubstituibilidade)*, pelo meu *"não álibi em Ser"*. Com relação à condição da *não indiferença*, que provém de uma admissão teórica, mas que é condição para meu interesse, desejo, cognição, ação, na qual minha unicidade é simultaneamente prévia e ativamente ajustada por mim mesmo e na qual eu sou passivo e ativo, determinado e responsivo – encontramos este dogmatismo e hipoteticismo genérico, assim como o determinismo absoluto e a vaga concepção de liberdade como possibilidade vazia, objetivismo e todas as formas de subjetivismo e psicologismo, também racionalismo vazio – em que a clareza lógica e poderosamente abstrata encontra-se separada e age como uma força obscura e descontrolada – e o irracionalismo que as complementa são todos substituídos: a "racionalidade", diz Bakhtin, que cita Nietzsche, "é como o brilho de uma lâmpada frente ao sol".[16] A linguagem, por ela mesma, vive na relação entre o pensamento participativo e a ação. E a palavra, que não é a palavra abstrata do dicionário, nem subjetivamente casual, transforma-se em uma palavra viva e "responsivamente significativa" com relação aos dois (pensamento participativo e ação). Expressamos claramente considerações sobre a linguagem neste primeiro trabalho que seriam tomadas em livros subsequentes de Bakhtin, como nos dois últimos volumes assinados por Voloshinov.[17] Esta é a relação com a unicidade da ação que a palavra, diz Bakhtin, manifesta em sua totalidade (completude), não apenas em termos de *conteúdo significado*, mas também como *imagem expressão* e, de um ponto de vista emocional-volitivo, como *entonação*. A *não indiferença*, que deriva da conexão com a *ação responsável*, orienta as palavras e torna possível a compreensão dos objetos, sua experiência viva: para falar de um objeto é preciso entrar em uma relação interessada e não indiferente com ele, de modo que não se possa evitar que a palavra expressa seja *entonada*. Mas tudo o que é experienciado é entonado; mesmo o pensamento mais abstrato, na medida em que se vai tornando concreto, possui um tom emocional-volitivo, e se não se estabelecesse um laço essencial entre o conteúdo e seu tom avaliativo (emocional), que constitui seu valor real, uma palavra dada não poderia ser expressa, um dado pensamento não poderia ser pensado e um dado objeto não poderia entrar na experiência de vida.

---

[15] Cf. Ponzio 1992, 1994, 1995.
[16] Bakhtin, "Para uma filosofia do ato", trad. brasileira, op. cit., p. 47.
[17] Cf. Voloshinov, 1980.

Na visão de Bakhtin, a não indiferença da ação responsável estabelece uma conexão entre cultura e vida, entre consciência cultural e consciência de vida. Quando não é esse o caso, os valores culturais, cognitivos, científicos, estéticos e políticos se elevam ao *status* de valores em si e perdem todas as possibilidades de verificação, funcionalidade e transformação. Bakhtin observa que isso é parte de um conceito hobbesiano com claras implicações políticas: para valores absolutamente culturais corresponde a concepção de acordo com a qual as pessoas escolhem apenas uma vez, renunciando sua liberdade, submetendo-se ao Estado e tornando-se, depois disso, "escravos de suas próprias decisões livres".[18] Em sua pesquisa subsequente, Bakhtin demonstrou amplamente como tudo isso contradiz a constitutiva resistência popular à "verdade estatal", a irredutibilidade da "ideologia não oficial" para a "ideologia oficial", o caráter de cultura popular cuja capacidade para inovação e regeneração em relação à cultura dominante foi objeto de estudo em sua monografia sobre Rabelais. Na medida em que isso pertence à "classe ideológica", a verdade estatal, diz Bakhtin em uma de suas anotações subsequentes,[19] encontra, até certo ponto, a barreira insuperável de ironia e alegorias degradadas, a faísca carnavalesca de imprecação alegórico-irônica que destrói toda gravidade e seriedade e nunca morre nos corações das pessoas. Em "Para uma filosofia do ato", Bakhtin retorna ao problema da abdicação da responsabilidade, como responsabilidade política, quando ele se refere à representação política que, na tentativa de se aliviar da responsabilidade política, sempre perde – tanto em quem o atribui quanto em quem o assume – o senso de estar enraizado na unidade única, de participação pessoal "não álibi", e consequentemente tornar-se responsabilidade vazia, especializada e formal, com todos os perigos que tal perda de raiz e senso envolve.

Em "Para uma filosofia do ato", Bakhtin recusa o conceito de verdade herdado do racionalismo, entendido como formador de momentos universais, gerais, como algo que é repetitivo e constante e como algo separado e fixado contra o individual e o subjetivo. Por outro lado, como diz Bakhtin, a unidade da consciência real da ação responsável não deve ser pensada em termos de continuidade, no nível de conteúdo, princípios, direitos, lei, e menos ainda se for uma crítica clara de todas as formas de absolutismo dogmático, inclusive o ontológico. Nenhum Ser ou valor é idêntico ou autônomo, um princípio constante, separado da ação viva de sua identificação como Ser ou valor que é.

---

[18] Bakhtin, "Para uma filosofia do ato", trad. bras., op. cit, p. 53.
[19] Bakhtin, "Apontamentos 1970-1971". em *Estética da criação verbal*, op. cit.

No que se refere à crítica da ontologia (extensivo à ontologia de Heidegger) como um momento importante na reformulação bakhtiniana da "filosofia primeira" para "filosofia moral", a passagem que se segue de "Para uma filosofia do ato" é particularmente significativa:

> A participação no Ser-evento do mundo, em seu conjunto, não coincide, do nosso ponto de vista, com a irresponsável autoentrega ao Ser, com ser-possuído pelo Ser. O que acontece nesse caso é que o momento passivo na minha participação para o primeiro plano, enquanto a minha autoatividade a ser realizada se reduz. A aspiração da filosofia de Nietzsche se reduz a uma extensão considerável a esta possessão pelo Ser (participação unilateral); seu resultado último é o absurdo do Dionisismo contemporâneo.[20]

Meu "não álibi em ser" implica minha unicidade e insubstitutibilidade, transforma a possibilidade vazia em ação real responsável, confere validade real e sentido a todos os significados e valores que, aliás, seriam abstratos, "dá uma cara" ao evento que, por sua vez, é anônimo, não busca justificativa objetiva nem subjetiva para existir, mas cada um de nós para estarmos certos em nossos próprios lugares e certos, não subjetivamente, mas responsavelmente, sem a possibilidade de interpretar como uma "contradição" como faria uma terceira parte, uma consciência desencarnada, não participativa, na perspectiva abstrata, dialética, não dialógica, que Bakhtin explicitamente questionou em "Apontamentos de 1970-1971". "Não álibi em ser" relaciona-se ao outro não em termos de indiferença com um outro genérico, ambos como exemplos de humanidade em geral, mas como envolvimento concreto, uma relação de não indiferença para com a vida do vizinho, do contemporâneo, não indiferença para com o passado e o futuro de pessoas reais. Uma verdade abstrata que se refere à humanidade em geral, tal como "o homem é imortal", adquire sentido e valor, diz Bakhtin, "somente do meu lugar único, enquanto eu morra, meu vizinho morra, e toda a humanidade histórica morra".[21]

> E, é claro, o sentido valorativo, emocional-volitivo da minha morte, da morte de um outro que me é caro, e o fato da morte de qualquer pessoa real é profundamente diferente em cada caso, porque são todos momentos diferentes no Ser-evento único. Para um sujeito desencarnado, destacado (não participante), todas as mortes podem ser iguais. Ninguém, entretanto, vive num mundo no qual todos os seres humanos sejam – no que diz respeito a valor – igualmente mortais.[22]

---

[20] Bakhtin, "Para uma filosofia do ato", trad. bras., op. cit., p. 67.
[21] Idem, p. 65.
[22] Idem, p. 66.

Bakhtin insiste particularmente na inevitabilidade do envolvimento com o outro – com o outro concreto, e não um outro eu abstrato, teoricamente concebido como consciência gneseológica abstrata –, que o ser responsavelmente partícipe na unicidade de seu lugar único no mundo comporta: ser responsavelmente partícipe é também "apreender" o outro, o que me compele à responsabilidade. A responsabilidade pelo ato é, acima de tudo, responsabilidade pelo outro e minha unicidade é a impossibilidade de abdicar dessa responsabilidade, não podendo ser substituível nela, a ponto de abnegação, a ponto do autossacrifício que somente minha "centralidade responsável" torna possível: uma "centralidade de autossacrifício".

Pode-se também tentar escapar desse tipo de responsabilidade do não álibi, mas mesmo as tentativas de aliviar-se dessa responsabilidade atestam para seu peso e para sua presença inevitável. Toda representação, com sua responsabilidade especial, não abole, mas apenas especializa minha responsabilidade pessoal, diz Bakhtin, isto é, sem limites ou garantias, sem um álibi. E, em separado da responsabilidade absoluta, a responsabilidade especial perde sentido, torna-se casual, uma responsabilidade técnica, e, tendo se tornado mera representação de um papel, um mero desempenho técnico, a ação, como "atividade técnica", é desenraizada e torna-se ilusão.

Bakhtin caracteriza a crise contemporânea como a crise da ação contemporânea que se transformou em ação técnica; ele identifica essa crise na separação da ação de sua motivação concreta, de seu produto, o que consequentemente faz perder o sentido. Essa interpretação é similar à da fenomenologia de Husserl, particularmente como foi desenvolvida em *Crisi delle scienze europee* (publicado postumamente em 1954). Mas, na obra de Bakhtin, diferentemente da de Husserl, na qual persiste um certo teoricismo, o sentido não é conferido por uma consciência intencional, por um sujeito transcendental, mas pela ação responsável expressa pela unicidade do não álibi em Ser no mundo. Para Bakhtin, uma filosofia de vida só pode ser uma filosofia moral. Além disso, Bakhtin enfatiza como a separação do produto de seu ato responsável, do instrumento tecnológico-científico e da motivação concreta, da cultura e da vida, implica não somente o enfraquecimento do produto, a perda de sentido no mundo cultural, uma transformação em domínio autônomo, conhecimento esvaziado do sentido, mas também implica a degradação da própria ação que, isolada do significado da cultura, empobrecida em seus aspectos ideais, decai ao *status* de motivação elementar biológica e econômica; isto é, fora da cultura objetiva, o ato aparece como mera subjetividade biológica, um ato necessidade. Considerando esse aspecto, Bakhtin refere-se explicitamente a Spengler, sublinhando sua inabilidade em reconduzir a teoria e o pensamento para a ação como aspectos constitutivos desta última: ao contrário, o ato se opõe à teoria e ao pensamento. O valor colocado por Bakhtin é aquele da unidade e unicidade responsável, diferente da ação prática (técnica) com sua responsabilidade especial.

A filosofia moral precisa descrever "a arquitetônica concreta" do mundo real representado no ato como uma unidade, uma ocorrência única da ação ou do ato, os aspectos básicos emocionais-volitivos e seus mútuos arranjos que implicam a construção do ato representado. Em Bakhtin, os aspectos de tal arquitetônica, na qual são constituídos e arranjados todos os valores, significados e relacionamentos espaço-temporais, são caracterizados em termos de *alteridade*. São o "eu para mim", o "outro para mim" e o "eu para o outro".[23]

> Todos os valores da vida real e da cultura estão dispostos em torno dos pontos básicos arquitetônicos do mundo real do ato realizado: valores científicos, estéticos, políticos (incluindo os valores éticos e sociais) e, finalmente, valores religiosos.[24]

Na parte que, em "Para uma filosofia do ato" segue-se à introdução e que o autor intitula"I", Bakhtin se defronta concretamente com a questão de como é possível se considerar a arquitetônica, segundo a qual, a unicidade e unidade emocional-volitiva é construída e organizada a partir do lugar único que cada um de nós ocupa *irrecolocavelmente* no mundo, concebido não como um conjunto sistemático; mas como um todo arquitetônico no plano axiológico, espaço-temporal: essa unidade está disposta em torno de um centro participativo único e não indiferente, o centro representado por cada um de nós, em nossa responsabilidade do não álibi. Esse tipo de arquitetônica pode não ser compreendida se realizada pelo mesmo sujeito unitário em torno do qual ela se organiza, se pertencer ao gênero discursivo "confissão" ou a algum outro gênero do discurso direto, que, como tal, seja incapaz de proporcionar uma visão global. Nem a compreensão seria possível de um ponto de vista cognitivo (nem emocionalmente, nem valorativamente participativo) e até mesmo de um ponto de vista objetivo, indiferente; seria impossível uma compreensão que a descrevesse e, consequentemente, haveria um empobrecimento daquilo que é descrito assim como se perderiam de vista os detalhes que lhe dão vida e incompletude. Também não se pode basear na identificação, que igualmente seria uma espécie de empobrecimento. Se isso fosse possível, reduzir-se-ia a relação entre duas posições mutuamente externas e não intercambiáveis a uma única visão. Para

---

[23] Idem, p. 71.
[24] Idem, p. 72.

Bakhtin, a interpretação-compreensão da arquitetônica pressupõe o outro, *tanto o diferente quanto o não indiferente*, mas reciprocamente participativos. Há, consequentemente, dois centros de valor: o meu e o do outro – os dois centros de valor da própria vida, em torno dos quais a arquitetônica da ação responsável é organizada e disposta. E esses dois centros de valor devem permanecer interpenetrados, a relação arquitetônica entre um e outro deve permanecer sob o ponto de vista espaço-temporal e axiológico de forma que o ponto de vista do "eu" não prevaleça. Como um exemplo dessa visão, Bakhtin analisa a arquitetônica da arte em "Para uma filosofia do ato", especificamente da arte verbal, da literatura, que se organiza em torno do centro de valor representado por um único ser humano, em sua unicidade, insubstitutibilidade, precariedade e mortalidade, e com relação a este observa que algumas expressões, como "mais cedo", "mais tarde", "ainda", "quando", "nunca", "é necessário", "além de", "mais longe", "mais perto", perdem seus valores abstratos, diz Bakhtin, e são preenchidas o tempo todo com sentidos concretos com relação à situação emocional-volitiva desse centro participativo. Bakhtin desenvolve e especifica essa observação em "O autor e o herói na atividade estética":

> A relação axiológica comigo mesmo é absolutamente improdutiva, e, em termos estéticos, eu para mim, sou esteticamente irreal. [...] Em todas as formas estéticas, a força organizadora é a categoria axiológica do *outro*, é a relação com o outro enriquecida pelo excedente axiológico da visão para o acabamento transgrediente.[25*]

Para Bakhtin, a arquitetônica que ele pretende analisar com a filosofia moral, ou filosofia primeira, está pronta na literatura: a alteridade do centro de valor de sua arquitetônica é considerada a partir de um ponto de vista transgrediente e extralocalizado, que é, por sua vez, o ponto de vista do um e do outro. Essa é a relação entre o autor e o herói na esfera do texto literário.

---

[25] Bakhtin, "O autor e a personagem na atividade estética", cap.v "O problema do autor", em *Estética da criação verbal*, trad. Paulo Bezerra, São Paulo, Martins Fontes, 2003.

[*] NT: Na edição brasileira de 2003 do livro *Estética da criação verbal*, traduzida por Paulo Bezerra, encontramos o título "O autor e a personagem na atividade estética" em lugar de " O autor e o herói na atividade estética". Para Augusto Ponzio, em entrevista pessoal, no entanto, a categoria "herói", além de ser uma categoria bakhtiniana, é mais adequada que a categoria "personagem", uma vez que "herói" em Bakhtin (o protagonista de um texto literário) não se refere necessariamente a uma pessoa, mas pode se referir também a um animal ou uma coisa inanimada, como a lua, por exemplo. Embora acreditemos que, em Bezerra, a noção "personagem" tenha essa acepção ampla, optaremos por adotar a categoria "herói" conforme proposta por Augusto Ponzio.

Cada parte de uma obra de arte pode ser considerada como uma reação do autor à reação do herói para com um objeto, um evento: *reação a uma reação*. A relação do autor, da arte para a vida, é indireta, mediada pelo herói. Na vida encontramos várias situações formadas por reações a reações: mas aqui, o ser humano que reage, assim como sua reação, é assumido em sua objetividade, e a reação a uma reação é também objetiva e expressa um ponto de vista funcional para um contexto dado, para um dado objetivo a ser conquistado. No plano artístico, ao contrário, a reação do herói é representada, e não é mais *objetiva*, mas *objetificada*, distanciada do autor pessoa, ela é sua própria reação. Tanto a distinção entre "objetivo" e "objetificado" quanto a distinção entre o "autor pessoa" e "autor criador" desempenham um importante papel na concepção de Bakhtin e podem, de fato, ser traçadas por todo o curso de sua produção, desde os primeiros escritos dos anos 1920 aos últimos nos anos 1970. A reação à vida, para o herói, já não é mais provisional ou funcional, direcionada a um final cognitivo ou prático, na medida em que é, agora, objetificada. Uma reação unitária à totalidade do mundo do herói é essencial à obra de arte. Essa reação é distinta das reações cognitivas e práticas, apesar de não ser indiferente a elas. Ela reúne todas as reações cognitivas e emocionais-volitivas singulares e as une num todo arquitetônico. Para que assuma um valor artístico, a ação unitária do autor precisa evidenciar a resistência da realidade, da vida, que encontra a expressão no herói, a resistência àquilo que é objetivo com respeito à sua rendição, à sua objetificação. A ação unitária do autor precisa evidenciar a alteridade do herói e seu valor extra-artístico. É necessário, portanto, começar pela posição de extralocalidade — no espaço, tempo e significado —, no que diz respeito ao herói, especialmente se se tratar de obra autobiográfica. Caso contrário, neste último caso, a ação unitária do autor assume um valor confessional esvaziado de valor artístico. Em tudo isso claramente encontramos traços da crítica de Bakhtin ao formalismo russo, que foi sistematicamente desenvolvida no *The Formal Method in Literary Scholarship*, 1928, assinada por Medvedev.

  Na Parte "I" de "Para uma filosofia do ato", ele analisa um poema de Pushkin, Razluka ("Separação") num esforço para esclarecer o *layout* arquitetônico da visão estética. Subsequentemente, ele se voltou para a relação entre "o autor e o herói na atividade estética" produzindo um longo trabalho com este mesmo título, no qual, logo no primeiro capítulo, ele inicia com a análise desse mesmo poema, desenvolvendo considerações que já havia feito na parte final do fragmento de que agora dispomos. Isso é particularmente interessante para enfim entendermos a direção do desenvolvimento da pesquisa de Bakhtin.

Não iremos agora examinar essa parte, mas o leitor poderá ler nosso comentário na edição italiana do *Fragment from the first chapter of Author and Hero*.[26] Aqui nós simplesmente diremos que Bakhtin identificou o tipo de arquitetônica que ele quis analisar sob o ponto de vista da literatura, mas, de fato, o que ele selecionou como exemplo terminou por prender sua atenção para o resto de sua vida, e este ponto de vista da literatura tornou-se seu foco principal.

Um outro ponto importante é que Bakhtin, inicialmente, abordou a visão estética através do gênero lírico, em que identificou originalmente a relação da alteridade dialógica sob diferentes pontos de vista – no caso da poesia de Pushkin, a alteridade dialógica entre o contexto do autor e aquele dos dois protagonistas, entre o autor herói e a personagem. Tudo isso enfraquece tanto as errôneas interpretações feitas de Bakhtin, as quais dizem que ele não considerou suficientemente o gênero lírico, como os mal-entendidos concernentes à sua concepção de dialogicidade: para Bakhin, dialogicidade é uma questão de gradação. Ao contrário das críticas que lhe têm conferido erroneamente a proposta de uma rígida oposição entre os gêneros absolutamente monológicos, como a poesia lírica, e gêneros dialógicos, especialmente o romance "polifônico" (como identificado nos trabalhos de Dostoiévski), para Bakhtin, dialogicidade está sempre presente na palavra artística caracterizando gêneros diferentes em diferentes graus.

Além disso, sua crença de que a "filosofia primeira" ou "filosofia moral" (cujos fundamentos ele analisa criticamente) é centrada na unicidade e na alteridade irredutível do ser, exigindo não uma visão direta, objetiva, do "eu", do sujeito, mas uma visão indireta e objetificada na qual o ponto de vista do "outro" (tal como desenvolvido na escrita literária) é central, dá-nos uma amostra do que ele entende como "metalinguística" (assim como esse termo é usado em *Dostoiévski*): a realidade viva e dinâmica da linguagem não pode ser entendida pelo estudo da palavra direta nem pela linguística, quando ela deixa de lado a dialogicidade interna da palavra concretamente orientada e especificamente entonada. "Para uma filosofia do ato" traz as premissas que guiaram Bakhtin por todo o caminho de sua pesquisa. Como ele demonstrou em um artigo de 1952-53, "The Problem of Speech Genres", os gêneros do discurso podem ser divididos em *gêneros primários* ou *simples* – os gêneros do diálogo do dia a dia – e *gêneros secundários* ou *complexos* – os gêneros literários que, ao contrário, produzem e objetificam a troca dialógica diária, ordinária e objetiva. O diálogo em gênero primário é descrito como um componente do gênero secundário e assim perde sua conexão imediata com o contexto real, com

---

[26] Cf. Ponzio e Jachia, *Bachtin e...*, op. cit., 1993.

os objetivos da vida do dia a dia e, consequentemente, com sua instrumentalidade e funcionalidade. A palavra deixa seu *contexto monológico*, em que é determinada na relação com seu objeto e com outras palavras que formam seu contexto, e entra no contexto da palavra que a representa. Este é o contexto complexo da interação verbal com o autor que objetifica e representa a palavra direta na forma de discurso indireto, direto, indireto livre e em suas variantes (discutidos na terceira parte do *Marxismo e filosofia da linguagem*, Voloshinov, 1929, agora disponível em uma nova edição italiana traduzida diretamente do russo (cf. Voloshinov-Bakhtin, 1999). Bakhtin sustenta que a complexidade do diálogo pode ser estudada através da palavra descrita e de sua dialogização interna, encontrada nos gêneros de discurso secundários da literatura – especialmente no romance – que evidencia aspectos do diálogo que não emergem no primário, simples, direto, gênero de discurso objetivo. Tal estudo é particularmente interessante, como Bakhtin (1952-53) sustenta, quando o objeto de análise considerado é a *enunciação* como a *célula da troca dialógica*, e não a *sentença* ou a *proposição*, que são as *células da língua*.[27]

> A orientação unilateral centrada nos gêneros primários redunda fatalmente na vulgarização de todo o problema (o behaviorismo linguístico é o grau extremado de tal vulgarização). A própria relação mútua dos gêneros primários e secundários e o processo de formação histórica dos últimos lançam luz sobre a natureza do enunciado (e, antes de tudo, sobre o complexo problema da relação de reciprocidade entre linguagem e ideologia).[28]

O texto de Bakhtin sobre a filosofia do ato responsável lançou luz sobre o itinerário que o conduziu à sua monografia de 1929 sobre Dostoiévski. De acordo com Bakhtin, a "filosofia" de Dostoiévski não deve ser identificada com concepções e posições específicas dos heróis em seus romances, ou com conteúdos específicos. Pelo contrário, Bakhtin encontra pistas da arquitetônica teorizada em seu artigo sobre filosofia moral em toda a estrutura dos trabalhos de Dostoiévski, que ele descreve como organizados de acordo com os princípios da dialogicidade. É a isso que Bakhtin se refere quando diz que "o indivíduo não é objeto, mas outro sujeito – este é o princípio que governa a visão de mundo de Dostoiévski"[29] (um trecho que também se torna mais claro com um artigo

---

[27] O segundo é um conceito abstrato revisto por Bakhtin na luz de sua crítica ao "objetivismo abstrato" em estudo de línguas. Sobre estes aspectos, ver o volume de Voloshinov de 1929, assim como seu artigo de 1928, sobre tendências nos estudos de linguística, trad. italiana em Voloshinov, 1980.
[28] Bakhtin, "Gêneros do discurso", em *Estética da criação ver*bal, trad. bras., op. cit., p. 264.
[29] Bakhtin, 1963, trad. ingl., p. 11.

sobre Dostoiévski de Vjaceslav Ivanov, 1973). No "romance polifônico" de Dostoiévski, o personagem não é mais descrito por um "eu" e assumido como um objeto. Pelo contrário, o personagem propriamente dito é um centro de alteridade e organiza seu mundo nesta perspectiva:

> Dostoévski levou adiante, no caso, uma revolução coperniciana em escala reduzida quando tomou o que tinha sido uma firme e finalizada definição de autoria e a transformou em um aspecto de sua própria definição de herói. Não sem razão Dostoévski força Makar Devushkin a ler "*O overcoat*" de Gogol e a tomá-lo como sua própria história.
> Devushkin vislumbrou-se na imagem do herói de "*O overcoat*", isto é, como algo totalmente determinado, medido e definido até o último detalhe: você está aqui por inteiro, não há nada mais em você e nada mais a ser dito sobre você. Ele sentiu estar irremediavelmente predeterminado e liquidado, como se já estivesse completamente morto, ainda que ao mesmo tempo detectasse a falsidade de tal aproximação.
> O significado mais sério e profundo dessa revolução poderia ser expresso desta maneira: o humano do homem não pode ser transformado no objeto mudo de alguma segunda mão, finalizando o processo cognoscitivo. *No humano do homem há sempre algo que somente ele mesmo pode revelar em um ato livre de sua própria consciência e do discurso, algo que não se submete a uma definição de segunda mão externalizada.*
> A vida genuína de uma individualidade torna-se disponível somente através de uma compreensão dialógica dessa individualidade, durante a qual ela se revela, a si própria, livre e reciprocamente.*

Essa é a direção da pesquisa de Bakhtin desde seus escritos iniciais até sua monografia sobre Dostoiévski de 1929: delineando os princípios de seus ensaios introdutórios para uma filosofia da ação responsável para uma nova

---

* N.T.: tradução livre de "Dostoevsky carried out, as it were, a small-scale Copernican revolution when he took what had been a firm and finalizing authorial definition and turned it into an aspect of the hero's self-definition.[...] Not without reason does Dostoevsky force Makar Devushkin to read Gogol's 'Overcoat' and to take it as a story about himself [...] Devushkin had glimpsed himself in the image of the hero of 'The Overcoat', which is to say, as something totally quantified, measured, and defined to the last detail: all of you is here, there is nothing more in you, and nothing more to be said about you. He felt himself to be hopelessly predetermined and finished off, as if he were already quite dead, yet at the same time he sensed the falseness of such an approach. [...] The serious and deeper meaning of this revolt might be expressed this way: a living human being cannot be turned into the voiceless object of some secondhand, finalizing cognitive process. *In a human being there is always something that only he himself can reveal; in a free act of self-consciousness and discourse; something that does not submit to an externalizing secondhand definition.* [...] The genuine life of the personality is made available only through a dialogic penetration of that personality, during which it freely and reciprocally reveals itself (Bakhtin, 1963, trad. ingl., pp. 49-59).

fase da filosofia, ele descobriu a possibilidade de sua expressão plena na escrita literária. Tal possibilidade é determinada pelo fato de que a escrita literária pode transcender a dimensão da identidade e os limites da relação diferença-indiferença em vários graus, dependendo dos gêneros literários ou subgêneros em questão, e, consequentemente, delinear a estruturação da alteridade numa perspectiva que é participativa e engajada. Tal orientação também está igualmente distribuída pela pesquisa dos membros do Círculo de Bakhtin (como evidenciado, por exemplo, pela coleção de escritos publicados em *Bachtin e le sue maschere*.[30] Na base desse interesse inicial na filosofia da ação responsável, Bakhtin desenvolve um interesse pela filosofia da literatura, na qual *da literatura* é um genitivo subjetivo, na verdade a visão de mundo filosófica que a literatura, arte verbal, torna possível, e não uma visão filosófica à qual a literatura deve ser sujeitada.

Surpreendentemente, o mais recente artigo de Bakhtin, de 1974, "Metodologia das ciências humanas",[31] insiste na mesma questão, proposta desde o início de sua pesquisa. Esse artigo, que foi escrito com base nos materiais desenvolvidos por Bakhtin por volta do final dos anos 1930 ou início dos anos 1940, retoma o problema da impossibilidade de se aplicar categorias próprias à relação sujeito-objeto ao mundo humano. Quando se lida com a expressão humana, o critério não é nem a "exatidão" do conhecimento, nem o "rigor" filosófico, no sentido husserliano, mas a "profundidade da compreensão responsável".

Mais interessante é o fato de que no começo deste artigo, depois de descrever a compreensão dialógico-ativa como o maior nível de compreensão do signo, Bakhtin se referiria ao "símbolo" retomando uma entrada enciclopédica de S. S. Averincev,[32] que colaborou com Bakhtin além de editar seus escritos. Usando a conceitualização de Averincev de "símbolo artístico", Bakhtin se volta para a conexão da imagem com o símbolo, a qual "confere profundidade e sentido perspectivo".[33] O símbolo implica uma "correlação dialética entre identidade e não identidade". No símbolo, acrescenta Bakhtin, citando Averincev, "há 'o calor de um mistério que une', justaposição do eu ao outro, o calor do amor e a frieza do estranhamento. Justaposição e confrontamento."[34] Bakhtin insiste que o sentido no símbolo imagem requer uma relação com um outro sentido

---

[30] Cf. Bakhtin et al., 1995.
[31] Bakhtin, "Metodologia das ciências humanas", trad. brasileira, op. cit., p. 393.
[32] *Sinvol*, em *Kratkaja literaturnaja enciclopedija*, vol. VII, Moscou, 1971, trad. it. em Jachia e Ponzio (orgs.), *Bachetin e...*, op. cit.
[33] Cf. Bakhtin, 1979, trad it., 1988, p. 375.
[34] Idem.

e interpretação, não na base do seu contexto mais próximo, mas, mais exatamente, em um contexto remoto, um contexto distante, que abre a identidade à alteridade. Está claro que tais considerações estão proximamente conectadas àquelas feitas por Bakhtin em seu texto sobre a filosofia da ação responsável.

Em um ensaio intitulado "Allegoria e metodo della conoscenza in Bachtin e in Benjamin. Due note e una parentesi",[35] Romano Luperini destaca uma possível conexão entre o conceito bakhtiniano de símbolo e o conceito de Ricoeur, defendendo que ambos podem ser associados à noção de "alegoria", assim também entendido tanto pelo próprio Bakhtin quanto por Walter Benjamin. Particularmente interessante é o fato de que Luperini evidencia as características essenciais da concepção bakhtiniana de interpretação, começando pelo conceito de "símbolo", como analisado por Bakhtin em seu artigo de 1974, mas que, como temos mostrado, já tinha sido claramente delineado em "Para uma filosofia do ato". Essas características incluem: a superação de Bakhtin de abordagens tradicionais de cunho subjetivo e idealista, e de tipo objetivo e científico; sua crítica aos positivistas, neopositivistas e posições historicistas, assim como o marxismo dogmático; sua recusa à redução da interpretação a um simples encontro entre duas consciências, a uma "fusão de horizontes" como em Gadamer, que anula distância e mútua extralocalidade entre textos no *continuum* histórico e na linearidade da tradição.

---

[35] Jachia e Ponzio (orgs.), *Bachtin e...*, op. cit., pp. 43-56.

A CARACTERIZAÇÃO DA PALAVRA LITERÁRIA

Comecemos com o seguinte fragmento dos "Apontamentos de 1970-1971":

> Peculiaridade da polifonia. Incompletude do diálogo polifônico (do diálogo sobre os problemas fundamentais). Os que desenvolvem um dito diálogo são personalidades incompletas e não são sujeitos psicológicos. Falta certa encarnação nestas personalidades (um excedente desinteressado).

Bakhtin afirma de novo a peculiaridade do diálogo polifônico como diálogo literário. A literatura – neste caso, o romance em sua forma concreta de romance polifônico – permite realizar com a linguagem o que fora da literatura não se pode realizar pelo caráter finito e completo do diálogo extraliterário. Os personagens do diálogo polifônico não são sujeitos psicológicos, sujeitos reais: são, pelo contrário, personalidades incompletas, que não existem iguais na realidade extraliterária. Os mesmos ficam de fora do intercâmbio dialógico real, da economia da comunicação ordinária: sua palavra representa um excedente desinteressado, no que diz respeito ao intercâmbio comunicativo que se realiza fora do espaço literário, fora do que o gênero do romance experimenta.

A escrita literária se diferencia da escrita científica, daquela da propaganda, política, informativa etc., porque foge ao que lhe é contemporâneo, ficando livre da divisão dos papéis da vida real, não se submete às regras do discurso funcional e produtivo, no qual quem fala se identifica como "eu" do discurso e converte-o em "palavra própria", pela qual ele é responsável e pela qual responde em primeira pessoa. Tal diferença pode ser percebida entre Dostoiévski escritor – que consegue alcançar o diálogo polifônico, incompleto, situado (ou melhor, extralocalizado) no "grande tempo da literatura" – e o Dostoiévski periodista, que como tal permanece na fronteira de um diálogo concluído, aderente e funcional aos problemas reais e, portanto, completamente compreensível e justificável dentro dos limites do contexto cultural de sua época:

> Somente um grande polifonista como Dostoiévski consegue apreciar na luta das opiniões e das ideologias (das várias épocas) um diálogo sobre os problemas fundamentais. Os demais ocupam-se de problemas que podem ser resolvidos no âmbito de uma época.
> O periodista é antes de tudo um contemporâneo. É seu dever sê-lo. Vive na esfera dos problemas que se podem resolver em seu presente (ou de todo jeito, num futuro próximo). Participa de um diálogo que pode ser finito, e inclusive completo, pode passar à ação, pode converter-se em uma força empírica. Precisamente nessa esfera é possível a "palavra própria". Fora desta esfera a "palavra própria" não é própria (a personalidade é sempre superior a si): "a palavra própria" não pode ser a última palavra. A palavra retórica é palavra do mesmo agente ou se dirige a agentes.
> [...] Quando entramos na esfera do periodismo de Dostoiévski, observamos claramente que seu horizonte se estreita: desaparece a universalidade de seus romances, incluindo quando os problemas da vida pessoal dos personagens são substituídos pelos problemas sociais e políticos. Os personagens viviam e atuavam (e pensavam) diante de todo o mundo (perante o céu e a terra). Os problemas fundamentais, que provinham de sua vida pessoal e cotidiana, abriam sua vida para a "vida divino-universal".

Bakhtin reafirma o excedente de sentido literário em relação ao intercâmbio comunicativo, introduzido de forma produtiva em um determinado contexto cultural em seus últimos trabalhos "Resposta a uma pergunta da redação de 'Novyi mir'" (1970), e "Observações sobre a epistemologia das ciências humanas" (1974).

O sentido de um texto literário não se esgota no que lhe é contemporâneo e, portanto, não pode ser compreendido introduzindo-o no quadro da cultura de uma época, considerada como sistema e código, como *langue,* em relação a qual o texto literário tenha que se codificar como se fosse *parole.* É certo que a literatura forma parte da cultura e não pode ser compreendida fora do contexto da cultura de uma época concreta. Tudo isso compreende uma tomada de posição que não aceita uma interpretação fechada do texto nem uma interpretação de um texto literário através de sua direta conexão com fatores socioeconômicos, deixando de lado a necessária mediação do contexto cultural.

Em vez de considerar o problema em termos de língua coletiva unitária e de palavras, para compreender a relação literatura-cultura é necessário abandonar a semiótica do código e considerar essa relação em termos dialógicos e de interpretação recíproca, como uma relação de textos reciprocamente "outros" e, portanto, que dialogam entre si, de forma que cada um destes contribua para a compreensão dos demais. Os textos que fazem parte do contexto unitário da cultura não têm entre si uma relação lógica, nem mesmo no sentido mais amplo da palavra, mas uma relação dialógica. Além disso, cada um dos setores da cultura de uma época nem sempre existe somente como interação, mas também como enfrentamento (algo muito diferente da oposição entre os elementos de um sistema, diferente das unidades linguísticas no nível fonológico). A unidade da cultura não se reduz à simples harmonia, porém se parece mais com um vivo debate no qual intervêm diferentes setores.[1]

As ressalvas de Bakhtin em relação a Lotman referem-se, precisamente, à interpretação da cultura como sistema e sua adesão à semiótica de código, o que o impedem de considerar a relação dialógica, a única na qual os textos vivem, apesar de Bakhtin reconhecer em Lotman e em sua escola o mérito de não separar a literatura da cultura.[2]

Exatamente porque o texto literário excede o que lhe é contemporâneo, Bakhtin considera que o "encontrar-se fora", a exotopia (*vnenachodimost*) – do ponto de vista abrangente, isto é, do texto interpretante respectivo ao contexto cultural do texto literário – facilita sua compreensão, permitindo estabelecer com o mesmo um diálogo que atravessa as fronteiras do contemporâneo.

> Se não se pode estudar a literatura isolada de toda a cultura de uma época de sua criação é impossível, é ainda mais nocivo fechar o fenômeno literário apenas na época de sua criação, em sua chamada atualidade. Habitualmente procuramos explicar um escritor e suas obras precisamente a partir de sua atualidade e do passado imediato (habitualmente no âmbito de uma época como a entendemos). Tememos nos afastar no tempo para longe do fenômeno em estudo.
> [...] Quando tentamos interpretar e explicar uma obra apenas a partir das condições de sua época, apenas das condições da época mais próxima, nunca penetramos nas profundezas de seus sentidos. O fechamento em uma época

---

[1] Cf. Bakhtin, "Risposta a una domanda della redazione del 'Novyi mir'" (1970); e *Basi filosofiche delle scienze umane* (1974), trad. N. Marcialis, em *Scienze umane*, n. 4, 1980, pp. 9-11 e 17-18 ("Observações sobre a epistemologia das ciências humanas" (1974), em *Estética da criação verbal*, trad. Paulo Bezerra, São Paulo, Martins Fontes, 2003).
[2] Idem, p. 18.

não permite compreender a vida da obra nos séculos subsequentes; essa vida se apresenta como um paradoxo qualquer. As obras dissolvem as fronteiras da sua época, vivem nos séculos, isto é, *no grande tempo*.
[...] A vida das grandes obras nas épocas futuras e distantes, como já afirmei, parece um paradoxo. No processo de sua vida *post mortem* elas se enriquecem com novos significados, novos sentidos; é como se essas obras superassem o que foram na época de sua criação. Podemos dizer que nem o próprio Shakespeare, nem os seus contemporâneos conheciam o "grande Shakespeare" que hoje conhecemos.
[...] O autor é um prisioneiro de sua época, de sua atualidade. Os tempos posteriores os libertam dessa prisão e os estudos literários têm a incumbência de ajudá-lo nessa libertação.[3]

Desde os ensaios dos anos 1920 até os últimos apontamentos e artigos dos anos 1970, a investigação de Bakhtin retorna a um mesmo problema: o da caracterização da palavra literária e, dentro da literatura, a peculiaridade da palavra dentro dos diferentes gêneros literários. É o mesmo problema que estabeleceram os formalistas russos e os "especificadores".[4] Como os formalistas, Bakhtin considera que essa peculiaridade não se pode detectar senão a partir de uma reflexão sobre a linguagem e sobre a palavra em geral. Mas, diferentemente do que sustentavam geralmente os formalistas russos, essa reflexão, segundo Bakhtin, tem que deixar os limites da linguística. Esta ideia já está presente no ensaio "Il problema del contenuto, del materialle e della forma nella creazione letteraria"(1924) e persiste em todos os escritos de Bakhtin, incluindo os mais recentes. O limite da linguística, e também da semiótica que a toma como modelo, consiste em basear-se na noção de sistema, de regras ou código (*langue*) por um lado e na noção de discurso individual ou mensagem (*parole*) por outro. A linguística conhece somente dois polos da complexa vida linguística: o sistema da língua e a *parole*,[5] paralelamente:

> A semiótica se ocupa essencialmente da transmissão de uma comunicação que já está preparada através de um código linguístico. No discurso vivo, em mudança, a comunicação se cria primeiramente no processo de transmissão e em substância, não existe código nenhum.[6]

---

[3] Bakhtin, "Os estudos literários hoje". Em *Estética da criação verbal*. Trad. Paulo Bezerra. São Paulo, Martins Fontes, 2003, pp. 362-64.
[4] Cf. Boris Einchenbaum, "La teoria del método formal", trad. de C. Riccio, em Tzvetan Todorov, *I formalisti russi*, Turim, Einaudi, 1968, pp. 31-72.
[5] Cf. Bakhtin, "La palabra en la novela", em *Teoria y estética de la novela*, op. cit. (trad. it. *Estetica e romanzo*, de C. Strada Janovic, Turim, Einaudi, 1979, pp. 77-8).
[6] Bakhtin, "Apontamentos 1970-1971", em *Estética da criação verbal*, op. cit.

A reflexão sobre a linguagem que pode contribuir para o estudo da caracterização do texto literário delimita-se em Bakhtin como "metalinguística", posto que não se ocupa da relação entre a língua como código e o texto, nem das relações linguísticas entre os elementos do sistema da língua ou os elementos de uma enunciação dada, senão das relações dos atos de palavras, dos textos, dos gêneros do discurso, e não somente de sua dialogia externa, a que se estabelece entre dois discursos que pertencem a dois outros diferentes, ou entre dois gêneros discursivos ou literários já caracterizados e diferenciados, senão também da dialogia interna de um mesmo discurso, de um mesmo texto, que pertence ao mesmo gênero discursivo ou literário considerado em seu processo histórico de formação e de transformação.[7]

Com respeito à semiótica do código, a reflexão de Bakhtin sobre o signo em geral poderia, em analogia com a "metalinguística", denominar-se "metassemiótica" ou, em consideração ao título publicado em 1929 com o nome de Voloshinov,[8] como "filosofia da linguagem". Bakhtin mesmo em "O problema do texto", no qual se ocupa diretamente do texto verbal também em relação com os textos não verbais (toda a análise bakhtiniana de Rabelais tenta expor ao público relações intertextuais entre signos verbais e signos não verbais),[9] qualifica sua análise como "filosófica":

> Nossa análise pode definir-se filosófica sobretudo baseada em considerações de caráter negativo: não é, de fato, nem uma análise (uma investigação) linguística, nem uma análise filosófica, nem uma análise crítico-literária, nem nenhum outro tipo de análise de especialistas. Em verdade digamos somente que nosso trabalho se desenvolve em zonas limítrofes, isto é, ao longo da fronteira de todas as disciplinas citadas em seus pontos de contato e interação.[10]

A caracterização da palavra literária não é entendida por Bakhtin – como fazem os formalistas russos – como uma oposição entre a linguagem literária e a linguagem não literária, e não comporta, absolutamente, a hipostatização da chamada "linguagem literária". A expressão *jazik poeticeskij* dos formalistas russos é ambígua: o duplo significado do termo *jazik* ("língua/linguagem") lhes permitiu falar da linguagem poética como se tratasse de uma língua, de um

---

[7] Cf. Bakhtin. "O problema do texto", trad. N. Marcialis, em Vjaceslav V. Ivanov et al., *Michail Bachtin. Semiotica, teoria della letteratura e marxismo*, A. Ponzio (ed.), Bari, Dedalo, 1977, p. 211.
[8] Cf. N. Voloshinov, *Marxismo e filosofia da linguagem*, op. cit.
[9] Cf. M. Bakhtin, *A cultura popular na Idade Média e no Renascimento: o contexto de François Rabelais*, op. cit.
[10] M. Bakhtin, "O problema do texto", em *Estética da criação verbal*, op. cit.

sistema que se contraporia a outra linguagem, também esta última não muito bem definida, genericamente indicada como *jazik prakticeskij* ("linguagem prática"). Um primeiro pressuposto que o formalismo russo dá por encerrado é a contraposição de dois "sistemas linguísticos": o "poético" e o "cotidiano prático", "comunicativo". Um segundo pressuposto tácito é que no estudo da linguagem poética são essenciais as diferenças bem mais que as afinidades entre estes dois sistemas. Nos escritos de Bakhtin de 1929-30, alguns publicados com o nome de Voloshinov e Medvedev,[11] encontramos a crítica a estes pressupostos e um interesse no problema da caracterização da palavra literária que permite sua superação.

Em "O método formal na ciência da literatura" demonstra-se como o conceito de "automatização" não é capaz de definir as características da linguagem prática cotidiana e, além disso, deixa apreciar a essencialidade do signo verbal. De fato, o que caracteriza o signo verbal em seu uso cotidiano é a capacidade que tem de adaptar-se a contextos e situações sempre novas e diferentes, isto é, sua plurivocalidade e sua correspondente indeterminação semântica. Ao descrever a "linguagem prática cotidiana" em termos de automatização, o formalismo perde de vista o caráter sígnico e reduz o signo verbal a um mero sinal, do qual se pode dizer, precisamente, que funciona de forma determinada, indiscriminada, unívoca (Bakhtin insistirá diretamente em *Marxismo e filosofia da linguagem* na diferença entre "signo" e "sinal"). Os casos nos quais o caráter do sinal prevalece sobre o caráter do signo da linguagem verbal são casos excepcionais e não podem considerar-se como típicos da comunicação linguística cotidiana. Por esse motivo, a linguagem prática cotidiana dos formalistas é uma abstração arbitrária que não corresponde a nenhuma realidade linguística, excluindo os fenômenos que não são típicos da linguagem verbal e nos quais o conteúdo comunicativo assume um caráter fixo, "congelado", que, entre outras coisas, somente com certo esforço pode entrar na noção formalista de "linguagem prática".[12]

Como o ensaio de Voloshinov de 1927 intitulado "O discurso na vida e o discurso na arte" também "O método formal na ciência da literatura" de Bakhtin objetiva demonstrar que a noção formalista de "linguagem poética" é inaceitável, noção na qual os formalistas se baseiam para afirmar a necessidade de recorrer a categorias da linguística no estudo da língua, estabelecendo uma estreita relação entre linguística e poética, relação entendida como base da

---

[11] N. Voloshinov, P. Medvedev, "O método formal nos estudos literários", op. cit. Veja também os escritos publicados por estes autores nos anos 1920 e reunidos por Ponzio, Jachia e de Michiel, *Bachtin e sue maschere*, op. cit.
[12] Cf. Medvedev, *Il metodo formale nella scienza della letteratura*, op. cit., pp. 216-20.

poética teórica, que se apoia na linguística (Jakobson, Jakubinski e, sobretudo, Vinogradov),[13] ou como "relação de aliança e colaboração" (Einchenbaum), ou como reparação de papéis no estudo das diferentes línguas: a língua ordinária, objeto da linguística, a língua poética, objeto da poética teórica (Sklovski). Bakhtin, como Potenbja, afirma que é necessário considerar a natureza verbal de fato poética e ao mesmo tempo utilizar a filosofia da linguagem como base de análise das obras literárias. Considera que a poética não se pode servir das categorias empregadas pela linguística no estudo da língua. "Não pode subsistir uma poética linguística", sobretudo pela natureza dialógica plurivocal, flexível e inovadora do signo verbal, que faz com que a linguística com seu "objetivismo abstrato" não possa analisar a palavra literária, nem sequer a palavra ordinária, se as considerarmos em seus contextos comunicativos reais. Além de mostrar os limites da linguística, do "objetivismo abstrato" (Baudouin de Courtenay, Scerba, Saussure, Sechehaye, Bally), as ideias de Bakhtin nos anos de 1924-30 mostram as lacunas da concepção filosófico-linguística do "subjetivismo individualista" (Humboldt, Vossler, Croce, Potenbja).[14]

Como observa Todorov, a oposição entre literatura e linguagem, ou melhor, entre linguagem literária e linguagem não literária, é completamente alheia ao pensamento de Bakhtin.[15] A literatura, através do emprego das potencialidades dialógicas da linguagem, faz com que alguns gêneros literários se mostrem especialmente sensíveis, superando mesmo a linguagem: uma superação imanente que, de qualquer forma, coloca a palavra literária em uma relação de irredutível alteridade com a "língua" da linguística. Segundo Bakhtin, no ensaio de 1924 intitulado "O problema do conteúdo, do material e da forma na criação literária":[16]

> Somente na poesia a língua revela todas as suas possibilidades, haja vista que as exigências com relação a ela são mais altas: todos os seus aspectos se baseiam no extremo e chegam a seus limites; é como se a poesia extraísse da língua todo o seu sumo, e a língua superasse a si mesma. Mas, apesar de ser tão exigente para com a língua, a poesia, todavia, *a supera porque é língua e objeto determinado da linguística.* A poesia não é uma exceção da situação comum a todas as artes: *a criação artística definida em relação à material é sua superação.*

---

[13] Para a crítica a Vinogradov, cf. Voloshinov, "Poetica e linguistica" Em *Il linguaggio come pratica sociale*, Bari, Dedalo, 1980, pp. 201-45.
[14] Para a crítica ao "objetivismo abstrato" e ao "subjetivismo individualista" na filosofia da linguagem e na linguística, cf. Voloshinov, *Marxismo e filosofia da linguagem*, op. cit. p. 105; e "Le più recenti tendenze del pensiero linguistico occidentale", em *Il linguaggio come pratica sociale*.
[15] Cf. Todorov, *Bakhtine. Le príncipe Dialogique*, Paris, Seuil, 1981, p. 104.
[16] Trad. it. em Bakhtin, *Estetica e romanzo*, op. cit.

A língua em sua determinação do objeto da linguística não entra no objeto estético da arte verbal. [...] O enorme trabalho do artista sobre a palavra tem como fim último a superação da palavra, haja vista que o objeto estético expande-se nas fronteiras da palavra, nas fronteiras da língua enquanto tal; mas esta superação do material tem um *caráter* puramente *imanente*: o artista se livra da língua em sua determinação linguística não através de sua determinação, mas sim mediante seu *aperfeiçoamento imanente*: é como se o artista triunfasse sobre a língua graças a arma linguística que esta lhe oferece, é como se obrigasse a língua a superar a si mesma, aperfeiçoando-a linguisticamente.[17]

Ao rechaçar a dicotomia que o método formal (Sklovski) estabelece entre "língua ordinária" e "língua poética", sobre a qual se apoiavam as categorias de "automatização", "perceptibilidade", "estranhamento", o estudo de 1926 dedicado a "O discurso na vida e o discurso na arte" sustenta que as potencialidades da forma artística já estão presentes na enunciação da vida cotidiana, apesar de se expressarem no enunciado verbal artístico de forma especial. Este ensaio de 1926, através da análise de atos linguísticos concretos, da palavra em seus contextos situacionais, encontra na enunciação da linguagem comum elementos e aspectos que se encontram organizados de forma peculiar na arte verbal.[18] Bakhtin dedica uma atenção especial às relações entre autor, destinatário e protagonista (herói) da enunciação. Quem ou de quem se fala, nos contextos comunicativos concretos, não é simplesmente objeto passivo do discurso, mas é protagonista, herói, não importa se se trata de um objeto inanimado. O texto reflete na forma e na entonação as relações de simpatia, antipatia, participação, separação, aversão etc., entre o autor e o "herói", e o mesmo pode ser dito das relações que se estabeleceram entre autor e destinatário. Na enunciação se expressa então a atitude do falante em sua "dupla orientação social", ou seja, em relação ao que se fala e a quem se fala.

Estes três elementos se encontram na escrita literária e a relação especial que se estabelece entre eles tem um papel fundamental na forma artística, porque se converte em um princípio organizacional. O autor, o herói e o destinatário que Bakhtin estuda são os fatores que constituem a obra literária, que formam parte de sua estrutura e que estão presentes na gênese mesma da obra. Trata-se do autor de uma determinada obra que se dirige a seus destinatários e que se relaciona com seu personagem, não o autor que não entra diretamente na estrutura da obra e que interessa ao crítico literário.

---

[17] Idem, pp. 41 e 44.
[18] Cf. A. Ponzio, *Michail Bachtin*, Bari, Dedalo, 1980, pp. 11-36, 71-99; cf. também *Tra semiótica e letteratura. Introduzione a M. Bachtin*, Milão, Bompiani, 1992.

Paralelamente, o destinatário é considerado um elemento estrutural interno à obra, um interlocutor a quem o próprio autor dirige-se na construção da mesma forma artística, e não um leitor real da obra, um "consumidor", um "público".[19]

A relação entre estes três elementos se concretiza nos diferentes gêneros literários, assim como na fala da vida cotidiana se concretiza segundo os diferentes gêneros do discurso. Uma das críticas que se faz aos formalistas russos na obra "O método formal na ciência da literatura" é o fato de estes não fazerem considerações ao problema de gênero literário, uma vez que,

> O gênero é forma típica da obra unitária, do ato de palavra unitária. Uma obra só é uma obra quando toma a forma de um determinado gênero. Se os formalistas tivessem enfrentado a tempo o problema do gênero como problema de entidade unitária, não teria sido possível, por exemplo, atribuir um significado construtivo, autônomo, a elementos abstratos da linguagem.[20]

Em "Epopeia e romance", de 1938, Bakhtin faz notar, entre outras coisas, que os historiadores da literatura, desgraçadamente, em geral

> Não veem além do aspecto do processo literário, os grandes e essenciais destinos da linguagem, cujos protagonistas são antes de tudo os gêneros, enquanto as correntes e as escolas são personagens de segunda ou terceira ordem.[21]

No ensaio de 1926 sobre "O discurso na vida e o discurso na arte", demonstra como o grau de distância que existe entre autor, herói e destinatário na obra literária está determinado pelas mesmas regras linguísticas que determinam a distância entre estes três elementos na enunciação cotidiana. Mas os procedimentos artísticos permitem configurar um grau de distância ou de proximidade que não pode encontrar expressão nas relações comunicativas submetidas unicamente às regras da língua. Além disso, com base na relação entre autor, destinatário e herói, diferenciam-se entre si textos literários que pertencem a gêneros diferentes. A sátira, por exemplo, comporta um distanciamento entre autor e herói, enquanto este último se aproxima ou coincide com o destinatário. As formas da confissão e de autobiografia comportam, por outro lado, uma aproximação do autor com o herói e variam segundo a relação entre autor e destinatário, conforme este último sinta-se na posição de aliado, de testemunha ou de juiz, ou nutra, com relação ao outro, sentimentos de desprezo ou desconfiança, de hostilidade ou

---

[19] Sobre a distinção entre público e destinatário, cf. Voloshinov, "O discurso na vida e o discurso na arte", em *Il linguaggio come pratica sociale*, op. cit., pp. 54-5.
[20] Medvedev, op. cit., pp. 281-2.
[21] Bakhtin, "Epos e romanzo" (1938), em *Estetica e romanzo*, op. cit., p. 446.

mesmo de ódio. No ensaio de 1926 os exemplos são tomados sobretudo de Dostoiévski, que Bakhtin estudará a fundo 1928.

> Um material ilustrativo muito interessante desta posição pode ser encontrado na obra de Dostoiévski. O estilo da confissão, das "memórias" de Hipólito no *O idiota* está determinado, de forma total, pela desconfiança depreciativa e a hostilidade aos que ouvem esta confissão, feita antes de morrer. Os mesmos tons um pouco mais adoçados determinam o estilo de *Memórias do subsolo*. Uma maior confiança e um maior reconhecimento dos direitos do que escuta se revelam ao estilo da confissão de Stavrogin, personagem de *Demônios*, se bem que em alguns momentos irrompa quase o ódio contra aquele que escuta, o que cria bruscas quebras de estilo.[22]

A condição fundamental na poesia lírica é a sólida certeza da simpatia de quem a ouve, e o estilo da lírica muda bruscamente quando essa simpatia se coloca em perigo. O conflito com aquele que ouve encontra sua expressão mais evidente na chamada "ironia lírica" (Heine).

A oração, o hino, a poesia lírica, a revelação, a autobiografia, o aforismo, o romance, a sátira etc. caracterizam-se por um grau de proximidade ou de distância diferentes entre autor, herói e destinatário. O grau de aproximação entre autor e herói não depende só de regras gramaticais, como, por exemplo, do uso da primeira, segunda ou terceira pessoa (eu, tu e ele), mas também de regras do gênero literário. O herói da autobiografia apresenta um grau muito mais elevado de proximidade com o autor e chega a identificar-se com ele, tanto quando se fala do herói na primeira pessoa como na terceira. Inversamente, no romance, a distância (que não excluía a participação ou a simpatia) está predeterminada ainda que o relato se desenvolva em primeira pessoa.

Em um ensaio de 1922-24 – cuja importância consiste no fato de que já se emprega o conceito de "extralocalização" ou "encontrar-se fora" ou "exotopia", conceito que tem um papel fundamental na concepção bakhtiniana da literatura e que aparece em seus últimos ensaios –, encontra-se diretamente o problema da relação entre autor e personagem, para determinar a relação entre forma e conteúdo na obra literária.[23] Através do personagem e do autor, os valores extra-artísticos, ligados a uma determinada situação social, penetram na obra e encontram nela a expressão estética. A forma da obra literária coincide,

---

[22] Voloshinov, "O discurso na vida e o discurso na arte", op. cit., p. 53.
[23] Cf. Bakhtin, "L'autore e il personaggio nell'attività estetica", trad. de E. Magnanini, "Rassegna sovietica", n. 2, 1979, pp. 3-19 (tradução brasileira: "o autor e a personagem na atividade estética", op. cit.).

afirma Bakhtin, com a palavra do autor. Não é simplesmente forma do material esvaziado de seus conteúdos valorativos e ideológicos. "No objeto estético entram todos os valores do mundo, mas com um determinado coeficiente estético".[24] A forma artística, isto é, a palavra do autor, organiza os conteúdos da palavra e da vida alheia. A palavra do autor tem que expressar uma alteridade real para que o personagem seja convincente, para que o conteúdo resulte em realidade e se obtenha verossimilhança de valores.

> Na obra temos que sentir a ativa resistência da realidade do fenômeno da existência. Onde não existe esta resistência, onde não nos projetamos no evento dos valores do mundo, a obra está inventada e seu perfil artístico está completamente desprovido de persuasão [...]; junto com nossa consciência criativa temos que sentir de forma ativa outra consciência, à qual se dirige nossa criação como a algo do outro, e precisamente sentir isso significa sentir a forma [...]. Portanto, no solitário mundo das formas, a forma não é significante. O contexto de valores, no qual se concebe e se realiza a obra literária, não é um contexto unicamente literário, a obra artística tem que provar os valores da realidade, a realidade da personagem como fenômeno.[25]

A relação autor personagem, isto é, forma-conteúdo, constitui a relação da palavra literária com a palavra da vida concreta, da forma artística com os conteúdos da vida social, do valor estético com os valores extraestéticos. Na força dessas relações se constitui a representação artística do mundo que, apesar de estar dentro da vida social com todos os seus valores, possui um ponto de vista externo a esta. Tal ponto de vista constitui sua alteridade; a alteridade é o traço específico da forma artística, a alteridade do ponto de vista do autor, que se encontra *fora* da vida representada.

Naturalmente *encontrar-se fora, a exotopia,* é a condição imprescindível da palavra literária, assim como o é a participação nos conteúdos e nos valores da vida social. A obra literária assume formas diferentes conforme se organiza a dialética entre "estar dentro" e "estar fora" da palavra literária, que *comporta sempre uma determinada distância* – mesmo onde parece haver identificação – entre autor e herói, ou personagem, como condição necessária para que o conteúdo receba forma artística. Resulta disso, portanto, que a palavra literária é sempre palavra indireta, apesar de Bakhtin caracterizar alguns gêneros literários (a epopeia, a poesia lírica, por exemplo) como gêneros da palavra direta. Além disso, por sua exotopia,

---

[24] Idem, p. 6.
[25] Idem, pp. 13-14.

a palavra literária é sempre dialógica, apesar de haver gêneros mais dialógicos (o romance, e especialmente o romance polifônico). Bakhtin considera alguns gêneros e algumas de suas variantes como monológicos (a mesma caracterização do romance de Tolstoi como monológico evidentemente o é em comparação com o romance polifônico de Dostoiévski). Se alguns gêneros literários se caracterizam como relativamente sérios, a palavra literária, precisamente por sua exotopia, é sempre palavra irônica, palavra que toma distância, que não significa totalmente com seu próprio conteúdo. Incluído em sua autobiografia, em que o autor se identifica com o personagem, a literatura do texto depende de um determinado grau de distanciamento entre estes, o que leva a não tomar o personagem a sério no seu todo e a apresentar uma visão de mundo como relativa e superada de um ponto de vista externo, o que o converte em personagem incompleto, forçando-o a sair dos limites do mundo que fazem com que sua palavra seja completa e terminada. A escrita literária se coloca sempre mais ou menos fora do discurso funcional e produtivo. Ao colocar-se fora da vida, a escritura literária tem algo a ver com a morte e visa sempre as coisas humanas desde o seu extremo limiar, e, portanto, com certa ironia, com uma atitude sério-cômica, mais ou menos acentuada dependendo do gênero literário e suas variantes.

> De um ponto de vista estético, a atitude criadora sobre o personagem e seu mundo é a de considerá-lo como um sujeito destinado a morrer, *moriturus*; por isso falta ver com clareza no homem e em seu mundo precisamente o que ele em princípio não vê em si mesmo, haja vista que está fechado em si e vive com seriedade sua vida: a capacidade de aproximar-se de seu mundo, não do ponto de vista da vida, e sim de outro, ativo, fora dela, que não somente participa nela e a entende de dentro (a vida prática, social, política, religiosa), como também a ama desde fora, desde o momento em que deixa de existir para si mesma, desde o momento em que se dirige para fora e necessita de uma atividade que esteja situada e a pense desde fora.[26]

A exotopia comporta a alteridade da escrita, que não é uma alteridade complementar que completa a consciência individual, que a constitui como totalidade; não se trata da alteridade necessária para constituir a identidade; não é a alteridade funcional da esfera do Mesmo. Nesse sentido, a dialogia da escrita literária se diferencia da escrita que se propõe um fim determinado, científico, ético, político, pedagógico etc.

---

[26] Idem, pp. 6-7.

Uma relação excepcional realiza-se, portanto, na escrita. Em cada texto literário, segundo o gênero ou subgênero ao qual pertence, expressa-se uma relação especial com o outro, isto é, com o protagonista.

> A atitude valorizadora de si mesmo é totalmente improdutiva esteticamente, para mim mesmo eu sou esteticamente irreal [...]. Em todas as formas estéticas a força organizadora proporciona a categoria do valor do "outro", a relação começando pelo "outro", enriquecida por uma observação que a completa e a transcende.[27]

O fato de encontrar-se fora – a exotopia – mantém entre o outro e o eu uma relação de distância irredutível, isto é, uma relação de efetiva alteridade, uma separação radical que impede a reconstrução da totalidade.

A alteridade da escrita literária, seu ponto de vista específico, determina-se na dialética entre "estar dentro" e "estar fora", entre participação e distanciamento. Na crítica da sociologia, Bakhtin insiste na importância da forma e na caracterização do fenômeno literário. Em relação ao formalismo, Bakhtin destaca, contudo, a importância do conteúdo ideológico na obra literária. O mérito dos formalistas russos – diz em "O método formal na ciência da literatura" – é que eles se ocuparam da construção da obra literária, mas, com suas polêmicas negações, no formalismo a unidade construtiva se obtém pelo alto preço da alteridade de todo o significado inerente ao fenômeno poético, porque se exclui da construção poética o significado ideológico. Se, como diz Eichenbaum, é natural que nos anos de afirmação e polêmica os formalistas russos tenham dirigido todos os seus esforços para demonstrar a importância dos procedimentos construtivos e tenham deixado de lado tudo mais, "faz falta colocar em primeiro plano, no trabalho e na investigação, esse 'algo mais', isto é, toda a riqueza e profundidade do significado ideológico".[28] Tudo o que é significativo de um ponto de vista ideológico e que anteriormente, como conteúdo, considerava-se essencial na literatura, os formalistas veem como elemento "indiferente" no procedimento construtivo, um elemento que se pode substituir e suprimir ("palavra transmental"). No livro de Medvedev de 1928, dedicado à crítica construtiva do método formal revisitado em "seu próprio terreno", isto é, o da caracterização do fenômeno literário, sustenta-se que a construção poética expressa, representa, a valoração social por si mesma, sem estar subordinada a uma determinada ação prática, a um determinado fim, por exemplo, político, moral, cognoscível, como ocorre em outras enunciações que não pertencem à escrita literária. Na

---

[27] Idem, p. 5.
[28] Medvedev, op. cit., p. 165. Cf. B. Eichenbaum, op. cit., p. 51.

construção literária, as enunciações organizam-se segundo fins que não estão fora da expressão verbal, como ocorre com as enunciações de outros campos ideológicos. Todos os aspectos do material, isto é, da linguagem como meio de valoração social, são empregados em função da expressão desta mesma valoração, sem nenhum outro fim. Se em qualquer outra enunciação a singularidade da expressão depende da generalidade do significado, na enunciação literária, ao contrário, todos os aspectos do material fazem-se igualmente necessários e insubstituíveis. E diferentemente de uma enunciação que não tem como fim a representação da valoração, "a realidade da enunciação estética não está a serviço de nenhuma outra realidade".[29]

Tomando posição contra a sociologia, Bakhtin em seu *Dostoiévski*, observa que os críticos deste autor, que geralmente se ocuparam dos conteúdos ideológicos de sua obra, consideraram sua ideologia em geral e, por isso, deixaram de lado aquilo que converte esta ideologia em uma visão artístico-literária, própria de um gênero literário especial: o romance. De tal forma, diz Bakhtin, excluíram a possibilidade de apreciar por completo o caráter inovador *de princípio* do romance de Dostoiévski, isto é, o que Bakhtin chama de "romance polifônico". A propósito de Kaus, que explica a pluralidade, o heterogêneo e o contraditório das diferentes posições ideológicas na obra de Dostoiévski, conectando-as com relações sociais de tipo capitalista, Bakhtin escreve:

> As explicações de O. Kaus contém afirmações corretas [...], mas as explicações de Kaus escondem o mesmo fato do qual trata de explicar. O espírito do capitalismo, de fato, se apresenta na linguagem da arte, e em particular na linguagem de uma variedade do gênero romanesco. Além disso, falta descobrir os detalhes de construção deste romance através de seus diferentes planos, que se distanciam da normal unidade monológica. Este é o problema que Kaus não resolve. Depois de ter proposto evidenciar o mesmo fato da pluralidade de planos e de vozes, são modificadas suas explicações do plano do romance para o plano da realidade.[30]

A literatura permite ver na linguagem o que a linguística da comunicação direta, de seu ponto de vista totalizador, para o qual existe somente a língua como sistema unitário, não pode apreciar, isto é, a palavra outra, não somente a palavra outra alheia, que requer, além da codificação, a compreensão respondente, mas também as outras vozes que ressoam na palavra de um "mesmo" sujeito. A palavra se dá como dialógica, interiormente dialógica, isto é, como dialética,

---

[29] Medvedv, op. cit., p. 276.
[30] Bakhtin, *Dostoiévski: poetica e stilistica*, op. cit., p. 30.

intertextual. É irredutível à dialética monológica, que é uma pseudo-dialética. A lógica dialética é uma dialógica. Bakhtin, nos "Apontamentos de 1970-1971", explica da seguinte maneira o enigma de como se forma a dialética monológica:

> No diálogo as vozes se eliminam (a divisão das vozes), eliminam-se as entonações (pessoais-emotivas), das palavras vivas, e das respostas retiram-se os conceitos e os juízos abstratos, tudo se estaciona em uma consciência abstrata e dessa forma se obtém a dialética.[31]

A dialogia da palavra pode ser apreciada do ponto de vista da literatura e é neste ponto de vista que se coloca Bakhtin quando considera a natureza dialógica da linguagem. Como diz Todorov, "é Dostoiévski, e não Bakhtin, que inventou a intertextualidade".[32] Ao romance polifônico, e em geral ao pensamento artístico polifônico, de fato

> consentem alguns aspectos do homem, e, sobretudo a consciência humana pensante e a esfera dialógica do seu ser, que não podem se assimilar artisticamente desde posições monológicas.[33]

Mas se Bakhtin pode ser considerado o porta-voz de Dostoiévski, este último, por sua vez, é o porta-voz de uma tradição literária ligada a um gênero determinado: o romance. Nos estudos de Bakhtin, a intertextualidade, entendida simplesmente como relação de influência entre textos de autores diferentes, fica relegada a segundo plano:

> Sublinhamos uma vez mais que não nos interessa a influência de cada um dos autores, de obras, temas, ideias, personagens: interessa-nos a influência, precisamente, da tradição de gênero, que se transmite através dos escritores mencionados. A tradição de cada um deles regenera-se e se renova à sua maneira, isto é, de forma irrepetível. Nisso, precisamente, consiste a vida da tradição [...]. Podem-se naturalmente estudar também as influências individuais, isto é, a influência de um único escritor, por exemplo, de Balzac sobre Dostoiévski, mas esta já é uma influência especial que nós aqui não consideramos. A nós somente interessa a tradição.[34]

A metalinguística de Bakhtin se faz possível quando se assume o ponto de vista da literatura: de fato, em alguns gêneros e em alguns autores, se produz a superação do monolinguismo da língua como sistema unitário, e a superação da dialogia terminada, fechada, típica da linguagem da vida real. A escrita literária

---

[31] Bakhtin, "Apontamentos 1970-1971", em *Estética da criação verbal*, op. cit.
[32] Todorov, *Mikhail Bakhtine: la principe dialogique*, op. cit., p. 165.
[33] Bakhtin, *Dostoiévski: poetica e stilistica*, op. cit., p. 353.
[34] Idem, p. 208.

permite o acesso ao diálogo polifônico, pleno de incompletude e infinito. A escrita literária move-se entre a monologia (relativa) e a polilogia, os diferentes gêneros e subgêneros literários podem ser classificados de acordo como se colocam entre estes dois extremos.[35] Mas os gêneros não são fixos nem definitivos. Eles constituem-se e transformam-se historicamente seguindo determinadas condições culturais. Estão sujeitos a processos de hibridização e de influência recíproca (por exemplo, a transformação em romance de outros gêneros diferentes). A dialética entre o Mesmo e o Outro desenvolve-se também na vida do gênero literário:

> O gênero é sempre o mesmo e às vezes outro, é sempre novo e velho ao mesmo tempo. O gênero renasce e se renova em cada etapa do desenvolvimento da literatura e em cada obra individual de um gênero determinado. Nisso consiste a vida do gênero. [...] O gênero vive no presente, mas sempre recorda seu passado, seu princípio. O gênero é o representante da memória criativa, do processo de desenvolvimento literário. Por isso, o gênero é capaz de garantir a unidade e a continuidade deste desenvolvimento.[36]

A exotopia, que caracteriza a escrita literária e que se realiza de forma diferente segundo os distintos gêneros, serve-se das normas linguísticas que regulam a relação entre a palavra própria e a palavra alheia, mas obtém efeitos especiais. Na última parte de *Marxismo e filosofia da linguagem*, Bakhtin examina o uso das normas linguísticas do discurso direto, indireto e indireto livre em função da representação da palavra alheia dentro da escrita literária.[37] Nas formas de representação do discurso alheio, previstas pela língua, manifestam-se as possibilidades de distanciamento que essa língua oferece entre a palavra própria e a palavra alheia. Tais possibilidades, por sua vez, se relacionam com determinadas condições histórico-sociais, com a força da ideologia dominante, com a hegemonia de uma cultura (relativamente) unidimensional ou com sua desintegração em favor de uma visão plurívoca da realidade; relacionam-se com a capacidade que um determinado sistema social tem de persistir apesar das contradições sociais que podem surgir em seu interior e, portanto, apesar de outros pontos de vista alternativos que se expressam verbalmente.[38] Condições sociais particulares levaram ao domínio de

---

[35] Sobre este aspecto, cf. principalmente Bakhtin, "La parola del romanzo" e "Dalla pristoria della parola del romanzo", em *Estetica e romanzo*, op. cit., pp. 66-230 e 407-44.
[36] Bakhtin, *Dostoiévski: poetica e stilistica*, op. cit., p. 139.
[37] Cf. Voloshinov, *Marxismo e filosofia da linguagem*. Cf. também o Capítulo "A manipulação da palavra alheia: sobre as formas do discurso reproduzido" deste livro.
[38] A dialética entre ideologia oficial e ideologia não oficial é analisada diretamente por Voloshinov, em *Freudismo*, pról. A. Ponzio, trad. G. Mininni, Bari, Dedalo, 1977.

determinadas formas de abertura ou fechamento a respeito do discurso alheio, que se converteram em "gramaticais" em cada língua, que foram assumidas como modelos sintáticos e que determinam a percepção e a representação da palavra alheia por parte dos falantes de tal língua. Assim o discurso indireto livre não é simplesmente um modelo sintático; expressa também uma preferência ideológica especial, uma forma particular de consciência do intercâmbio linguístico; indica condições socioeconômicas especiais e realiza uma comparação entre linguagens, estilos e ideologias diferentes; converte em relativos os pontos de vista; desbarata a palavra monológica. Encontramos considerações parecidas no que observa Pasolini a propósito do discursivo indireto livre em Dante e Ariosto:

> Que em Ariosto exista o discurso livre é um fato tão significativo e importante do ponto de vista histórico que não nos podemos limitar simplesmente a anotá-lo como uma curiosidade ou um mérito respectivo a La Fontaine. Vê-se que em uma época na sociedade italiana foram dadas características que depois foram repetidas de forma mais ou menos ampla e estável um século e meio depois na França, etc. [...]. A língua de Ariosto é indivisível: seus matizes formam uma continuidade entre a língua do comércio e dos bancos [...]. O discurso que Ariosto revive é o seu discurso de burguês [...]. O jogo se realiza entre a linguagem alta e uma linguagem média: um matiz infinito, de onde a consciência sociológica não é mais que uma potente sombra que deixa às escuras o resto e que ilumina todo o maravilhoso jogo da ironia de Ariosto. Tampouco é casual o uso do estilo livre indireto em Dante. Sua presença na *Divina comédia* expressa as especiais contradições linguístico-ideológicas da sociedade comum.[39]

Compreendemos agora a importância que Bakhtin atribui ao discurso indireto livre na dialética entre monologia e polilogia. Fica claro o papel que representam os modelos do discurso reproduzido e de suas variantes ("discurso disseminado", "discurso direto retórico", "discurso direto substituído" etc.) na escrita literária, visto que a relação forma-conteúdo pode ser explicada como relação entre a palavra própria e a palavra alheia, com diferentes graus de exotopia, segundo os diferentes gêneros literários e sua evolução.[40]

---

[39] P. P. Pasolini, "Intervento sul discorso libero indiretto", em *Empirismo eretico*, Milão, Garzani, 1977 (há uma nova edição de 1991), pp. 89-90.

[40] Bakhtin retorna à questão do discurso reproduzido em "O problema do texto", em *Estética da criação verbal*, op cit, p. 327: "A palavra usada entre aspas, isto é, sentida e empregada como palavra do outro, e a mesma palavra (como alguma palavra do outro) sem aspas. As gradações infinitas no grau de alteridade (ou assimilação) entre as palavras, as suas várias posições de independência em relação ao falante. As palavras distribuídas em diferentes planos e em diferentes distâncias em face do plano da palavra do autor".

Naturalmente a dialogia interna da palavra, que se manifesta sobretudo nas formas do discurso reproduzido, pode ser encontrada tanto na língua falada quanto na língua escrita, tanto na literatura quanto na escrita extraliterária. Mas na prosa extra-artística

> a dialogia normalmente se encontra em um ato independente concreto e se desenvolve no diálogo direto ou em outras formas evidentes, que se apresentam na composição como demarcação e polêmica com a palavra alheia. Na prosa artística, ao contrário, a dialogia da palavra penetra desde o interior do próprio ato com que a palavra concebe seu objeto e seu modo de expressão, transformando assim a semântica e a estrutura sintática da palavra. A recíproca orientação dialógica converte-se em um fenômeno da própria palavra que de dentro dá vida e dramatiza a palavra em todos seus momentos.[41]

Na alteridade da escrita literária, sobretudo onde a exotopia é maior, expressa-se a alteridade do que não é escrita, mas que aspira, como a escrita, a expressar-se com uma palavra autônoma, autossignificante, não funcional. Uma palavra que tenha valor por si mesma, que seja livre do ponto de vista de sua constituição.

Na exotopia da palavra literária se expressa a distância em relação ao próprio ser, uma distância constitutiva da consciência humana. A consciência e a autoconsciência comportam, diz Bakhtin, uma alteridade que se expressa na palavra como realização da consciência e da autoconsciência.

A exotopia literária permite a representação desta alteridade constitutiva da consciência e da palavra. A palavra fica objetivada e o autor permanece fora dela. A obra literária como tal está irremediavelmente separada de seu autor: podemos encontrar nela o autor representado, convertido em outro, mas não o autor que representa o autor puro, o escritor.[42] É certo, diz Bakhtin, que também na linguagem extraliterária podemos assumir o discurso como representado, objetivado, mas tal imagem objetivada não forma parte das intenções nem dos fins do emissor. A palavra literária, ao contrário, é sempre palavra objetivada. Por esse motivo, nela podemos sentir o autor, mas não vê-lo, como ocorre na palavra extraliterária, na palavra direta, que tende à identificação do falante ou daquele que escreve com o eu do discurso. A palavra literária é sempre mais ou menos palavra indireta, distanciada e, como tal, representa a alteridade constitutiva da consciência e da autoconsciência, isto é, a dialogia interna da palavra, alteridade e dialogia que, ao contrário, são deixadas de lado, "são postas entre parênteses",

---

[41] Bakhtin, *La parola nel romanzo*, op. cit., p. 92.
[42] Cf. Bakhtin, "O problema do texto", em *Estética da criação verbal*, op. cit.

sem converter-se em temas quando a palavra é dirigida a um objeto externo, e não à representação de si mesma, precisamente como "palavra outra". Na literatura nunca encontramos palavras puras, que sejam as palavras puras, diretas, do autor, que revelam uma só voz, como ocorre fora da literatura, em que esta tendência motiva e orienta a palavra, apesar de seu constitutivo caráter dialógico e sua alteridade interna.

> Em que medida são possíveis na literatura palavras puras, com uma só voz, sem objetivação? Pode existir uma palavra em que o autor não escute a voz alheia, onde exista ele e somente ele, converter-se em material de construção de uma obra literária? Não é um determinado grau de objetivação a condição necessária de qualquer estilo? Não está sempre o autor fora da língua como material da obra literária? Não é cada escritor (também o poeta lírico) sempre um "dramaturgo", no sentido de que distribui ele todas as palavras entre as vozes alheias, entre as quais figura também "a imagem do autor" (e outras máscaras do autor)? Talvez toda palavra com uma só voz, sem objetivação, pareça ingênua e inapta para a criação original. Voz original e criativa pode ser apenas a segunda voz da palavra. Apenas a segunda voz, a pura relação, pode no fundo não ter objetivação, não projetar nenhuma sombra figurada, substancial. Escritor é o que sabe trabalhar com a língua permanecendo fora dela, é o que possui o dom de falar indiretamente.[43]

O escritor não tem um estilo próprio, mas usa os estilos e os discursos, sem identificar-se com nenhum deles. Os sujeitos que o escritor faz falar têm um estilo próprio e uma situação própria; "o escritor, em movimento, está cheio de estilo e de situação";[44] o escritor fala com reserva, assume a prosa, estiliza e parodia.

> Os sujeitos do discurso dos gêneros altos, que vaticinam – Sacerdotes, profetas, predicadores, chefes, padres patriarcais etc. –, desapareceram. O escritor os substituiu, o escritor simplesmente, que se tornou o herdeiro de seus estilos.[45]

Se a "ironia penetrou em todas as línguas modernas, em todas as palavras, em todas as formas", é porque "o homem moderno não vaticina, apenas fala, fala com reserva",[46] a escrita remarca essa ironia, essa separação que libera a palavra.

A alteridade da palavra literária se produz através da relação da literatura com o que não é literatura, e com o que não entra nos limites da cultura oficial. A exotopia que caracteriza a escrita literária é também exotopia em relação à própria literatura e à ideologia oficial. Daí os limites da crítica literária, que

---

[43] Idem.
[44] Bakhtin, "Apontamentos 1970-1971", em *Estética da criação verbal*, op. cit.
[45] Idem.
[46] Idem.

explica o texto literário relegando-o no âmbito da tradição literária ou no âmbito da cultura oficial.[47] É a conexão com as forças centrífugas da vida linguística – as que resistem à tendência unificadora (tendência na qual situa-se também a linguística do código) e que são expressão de ideologias não oficiais – que permite à literatura a exotopia, inclusive em relação a si mesma. Já em "O método formal na ciência da literatura", Bakhtin afirma que

> O artista não pode tirar nada de posicionamentos ideológicos já confeccionados e consolidados: os mesmos inevitavelmente se revelam corpos estranhos no conteúdo da obra, prosaicos, tendenciosos. Seu posto está no sistema da ciência, da moral, no programa de um partido político etc. Na obra de arte estes posicionamentos cristalizados, já dados, no melhor dos casos, poderiam ocupar um lugar de segundo plano.[48]

Sobretudo as visões do mundo não oficial – nas quais não existe um projeto, um plano, uma tomada de posição que tente solucionar os problemas reais, mas que, ao contrário, parecem não levar em conta a dicotomia possível/impossível, ao ir além de toda forma de realismo para chegar à utopia – podem oferecer à palavra literária recursos para que se possa sair da ordem da produtividade, da acumulação, da eficácia, para que se possa liberar dos discursos funcionais e úteis. Rabelais e Gogol, por sua relação com a cultura cômica popular, e Dostoiévski, porque coleta e desenvolve a tendência carnavalesca e polilógica do romance, são escritores que melhor encarnam, segundo Bakhtin, o cruzamento entre o movimento da palavra literária, no sentido de sua exotopia, e a orientação utópica do riso nas festas populares.

Se fora da literatura, por exemplo, na cultura cômica popular da Idade Média, que Bakhtin analisa a fundo em seu livro *A cultura popular na Idade Média e no Renascimento: o contexto de François Rabelais*, existe já a alteridade em relação à ideologia dominante, em relação à palavra unívoca, monológica, da vida "autêntica", "séria" e "correta", do mundo do óbvio, todavia é na literatura o lugar em que tal alteridade pode encontrar a palavra que a expressa e tomar, portanto, consciência de si mesma.

> Todo um milênio de riso popular não oficial irrompeu na literatura do Renascimento. Esse riso milenar não apenas fecundou a literatura como também foi fecundado por ela [...]. Nessa nova mescla e neste novo nível de desenvolvimento, o riso medieval tinha que sofrer notáveis mudanças. Sua universalidade, sua forma de ser radical, sua desfaçatez, sua lucidez e seu

---

[47] Cf. Bakhtin, "Rabelais e Gogol", em *Estetica e romanzo*, op. cit., pp. 82-3.
[48] Medvedev, op. cit., p. 84.

materialismo tinham necessariamente que passar de um estado de existência quase espontâneo para um estágio de consciência artística e de perseverança. Em outras palavras, o riso medieval no período renascentista de seu desenvolvimento converteu-se em expressão de uma nova consciência histórica, livre, crítica da época.[49]

Vimos, nos limites destas páginas, que a palavra literária é uma palavra outra, incompletável e que excede (*izbytok*) em relação ao resto da cultura à qual pertence. O problema é, então, se é possível que essa alteridade encontre uma linguagem que queira estudá-la cientificamente, isto é, se é possível uma ciência da literatura. Também porque:

> O autor quando acredita em sua obra não o faz pensando em um crítico literário e não pressupõe qual será a compreensão do crítico literário: não tenta criar um grupo de críticos literários e nem os convida para seu banquete.[50]

Trata-se também neste caso de estabelecer uma relação dialógica, na qual compreender e reproduzir o discurso alheio signifique respeitar a alteridade. Também o discurso que compreende o texto literário, como vimos, necessita de uma exotopia, um distanciamento, que não destrua a exotopia da obra literária. Precisamente por seu caráter dialógico – pela "interconexão complexa entre o texto (objeto de investigação e reflexão) e o contexto que o criou, que funciona como marco (que analisa, ao que faz oposição etc.), e é onde se localiza o pensamento do estudioso que o interpreta e valora"[51] – a interpretação do texto literário requer um tipo especial de ciência, na qual a exotopia original do texto seja questionada a partir da exotopia do contexto que o lê. O que não quer dizer que o estudo dos textos literários seja uma forma de conhecimento "anticientífico", mas que é, como diz Bakhtin, "heterocientífico",[52] com leis próprias e critérios de interpretação especiais.

Os grandes estudos monográficos de Bakhtin, sobre Dostoiévski e Rabelais, são a direta demonstração de uma compreensão dialógica do texto "conduzida à margem extrema da filosofia da linguagem",[53] na qual a linguagem revela sua natureza dialógica, levada ao extremo limite da incompletude e de

---

[49] Bakhtin, *L'opera di Rabelais e la cultura popolare*, op. cit., pp. 82-83.
[50] Bakhtin, "Observações sobre a epistemologia das ciências humanas", em *Estética da criação verbal*, op. cit.
[51] Bakhtin, "O problema do texto", em *Estética da criação verbal*, op. cit.
[52] Cf. Bakhtin, "Observações sobre a epistemologia das ciências humanas", em *Estética da criação verbal*, op. cit.
[53] Bakhtin, "O problema do texto", em *Estética da criação verbal*, op. cit.

excedente desinteressado de que somente a palavra literária é capaz.[54] O que significa considerar a literatura do ponto de vista da própria literatura, com base no que ela mesma pode nos mostrar da linguagem.

---

[54] Cf. A. Ponzio, *I segni dell'altro. Prossimità e eccedenza letteraria*, Nápoles, ESI, 1995.

BAKHTIN E VIGOTSKI

Para evidenciar a base comum cultural e ideológica de que surgem os fundamentos de Vigotski e do Círculo de Bakhtin, em campos que vão desde a psicologia e a filosofia da linguagem até a semiótica e a teoria da literatura, deve-se em primeiro lugar considerar que se trata de autores que se movimentam – dada à situação histórico-cultural de sua época – na área do marxismo e que objetivavam desenvolvê-lo em diferentes campos da investigação científica, na União Soviética na década de 1920. O marxismo, aclamado também no artigo de Lênin como "O significado do materialismo militante" de 1922, expressou-se igualmente no campo das ciências humanas que aqui nos interessam, isto é, no campo da psicologia, da teoria da literatura, da filosofia da linguagem etc.

Autores tão diferentes como Vigotski e Bakhtin, assim como Korlinov na psicologia, Marr na teoria da linguagem, além dos "vigilantes da ortodoxia marxista-leninista", como P. Kogen e V. Poljanski na teoria da literatura, opuseram-se ao *Opojaz*,[1] quer dizer, ao formalismo russo, em nome do "marxismo".

Todavia, Vigotski e Bakhtin (e seu Círculo) se situam em um mesmo grupo e se diferenciam de outros autores da corrente marxista que trabalham nos mesmos campos de investigação porque ambos partem das carências do marxismo no que se refere ao estudo da consciência, da linguagem e de formações ideológicas concretas, como a arte. Além disso, ambos conduzem suas investigações na mesma direção, procurando determinar as características do objeto estudado, indo além de suas formas

---

[1] Cf. Victor Erlich, *Il formalismo russo*, Milão, Bompiani, 1996.

genéricas, recusando-se a aplicar superficialmente categorias como "infraestrutura", "superestrutura" e "classe" com a consequente interpretação mecânica da consciência, da linguagem e da ideologia.

Em um grupo contrário se encontram Kornilov, Kogan e Marr[2] e, considerando as ciências naturais, Lysenko e até mesmo Stalin, assim como todos os que acreditavam poder "aplicar" o marxismo à ciência, utilizando esquemas genéricos e reduzidos ou fórmulas simplistas, como as que se limitam a afirmar ou negar o caráter superestrutural ou classista da língua, da ciência, da literatura etc. No que se refere a Stalin, além de seu artigo de 1950 sobre a linguística, escreve "O materialismo histórico e o materialismo dialético", em que a história da humanidade se reduz à necessária e linear sucessão de cinco estágios correspondentes aos "cinco tipos fundamentais de relações de produção".[3]

A consciência da necessidade de elaborar, na perspectiva do marxismo, uma teoria linguística, uma teoria da arte e da literatura e uma psicologia que fosse além do rápido encerramento da questão da língua, da consciência, da arte etc., mediante a "definição" de superestrutura, além do trabalho concretamente encaminhado nessa direção: tudo isso foi sufocado com a consolidação do stalinismo.

Diferentemente, no campo da ciência da linguagem prevaleceu a teoria de N. Ja. Marr, falecido também em 1934, assim como Vigotski – sobre cuja obra foi imposto um silêncio oficial, a partir da metade dos anos 1930 até 1950. Todavia, Marr se converteu na única e indiscutível autoridade oficial da concepção marxista da linguagem (inclusive nos aspectos de fronteira com a psicologia que Vigotski havia tratado amplamente, como, por exemplo, a questão da relação entre pensamento e linguagem). A teoria de Marr dominou, como se sabe, até 1949-50, quando, sobretudo com os artigos de Stalin no *Pravda* de 1950, o "velho regimento à Arkceek" (como o chama o próprio Stalin), no campo do estudo da linguagem, é substituído por outro não muito diferente, no qual se recorre de forma dogmática à autoridade, a de Stalin em pessoa, como havia sucedido com outras ciências sociais. Esta autoridade converte-se no critério fundamental da verdade[4] (ver o Capítulo "Signo e ideologia").

---

[2] Cf. Nikolai Ja. Marr, *Izbrannye raboty* (Obras Escogidas), 5 vols., Leningrado, 1933-34.
[3] Em I.V. Stalin, *Opere scelte*, Milão, Movimento Studentesco, 1969, pp. 219-942.
[4] Cf. Stalin, *Il marxismo e la linguística*, pref. G. Devoto, Feltrinelli, Milão, 1969; Jean Batpiste Marcellesi, *Linguaggio e classi sociali. Marrismo e stalinismo*, introdução e tradução de A. Ponzio, Bari, Dedalo, 1978. No que se refere à grandeza dos estudos começados por Vigotski no campo da psicologia e da pedagogia durante o período stalinista, ver Luciano Mecacci (ed.), *La psicologia sovietica 1917-1936*, Roma, Editora Riuniti, 1976, sobretudo a introdução.

A teoria de N. Ja. Marr, no que se refere às suas relações com o marxismo, limitava-se a repetir a fórmula do caráter superestrutural e classista da língua, exibindo-a como o selo marxista de suas próprias teses, quando na realidade não se relacionam – e mais, entram em contradição – com a concepção materialista da história. Todavia, essa declaração foi suficiente para permitir que a "nova teoria da linguagem" assumisse um papel hegemônico na situação cultural do stalinismo. As fórmulas e os slogans "marxistas" e suas repetições mecânicas eram muito mais valorizadas que a investigação imparcial e que os projetos ou novidades de pouca utilidade prática, imediata, que envolviam um problema na divulgação da "cultura marxista" entre as massas. Ainda pareciam perigosas para a difusão e conservação dos "princípios" do próprio marxismo.

Consideremos, por um lado, os trabalhos do Círculo de Bakhtin (em especial os assinados por Medvedev e Voloshinov) publicados entre 1926 e 1930 e, por outro lado, os trabalhos de Vigotski,[5] como: *Psicologia da arte* (escrito entre 1915 e 1922), "A consciência como problema da psicologia do comportamento" (1925), *Psicologia pedagógica* (1926), "História do desenvolvimento das funções psíquicas superiores" (1930), "O instrumento e o signo" (1930, manuscrito), *O psíquico, a consciência e o inconsciente* (1930), *Pensamento e linguagem* (1934). Já nos títulos se valorizam temas comuns e, o que é mais importante, um interesse comum por problemas que pertencem a diferentes disciplinas: a psicologia, a ciência da arte e da literatura, a filosofia da linguagem e a semiótica.

Como Vigotski, Bakhtin se opõe a reduzir a "reação verbal" a um fenômeno de caráter unicamente fisiológico, do qual se exclui o elemento sociológico. Afirma que é necessário um enfoque materialista-dialético em psicologia, para poder valorizar a específica natureza histórico-social dos processos psíquicos humanos fundamentais. Como Vigotski, Bakhtin se dá conta de que – como diriam Luria e Leontiev, referindo-se à psicologia soviética dos anos 1921-27 – "o primeiro e fundamental dever que se apresentava era o de recusar, por um lado, o vulgar *conductismo* (comportamentalismo) e, por outro, a concepção dos fenômenos psíquicos como estados simplesmente subjetivos, só acessíveis à introspecção".[6] Desta forma, evidentemente, Bakhtin teria que

---

[5] Cf. Lev. S. Vigotski, *Psicologia dell'arte*, Roma, Editora Riuniti; *Storia dello sviluppo delle funzione psichiche superiori*, M. S. Veggetti (ed.), Florença, Giunti-Barbera, 1974; e *Pensiero e linguaggio*, M. Mecacci (ed.), Bari, Laterza, 1990.
[6] Aleeksej N. Leontiev e Alexander Luria, *Le concezioni psicologiche di L. S. Vigotski* (1956), em Vigotski, *Lo sviluppo psichico del bambino*, Roma, Editora Riuniti, 1973, pp. 9-58.

se confrontar também com o estudo das ideologias, da linguagem verbal e dos signos humanos em geral.

A questão da relação entre o individual e o social, a infraestrutura e a superestrutura, a consciência e a ideologia social, o signo e a ideologia, entre a psicologia individual e a social, ultrapassa cada um de seus campos de estudo. Convertem-se em pontos com os quais deverá, obrigatoriamente, preocupar-se, para depois enfrentar problemas específicos como o da "originalidade da arte"[7] e de sua caracterização em relação às demais formas ideológicas: a da peculiaridade do fenômeno literário, a da caracterização do psiquismo individual e do signo verbal, e a da relação entre pensamento e linguagem. Tanto a primeira parte da *Psicologia da arte*, de Vigotski, como a primeira parte do *Marxismo e filosofia da linguagem*, de Voloshinov, e de *O método formal nos estudos literários*, de Medvedev, enfrentam questões desse tipo, sobretudo no campo da teoria geral das ideologias. Em todos eles ressalta-se o caráter mediador da relação infraestrutura e superestrutura, buscando os mecanismos de intermediação, os termos de mediação, ressaltando que denominá-la "superestrutura" não é suficiente para definir a caracterização de um fenômeno ideológico. Por último, recusa-se a ideia de que a vida psíquica social seja algo secundário, que se deriva da individual, tida como pressuposto incondicional.

Com relação ao que defende a "linguística marxista" de N. Ja. Marr, a reflexão de Bakhtin e de Vigotski sobre o problema do signo e da linguagem verbal encontra, desde o princípio, elementos de diferenciação que naturalmente incidem sobre o enfoque "sistemático-funcional" de seus estudos sobre as relações entre pensamento e linguagem.[8] Essa concepção contrasta com o estudo "genético" da linguagem desenvolvido por Marr. Isso não exclui em Vigotski e em Bakhtin a presença de uma concepção genética, como se depreende de todas as suas obras, assim como de textos concretos como "Pré-história da palavra no romance" (1940) de Bakhtin ou suas análises das origens do romance em Dostoiévski (que falaremos mais adiante), e o Capítulo IV de *Pensamento e linguagem* de Vigotski, intitulado "As raízes genéticas do pensamento e da linguagem".

Vigotski começa ocupando-se de problemas de crítica artística, de teoria da literatura, de "psicologia da arte". Trata-se de uma psicologia que se contrapõe à psicologia empírico-subjetiva e a toda forma implícita ou explícita da psicologia. A influência da escola formalista, que se coloca também contra o psicologismo e concede

---

[7] Vigotski, *Psicologia dell'arte,* op. cit., p. 34.
[8] Cf. Edoardo Ferrario, *Teorie della letteratura in Russia.* Roma, Editora Riuniti, 1977, pp. 123-124 e 203.

grande importância à caracterização de semelhante fenômeno – artístico em geral e literário em particular – torna-se evidente no que Vigotski escreve na introdução de *Psicologia da arte,* apesar das reservas e críticas que ele expressa ao método formal:

> A ideia primordial de uma psicologia da arte para nós é reconhecer que a forma artística prevalece sobre o material, o que é o mesmo que reconhecer a arte como técnica social do sentimento. Por método de estudo deste problema entendemos um método objetivamente analítico, que derive de uma análise do fato artístico para chegar a uma síntese psicológica: o método de análise dos sistemas que estimulam a arte. De acordo com Hennequim, nós consideramos a produção artística como um "complexo de signos estéticos que provocam as emoções dos homens" e, baseando-nos nas análises de tais signos oralizados, pretendemos remontar às emoções que correspondem a eles. Porém, a diferença do nosso método, com relação ao da psicologia estética, consiste em que nós não interpretamos esses signos como manifestação da organização psíquica do autor ou de seus leitores. Nós não partimos da arte para chegar à psicologia do autor ou de seus leitores, posto que fazê-lo sobre a base de uma interpretação dos signos é algo impossível. O que pretendemos é chegar a uma pura e impessoal psicologia da arte, independentemente do autor e do leitor, levando em consideração a forma e o material da arte.[9]

Os estudos da escola formalista, com todos os seus fundamentos filosófico-linguísticos (Potebnia, Baudouin de Coutenay, Saussure, Husserl, Spet etc.), além da corrente marxista – que por si só não podia explicar os pontos de contato temáticos e metodológicos entre os trabalhos de Vigotski e os de Bakhtin –, constituem a base comum tanto da psicologia da arte de Vigotski e da teoria da literatura de Bakhtin como dos "Prolegômenos da semiótica", que se encontram em *Marxismo e filosofia da linguagem*. Também constituem a base comum da teoria de Vigotski sobre o comportamento humano por meio de signos, o que, da mesma forma, antecipa a concepção atual da função dos sistemas semióticos da cultura humana. Não é de se estranhar o resultado da influência de L. P. Jakubinski – discípulo de Baudouin de Courtenay e um dos maiores expoentes do formalismo que se ocupou, entre outras coisas, do problema do diálogo e da enunciação – no estudo do discurso interior de Vigotski e Bakhtin, que consideram o diálogo como base para um enfoque adequado do mesmo. Jakubinski já havia demonstrado que as categorias da linguística se mostravam insuficientes quando aplicadas à interação verbal do diálogo e, na mesma linha, Vigotski, Bakhtin e seu Círculo consideram que as categorias elaboradas pela linguística não poderiam ser aplicadas à análise do discurso interior.

---

[9] Vigotski, *La psicologia dell'arte*, op. cit., p. 23.

Não foi à toa que Vigotski, quando deixou de ocupar-se dos problemas da psicologia da arte (de 1924 em diante) para dedicar-se aos problemas fundamentais da psicologia, estudou especialmente a função dos signos que regulam o comportamento humano: porque este estudo é precisamente "a continuação da concepção estética que se expõe em *Psicologia da arte*".[10] Na mesma relação, se colocam, se falarmos de Bakhtin, *O método formal nos estudos literários* e *Marxismo e filosofia da linguagem*.

A mesma polêmica entre psicologismo e antipsicologismo que afeta o chamado "método formal" e em que se situam as posições de Bakhtin e de Vigotski, respectivamente, com *O método formal nos estudos literários* e *Psicologia da arte*, envolvia o problema do signo, de sua função e seu significado já desde sua origem. Os formalistas russos adaptaram uma posição antipsicologista graças à influência que Edmundo Husserl exerceu, sobretudo através da obra de seu discípulo russo, Gustav Spet, e que incluía também o interesse husserliano pelos problemas de ordem semiótica. "Se Baudouin de Courteney e seus seguidores", escreve Erlich, "não eram contrários a remontar os fenômenos linguísticos à sua origem psicológica, os husserlianos se colocavam em posições de antipsicologismo extremo" e, algumas linhas antes, Erlich escreve, "a atitude de Husserl ante os problemas linguísticos era a de um lógico, mais especificamente a de um semiólogo. Para Husserl, a linguagem era, como disse um de seus seguidores russos (G. Spet), "o sistema primordial dos signos, o protótipo natural de toda expressão dotada de significado".[11]

Tanto Bakhtin e seu Círculo como Vigotski evidenciam a ingênua psicologia que serve de pressuposto ao método formal e chegam a afirmar o caráter objetivo histórico-social de qualquer manifestação produtiva propriamente humana, em especial a que pertence a essa realidade concreta, que é a esfera dos signos verbais e não verbais.

A ideia *plechanoviana* que diz que "o contexto psíquico do homem social" funciona como mecanismo intermediário entre as relações econômicas e as ideologias, adquire um novo significado quando se considera, como fazem Bakhtin e Vigotski, a função dos signos nesse mecanismo. Um novo significado que termina com o vaivém entre o materialismo ingênuo – com a consequente rigidez e hipóteses das categorias de "base" e "superestrutura" – e a concepção idealista, e não menos sujeita a hipóteses, da "psicologia da época, comum a todas as ideologias" (Plechanov).

---

[10] Vjačeslav V. Ivanov, "Note e commento a Vigotsky", em *Psicologia dell'arte*, op. cit., p. 65.
[11] Erlich, op. cit., pp. 64-5.

Bakhtin e Vigotski consideram que o signo é o termo mediador na dialética entre a base e a superestrutura; concretamente o signo verbal, que constitui o material de que são feitas todas as relações sociais em qualquer nível, desde as relações de trabalho até as de tipo artístico-literário, que estabelecem as conexões de inter-relações entre o nível das ideologias já institucionalizadas, dominantes, e o nível das ideologias não oficiais ou em formação.

A "psicologia social", que, segundo Plechanov, é a cadeia que une a infraestrutura com a superestrutura, é para Bakhtin, em sua existência material real, uma interação sígnica, concretamente verbal "e, se considerada fora deste processo real de comunicação e de interação verbal (ou, mais genericamente, semiótica), a psicologia do corpo social se transforma num conceito metafísico ou mítico (a "alma coletiva", "o inconsciente coletivo", "o espírito do povo" etc.)".[12]

Além das diferenças entre os distintos campos da ideologia – por exemplo, entre a imagem artística, o símbolo religioso, a fórmula científica, a norma jurídica etc. – e até mesmo dentro de um mesmo campo, as ideologias se apresentam pelo que se refere à sua função social e ao modo de refletir a realidade. O caráter semiótico de todos os fenômenos ideológicos oferece a possibilidade de uma definição e de uma análise da ideologia[13] em geral.

Nesa perspectiva, inverte-se a relação que se estabelece quando se pretendem enfrentar os problemas linguísticos e semióticos em geral usando as noções de "base" e "superestrutura" (Marr, Stalin). Como se a relação entre base e superestrutura pudesse ser determinada no plano cognoscitivo, independentemente dos problemas do signo e da linguagem verbal: muito pelo contrário, precisamente só quando determinamos as *específicas funções sígnicas* é possível entender a dialética que existe na relação entre infraestrutura e superestrutura e superar uma concepção mecânica.

A "psicologia de uma determinada época" – que segundo Plechanov funciona como termo que media as relações econômicas e as ideológicas –, segundo Vigotski,[14] é constituída pela vida psíquica do indivíduo, que é social, e é condicionada socialmente. Precisamente porque se opõe a uma "psicologia social" – que entende o social como algo secundário, em suma, como o resultado do comportamento de indivíduos que se concebem de forma abstrata, quer dizer, que se consideram fora de seu real condicionamento histórico-social –, a psico-

---

[12] Voloshinov, *Marxismo e filosofia da linguagem*, pp. 41-2.
[13] Idem, p. 59.
[14] Vigotski, *Psicologia dell'arte*, op. cit., pp. 32-6.

logia social marxista assume como objeto de estudo o psiquismo do indivíduo. Não reconhecer, como faz Cepanov, que precisamente o psiquismo individual é o objeto da psicologia marxista significa, observa Vigotski, assumir uma posição abertamente antiética com a concepção marxista do indivíduo humano não só como aristotélico *zoon politicon*, mas também como "animal social" que "somente na sociedade pode tornar-se indivíduo" (Marx).

> De fato, uma vez que se tenha recusado que exista uma alma popular, um espírito do povo, etc., como é possível distinguir entre o psiquismo da sociedade e psiquismo do indivíduo? É de fato a psicologia do indivíduo a que precisamente está no cérebro deste último, a que constitui essa realidade psíquica, objeto de investigação da psicologia social. Não existe outra realidade psíquica. Todo o resto, ou é metafísica ou ideologia.[15]

Se o contexto psíquico é interpretado como "mecanismo intermediário" ou como "raiz" das ideologias, não pode depois ser confundido, diz Vigotski, com as próprias ideologias, perdendo de vista a diferença que separa a ideologia da realidade psicológica e recorrendo ao mesmo itinerário que a "psicologia social" ou "psicologia das massas", como a entendia Wundt (também Spet, em *Objeto e deveres da psicologia étnica*, de 1917, havia feito uma crítica da *Volkerpsychologie* de Wundt, crítica que Bakhtin[16] aprecia).

A psicologia, diz Vigotski, não se ocupa das ideologias concretas ou cristalizadas. "O verdadeiro fim da psicologia é o de estudar as ideias em estado fluido, a realidade psíquica de uma sociedade, não em sua ideologia."[17] Ao se atribuir à psicologia a missão de penetrar no "laboratório social onde as ideologias se criam e se formam" – como expressa Bakhtin,[18] encontra-se também o ponto de intersecção entre psicologia e ciência da arte, entre psicologia e teoria da literatura, e se ressaltam a importância e o sentido de uma "psicologia da arte", visto que precisamente desse "laboratório", dessa "mescla em estado fluido", a arte extrai seu material: "o artista sente as ideologias em estado nascente, participa na intenção de realizá-las, sente como se agitam nas vísceras da chamada 'psicologia social'".[19] Além disso, criam-se também as premissas de um movimento em que confluem o estudo da vida psíquica e o estudo dos signos.

---

[15] Idem, p. 36.
[16] Cf. Voloshinov, *Marxismo e filosofia del linguaggio*, op. cit., p. 270.
[17] Vigotski, *Psicologia dell'arte*, op. cit., p. 35.
[18] Cf. Medvedev, *Il metodo formale...*, op. cit., p. 80.
[19] Idem, p. 81.

Tanto Bakhtin como Vigotski defendem que *a especificidade* das funções psíquicas humanas reside no caráter de intermediação; e os intermediários são os instrumentos produzidos e empregados dentro de formas sociais concretas, entre os quais há que se considerar também os instrumentos que se produzem para suprir as necessidades da comunicação social: os signos e, entre eles, sobretudo, a linguagem verbal.

O instrumento como meio de trabalho "por definição serve como condutor da influência do homem sobre o objeto de sua atividade; orienta-se para o exterior, deve provocar determinadas mutações no objeto, é o meio que o homem utiliza em sua atividade externa para submeter a natureza". O signo como elemento da comunicação social não provoca mudanças no objeto da operação psicológica, é um meio da influência psicológica sobre o comportamento, alheio ou próprio, um meio da atividade interior, que se propõe ao domínio do próprio homem; o signo se dirige para seu "interior".[20]

Como se demonstra em *O freudismo* e em *Marxismo e filosofia da linguagem*, a formação da consciência individual se produz por meio de um processo de "galeria até o interior" dos signos empregados exteriormente na comunicação social, na qual consiste um determinado sistema cultural.

Tanto para Vigotski como para Bakhtin, os signos, a linguagem verbal em especial, não são somente instrumentos de transmissão de significados, de experiências individuais já configuradas antes de sua organização sígnica, mas são também instrumentos de significação de constituição das experiências individuais, dos processos interiores, mentais, que, portanto, assim como os signos que empregam, são também sociais.

Como afirma Ferrario,[21] a distinção que Vigotski estabelece, em *Pensamento e linguagem*, entre "sentido" e "significado" é em grande parte parecida com a distinção que introduz Voloshinov entre "tema" e "significado" (ver Capítulo "Signo e sentido em Bakhtin"). Isso entendendo por "sentido da palavra", segundo Vigotski, "o conjunto dos fenômenos psicológicos que a palavra desperta na consciência", quer dizer "uma formação dinâmica e complexa, com muitas zonas instáveis", e por "significado" "o que permanece constante no que concerne às mudanças do contexto".

Já na introdução de *Marxismo e filosofia da linguagem*, Bakhtin, referindo-se ao livro de I. Prezent, *As origens da linguagem e do pensamento* (1928),

---

[20] Vigotski, *Storia dello sviluppo delle funzioni*, op. cit., p. 137.
[21] Ferrario, op. cit., p. 236.

declara que é contra a ideia de que o signo verbal se reduza a um mero sinal, concebido como reflexo.[22] Desenvolvendo as ideias que já havia expressado sobre o fenômeno da "reação verbal" em *O freudismo*, e que remetem explicitamente ao ensaio de Vigotski de 1925, "A consciência como problema da psicologia do comportamento", Voloshinov, em *Marxismo e filosofia da linguagem*, distingue o signo do sinal. Enquanto o signo se caracteriza por sua indeterminação e flexibilidade semântica, que lhe permite adaptar-se a contextos situacionais sempre novos e diferentes, o sinal tem uma função prefixada, unidirecional, um caráter unívoco.

"Todas as atividades essenciais e fundamentais do homem", lê-se em *O freudismo* de Voloshinov, "são provocadas pelos estímulos sociais em um ambiente social. Entenderíamos muito pouco da ação de um homem se conhecêssemos apenas o elemento físico do estímulo e a forma fisiologicamente abstrata da reação." As reações verbais não podem ser estudadas de forma exclusivamente fisiológica: são uma "manifestação especificamente social do organismo humano".[23] Em *Marxismo e filosofia da linguagem*, afirma-se novamente que os signos não podem se confundir com os sinais, dos quais se ocupa a reflexologia: "Somente um concurso infeliz de circunstâncias e as inextirpáveis práticas da reflexão mecanicista puderam induzir certos pesquisadores a fazer desses "sinais", praticamente, a chave da compreensão da linguagem e do psiquismo humano (do discurso interior)".[24]

As analogias com a concepção que Vigotski tem do signo são igualmente evidentes. Também em Vigotski encontramos a distinção entre signo e sinal, entre significação e sinalização, entre a compreensão da linguagem e a simples expressão de reações a sinais sonoros.[25] Se situarmos o comportamento humano e a comunicação social no esquema do reflexo condicionado, como fazem os reflexólogos, diz Vigotski, obteremos uma explicação exclusivamente naturalista, que, não podendo explicar a natureza social do homem, não pode sequer explicar as formas de um comportamento especificamente histórico-social, como o são a consciência e a linguagem.

---

[22] Voloshinov, *Marxismo e filosofia del linguaggio*, op. cit., p. 53.
[23] Bakhtin-Voloshinov, *Freudismo...*, op. cit., p. 18.
[24] Voloshinov, *Marxismo e filosofia del linguaggio*, op. cit.
[25] Cf. Vigotski, *Storie dello sviluppo delle funzioni...*, op. cit., pp. 125-33.

A MATÉRIA LINGUÍSTICO-IDEOLÓGICA DO INCONSCIENTE: BAKHTIN E FREUD

A crítica que Voloshinov faz da psicanálise, em *Além do social,* de 1925, e em *O freudismo*, de 1927, dirige-se, sobretudo, à formação de teorias especulativas que caracterizam o período da concepção freudiana do inconsciente, iniciado em 1914-15. Esta concepção encontra sua expressão, principalmente, no *Além do princípio de prazer* (1920) e, no interior do movimento psicanalítico, em obras como *O trauma do nascimento* (1923), de O. Rank. O título *O freudismo* não é, portanto, por acaso.

Voloshinov, como já havia feito em um artigo de 1925, contrapõe a psicanálise ao marxismo, sobretudo quando ela tende a fazer generalizações, mais ou menos precipitadas, que propõem interpretar, segundo seus próprios princípios, toda a complexa dimensão sociocultural do homem. *O freudismo* mostra um profundo interesse pela concepção freudiana; e mais, deve-se dizer que o "Grupo de Leningrado", que Voloshinov, Medvedev e Bakhtin constituíam (chamado também de Círculo de Bakhtin), no final dos anos 1920, utiliza ao mesmo tempo Marx, Freud e Saussure.[1] O interesse de Voloshinov de 1927

---

[1] Carlo Prevgnano (ed.), "Una tradizione scientifica slava fra linguistica e metodologia" (Introdução), em *La semiotica nei paesi slavi*, Milão, Feltrinelli, 1979, p. 66.

se concentra, sobretudo, no fato de que "a análise crítica da teoria psicológica de Freud nos leva diretamente à questão específica das reações verbais e do seu significado no conjunto do comportamento humano, isto é, com a questão mais importante e difícil da psicologia do homem".[2]

A leitura que Voloshinov propõe fazer de Freud, em *O freudismo,* visa destacar a estrutura linguística do inconsciente. O conflito entre consciente e inconsciente consiste em complexas relações entre reações verbais e não verbais, em confrontos entre discurso interior e discurso exterior – no âmbito do mesmo comportamento verbal do homem – e entre as diferentes estratificações do discurso interior. Existe em *O freudismo* a clara consciência de que Lacan contribuiu para realçar Freud:

> em qualquer nível, quando se realiza uma análise do inconsciente, Freud sempre realiza uma análise do tipo linguístico.[3]
> O sintoma se resolve por completo em uma análise da linguagem, porque ele mesmo está estruturado como linguagem [...], e com isso não estamos falando de uma estrutura que não se sabe em que semiologia colocar [...]. Mas da estrutura da linguagem mesma e como se manifesta nas línguas. Chamarei positivas as que falam efetivamente às massas humanas.[4]

No sintoma psicopatológico "reativam-se", diz Freud, impressões às quais a expressão linguística deve sua própria justificação: poder-se-ia dizer, por exemplo, que no caso da histeria, a metáfora está unida a uma espécie de literalidade originária das palavras. "Mais que isso, não é correto dizer que a histeria cria as ditas sensações através de sua simbolização; talvez esta não tenha tomado o uso linguístico como modelo absoluto; mais precisamente, a histeria e o uso linguístico emanam de uma fonte comum" (Freud e Breuer, *Casos clínicos,* 1895).

Pode-se dizer que Voloshinov (1927) identifica essa "fonte comum" como a materialidade sígnica-ideológica da qual é constituída a "consciência social" e o psiquismo individual em todos os seus níveis, desde a "consciência oficial" até a "consciência não oficial" e o inconsciente.

"Quando interpretamos um sonho, não fazemos outra coisa senão traduzir um determinado conteúdo de ideias (os pensamentos oníricos latentes) da 'linguagem do sonho' para a língua de nossa vida quando estamos acordados" (Freud, *El interés*

---

[2] Bakhtin-Voloshinov, *O freudismo,* op. cit., p. 20.
[3] Lacan, "Conversazione con P. Caruzo", em *Conversazioni con Lévi-Strauss, Foucault, Lacan,* P. Caruso (ed.), Milão, Mursia, 1969, pp. 133-82.
[4] Cf. Lacan, *Ecrits,* Paris, Éditions du Seuil, 1966.

por el psicoanálisis, 1913). Este trabalho de "tradução", para Voloshinov (1927), não fica fora da cadeia dos signos ideológicos, porque não existe nenhuma interrupção quando se passa do psiquismo individual para a ideologia institucionalizada. Este cruzamento afeta a diferentes estratos do signo ideológico.

Por ter apresentado os problemas das fronteiras internas do próprio comportamento verbal, entre discurso interior, discurso exterior e entre as diferentes estratificações do discurso interior, analisando-os com a maior lucidez e recolhendo material para sua análise, Freud ganha força.

> Sua fraqueza está em não ter entendido a essência sociológica de todos esses fenômenos e em ter tentado relegá-los aos limites estreitos de um organismo individual e de seu psiquismo. Freud explica processos que são, essencialmente, sociais segundo o ponto de vista da psicologia individual. [...] Esse conteúdo do psiquismo, dos pensamentos, dos sonhos, é totalmente ideológico: da ideia confusa e do desejo vago e ainda indefinido ao sistema filosófico e à complexa instituição política temos uma série contínua de fenômenos ideológicos e, consequentemente, sociológicos. Nenhum integrante dessa série, do primeiro ao último, é produto apenas da criação orgânica individual.[5]

O discurso do indivíduo, objeto de análise, tem para a psicanálise uma importância primordial porque se propõe interpretar a palavra do paciente. Pois bem, *O freudismo* mostra como o principal limite da psicanálise está em buscar as explicações daquilo que o sujeito disse dentro dos limites do psiquismo. É verdade que essas explicações se buscam ultrapassando os motivos superficiais que o "paciente" alega, saindo dos limites de sua "consciência" e penetrando nos estratos mais profundos de seu psiquismo. Porém, o confronto entre consciência e inconsciente não é nada mais que a luta entre diferentes motivos ideológicos, que, como tais, não se podem justificar como explicações uns dos outros. Ao contrário, encontram sua explicação efetiva quando se abandona a esfera da ideologia e se vai para a esfera das relações sociais materiais e das condições objetivas, dentro das quais os homens operam e criam discursos e representações.

Se se pretende explicar alguns conteúdos da "dinâmica do psiquismo", servindo-se unicamente de outros conteúdos que indubitavelmente formam parte dela, se se segue acreditando que é possível explicar representações através de representações, ideias através de ideias, discursos através de discursos (o discurso "inconsciente" e o discurso da consciência), e se se acredita que é possível curar substituindo determinadas representações com

---

[5] Bakhtin-Voloshinov, *O freudismo*, op. cit., pp. 20-1.

outras representações, determinadas ideias com outras ideias, interpretando simplesmente melhor ou pior os fatos, permanece-se sempre nos limites de uma visão idealista do psiquismo individual e da "enfermidade mental".

Para Voloshinov, a consciência do homem na vida cotidiana pode ser considerada como a ideologia de seu comportamento cotidiano, e o inconsciente é constituído por determinados motivos ideológicos da consciência que se opõem a determinados outros. Tanto uns como outros, como ideologias organizadas, oficiais que são, ou seja, como formas superestruturais de uma determinada sociedade, encontram sua explicação na estrutura social das relações de produção – sua origem e sua função, mas também suas contradições internas e seus embates com a práxis social.

Nessa perspectiva, a explicação do discurso ("discurso consciente", "discurso inconsciente") se busca fora do próprio discurso, fora do psiquismo individual. Todo discurso é expressão não de um interior que se exterioriza, e sim de um exterior que se interioriza de forma especial, em relação com o desenvolvimento das forças produtivas e com as relações sociais de produção. Isso se dá desde o momento em que o indivíduo humano é um produto social tanto pelo que se refere à sua própria existência física como pelo fato de que recebe, de um determinado ambiente social, o material sígnico-ideológico que constitui sua consciência. Esse processo resulta numa clara oposição à falsa dialética do repressivo-social/instintivo-animal.[6] Não por acaso, *O freudismo* inicia-se citando o Capítulo VI das *Teses sobre Feuerbach,* no qual Marx afirma que "o ser humano não é algo abstrato, imanente à pessoalidade individual. Na realidade é o conjunto de diferentes relações sociais". (A citação foi tomada da tradução russa das *Teses* produzida por Plechanov, em que a expressão *Menschlichen Wesen* foi traduzida erroneamente por "a essência humana" em vez de "o ser humano").[7]

Também as contradições "interiores", as contradições de ordem psicológica, são "contradições sociais", historicamente especificadas. A "dinâmica psíquica" é expressão da dialética de uma organização social especial. "Freud se deixa levar", lê-se em *O freudismo*, "pela luta das motivações subjetivas da consciência. Não muda absolutamente nada o fato de ele preferir um conjunto concreto de motivos – os motivos do inconsciente – e chegar a eles por uma via específica.

---

[6] Pode-se ver também a crítica de Sergio Piro, *Le tecniche della liberazione,* Milão, Feltrinelli, 1971; e em Adriano Voltolin, *Psicoanalisi e classi sociali,* Roma, Riuniti, 1978.

[7] Ver sobre esta questão A. Schaff e Lucien Sève, *Marxismo e umanesimo,* intr. e trad. A. Ponzio, Bari, Dedalo, 1975.

A MATÉRIA LINGÜÍSTICO-IDEOLÓGICA DO INCONSCIENTE

Um motivo é sempre um motivo: não adquire o peso de um fenômeno material. A teoria de Freud não nos leva ao solo fértil da experiência objetiva".[8]

Por trás dos conflitos entre diferentes motivos ideológicos, no que de fato consiste a "dinâmica psíquica" que Freud descreve, em qualquer nível que se encontrem escondem-se objetivas contradições sociais. "Porém, o freudismo não as encontra. Para encontrá-las, de fato, faz-se necessário sair dos limites de tudo o que o homem pode contar sobre si mesmo, sobre a base da experiência pessoal interior, por mais ampla que possa ser nossa maneira de entender essa experiência."[9]

O *Freudismo* propõe um enfoque alternativo no que se refere à concepção freudiana, que se pode ilustrar utilizando o que Marx e Engels afirmam em *A ideologia alemã*. Em vez de partir

> daquilo que os homens dizem, imaginam ou representam, ou dos homens pensados, imaginados e representados para, a partir daí, chegar aos homens em carne e osso, parte-se dos homens realmente ativos e, a partir de seu processo de vida real, expõe-se também o desenvolvimento dos reflexos ideológicos e dos ecos desse processo de vida. E mesmo as formações nebulosas no cérebro dos homens são sublimações necessárias do seu processo de vida material, empiricamente constatável e ligado a pressupostos materiais.[10]

No que diz respeito ao discurso "consciente", o discurso do "inconsciente" se distingue por um conceito diferente, por uma ideologia diferente. Se o "inconsciente" é uma linguagem, como enfatiza Lacan, então, em princípio, o inconsciente não é diferente da consciência, já que não se coloca fora da linguagem e nem sequer pode estar fora da ideologia. Nesse sentido, em O *freudismo* se observa que o "inconsciente" de Freud se identifica com a ideologia não oficial, mais especificamente, com o discurso que a ideologia oficial censura.

Tanto os motivos da ideologia oficial, os da consciência oficial, como os da consciência não oficial não podem explicar o comportamento dos homens e, por si, requerem, por sua vez, uma explicação:

> Não é a consciência que determina a vida, mas sim a vida que determina a consciência. Na primeira maneira de considerar as coisas, parte-se da consciência como do próprio indivíduo vivo; na segunda, que é a que corresponde à vida real, parte-se dos próprios indivíduos reais e vivos e se considera a consciência unicamente como sua consciência.[11]

---

[8] Bakhtin-Voloshinov, *O freudismo,* op. cit., p. 78.
[9] Idem, p. 152.
[10] Karl Marx e Friedrich Engels, *Ideologia alemã,* 6. ed., 1987, p. 37.
[11] Marx e Engels, op. cit., pp. 37-8.

Os motivos ideológicos da consciência oficial e da consciência não oficial, afirma Voloshinov (1927), encontram-se no discurso, seja interior ou exterior, como fundamentos, ideologias, mas isso não explica materialmente o comportamento; apenas mostra que são elementos, partes constitutivas do comportamento. Segundo O freudismo, "Para a psicologia objetiva, qualquer motivo do homem é parte componente do seu ato, e nunca a sua causa".[12]

Ainda que a consciência oficial e a consciência não oficial sejam discursos, como a consciência oficial não está sujeita à censura ela não tem dificuldade para se expressar através do discurso exterior, além de subsistir como discurso interior. Disso resulta o fato de que se expressar é muito mais difícil para a consciência não oficial, quando contrasta abertamente com a consciência oficial, e também quando se reduz ao âmbito do indivíduo e não encontra possibilidade de organizar-se através de grupos de indivíduos que têm os mesmos interesses e que, portanto, possam pressionar para afirmar novas formas ideológicas e lutar contra as ideologias dominantes.

A consciência não oficial necessita de uma força interindividual não só para se realizar como discurso exterior, mas para tornar-se evidente, para intensificar-se e, também, para subsistir como discurso interior. Ao ficarem relegados à esfera individual, é dito em O freudismo, os motivos ideológicos não oficiais do comportamento:

> começam a definhar, a perder feição verbal e pouco a pouco se transformam efetivamente em um "corpo estranho" no psiquismo. Por essa via, grupos inteiros de manifestações orgânicas podem ser desalojados dos limites do comportamento verbalizado, podem tornar-se não sociais. Assim se amplia o campo "animal" do homem, sua parte não social.[13]

A última parte da citação indica também que os aspectos "não sociais", "animais", do comportamento humano se produzem em determinadas condições sociais da vida material, e pode colocar-se em relação com a citação dos *Manuscritos econômico-filosóficos* de Marx, em que se diz que as condições de trabalho na sociedade capitalista explicam como se chega à

> conclusão de que o homem (o trabalhador) só se sente livremente ativo em suas funções animais – comer, beber e procriar, ou, no máximo, também em sua residência e no seu próprio embelezamento – enquanto que em suas funções humanas se reduz a um animal. O animal se torna humano e o humano se torna animal. Comer, beber e procriar são, evidentemente, também simples funções humanas.

---

[12] Bakhtin-Voloshinov, *O freudismo,* op. cit., p. 86.
[13] Bakhtin-Voloshinov, *O freudismo,* op. cit., p. 90.

Mas, consideradas abstratamente, à parte do ambiente de outras atividades humanas e convertidas em fins definitivos e exclusivos, são funções animais.[14]

A força do embate entre ideologia oficial e ideologia não oficial, nas quais, realmente, consistem os "conflitos mentais", e a sorte da ideologia não oficial, sua possibilidade de desenvolver-se em um projeto social alternativo ou de ficar obrigada ao mutismo mais completo, dependem: das condições histórico-materiais, da relação entre o desenvolvimento das forças produtivas e as relações sociais de produção e, também, de como se conectam os motivos da consciência com interesses de grupos sociais mais ou menos abrangentes.

Se se tem em conta quão vital é, na consciência não oficial, a conexão, a comunicação do indivíduo com outros indivíduos, a verbalização exterior – que é a única que pode manter vivo o discurso interior – compreende-se o significado real da sessão psicanalítica. Nesse sentido, diz-se em O freudismo, o "discurso do inconsciente", como se manifesta nas "reações verbais", na "livre fantasia", é, em primeiro lugar, o reflexo de uma relação social, isto é, a relação médico-paciente.

O ponto principal da crítica à psicanálise em O freudismo revela que, para tomar consciência dos motivos inconscientes – isto é, encontrar, determinar, precisar e verbalizar externamente os motivos ideológicos não oficiais do comportamento individual –, é necessário uma relação com o outro, como o trabalho psicanalítico demonstra precisamente. Porém, enquanto o "outro" é somente o médico da sessão psicanalítica, essa tomada de consciência só pode ser parcial, limitada, e tem poucas possibilidades de incidir na vida real e na ideologia dominante.

> Porque nem todos os motivos que entram em contradição com a ideologia oficial degeneram em um obscuro discurso interior e perecem: alguns podem entrar em luta com a ideologia oficial. Se tal motivo está fundado na realidade econômica de todo um grupo, se não é motivo de um solitário indivíduo desclassificado, tal motivo tem um futuro social talvez até vitorioso. Esse motivo não terá qualquer fundamento para tornar-se não social, para abandonar a sociedade. Ele apenas irá, inicialmente, desenvolver-se em um pequeno círculo social, entrará na clandestinidade, mas não em uma clandestinidade psicológica de complexos recalcados, e sim em uma clandestinidade política sadia. É assim que se cria a ideologia revolucionária em todos os campos da cultura.[15]

---

[14] Marx, *Manoscritti economico-filosofici*, trad. it. G. della Volpe, em Marx e Engels, *Opere complete*, vol. 3, Roma, Riuniti, 1976, p. 301.
[15] Bakhtin-Voloshinov, *O freudismo*, op. cit., p. 90.

Em uma sociedade de classes, se as motivações "inconscientes" se baseiam nos interesses materiais de toda uma classe, se sua tomada de consciência se realiza como consciência de classe através da qual a relação com o outro se converte em relação de colaboração e de organização com o representante da própria classe, nesse caso a ideologia não oficial pode entrar conscientemente em luta com a ideologia dominante e ter a possibilidade de modificar a ordem estabelecida das coisas. O discurso da ideologia não oficial deixa de ser discurso "individual", "privado", "inconsciente", para se converter, nesse caso, em um discurso público, amplamente socializado, em um discurso político-cultural.

SIGNO E SENTIDO EM BAKHTIN

Em toda a obra de Bakhtin, desde os ensaios produzidos na década de 1920 até a década de 1970, está presente a problematização do "sentido" e de como este se coloca e se diferencia do "significado". O interesse pelo "sentido" e o conhecimento dos limites do "significado" e, por consequência, da esfera da semântica, situam-se na linha da crítica que Bakhtin faz da linguística – e também da semiótica que a toma como modelo – que se funda na noção de um sistema de regras ou código (a *langue* saussuriana) e sobre a noção de discurso individual ou mensagem (a *parole*). O problema do sentido ultrapassa os limites desta linguística e se coloca em um campo mais amplo que compreende a linguagem verbal e o signo em geral. A isso Bakhtin se refere algumas vezes como "metalinguística"[1] e outras vezes como "filosofia da linguagem".[2] O problema do sentido é parte de uma reflexão sobre a linguagem que não se limita à relação entre a língua, como código, e o discurso ou o texto. Também não se limita às relações linguísticas entre os elementos do sistema da língua ou entre os elementos de uma única enunciação, mas ocupa-se das relações dialógicas nos atos de palavra, nos textos, nos gêneros do discurso e nas linguagens.

A distinção entre significado e sentido em Bakhtin caminha paralelamente não somente à distinção entre linguística (e semiótica) da decodificação e "metalinguística" ou "filosofia da linguagem", mas também à distinção

---

[1] Este termo se encontra em *Problemas da poética de Dostoiévski*, de Bakhtin.
[2] Voloshinov, *Marxismo e filosofia da linguagem*; Bakhtin, "O problema do texto", em "O autor e o herói", pp. 291-319.

entre "sinal" e "signo". O sinal tem uma função prefixada, unidirecional, e assume de forma unívoca um determinado significado. O sinal entra em jogo na comunicação puramente mecânica, nas linguagens técnicas e em todos os casos em que a resposta que provoca no interlocutor seja única, sem possibilidade de equívocos ou interpretações alternativas. O processo de compreensão de um sinal é um processo de identificação; trata-se de reconhecer elementos constantes que se repetem, que permanecem iguais a si mesmos com relação a um código dado. O signo, por outro lado, caracteriza-se por sua pluricidade, por sua indeterminação semântica, por sua fluidez expressiva e porque se adapta a situações sempre novas e diferentes. O signo não requer uma mera identificação, já que estabelece uma relação dialógica que comporta uma tomada de posição, uma atitude responsiva; o signo requer, além da identificação, o que Bakhtin chama de "compreensão responsiva". O signo é algo mais (no sentido qualitativo) que sinal. Contém também o fator de sinalidade, com tudo o que isso comporta, o fator da autoidentidade e da reiteração, porém não se reduz a um deles: sinalidade e autoidentidade estão presentes no signo, mas estes não são fatores constitutivos – superam-se dialeticamente nas características específicas do signo: a variabilidade, a ambivalência, a entonação valorativa. A dialética entre sinalidade e signicidade no signo verbal revela-se claramente exposta no processo de aprendizagem de uma língua estrangeira:

> Na língua materna, isto é, precisamente para os membros de uma comunidade linguística dada, o sinal e o reconhecimento estão dialeticamente apagados. No processo de assimilação de uma língua estrangeira, sente-se a "sinalidade" e o reconhecimento, que não foram ainda dominados: a língua ainda não se tornou língua. A assimilação ideal de uma língua dá-se quando o sinal é completamente absorvido pelo signo e o reconhecimento, pela compreensão.[3]

Para traçar o itinerário que Bakhtin segue na questão do sentido é necessário sublinhar não somente a distinção entre "significação" e "tema", que aparece em *Marxismo e filosofia da linguagem*, distinção que corresponde, em "O discurso no romance", com a de "significado neutro" e "signo atual". Contribui também para compreender a noção de "sentido" em Bakhtin o

---

[3] Voloshinov, *Marxismo e filosofia da linguagem*, p. 94.

ensaio de Bakhtin-Voloshinov de 1926, "O discurso na vida e o discurso na arte", no qual se confere especial importância para a noção de "presumido".[4*]

A relação entre "significação" e "tema" é paralela à da "sinalidade" e "signicidade". O tema é o sentido completo, unitário do signo verbal, considerado concretamente, ou seja, do signo verbal tal e qual se apresenta em contextos comunicativos concretos, na interação social e que, como tal, é uma expressão completa, um ato de discurso que se realiza como resposta a um diálogo implícito ou explícito. O tema é o sentido geral, unitário de uma enunciação ligada a uma situação concreta e que, portanto, está determinado não só por fatores verbais (as palavras que a compõem, as estruturas morfológicas e sintáticas, a entoação, o conteúdo linguístico), mas também por fatores extraverbais, sígnicos e não sígnicos, que formam parte do contexto de interação verbal. O tema tem um caráter valorativo e requer uma compreensão ativa, uma relação de interação dialógica, dado que pressupõe sempre o intercâmbio sígnico em determinadas situações comunicativas. O tema, além de ser algo unitário, é também algo único e irrepetível, como consequência de sua relação com uma interação comunicativa especial.

A significação, entretanto, é tudo aquilo que dentro da expressão apresenta-se com o caráter do reproduzível, do estável e do que está sujeito a um processo de identificação. A significação consiste nos aspectos que produzem efeitos comuns para diferentes enunciações quando estas são abstraídas de sua motivação específica, de sua intenção, sentido ou tema. Enquanto o tema de uma enunciação é unitário e não pode ser decomposto, a significação pode ser decomposta em elementos significativos que a compõem e em unidades distintivas não significativas (a "dupla articulação" de Martinet). A significação é "o aparato técnico" para realizar o tema e consiste em tudo aquilo que, na mensagem verbal, pode-se atribuir, por abstração, ao código linguístico, ao sistema unitário da língua. Também a distinção entre tema e significação subsiste evidentemente somente por abstração, no nível teórico, na análise. Na realidade linguística, tema e significação são inseparáveis e não existe entre eles nenhuma fronteira precisa de demarcação.[5]

---

[4] * Nota da Tradução (N.T.): Faracco & Tezza, com base na tradução de I. R. Titunik (*Discourse in life anda discourse in art – concerning sociological poetics*), publicada em Voloshinov, *Freudism*, New York, Academic Press, 1976, traduzem a noção de "presumido" como "O horizonte espacial e ideacional compartilhado pelos falantes": "um enunciado concreto, como um todo significativo, compreende duas partes (1) a parte percebida e realizada em palavras e (2) a parte presumida. É nesse sentido que o enunciado concreto pode ser comparado ao entimema" [...]. (Faraco & Tezza, *Discurso na vida e discurso na arte*: sobre poética sociológica. Versão para fins acadêmicos)

[5] Cf. Idem, ibidem, p. 129.

O tema precisamente é o que faz com que o signo verbal seja um signo. Se se prescinde do tema quando se estuda a linguagem, isto é, se se considera o significado de uma enunciação só em relação ao código, ao sistema abstrato da língua, como se fosse independente em relação a seu contexto de enunciação, o signo verbal se reduz ao estado de um simples sinal e perde o que o caracteriza como signo. A distinção entre significação e tema pode se fazer confundir com a divisão que Peirce faz do "interpretante" em "interpretante imediato" e "interpretante dinâmico".[6] A significação de um signo existe geralmente na interpretação que nos proporciona outro signo que a interpreta: coincide, desta forma, com o interpretante. O interpretante imediato o fixa no uso, na tradição: consiste em decifrar corretamente o mesmo signo. O interpretante dinâmico, entretanto, "é o efeito atual que o signo, como tal, realmente determina". O signo deve ser considerado tanto na relação com o interpretante dinâmico como em relação ao "objeto dinâmico", isto é, "a realidade que de algum modo consegue determinar o signo na sua representação".[7] Também para Peirce o signo nunca pode ser algo repetitivo. Cada vez que é usado torna-se um novo ato semiótico, que comporta uma renovação e faz com que não tenha um interpretante definitivo, estabelecido de uma vez por todas: é o princípio peirciano da semiose ilimitada, do subseguir sem fim dos interpretantes.

Como temos dito, em "O discurso no romance" de Bakhtin, vemos que as noções de "significação" e "tema" são correspondentes às de "significado neutro" e "sentido atual". Esta terminologia pode fazer pensar (mas só fora do contexto bakhtiniano) que a autoidentidade do signo é um fato isolado e anterior no que diz respeito ao sentido que toma em contextos comunicativos concretos. Com efeito, a distinção entre um "significado neutro" e "sentido atual" existe somente por abstração, como havíamos dito, da distinção entre "significação" e "tema". Na realidade existem somente "sentidos atuais", signos empregados concretamente nas situações específicas. Encontramos o signo já usado em determinados contextos comunicativos, com um sentido que, por sua vez, conecta-se dialeticamente com o sentido dos contextos próximos ou distantes dos que já haviam sido usados. E, no uso que fazemos dele em um determinado momento, a autoidentidade, a sinalidade, que tem de ser dialeticamente superada para que adquira a eficácia de um signo vivo, não é nada mais que a acumulação de sentidos anteriores. São estes últimos os que fazem com que tratemos com

---

[6] Charles S. Peirce, *Semiotica,* M. Bonfantini (ed.), Turim, Einaudi, 1979, p. 229.
[7] Idem. Sobre a relação entre Peirce e Bakhtin, ver neste livro o capítulo "Bakhtin e Peirce: signo, interpretação, compreensão".

um material sígnico que, precisamente por sê-lo, possui uma resistência, uma objetividade, uma materialidade inerente.

Como se observa em Bakhtin-Medvedev, o que se chama "valoração" em *O método formal na ciência da literatura*, em *Marxismo e filosofia da linguagem* se denomina "tema" (a "valoração" é o que individualiza, torna concreto, especifica um signo determinado). Não é correto falar de "potencialidades sígnicas", como se elas já estivessem pré-constituídas no que diz respeito à "valoração", ou seja, ao "tema", ao "sentido atual". Não existem "potencialidades sígnicas" que sucessivamente se transformem em "fatos sígnicos concretos". As chamadas potencialidades sígnicas "estão compreendidas, em sua origem e desenvolvimento, no círculo das valorações, que inevitavelmente se vêm formando em um grupo social determinado".[8]

No ensaio "O discurso na vida e o discurso na arte" de Bakhtin-Voloshinov, a relação entre "significado" e "sentido" se especifica como relação entre "conteúdo explícito" da enunciação e "conteúdo presumido". O significado de uma enunciação nunca coincide com o conteúdo puramente verbal: "as palavras ditas estão impregnadas de coisas presumidas e de coisas não ditas". O ato de palavra cotidiano, considerado em seu conjunto, se compõe de duas partes: uma parte que se pronuncia verbalmente e uma parte presumida. Nesse sentido se pode dizer que é como um entimema (em lógica, um entimema é um silogismo em que uma das premissas é presumida: "Sócrates é um homem, portanto ele é mortal"). O que se presume são vivências, valores, programas de comportamento, conhecimentos, estereótipos etc., que não são nada de abstrato individual ou privado. Pode chegar a formar parte da mensagem como parte a ser presumida e como fator constitutivo, tanto da sua formulação como da sua interpretação, somente o que não está limitado à consciência individual, entendida de forma abstrata, o que não é individualmente pessoal:

> O que eu conheço, vejo, quero, amo etc. não pode ser presumido. Apenas o que todos nós falantes sabemos, vemos, amamos, reconhecemos – apenas estes pontos nos quais estamos todos unidos podem se tornar a parte presumida de um enunciado.[9]

A parte presumida que figura na base da significação e que dota de sentido a enunciação é de natureza social. O que se presume, se se observa o ensaio citado de Bakhtin-Voloshinov, é um "contexto de vida" (uma "forma de vida", como diz

---

[8] Medvedv, *Il metodo formale nella la scienza della letteratura*, op. cit., p. 271.
[9] Voloshinov, *O discurso na vida e o discurso na arte*, trad. bras. de Carlos Alberto Faraco e Cristóvão Tezza (versão para fins acadêmicos), p. 5.

Wittgenstein, ainda que com um sentido mais limitado).[10] O contexto de vida é mais ou menos amplo e compreende ao menos a "porção de mundo" que entra na visão dos falantes, as condições reais de vida que produzem uma valoração comum: a posição que se ocupa nas relações familiares, o ofício, o pertencimento a um grupo social e a um tempo determinado. "O 'presumido' pode ser aquele da família, do clã, da nação, da classe, e pode abarcar dias ou anos ou épocas inteiras."[11]

Mais ampla é a visão objetiva presumida no ato de discurso, e mais constantes, menos fugazes, mais gerais e mais típicas são as condições de vida às quais ela remete. Nesse sentido existem variações efêmeras, frágeis, ligadas unicamente ao horizonte mínimo presumido, que é o da circunstância especial, do ambiente ao redor, visivelmente presente, que serve de "cenário" para a enunciação, e também valorações mais estáveis, relativamente permanentes, "fortes", que são essenciais, fundamentais para um determinado grupo, visto que surgem das condições materiais de sua existência.

> Todas as avaliações sociais básicas que derivam diretamente das características distintivas da vida econômica de um grupo social dado usualmente não são enunciadas: elas estão na carne e no sangue de todos os representantes deste grupo; elas organizam o comportamento e as ações; elas se fundiram, por assim dizer, com os objetos e fenômenos aos quais elas correspondem, e por essa razão elas não necessitam de uma formulação verbal especial.[12]

Podemos explicar as ideias de Bakhtin, a propósito do sentido e do significado da enunciação distinguindo duas partes na enunciação que se referem à compreensão responsiva e à identificação. A primeira refere-se, por sua vez, à signicidade e a segunda, à sinalidade. Propondo uma terminologia que não é de Bakhtin,[13] podemos chamar de enunciado o significado de uma enunciação que está ligada à compreensão responsiva, ou seja, ao sentido. Em outros termos, o enunciado de uma enunciação consiste no seu nível propriamente sígnico. Chamamos, por outro lado, de frase ou conjunto de frases o significado da enunciação que está ligada ao interpretante de identificação. Em outros termos, a frase ou conjunto de frases é o significado da enunciação que se esgota na identificação, ou seja, "o significado" em sentido estrito e diferente de "sentido". A frase está num nível em que pode ser decomposta, recortada em vários elementos linguísticos, enquanto

---

[10] Sobre Wittgenstein, cf. Rossi-Landi, *Linguagem como trabalho e como mercado*, op. cit.
[11] Idem, ibidem, p. 6.
[12] Idem, ibidem, p. 6.
[13] É a terminologia proposta em A. Ponzio, *Men as a sign*, Berlim-Nova York, Mounton de Gruyter, 1990; e em O. Calabrese, S. Petrilli e A. Ponzio, *La ricerca semiotica*, Bolonha, Esculapio, 1993.

o enunciado se coloca no plano da unidade linguística, da completude sígnica. A compreensão responsiva se dirige à enunciação como a um todo unitário que não se pode decompor, que traduz o seu significado global. Por outro lado, a identificação se dirige aos elementos em que a enunciação, como frase ou conjunto de frases, pode decompor-se no plano fonológico, sintático e semântico. Além disso, como frase, a enunciação se dá como repetição de determinados traços distintivos que permitem reconhecer os fonemas, os monemas e as estruturas sintáticas. Entretanto, como enunciado, a enunciação é considerada em sua singularidade pelo que se quer dizer "aqui e agora": a compreensão responsiva, além de não repetir a enunciação – como no caso da identificação – também a trata como algo singular e irrepetível. Uma frase repetida é sempre a mesma frase; um enunciado repetido não é o mesmo enunciado; em outros termos: não pode ser repetido, ou o que se repete, ao se repetir uma enunciação, é a frase, não o enunciado. Cada vez que a enunciação se repete, o enunciado requer uma compreensão responsiva diferente. Para identificá-la, a enunciação requer um conhecimento (competência linguística) que é *mathesis universalis*. Para entendê-la de forma responsiva, isto é, como enunciado, a enunciação requer um saber (competência comunicativa) que é *mathesis singularis*, um novo conhecimento para cada novo enunciado. Como enunciado, a enunciação não somente requer a compreensão responsiva como também necessita que ela mesma seja compreensão responsiva de outro signo verbal ou não verbal. Como tal, ela mesma é uma tomada de posição, um juízo de valor, a expressão de uma perspectiva: isso faz com que toda enunciação tenha sempre uma acentuação especial ou entonação valorativa. Como frase, a enunciação não é responsiva e não tem, portanto, nenhuma entonação valorativa.

    A enunciação é sempre *de* alguém *para* alguém. Responde e reclama uma resposta. Esta resposta ultrapassa os limites do verbal. Está sujeita a comportamentos e solicita comportamentos que não são somente de tipo verbal: vive no cruzamento de atos comunicativos extraverbais que podem ser entendidos como signos que a interpretam e como signos que ela interpreta. Definitivamente, a enunciação vive no jogo de compreensões responsivas, expressadas por signos verbais e não verbais. Podemos entender por "texto" o entrelaçamento desses signos dos quais a enunciação se alimenta, e distinguir um texto verbal – constituído unicamente por enunciações – de um texto ao mesmo tempo verbal e não verbal – no qual intervêm comportamentos legíveis, em relação à enunciação, como signos e interpretantes não verbais. Fora do texto, a enunciação não é assim, perde seu sentido e se converte em frase isolada ou conjunto de frases; frases que surgem do nada ou se dirigem ao nada e que, como tais, não possuem uma intenção comunicativa e nada dizem sobre a caracterização que, ao contrário, as enunciações apresentam ao oferecer uma resposta e exigir, por sua vez, outra resposta. A textualidade é, portanto, um dos parâmetros da enunciação e é isso que diferencia o enunciado da frase.

De fato, é necessário compreender que a divisão da enunciação em "frase" e "enunciado" não implica que a enunciação não possa estar constituída também por uma só palavra e realizar através desta o próprio enunciado, um sentido próprio. Nesse caso, poderíamos distinguir a palavra enunciação em palavra e enunciado. Em *Marxismo e filosofia da linguagem* de Voloshinov, observa-se que o que denota os limites da linguística – que se interessa somente pelo nível da identificação, distinguindo diferentes níveis (fonológico, sintático, semântico) e classificando os elementos correspondentes (fonemas, morfemas, sintagma etc.) – é o fato de que, quando nos encontramos com uma enunciação composta por uma só palavra, todas as categorias dessa linguística não são suficientes para explicar o que é que transforma esta palavra em uma enunciação. De fato, estas categorias podem definir a palavra exclusivamente dentro da enunciação (dentro da frase ou conjunto de frases), e não como enunciação (como enunciado), ou seja, unicamente em termos de elemento potencial do discurso. Essas considerações afetam a linguística taxionômica e também podem estender-se e considerarem-se válidas com relação à teoria chomskiana da gramática gerativa transformacional, já que também neste caso se trabalha com peças do discurso, com frases consideradas independentemente de sua função comunicativa, de sua intenção e sentido.

A distinção entre "significado" e "sentido", como distinção entre "significação" e "tema" em Bakhtin ou "interpretante imediato" e "interpretante dinâmico" em Peirce, ou especificamente na enunciação como distinção entre "frase" e "enunciado", poderiam parecer corresponder à distinção entre significado na *langue* e signficado na *parole*. Parece que se trata da distinção entre o caráter estável, social, público, repetível dos significados da *langue*, e o caráter mutável, individual, privado dos significados da *parole*. Por outro lado, esta distinção não serve para compreender a relação entre "sentido" e "significado", quando se leva em conta que o que determina esta relação é também a noção bakhtiniana de "presumido".

Podemos encontrar uma correspondência entre a noção de "significado agregado", que Rossi-Landi propõe em *Significato, comunicazione e parlare comune*,[14]

---

[14] Rossi-Landi, *Significato, comunicazione e parlare comune*, Veneza, Marsilio, 1980. Sobre estes aspectos da reflexão de Rossi-Landi, cf. A. Ponzio, *Rossi-Landi e la filosofia del linguaggio*, Bari, Adriatica, 1988.

e a de "presumido" do ensaio de Voloshinov-Bakhtin "O discurso da vida e o discurso na arte". Rossi-Landi parte do pressuposto de que os significantes não são entidades separadas dos processos reais de comunicação e de interpretação e propõe uma distinção entre "significados de partida" e "significados agregados". Os significados de partida são os que são dados a cada vez, de forma direta, imediata, literal, consciente. Estes significados diretos e explícitos estão sujeitos a significados que são indiretos, implícitos, metafóricos, latentes, inconscientes. Sobretudo o que dissemos influencia no que não dissemos. Rossi-Landi chama de significados agregados aqueles que não estão imediatamente presentes, porém, que subjazem aos significados de partida. Enunciações aparentemente simples contêm esferas de significação infinitamente complexas. Assim, as enunciações resultam pluriestratificadas e esta pluriestratificação não é uma qualidade interior, mas que se refere à sua relação com o exterior, com outras enunciações, com o texto, com o contexto, com o resto do universo de discurso do qual são parte etc. Não creio que uma tal distinção possa se comparar com a distinção chomskiana entre estruturas superficiais e estruturas profundas.[15] Em Chomsky, a linguagem é considerada em separado de sua função comunicativa e de sua dimensão social, intersubjetiva, dialógica. Em Rossi-Landi, por outro lado, os "significados agregados" consistem, como o "presumido" de Bakhtin, em pressupostos que remetem a experiências práticas, valores, saberes de um determinado ambiente, que pode ser um grupo familiar reduzido ou todo um universo de discurso de toda uma cultura. Os significados agregados dependem do caráter intersubjetivo e dialógico da prática do significar que pressupõe um saber compartilhado, uma abertura para pontos de vista alheios e para várias direções culturais. Significados de partida e significados agregados dão-se no processo concreto da semiose e na relação entre signos e interpretantes.

Ao mostrar as estratificações múltiplas e complicadas dos significados de partida, aparentemente simples, Rossi-Landi, assim como Bakhtin, revela a complexidade das operações implícitas ao falar, a acumulação de experiências, os saberes compartilhados, pressupostos etc., que fazem com que a vida linguística não se possa reduzir aos dois extremos do sistema da língua unitária e do indivíduo que a fala.[16] A distinção entre significados de partida e significados agregados apresenta-se problemática e corta pela metade a frequente distinção entre significados fixados pelo uso, pela tradição, no código comum, e significa-

---

[15] Para uma crítica da concepção chomskiana através da comparação com o pensamento de Rossi-Landi, ver A. Ponzio, *Production linguistique et idéologie sociale*, Quebec, Balzac, 1992.
[16] Cf. Bakhtin, "La parola nel romanzo", op. cit., p. 230.

dos mutáveis, ligados ao contexto concreto da comunicação e da interpretação. De fato, não somente nos significados que dependem do contexto é possível encontrar algo implícito, mediado, latente, mas também nos significados que mais prescindem das circunstâncias da palavra. Como demonstra Bakhtin, precisamente os significados comuns, públicos, fixados pela tradição, são os que mais se prestam a permanecer implícitos, mediados, escondidos, remotos, secundários, inconscientes. Os significados de partida e os agregados subsistem tanto na *langue* como na *parole*, tanto na "significação" como no "tema", tanto em referência ao "interpretante imediato" como ao "interpretante dinâmico". Rossi-Landi e Bakhtin concordam com o fato de que o presumido não pode ser algo abstrato individual ou privado. O presumido aparece com mais frequência quando nos encontramos com acontecimentos, experiências, valores, programas de comportamento, conhecimentos e estereótipos que são de domínio público, determinados socialmente. Mais amplo e complexo é o presumido, e mais se baseia em elementos estáveis e constantes da vida social, em comportamentos e valorações essenciais e fundamentais.

Os "fenômenos de sentido" podem perdurar, disse Bakhtin em um ensaio de 1970,[17] também de forma oculta e em um estado latente durante períodos históricos, e se manifestar inclusive quando a cultura a que pertenciam já não existe, revelando-se em contextos culturais de épocas sucessivas capazes de lhes dar uma compreensão responsiva.[18] Isso significa que o sentido não está sempre fechado ao contexto ao qual pertence, não está limitado ao contexto que lhe é contemporâneo. Existem possibilidades de sentido que aquele que produz ou interpreta um texto pode ativar, e nem sempre as fronteiras espacial, temporal, axiológica, cultural, linguística, favorecem esse despertar. Entretanto, em alguns casos, é a distância, que Bakhtin chama de "exotopia", que favorece a compreensão do sentido. Este se produz, sobretudo, quando o sentido não nasce completamente de seu contexto, de seu presente, e existe por estar ligado a um passado concreto, a uma tradição, por pertencer a um âmbito muito mais amplo que o das capacidades interpretativas dos interlocutores diretos e o de todos os seus contemporâneos.

> Podemos dizer que nem o próprio Shakespeare nem os seus contemporâneos conheciam o "grande Shakespeare" que hoje conhecemos. De maneira nenhuma é possível meter à força o nosso Shakespeare na época elisabetana.

---

[17] Bakhtin, "Risposta a una domanda della redazione del 'Novyi-Mir'" (1970), em *L'autore e l'eroe*, op. cit., pp. 341-48.
[18] Idem, p. 345.

Os tesouros dos sentidos, introduzidos por Shakespeare em sua obra foram criados e reunidos por séculos e até milênios: estavam escondidos na linguagem, e não só na literária como também em camadas da linguagem popular [...]. Shakespeare usou e inseriu em suas obras os imensos tesouros dos sentidos potenciais que em sua época não puderam ser descobertos e conscientizados em toda a sua plenitude. O próprio autor e os seus contemporâneos veem, conscientizam e avaliam antes de tudo aquilo que está mais próximo do seu dia de hoje. O autor é um prisioneiro de sua época, de sua atualidade. Os tempos posteriores o libertam dessa prisão, e os estudos literários têm a incumbência de ajudá-lo nessa libertação. [...] Em cada cultura do passado estão sedimentadas as imensas possibilidades semânticas, que ficaram à margem das descobertas, não foram conscientizadas nem utilizadas ao longo de toda a vida histórica de uma dada cultura.[19]

O "sentido" resulta ser, portanto, o conjunto dos "significados agregados" que completam os "significados de partida". Os primeiros são seus antecedentes e, por isso, mesmo que possam ser presumidos ou permanecer inclusos, ocultos ou desconhecidos, têm sempre, mais ou menos, uma objetividade própria, uma materialidade histórica, uma autonomia sobre as intenções, sobre a vontade, sobre o projeto concreto e individual da comunicação. Bakhtin dá especial importância aos gêneros do discurso, entre eles também os literários, para a busca da gênese do sentido, porque nos gêneros da linguagem e da literatura "se acumulam as formas da visão e da interpretação de determinados aspectos do mundo".[20]

Podemos resumir o que dissemos até agora utilizando a mesma enumeração que Bakhtin usou em seu último ensaio (1974)[21] para decompor a compreensão do sentido global em atos individuais:[22]

1. A percepção psicofisiológica do sentido físico (palavra, cor, forma espacial) é o sentido que ainda não se percebe como tal, exceto só como corpo, em sua porção extrassígnica. Aqui a compreensão do signo se limita unicamente a detectá-lo em sua relação com o corpo.

---

[19] Bakhtin, "Os estudos literários hoje", em *Estética da criação verbal*, pp. 363-4 (Tradução brasileira de Paulo Bezerra).
[20] Idem, ibidem, p. 364. Por se referir à relação entre o problema de sentido e a teoria da literatura em Bakhtin, ver A. Ponzio, *Tra semiotica e letteratura. Introduzione a Michail Bachtin*, Milão, Bompiani, 1992.
[21] Bakhtin, "Per una metodologia delle scienze umane" (1974), em *L'autore e l'eroe,* op. cit., pp. 375-86.
[22] Idem, p. 375.

2. O reconhecimento do signo (como conhecido ou como desconhecido) é o conhecimento de seu significado repetível (geral) na linguagem. É o momento do signo como sinal, em sua relação com um código. Trata-se de identificar o signo, de reconhecê-lo em seu significado geral, repetível. Em um sinal a interpretação termina aqui, ainda que não se complete até que se apresente como resposta a esse sinal.

3. A compreensão de seu significado em um contexto dado ou remoto é a compreensão do sentido, que pode: a) limitar-se aos "significados agregados" próximos, os que formam parte de sua época, que se esgotam no presente ou num passado próximo, ou b) referir-se a "significados agregados, remotos".

4. Por último, a compreensão dialógico-ativa (contraste-consenso).

A MANIPULAÇÃO DA PALAVRA ALHEIA: SOBRE AS FORMAS DO DISCURSO REPRODUZIDO

O discurso reproduzido, o discurso citado, em suas diferentes formas, não representa somente um tipo especial de discurso, mas também está constantemente presente no sentido de que todo discurso é um discurso reproduzido, que recorre ao discurso alheio.

Falamos sempre através da palavra dos outros, seja por meio de uma simples imitação, como uma pura citação, seja em uma tradução literal ou, ainda, seja através de diferentes formas de transposição, que comportam diferentes níveis de distanciamento da palavra alheia: a palavra entre aspas, o comentário, a crítica, o repúdio etc.

A apropriação linguística é um processo que vai desde mera repetição da palavra alheia à sua reelaboração, capaz de fazê-la ressoar de forma diferente, de conceder-lhe uma nova perspectiva, de fazer-lhe expressar um ponto de vista diferente. Porém, permanece semialheia, em qualquer caso. A propriedade sobre a palavra não é exclusiva e total.

Evidentemente as palavras que usamos não estão capturadas do vocabulário: provêm do discurso alheio e não são palavras isoladas, mas sim peças que formam parte de enunciações completas, de textos. Não são palavras neutras, vazias de valorações, mas já alheias e com uma determinada direção ideológica, ou seja, expressam um projeto concreto, um determinado nexo com a práxis. Além disso, não provêm da língua, entendida de forma abstrata, mas de determinadas linguagens, registros, de determinados gêneros de discurso, "cotidiano", "literário", "científico" etc. Nesse sentido, falamos de "manipulação" da palavra alheia, porém "manipulação" não tem nenhum significado negativo nem se refere a algo do que se possa ou deva prescindir: todo discurso é manipulação do discurso alheio porque necessariamente o pressupõe. Aquele deve recorrer a este como seu único material, visto que só pode ser concebido sobre a base das práticas significantes que um discurso já tenha realizado.

Falar, tanto em sua forma escrita como na oral, significa empregar peças que se obtêm desmontando discursos alheios, e essas peças não são as mesmas da dupla articulação da linguagem (fonemas e morfemas), não pertencem à língua como sistema abstrato, mas a discursos concretos, ligados a contextos situacionais e linguísticos concretos. São materiais já manipulados, e, como tais, no plano semântico não são somente semantemas, mas também *ideologemas*; não têm só um significado geral, mas também um sentido ideológico preciso. Reutilizando nesse sentido uma metáfora usada por Lévi-Strauss ao analisar o mito e o chamado "pensamento selvagem", podemos dizer que *necessariamente* todo discurso é uma espécie de *bricolagem*.

Todo texto, escrito ou oral, está conectado dialogicamente com outros textos. Está pensado em consideração a outros possíveis textos que este pode produzir; antecipa possíveis respostas, objeções, e se orienta em direção a textos anteriormente produzidos, aos que aludem, replicam, refutam ou buscam apoio, aos que congregam, analisam etc.

Todas as vezes que se produz um discurso existem, portanto, duas perspectivas: uma "temática", de "conteúdo", "referencial", e outra formal, gramatical, estilística. As duas pressupõem uma abertura à palavra alheia: a determinação, a eleição de um tema e a identificação de um referente se introduzem num contexto comunicativo, numa direção do discurso já constituído. Porém, sobretudo, a perspectiva formal indica a intenção acerca das enunciações alheias, recorridas – por se referir à forma – em seu conjunto, e sua manipulação original ou repetitiva.

A enunciação que denota, menciona, representa, comunica, ou seja, expressa seu objeto, o faz sempre de forma *mediada*, através de enunciações já expressadas e que se colocam como modelos, como tradição, como elementos de determinados gêneros de discurso, de determinados campos linguísticos etc. Toda inovação ideológica, de gênero, de discurso, de registro, pressupõe o passo obrigatório de ter assimilado tradições, práticas e modelos significantes pertencentes a outros modelos. Portanto, toda palavra que se expressa de forma concreta, ou seja, toda enunciação, nunca é unidirecional: enquanto expressa seu próprio objeto, expressa direta ou indiretamente sua própria posição acerca da palavra alheia. Não se trata da palavra alheia como matéria inerte, mas como palavra viva, que renova a própria manipulação, e com a qual tem que estar relacionada, prevendo e prevenindo suas possibilidades de retroação, de resistência, de recusa ou de eliminação de novos sentidos que lhe são atribuídos e que a instrumentalizam.

A relação com a palavra alheia nunca é uma relação "de equivalência", porque ela é concebida para um terceiro: o destinatário. Existem pelo menos outros dois com quem nos relacionamos ao falar: a pessoa de quem tomo as palavras e a pessoa a quem me dirijo: a relação básica é, portanto, triangular. O plano da relação com a palavra manipulada situa-se na perspectiva de um destinatário: o triângulo tem o vértice no ponto de vista deste último e os outros dois ângulos coincidem com o ponto de vista do falante e com o ponto de vista que os demais têm da palavra a que o falante recorre e utiliza nesse momento.

Situar-se diante da palavra alheia pode significar utilizá-la para expressar um tema dado; porém também se pode utilizá-la com a finalidade de reproduzir a palavra alheia, de representar seu estilo. Nesse caso, o objeto da palavra é a mesma palavra: estamos diante de uma estilização na qual o falante, o autor, já não se identifica com a palavra alheia, que se transforma, portanto, em convencional. Conforme a distância entre o autor e seu modelo, se se anula, aumenta-se ou se atenua, nos encontramos, respectivamente, com casos de imitação, de estilização ou semiestilização. Estamos nos limites da estilização e da palavra convencional, porém se pode chegar a uma duplicidade de entonação nas intenções, nos pontos de vista que se podem apresentar como contraste, como choque. Caso contrário, encontramo-nos diante de um tipo diferente de palavra: a palavra paródica e os gêneros de discurso de tipo paródico. O autor, como na estilização, fala com uma palavra alheia tomando distâncias, porém contrariamente à estilização, introduz nessa palavra uma intenção que é completamente oposta à intenção alheia. Da forma como nos colocamos em relação à palavra alheia depende também o diálogo interior dentro de uma mesma enunciação, a polêmica etc.[1]

A dialética entre a própria palavra e a palavra alheia se manifesta de forma direta nos casos em que a primeira assume explicitamente a função de reproduzir a segunda, sob a forma do discurso direto, indireto e indireto livre (ou semidireto) e de suas variantes, como se demonstra em *Marxismo e filosofia da linguagem* de Voloshinov,[2] em que o tema é precisamente esta dialética. A

---
[1] Cf. Bakhtin, *Problemas da poética de Dostoiévski,* op. cit.
[2] Cf. a terceira parte de Voloshinov em *Marxismo e filosofia da linguagem,* op. cit. Essa parte foi traduzida para o italiano por M. de Michiel diretamente do russo em Ponzio, Jachia e De Michiel (ed.), *Bachtin e le sue maschere,* op. cit.

situação que aqui se apresenta consiste nos discursos que se orientam à palavra alheia como qualquer outro discurso, porém um está dentro do outro, um é o tema do outro. O contexto do discurso é outro discurso, é o que o reproduz.

Precisamente através da análise dos modelos de discurso reproduzido demonstra-se que as formas de representação do discurso alheio não são o resultado de escolhas subjetivamente abstratas, mas que dependem dos instrumentos que uma determinada língua põe à disposição para representar a palavra alheia.

Essa dependência se refere, sobretudo, às regras sintáticas: nelas se sedimentou uma determinada história dos processos comunicativos. Como vimos no Capítulo "A caracterização da palavra literária", as formas de representação do discurso alheio, previstas por uma língua, manifestam-se nas possibilidades que cada língua oferece de distanciamento entre a própria palavra e a palavra alheia, e também na consciência que se tem do caráter semialheio da própria palavra e da palavra reproduzida. Condições sociais concretas são as que conduzem ao predomínio de alguns modos de situar-se diante do discurso alheio, que se têm transformado em "gramaticais" dentro de uma determinada língua e que se assumem como modelos sintáticos desta língua, determinando a percepção e a representação da palavra alheia por parte dos falantes dessa língua. A influência que exercem estes modelos sobre o comportamento dos falantes depende também de fatores histórico-sociais. Uma mudança nas condições sociais que as determinava se reflete nestes modelos, modificando-os ou pelo menos debilitando sua função reguladora e de inibição, ampliando o leque das variantes correspondentes a um determinado modelo.

Uma língua pode influenciar na dinâmica entre discurso reproduzido e discurso que se reproduz, favorecendo, por exemplo, a representação da palavra alheia de forma que resulte completamente diferente da palavra reprodutora e se caracterize estilística e socialmente; ou favorecendo a representação da palavra alheia, tendo em conta o conteúdo do discurso, as características individuais etc. Também no discurso que se reproduz sente-se a influência das regras sintáticas, que podem favorecer sua realização como palavra unívoca objetivamente, ou podem convertê-la em relativa, em "palavra a duas vozes",[3] ou seja, palavra em que ressoa a voz alheia, em vez de ser simples instrumento de representação, ponto de vista absoluto.

Converter em relativa a palavra alheia e/ou o mesmo discurso que a reproduz implica dispor, no plano da língua, de formas sintáticas que possam desconfigurar os perfis entre o contexto do autor e a palavra reproduzida ou, inclusive, apagar a distinção entre uma palavra representada e uma palavra representante.

---

[3] Cf. Bakhtin, *Problemas da poética de Dostoiévski*, op. cit.

Seguindo as indicações de Voloshinov, que estudou o discurso reproduzido e fala explicitamente de "manipulação da palavra alheia", é possível distinguir fundamentalmente dois modos, segundo os quais os modelos e as variantes do discurso citado podem situar a relação entre a própria palavra e a palavra alheia.

O primeiro consiste em que os discursos apareçam como autossuficientes, como absolutos, sem parecer reciprocamente interdependentes ou relacionados (no texto narrativo, por exemplo, o discurso do autor e o do personagem). Nesse caso, na recepção social da palavra alheia, prevista pelos modelos linguísticos e levada a cabo de forma estilística, manifesta-se uma privação do caráter pluriorientativo da palavra, da sua natureza enquanto palavra a duas vozes. Encontramo-nos diante de uma manipulação monológica do discurso reproduzido, com a qual a perspectiva monológica da palavra reprodutora se complementa.

O segundo modo consiste em colocar tanto o discurso que se reproduz como o que está sendo reproduzido de tal forma que entre eles não existam fronteiras externas precisas: a intenção de um penetra no outro, e vice-versa. Nesse caso o discurso do autor não mostra um ponto de vista absoluto, externo. No caso do texto narrativo se apresenta como discurso do narrador, diferente do discurso do autor, que se coloca no mesmo plano do discurso dos personagens, em vez de se colocar com uma finalidade concreta. Coloca-se em uma relação de recíproca influência, de interdependência entre pontos de vista diferentes, entre entonações diferentes. A representação do discurso alheio utiliza formas polilógicas.

Os diferentes modelos e variantes que reproduzem o discurso alheio remetem à diferença entre gramática e estilística, ainda que seja muito difícil estabelecer uma linha clara de separação entre gramática e estilo. Algumas formas gramaticais sofrem uma estilização e, também, algumas formas estilísticas sofrem uma gramaticalização.

Apesar de existirem notáveis diferenças entre as línguas a propósito dos "indicadores sintáticos" do discurso reproduzido, em geral pode-se dizer que os modelos sintáticos são os do discurso direto, indireto e semidireto ou indireto livre. Suas variantes são modelos estéticos, por exemplo: o "discurso direto disseminado", que se caracteriza pela presença de aspas ou não, pela presença de palavras alheias no discurso de um autor, além do "discurso direto retórico" ("mas quem chega agora no coração da noite?"), o "discurso direto substitutivo" (o "Adeus aos campos" de Lucia em *Los Novios* de Manzoni) etc.[4]

---

[4] Cf. Voloshinov-Bakhtin, *Marxismo e filosofia da linguagem*, op. cit, pp. 155-73.

Como caracterizar o discurso indireto, o direto e o indireto livre independentemente de suas referências sintáticas? É uma questão especialmente importante se se leva em conta que o discurso indireto nem sempre pode caracterizar-se em relação ao direto com base em regras sintáticas – como acontece, por exemplo, no russo – porque não existe a *consecutio temporum* no discurso indireto.

A peculiaridade do discurso indireto consiste em sua tendência analítica, na transmissão analítica do discurso reproduzido. O que se requer, quando se converte um discurso direto num discurso indireto, não é simplesmente uma "tradução literal", uma transposição sintática, mas também uma readaptação estilística. Por exemplo, as características emotivo-afetivas do discurso não podem permanecer intactas ao passar pelo discurso indireto: expressam-se por meio de uma reelaboração ou do discurso que se reproduz, ou do discurso reproduzido: basta pensar em expressões como "Concordo!", "Bem feito!", "Sem brincadeira!", "Que pena!". O discurso indireto sente a mensagem alheia de forma diferente que o direto, porque o comenta, o analisa.

Segundo o enfoque da análise, é possível distinguir duas variantes do discurso indireto: a que analisa o conteúdo da palavra alheia e a que analisa a sua forma, seu estilo, seu valor.[5]

Paralelamente, o discurso indireto livre é uma forma especial de perceber e representar a relação entre a palavra própria e a palavra alheia. Não se trata (como mostra o próprio Voloshinov) de unificar a forma do discurso indireto e do direto, mas da fusão da própria palavra, da palavra do autor com a alheia, com a palavra do personagem.

O discurso indireto livre não é simplesmente um modelo sintático; expressa também uma determinada posição ideológica, uma forma especial de consciência do intercâmbio linguístico. É geralmente, como disse Pasolini, "índice de uma ideologia", "implica uma consciência sociológica, clara do autor".[6] Reflete determinadas condições socioideológicas e coloca frente a frente linguagens, estilos e ideologias diferentes. Converte em relativos os pontos de vista, desarma a palavra monológica. O que Pasolini observa, a propósito da presença do estilo indireto livre em Dante ou em Ariosto, pode ser particularmente significativo para o papel que lhe propõe Bakhtin na dialética entre monologia e polilogia.*

---

[5] Cf. Idem, ibidem.
[6] Pasolini, *Intervento sul discorso libero indiretto*, op. cit., p. 88.
* N.T.: O termo mais usual seria dialogia, mas o autor prefere este termo, utilizando dialogia em outro contexto.

Nas práticas significantes, que Bakhtin contrapõe às de tipo monológico e que podem ser denominas "polilógicas",[7] a palavra se converte em palavra a duas vozes, orienta-se ao objeto do discurso e à palavra alheia. Já não se trata da palavra unicamente objetivante nem da palavra unívoca objetivada, mas de um tipo de palavra que leva em conta a palavra alheia. Nesse caso, as relações dialógicas não se realizam somente entre enunciações, mas se insinuam na mesma enunciação, imbuídas numa só palavra.

Não só na língua, mas também nos modelos que se oferecem para reproduzir o discurso alheio podem-se detectar determinadas formas de percepção e de manipulação do discurso alheio. Também os gêneros literários implicam diferentes atitudes diante da palavra alheia e se renovam também seguindo o modo em que se percebe o discurso dos demais. Bakhtin considera que, precisamente nessas atitudes, reside a diferença entre "gêneros literários formais" e "gêneros literários paródicos", entre epopeia e romance, entre "romance monológico e polifônico". Assim, no romance:

> se destruirmos todas as aspas de entonação, todas as divisões de vozes e de estilos, todas as diferentes distâncias das linguagens que são representadas a partir do discurso direto do autor, então nós teremos um conglomerado absurdo e sem estilo das diversas formas estilísticas e linguísticas. Não se pode colocar a linguagem do romance num único plano, entendê-la numa única linha. Trata-se de um sistema de planos que se entrecruzam.
> Todo romance, em maior ou menor escala, é um sistema dialógico de imagens das linguagens, de estilos, de concepções concretas e inseparáveis da língua. A língua do romance não só representa, mas ela própria é objeto de representação. A palavra romanesca é sempre autocrítica.
> Com isso, o romance se diferencia, em princípio, de todos os gêneros diretos, do poema épico, da lírica e do drama em sentido estrito.[8]

A mesma inter-relação entre gêneros literários, sua recíproca influência pode ser vista como um aspecto da manipulação da palavra alheia. Os meios de representação e de expressão da "palavra alheia" ao penetrar no romance e se converter em objeto de representação assumem acentuações diferentes, a respeito do próprio romance e dos outros gêneros. Quando o romance entra na grande literatura e se converte no gênero literário hegemônico, a relatividade que caracteriza a palavra

---

[7] Ver também J. Kristeva, *Polylogue*, Paris, Éditions de Seuil, 1977.
[8] Bakhtin, "Da pré-história ao discurso romanesco", em *Questões de literatura e estética*, op. cit., pp. 370-1.

penetra também nos demais gêneros,[9] que se "romantizam", isto é, adotam a estilização, a técnica da palavra distanciada posta entre aspas. Em alguns casos, apresentam também o fenômeno da paródia estilizada.

---

[9] Cf. Bakhtin, "Epos e romanzo", em *Estetica e romanzo,* op. cit. Ver também A. Ponzio, "Conscienza linguistica e generi letterari", em Medvedev, *Il metodo formale...*, op. cit, introdução.

SIGNO E IDEOLOGIA

Dupla materialidade do signo

Para Bakhtin, o que caracteriza o signo é sua forma ideológica. O signo é um objeto material, um fenômeno da realidade objetiva que vai adquirindo uma função ideológica. Para que exista um signo é necessário que exista um objeto ou um fenômeno físico. Assim o próprio objeto ou fenômeno se caracteriza em relação aos demais objetos e fenômenos que não são sígnicos por representação, por estar no lugar de outra coisa diferente dele mesmo.[1] Mas a presença física remete a outras condições que são, segundo Bakhtin, condições necessárias, mas insuficientes, do signo; existe ainda a presença de um terceiro fator, que podemos indicar como o "ponto de vista". O signo representa (e organiza) a realidade (sígnica e não sígnica) a partir de um determinado ponto de vista valorativo, segundo uma determinada posição, por meio de um contexto situacional dado, por determinados parâmetros de valoração, determinado plano de ação e uma determinada perspectiva na práxis. Nesse sentido, o signo, como tal, é sempre ideológico. Onde está presente um signo está também a ideologia. Ao contrário, "tudo que é ideológico possui um valor semiótico".[2]

O ponto de vista, o contexto situacional e a perspectiva prático-valorativa estão determinados socialmente: o ideológico, que coincide com a signicidade, é um produto inteiramente social.

---

[1] Cf. Bakhtin-Voloshinov, *Marxismo e filosofia da linguagem*, op. cit.; e também "La parola e la sua funzione sociale" (1930), em *Il linguaggio come pratica sociale*, op. cit.
[2] Bakhtin-Voloshinov, *Marxismo e filosofia da linguagem*, op. cit. p. 59; veja-se também "La parola nella vita e la parola nella poesia", op. cit.

Para Bakhtin o social não é abstrato nem genérico, mas uma construção historicamente especificada em relação às diferentes formas de produção material e, portanto, da organização cultural, e diversificada com relação à divisão do trabalho.

Tudo o que faz parte da realidade material pode converter-se em signo, e adquire tal valor apenas na dimensão histórico-social (isso também vale para os chamados "signos naturais"). Tanto os objetos que são objetos naturais quanto os instrumentos de produção e os bens de consumo podem transformar-se em signos e adquirir, junto com suas funções e com seus usos não sígnicos, também uma função e um uso sígnico. Enquanto um objeto não sígnico é, por assim dizer, igual a si mesmo, não remete a nada, embora coincida completamente com suas características, um corpo sígnico adquire um significado "que está além de sua particularidade".[3]

Em algumas páginas do ensaio de Voloshinov, "A palavra e sua função social" (1930)[4], encontram-se novas considerações a respeito da questão da transformação de objetos e fenômenos materiais em signos. Demonstra-se como o elemento essencial da dada transformação é o corpo humano. E pode-se dizer que o corpo humano é o material primário que concede função sígnico-ideológica a um fenômeno ou objeto pertencente à realidade material que não seja nosso corpo, que está fora dessa realidade, no sentido "extracorporal" (corpo aqui como corpo próprio, como *Leib*, também no sentido de Husserl). Material de expressão valorativa é antes de tudo (também filogenético correspondente ao processo de hominização) o mesmo corpo: o gesto, a voz (entendida como anterior à linguagem articulada). Com relação ao próprio corpo, a realidade material externa é um material sígnico secundário, que pressupõe sempre a referência ao corpo humano, tanto porque constitui o ponto de partida da expressão valorativa que se manifesta com o material que lhe é externo, quase como seu "prolongamento", como porque constitui o ponto de referência de que a expressão sígnico-ideológica (que se realiza com materiais externos ao corpo) necessita. É absolutamente necessária a união efetiva ou apenas possível com o corpo humano, para que um objeto material, externo a ele, possa se transformar em signo. Também se insiste aqui no caráter histórico-social, que supõe a função sígnica, e na natureza social da expressão valorativa: algo se transforma em material sígnico, incluindo o corpo, apenas na relação intercorpórea que se organiza socialmente.

---

[3] Bakhtin-Voloshinov, *Marxismo e filosofia da linguagem*, op. cit., p. 59.
[4] Cf. Voloshinov, "La parola e la sua funzione sociale", op. cit., parágrafo v.

Entre o material que o corpo oferece à função sígnica e o material externo ao corpo, não existe uma relação que nos faça pressupor que a expressão valorativa se realiza, sobretudo, no material do corpo humano (na voz especialmente, na linguagem fônica) e que, depois, uma vez produzida, se exterioriza. O ensaio de Voloshinov, "A palavra e sua função social" (1930), critica explicitamente (antecipando Jacques Derrida) a interpretação fonocêntrica dessa relação, que considera os signos externos à voz humana (inclusive na leitura) como simples disfarces de significados expressos verbalmente.

A relação entre material verbal e material sígnico extraverbal não pode se ater a uma simples relação que traduz o primeiro tipo de linguagem ao segundo, que substitua os significantes por outros para expressar os mesmos significantes.

Se é verdade que, no processo de hominização, a primeira faísca da consciência saiu do material que o corpo humano oferecia, como num gesto, num grito, na voz, como observa Voloshinov, também é verdade o fato do desenvolvimento da consciência ter se realizado com a ampliação e a diferenciação do material sígnico externo ao corpo; e o mesmo se pode dizer do desenvolvimento da consciência individual, do desenvolvimento expressivo do sujeito. Para este, como para a atribuição do sentido, para a realização dos significados das expressões valorativas é necessário que os materiais sígnicos se diferenciem, que se estendam para além e para fora do corpo humano.

Voloshinov disse que era ilusório considerar que "as ideias", "as emoções", "os pensamentos", que se expressam através de uma linguagem extraverbal, "extracoporal", se correspondam com a linguagem verbal (exterior ou interior), que já se encontram preparados verbalmente, que já estejam presentes na consciência e sejam, portanto, uma "tradução". Ao contrário, o desenvolvimento das "ideias", das "emoções", dos "pensamentos" etc. está ligado a uma ampla variedade de materiais expressivos (por sua vez ligados ao desenvolvimento das forças produtivas e das relações sociais de produção). Dessa forma, as "emoções artísticas" do músico, por exemplo, se encontram originariamente no seu material musical, nascem em seu interior, e não são simplesmente traduzidas.

Medvedev[5] estuda os elementos da distinção entre os objetos ideológicos, por assim dizer, os objetos sígnicos, os "signos ideológicos", de um lado, e os objetos (ou fenômenos) físicos naturais, os instrumentos de produção e os produtos de consumo, de outro: naturalismo, positivismo naturalista e hedonismo são as consequências, segundo Medvedev, que derivam da confusão entre signo e

---

[5] Cf. Medvedev. *Il metodo formale...*, op. cit., pp. 66-71.

objetos naturais, entre signos e instrumentos de produção, entre signos e produtos de consumo, no plano da interpretação dos signos ideológicos e da criatividade artística. Há duas características presentes no signo que o diferenciam do objeto, ou fenômeno natural, e de um instrumento, seja um instrumento de produção ou um bem de consumo: ele faz parte de um processo de interação social e reflete a realidade de um ponto de vista ideológico; além do que a existência de um signo ideológico, como também sua recepção-interpretação, "pressupõe a existência de vínculos sociais". O mesmo processo é completamente social.[6]

Como se pode ver, essas teorias – esboçadas apenas em alguns aspectos, intuições e indicações metodológicas, e que para serem desenvolvidas necessitariam, como reconhece Bakhtin, de um "trabalho prolongado e coletivo"[7] – se confirmam na linha de pesquisa levada a cabo por Rossi-Landi em 1961. Não apenas no que se refere a questões concretas como a relação entre "corpos" e "signos",[8] como a relação dialética entre signo e ideologias e como a do papel de mediação dos signos na relação estrutura-sobrestrutura etc., mas, também, como disse Rossi-Landi, no que tange à "necessidade e possibilidade de uma nova e criativa aproximação do marxismo, tanto na linguagem como na ideologia".[9] A obra de Rossi-Landi supera os limites do tempo do marxismo dogmático no estudo dos signos e das ideologias, antes que se descobrissem no Ocidente as pesquisas de Bakhtin. Rossi-Landi fala de um ponto de vista "marxista" tentando uma, ainda que relativa, "recuperação do tempo perdido" se, considerando o que afirma Raymond Williams, é verdade que, a partir dos anos 1930, esqueceu-se por completo o trabalho iniciado por Bakhtin, "se perdeu mais ou menos meio século, em termos reais, no que se refere ao desenvolvimento desses traços no debate (da linguagem e da ideologia) de excepcional importância".[10]

Vamos tentar caracterizar melhor a noção de ideologia seguindo o uso que Bakhtin fez dela. Essa noção ocupa um lugar essencial em sua obra. Com o termo "ideologia" Bakhtin indica as diferentes formas de cultura, os sistemas superestruturais, como a arte, o direito, a religião, a ética, o conhecimento científico etc. (a ideologia oficial), e também os diferentes substratos da consciência individual, desde os que coincidem com a "ideologia oficial"

---

[6] Idem, p. 70.
[7] Bakhtin-Voloshinov, *Marxismo e filosofia da linguagem*, op. cit., p. 49.
[8] Cf. Rossi-Landi, *Ideas for Manifesto of Materialistic Semiotics* (1979); "Signs and Bodies", em *Between Signs and Non-signs,* Amsterdã, John Benjamins, 1992.
[9] Rossi-Landi, *Ideologia*, Milão, Isedi, 1978, p. 164, nova ed. 1982, op. cit.
[10] Raymond Williams, *Marxism and Literature*, Oxford, Oxford Press, 1977.

aos da "ideologia não oficial", aos substratos do inconsciente, do discurso censurado (ver Capítulo "A matéria linguístico-ideológica do inconsciente: Bakhtin e Freud"). A ideologia é a expressão das relações histórico-materiais dos homens, mas "expressão" não significa somente interpretação ou representação, também significa organização, regularização dessas relações. Tanto Bakhtin, em *Problemas da poética de Dostoiévski,* como Voloshinov, em *Marxismo e filosofia da linguagem* (e não apenas no Capítulo "Sobre a relação entre base e superestrutura", dedicado diretamente a esse problema), mostram-se contrários à interpretação da relação entre estrutura econômico-social e superestruturas ideológicas em termos de causalidade mecânica. Todo elemento ideológico tem que ser considerado no campo ideológico especial ao qual pertence e que possui suas leis específicas. Portanto, segundo Bakhtin, não pode haver nenhum valor cognoscitivo em estabelecer uma conexão direta entre estruturas econômico-sociais e um certo fato superestrutural, quando este último se considera separado do campo sígnico-ideológico específico ao qual pertence.

O processo de compreensão do signo ideológico tem de proceder, basicamente, da introdução do objeto de estudo em totalidades sempre mais amplas, a partir da totalidade da forma ideológica à qual está diretamente vinculado, sem perder de vista o processo global de reprodução social – "o processo da efetiva geração dialética da sociedade, desde a base à superestrutura" – ao qual essa forma ideológica, como forma de comunicação social, como forma de signos, pertence. Também, com relação a esse aspecto, como indica Raymond Williams, em sua análise de Voloshinov (1929), os trabalhos de Rossi-Landi representam um desenvolvimento atualizado e um refinamento que visam precisar o isolamento do signo e sua definição abstrata (indeterminadamente abstrata):

> A dinâmica interna do signo, incluindo suas relações sociais e materiais e sua estrutura formal, não pode ser desconsiderada nem desvinculada da dinâmica social e material, além de formal, do sistema assumido globalmente. E nessa direção se movem, com resultados de notável interesse, estudos recentes como os de Rossi-Landi.[11]

O termo "ideologia" que Bakhtin usa não se identifica completamente com "falsa consciência", com "pensamento distorcido"; falso. Não se trata exatamente, de mistificação nem de automistificação ou falsificação socialmente determinada. O significado de "ideologia" para Bakhtin é, portanto, diferente do significado que esse termo adquire em Marx e Engels em seus escritos juvenis, começando por *Ideologia alemã* até *Ludwig Feuerbach* de Engels, nos quais o termo "ideologia"

---

[11] Cf. Raymond Williams, *Marxism and Literature,* trad. it., op. cit., p. 57.

identifica-se com ou aproxima-se de "falsa consciência".[12] Marx e Engels consideram a Ideologia como falsa consciência, certamente não no sentido de que possa servir como definição da ideologia em geral, mas referindo-se a uma ideologia especial, a ideologia burguesa e ao seu valor com relação ao conhecimento objetivo. Nem mesmo referem-se à ideologia burguesa em sua generalidade, mas a essa ideologia em um período histórico particular (e, portanto, com uma gênese e função dadas) no período em que a burguesia havia se convertido de classe revolucionária a classe dominante, interessada em manter a divisão de classes da sociedade; no período em que estava interessada em ocultar as reais contradições que poderiam colocar em evidência a necessidade de transformação das estruturas e das relações capitalistas de produção. Como observa Schaff, afirmar que a ideologia é, em todos os casos, uma falsa consciência, significava resolver por definição o problema entre ciência e ideologia, assumindo prejudicialmente a ideologia como algo que se opõe à ciência; além disso, a proposição "a ideologia é uma falsa consciência" é apenas aparentemente uma definição: na realidade expressa uma valoração genérica e prejudicial de ideologia.

O ensaio de Voloshinov "Che cosa é il linguaggio?" (1930) é provavelmente o único texto no qual encontramos de forma direta e explícita uma autêntica definição de ideologia de Bakhtin:

> Por ideologia entendemos todo o conjunto dos reflexos e das interpretações da realidade social e natural que tem lugar no cérebro do homem e se expressa por meio das palavras [...] ou outras formas sígnicas.[13]

Essa definição, muito sintética e superficial com relação ao uso que o termo adquire para Bakhtin, e por isso completada nos trabalhos de Voloshinov e do Círculo de Bakhtin, tem o mérito de ser uma definição "aberta" e "neutra", para usar as palavras de Schaff, que contrapõe um certo tipo de definição à pseudo-definição da ideologia como falsa consciência (Mannheim), ou seja, uma definição que não comporta uma valoração de ideologia com relação ao valor de verdade, nem *a priori* resolve, *ex definitione,* o problema da relação entre ciência e ideologia.

O que não significa sustentar a neutralidade da ideologia, como fazia Destutt de Tracy, que estava convencido da neutralidade da ciência. Para Destutt de Tracy "ideologia" significa ciência das ideias, entendida como ciência natural que faz

---

[12] Cf. Adam Schaff, *Che cosa significa essere marxista?*, trad. it. A. Ponzio e G. Mininni, introd. de A. Ponzio, Bari, Dedalo, 1978, pp. 177-8; e Rossi-Landi, *Ideologia*, 1978, pp. 23-6.
[13] Voloshinov, "Che cosa è il linguaggio?", em *Il linguaggio come pratica sociale*, op. cit.

parte da zoologia,[14] enquanto em Bakhtin apenas se pode falar de uma pretendida neutralidade da ideologia se se perde de vista que essa noção está unida a uma práxis e a alguns grupos sociais concretos. Por esse motivo, não podemos compartilhar das informações de Rossi-Landi quando diz que "Bakhtin e Voloshinov parecem ter uma concepção de ideologia que lembra, em alguns aspectos fundamentais, a de Destutt de Tracy, incluindo sua socialização e historicização (o que é um grande mérito)".[15] Segundo Bakhtin, no signo ideológico está sempre presente uma "acentuação valorativa", que faz com que o mesmo não seja simplesmente expressão de uma "ideia", mas a expressão de uma tomada de posição determinada, de uma práxis concreta, como menciona explicitamente no ensaio de Voloshinov de 1926 "A palavra na vida e a palavra na poesia". A realidade refletida no signo

> não apenas nele se reflete, mas também se refrata. O que é que determina esta refração do ser no signo ideológico? O confronto de interesses sociais nos limites de uma só e mesma comunidade semiótica, ou seja: *a luta de classes*.[16]

Para Bakhtin, o termo "ideologia" se emprega no sentido de ideologia da classe dominante, interessada em manter a divisão em classes sociais e em ocultar as reais contradições que tentam transformar as relações sociais de produção (ideologia como falsa consciência, como mistificação, como pensamento distorcido etc.), mas também é usado no sentido amplo que o termo assume, sobretudo a partir de Lênin, e que permite aplicá-lo tanto à "ideologia burguesa" como à "ideologia proletária" e à "ideologia científica" (esta última resultaria numa contradição de termos se partirmos da definição de ideologia em geral como falsa consciência).

Quando Bakhtin se propõe a realizar um estudo marxista das ideologias (*nauka ob ideologijach*) que coincida com a ciência geral dos signos sociais, e que não descuide do problema de especificar os diferentes campos ideológicos e suas linguagens, usa "ideologia" num sentido que é compatível com as diferentes definições que o termo assume atualmente no âmbito do marxismo, ou seja, tanto se entende o termo aparentado à "falsa consciência" como se usa em expressões como "ideologia científica", "ideologia marxista" (esta última usada por parte dos próprios marxistas) etc.

---

[14] Cf. Antoine L. C. Destutt de Tracy, *Éléments d'idéologie*, 4 vols. (1801-1815), Paris, Vrin, 1970, prefácio.
[15] Rossi-Landi, *Ideologia*, op. cit., p. 165.
[16] Bakhtin-Voloshinov, *Marxismo e filosofia da linguagem*, op. cit., p. 46.

Uma definição do termo ideologia em Bakhtin, certamente mais adequado ao uso efetivo que se encontra na definição já mencionada de Voloshinov, pode-se fazer utilizando a definição de tipo genético-funcional que A. Schaff propõe: a ideologia é um sistema de concepções que está determinado pelos interesses de um determinado grupo social, de uma classe, e que, baseado em um sistema de valores, condiciona atitudes e comportamentos tanto dos sujeitos do grupo em questão como dos outros grupos sociais, quando se converte em ideologia dominante. Bakhtin atribui aos signos e às ideologias uma função ativa em relação à práxis, ao material sígnico-ideológico, à função constitutiva da "consciência real-prática". Bakhtin insiste que as estruturas e superestruturas se relacionam de forma dialética, e os signos são o elemento mediador entre ambas. Portanto, podemos dizer que ideologia, para Bakhtin, não é uma simples "visão de mundo", mas uma projeção social, no sentido em que a define Rossi-Landi: a mesma pode reproduzir a ordem social existente e manter como "definitivos" e "naturais" os sentidos que as coisas têm em um determinado sistema de relações de produção ou, ao contrário, discutir e subverter na prática essas relações e sua articulação sígnico-ideológica, quando impedem o desenvolvimento das forças de produção. Numa realidade social que apresente contradições de classe, as ideologias respondem a interesses diferentes e contrastantes. Os signos ideológicos refletem – "refratam" – a realidade segundo projeções de classe diferentes, e em contraposição a elas, as quais tentam manter as relações sociais de produção, inclusive quando as mesmas se convertem em um obstáculo para o desenvolvimento das forças produtivas ou, ao contrário, propõem-se como instrumento de luta e de crítica do sistema.

A "refração" vista num âmbito discursivo como elemento necessariamente ideológico, no sentido de que expressa interesses e projeções de classes assim como suas contradições internas e externas, não implica, em Bakhtin, na aceitação de uma espécie de relativismo subjetivista com a consequente afirmação da impossibilidade de se chegar a verdades objetivas. Ao descartar a identificação *ex definicione* de ideologia como falsa consciência e a contraposição entre ciência e ideologia e ao reconhecer o fato de que todo o discurso é sempre ideológico, Bakhtin não deriva disso (como fazem Schaff ou Rossi-Landi, que insistem que os signos e ideologias são inseparáveis) a impossibilidade de um conhecimento objetivo da realidade, a impossibilidade de uma orientação "científica": existem ideologias científicas e formas de falsa consciência; existem deformações (mais ou menos deliberadas) de classes da realidade. Tudo isso segundo os interesses de classe, que nas ideologias encontram expressão e realização, ou seja, se esses interesses são os da classe – ou de uma parte dela – que objetiva defender seus próprios privilégios e impedir a transformação do sistema social, também a custo de mistificar e deformar a realidade objetiva; ou mesmo segundo os interesses da classe revolucionária que tenta continuamente adequar o conhecimento à realidade como base para sua transformação, que se propõe a desvendar o que se esconde sob as aparências das estruturas e dos profundos processos (as reais contradições) e submeter à crítica e à discussão o que se apresenta como óbvio, certo, natural, unívoco.

Mas, independentemente de seu valor de verdade, para Bakhtin qualquer valor que uma ideia possa ter nunca depende de sua "neutralidade". Ao contrário, segundo ele, é sua forma ideológica, ou seja, é a expressão de determinados interesses sociais que lhe dá importância, consistência, duração, e que a coloca em circulação e concede-lhe qualquer possibilidade de incidência prática sobre os comportamentos e sobre as coisas.

> Uma ideia é forte, verdadeira e significativa se souber levar em consideração aspectos essenciais da vida de um determinado grupo social, se souber ligar-se à posição fundamental deste ou daquele grupo na luta de classes, independentemente de o criador dessa ideia ter consciência disso. Os pensamentos são mais importantes e de maior alcance quanto mais forem ancorados em uma classe, quanto mais os fecunde a realidade socioeconômica de um determinado grupo.[17]

A "dialogia", a "polifonia" de Bakhtin, não coincide absolutamente com um "relativismo subjetivista". Os diferentes pontos de vista, as diferentes projeções ideológicas, não estão colocadas num mesmo plano: admitem valores diferentes tanto no plano prático como no plano interpretativo, e tanto se se trata de uma interpretação de ordem cognoscitiva como se se trata da sua interpretação ou sua representação no sentido artístico. Bakhtin afirma que é possível um conhecimento objetivo da realidade – que não tenha que renunciar, ou melhor, fazer alusão à renúncias, a seu caráter também ideológico, mas que ideologicamente pode seguir um sentido que não seja incompatível com uma comprovação ou uma crítica radical – e do desenvolvimento do conhecimento humano, que conduziria a níveis cada vez mais profundos de compreensão do próprio objeto. Mas esse desenvolvimento e essa gradual profundidade interpretativa não se aplicam apenas à atividade cognoscitiva; também se pode estender ao campo do conhecimento artístico. Por isso os diferentes gêneros literários, com seus diferentes modos de interpretação artística da realidade, não podem se colocar num mesmo plano,

---

[17] Voloshinov, *O freudismo*, op. cit., p. 75.

como modelos intercambiáveis de expressão. O romance, por exemplo, supera a representação épica, como a variedade do gênero romance, que Bakhtin chama de "romance polifônico", marca um desenvolvimento de possibilidades expressivas na novela com relação a suas formas anteriores e também um desenvolvimento do pensamento artístico ao se fazerem compreensíveis artisticamente os aspectos da realidade humana que são imperceptíveis do ponto de vista de outros gêneros e variedades literárias.

> Consideramos que a criação do romance polifônico constitui um enorme passo adiante, não apenas no que tange o desenvolvimento da narrativa romanesca e de todos os gêneros que se desenvolveram na órbita do romance, mas também no desenvolvimento geral do pensamento artístico da realidade. Podemos, desse modo, falar sem dúvida de um especial pensamento artístico polifônico que está além do romance como gênero. E a esse pensamento agregar alguns aspectos do homem, sobretudo a consciência humana pensante e a esfera dialógica do seu ser, que não podemos assimilar artisticamente na perspectiva de *posições monológicas*.[18]

"O primeiro princípio de que deve partir a ciência marxista das ideologias é concretizar materialmente e buscar a realidade objetiva de toda criação ideológica".[19] As ideologias estão inseparavelmente unidas ao material sígnico, e fora desse material sígnico não apenas é inconcebível a existência das ideologias como produtos já prontos como também é o mesmo processo de criação ideológica, de produção das ideologias, composto pelo emprego da materialidade, um processo sígnico. De fato os signos não podem ser concebidos simplesmente como meios de expressão de significados ideológicos, que se produzem anteriormente fora dos signos, como "revestimento" externo de produtos de um processo ideológico extrassígnico.[20]

Vimos nos capítulos "Bakhtin e Vigotski" e "A matéria linguístico-ideológica do inconsciente: Bakhtin e Freud" as consequências que, sobre a concepção da consciência e da ciência psicológica, o caráter intrinsecamente sígnico-material da ideologia tende a colocar em destaque, e mais adiante voltaremos a nos ocupar do caráter pluri-ideológico do signo, de seu caráter "pluriacentual" – ao qual temos nos referido em várias ocasiões – como consequência do caráter contraditório da realidade que o signo expressa e organiza. Agora é oportuno caracterizar melhor o aspecto material da ideologia e, portanto, do signo.

---

[18] Bakhtin, *Problemas da poética de Dostoiévski*, op. cit., p. 353.
[19] Medvedev, *Il metodo formale*, op. cit., p. 64.
[20] Cf. Bakhtin-Voloshinov, *Marxismo e filosofia da linguagem*.

Analisemos este parágrafo de Medvedev (citações parecidas com as dos livros de Voloshinov (1927-1929) e dos artigos de 1925-1930)

> Todo produto ideológico [...] se coloca em materiais ideológicos objetivamente compreensíveis, ou seja, em palavras, sons, gestos, na mistura das massas, linhas, cores, corpos vivos etc. Todo produto ideológico (ideologema) é uma parte da realidade social material que rodeia o homem; é um momento da concepção ideológica materializada [...]. Esta presença material do fenômeno ideológico não é física nem genérica ou puramente natural. Esse fenômeno não corresponde, em absoluto, ao indivíduo fisiológico ou biológico. Qualquer que seja o significado de uma palavra, estabelece-se uma relação entre os indivíduos de um ambiente social mais ou menos amplo, que se expressa de forma objetiva nas reações unificadas dos homens: nas reações que se expressam com uma palavra, um gesto, uma ação, uma organização etc. Não existe um significado fora da cadeia da compreensão social. [...] As relações sociais são o meio através do qual o fenômeno ideológico adquire sua natureza específica.[21]

O signo ideológico possui uma dupla materialidade. Como corpo o signo é material em sentido físico; como signo é material no sentido de que é um produto histórico-social. É essa a materialidade que nos interessa, quando se considera e se estuda um corpo como signo, ou seja, do ponto de vista semiótico. Sua pertinência à realidade física e à realidade histórico-social faz do signo algo plenamente objetivo, "passível de um estudo metodologicamente unitário e objetivo".[22] Os dois sentidos da "materialidade" do signo ideológico estão unidos por um nexo dialético, que é próprio da materialidade de todo produto histórico-social.

> Cada signo ideológico é não apenas um reflexo, uma sombra da realidade, mas também um fragmento material dessa realidade. [...] Nesse sentido, a realidade do signo é totalmente objetiva [...]. Um signo é um fenômeno do mundo exterior.[23]

Com relação à ideologia, a materialidade sígnica, entendida apenas no sentido físico, se apresenta como veículo da ideologia, como instrumento de transmissão, de circulação da ideologia; em troca, a materialidade do signo se estende como realidade histórico-social, ou seja, considerada do ponto de vista semiótico, a mesma já não é um simples veículo ou meio de circulação da ideologia, mas coincide completamente com ela: o material sígnico "é" o material ideológico.

---

[21] Medvedev, *Il metodo formale*, op. cit., p. 65.
[22] Bakhtin-Voloshinov, *Marxismo e filosofia da linguagem*, p. 33.
[23] Idem, ibidem.

Essa materialidade sígnico-ideológica, semioticamente considerada, é inseparável da materialidade física que funciona como veículo sígnico, seja ele som, massa física, cor, movimento do corpo etc.

Parece claro que por "signo" Bakhtin entende toda mensagem (que pode ser, no caso do signo verbal, inclusive uma palavra apenas), e não os elementos morfológicos que podem ser divididos. Verbalmente o "signo" é uma enunciação completa, não isolada do contexto social e nem do terreno ideológico ao qual pertence desde o princípio; é uma enunciação que responde a um diálogo, parte constitutiva de uma relação de interação social, é texto vivo, e não texto coisificado, uma expressão monológica isolada, que tenha que ser interpretada simplesmente na base da pura relação entre as unidades linguísticas que a compõem e a língua, entendida como sistema fechado, como código definido. Em geral o signo inclui como partes integrantes também o (possível) emissor, o interlocutor e o contexto situacional no qual se realiza, e está inserido numa "cadeia ininterrupta de signos" (ver Capítulo "Signo e sentido em Bakhtin").

A caracterização do material signo-ideológico, na teoria de Bakhtin, contribui também para a diferenciação (que se encontra em Voloshinov, 1929) entre signo e sinal (do qual falamos no Capítulo "Signo e sentido em Bakhtin"). O signo se caracteriza por se adaptar a contextos situacionais sempre novos e diferentes, por sua pluralidade, sua indeterminação semântica, sua dualidade ideológica (traços especialmente marcados no signo verbal). A autoidentidade está certamente no signo, mas não o caracteriza como tal. O processo de compreensão de um signo não é um mero processo de identificação, no que diz respeito apenas a reconhecer elementos constantes que se repetem, que permanecem iguais a si mesmos com relação a um código dado. Nem o processo de formulação sígnica se reduz ao emprego, à expressão, de significados estáveis e definidos, cristalizados e fixados no código empregado. Produzir e compreender signos significa participar de processos comunicativos que se realizam em condições sociais continuamente diferentes, em relações de hierarquia diferentes, em registros diferentes, segundo diferentes ideologias, segundo perspectivas individuais, de ambiente, grupos ou classes diferentes. Podemos entender o uso dos signos (um conceito análogo ao que expressa A. Schaff,[24] mas que se encontra também em Wittgenstein, nas *Investigações filosóficas*),[25]

---

[24] Cf. em especial A. Schaff, *Teoria della conoscenza, logica e semantica*, A. Ponzio (ed.), Bari, Dedalo, 1977.
[25] Ludwig Wittgenstein, *Investigações filosóficas* (1945), trad. esp. A. García Suárez e U. Moulines, Barcelona, Crítica, 1988.

precisamente porque não se dão de maneira estática, fora da comunicação, não realizam conceitos e regras que subsistem independentemente dos contextos comunicativos, mas que, ao contrário, adquirem seu pleno significado na comunicação efetiva. São materiais e instrumentos duais, sujeitos a um processo contínuo de elaboração, de modificação por parte da comunidade sígnica que, por sua vez, não fixa, não identifica, nem homogeneíza. O sígnico é o campo da indeterminação, da ambivalência, do desvio, da relatividade; é o campo no qual tudo se decide socialmente e se determina por circunstâncias, por relações, por práticas sociais, que se especificam em cada ocasião. Esse traço de signicidade se revela sobre toda a linguagem verbal, dadas as suas características.

O sinal, ou símbolo, ao contrário, tem uma função prefixada unidirecional. Indica de forma unívoca um determinado objeto, fenômeno, ação, entendidos como estáveis e definidos. O sinal entra no jogo da comunicação puramente mecânica da linguagem técnica e em todos os casos nos quais a resposta que se provoca no destinatário seja única, sem possibilidade de equívocos (atribuídos ao mesmo sinal) e sem interpretações alternativas, nos casos em que está ausente todo componente ideológico (a boia que indica a marcação de nível de gasolina do carro; a luz intermitente de uma lanterna elétrica que indica, por exemplo, que se pode passar; as cores do semáforo; o som do sino da igreja etc.) Estes exemplos completam o sentido de nossa afirmação inicial: a presença física e o retorno do outro são condições necessárias (que também se encontram no símbolo), mas não suficientes (e, portanto, não específicas) no signo.

Para Bakhtin e seus colaboradores, o signo se distingue também dos símbolos que estuda a reflexologia, concretamente dos estímulos: o cachorro de Pavlov, que saliva por reflexo condicionado quando ouve a campainha. Bakhtin se opõe energicamente a qualquer intenção de reduzir os signos a meros processos de estímulo-resposta, como no caso dos reflexos condicionados.[26]

O signo verbal

Na introdução de *Marxismo e filosofia da linguagem,* Bakhtin/Voloshinov adverte sobre a quase total ausência dos estudos sobre o problema da linguagem, num período em que os estudos marxistas são abundantes. "A única obra marxista que se ocupa da linguagem", diz Voloshinov, é a de I. Preznt, *Origem da linguagem e do pensamento* (1928), mas sem pretensão de sucesso ao analisar as características

---

[26] Cf. Bakhtin-Voloshinov, *Marxismo e filosofia da linguagem,* op. cit.

específicas da linguagem verbal, porque reduz o signo verbal a um mero símbolo ao concebê-lo como reflexo.[27] Não faz nenhuma referência a Marr, apesar de que em sua obra de 1929 e em seu artigo de 1930, "O que é a linguagem?", não faltam referências diretas a Marr, especialmente às *Etapas do desenvolvimento da teoria jafética,* de 1926. Segundo Voloshinov, a falta de estudos sobre a linguagem pela perspectiva marxista e a incapacidade de se definirem as características do signo verbal não são casuais: devem-se principalmente ao fato de que

> categorias do tipo mecanicista implantaram-se solidamente em todos os domínios a respeito dos quais os pais fundadores – Marx e Engels – pouco ou nada disseram. Esses domínios, portanto, encontram-se, com respeito ao essencial, no estágio do materialismo mecanicista pré-dialético [...]. Além disso, persiste ainda a concepção positivista do empirismo, que se inclina diante do "fato" entendido não dialeticamente, mas como algo intangível e imutável.[28]

Na perspectiva de uma "filosofia do signo",[29] de uma teoria geral do signo ideológico e social, a "filosofia da linguagem" se propõe a "esboçar somente a corrente fundamental do pensamento propriamente marxista sobre a linguagem e as bases metodológicas sobre as quais tal pensamento se apoia".[30] Apesar de o título *Marxismo e filosofia da linguagem,* publicado sob o nome de Voloshinov, dar crédito a este e não a Bakhtin,[31] pode-se dizer, sem dúvida, que o termo "filosofia" tem o mesmo significado que assume nos manuscritos de Bakhtin dos anos de 1959-1961 sobre o problema do texto (ver o Capítulo "A caracterização da palavra literária").

No "Prólogo" de *Marxismo e filosofia da linguagem,* indicam-se claramente os objetivos a que cada uma das três partes da obra se destina:

1. Mostrar a importância dos problemas da filosofia da linguagem para o marxismo em geral, visto que os problemas constituem um ponto de intersecção de numerosos e importantes campos da concepção marxista.

2. Confrontar o problema da real natureza dos fenômenos linguísticos aos que se podem remeter os principais problemas do pensamento

---

[27] Cf. idem.
[28] Bakhtin-Voloshinov, *Marxismo e filosofia da linguagem,* pp. 25-6.
[29] Cf. idem, p. 38.
[30] Cf. idem, ibidem.
[31] Cf. Ivanov, "Significato delle idee di Bachitin sul segno, l' atto di parola e il dialogo per la semiotica contemporanea", trad. it. N. Marcialis, em A. Ponzio (ed.), *M. Bakhtin, semiotica, teoria della letteratura e marxismo,* op. cit.

filosófico-linguístico contemporâneo, como o da formação da língua, da interação linguística, da compreensão, do significado etc.

3. Por último, passando do geral e abstrato ao particular e concreto: considerar um problema específico de sintaxe na fronteira com a estilística, ou seja, o problema do discurso alheio, do discurso reproduzido.

Bakhtin considera o signo verbal como o signo ideológico por excelência. Na sua análise "metalinguística", o signo verbal, a palavra, é resgatada em sua "concreta e viva totalidade",[32] que não pode ser estudada através de perspectivas monológicas e reificantes, pois se coloca na "esfera da relação dialógica", ou seja, na "esfera da autêntica vida da palavra".[33]

> A palavra não é uma coisa, mas o *medium* constantemente móvel, eternamente mutável, da relação dialógica. Não pertence nunca a uma só consciência nem a uma só voz. A vida da palavra consiste em passar de boca em boca, de um contexto a outro, de um grupo social a outro, de uma geração a outra. Comportando-se dessa forma, a palavra não esquece o caminho percorrido e não pode se livrar de todos esses contextos concretos dos quais antes fez parte. Todo membro da comunidade linguística se coloca ante a palavra, não como palavra neutra da língua, livre de intenções, mas habitada por vozes alheias. O falante recebe a palavra de uma voz de outrem, e cheia de vozes outras. A palavra chega ao seu contexto vinda de outro contexto e também cheia de intenções alheias.[34]

Em *Marxismo e filosofia da linguagem* se enumeram os traços peculiares que convertem o signo verbal em signo ideológico por excelência. Em primeiro lugar, há que se observar que toda a realidade da palavra está completamente ocupada pela função sígnica. A diferença de grande parte dos signos não verbais é que, uma vez que se elimina da palavra sua função sígnica, o resíduo que fica não pode ser utilizado para funções não sígnicas. Ao contrário do que ocorre com outros produtos sociais que podem funcionar como signos, o signo verbal é produzido com o único fim de comunicar. Por esse motivo a linguagem verbal oferece um dos melhores materiais de estudo da comunicação social. É no estudo desse tipo especial de signo ideológico que se podem determinar melhor as leis gerais da produção ideológica.

Nesse sentido, Voloshinov fala da pureza semiótica do signo verbal: se é que assim se pode chamá-lo, ele é mais signo que o resto dos signos não verbais (independentemente de Bakhtin, e em contexto diferente, encontramos

---

[32] Bakhtin. *Dostoiévski*, op. cit., p. 234.
[33] Idem, p. 262.
[34] Idem, pp. 262-3.

a diferença entre signos verbais e signos não verbais também em Rossi-Landi, que fala de "resíduo corporal das mensagens não verbais").[35]

Além disso, o signo verbal tem uma maior dualidade semântico-ideológica em relação aos outros signos, no sentido de que pode cumprir funções ideológicas de qualquer gênero, do tipo científico, estético, ético, religioso, coloquial etc. Difere dos demais signos que somente são usados em campos específicos, em setores limitados, especializados na comunicação; o signo verbal não está apenas presente nesses setores específicos, mas dá conta de toda área da comunicação cotidiana, da ideologia cotidiana. Outra característica dele é que, na comunicação social, intervém sempre junto com signos não verbais, "a título" de componente, de elemento mediador e de significado, como afirma Roland Barthes, interpretando a semiologia como uma translinguística.[36] Desse ponto de vista, poder-se-ia falar da onipresença da linguagem verbal na comunicação social: todos os sistemas sígnicos não verbais, que encontram utilidade em uma determinada cultura, estão ligados à linguagem verbal, estão introduzidos no elemento do discurso. Isso não significa sustentar uma "onipresença semiótica" ou "omniformatividade" (Hjelmslev) da língua, no sentido de que qualquer mensagem não verbal possa transformar-se em mensagem verbal e que possa significar somente de forma parcial, reduzida e incompleta, necessitando, portanto, completar-se com a linguagem verbal de tal forma que a existência de signos humanos "não verbais" seria objeção. Segundo Voloshinov, a onipresença do signo verbal na comunicação social não exclui a autonomia dos signos não verbais nem comporta a autossuficiência da palavra em relação ao resto do sígnico-social. Além disso,

> não significa, obviamente, que a palavra possa suplantar qualquer outro signo ideológico. Nenhum dos signos ideológicos específicos, fundamentais, é inteiramente substituível por palavras. É impossível, em última análise, exprimir em palavras, de modo adequado, uma composição musical ou uma representação pictórica. Um ritual religioso não pode ser inteiramente substituído por palavras. Nem sequer existe um substituto verbal realmente adequado para o mais simples gesto humano. Negar isso conduz ao racionalismo e ao simplismo mais grosseiros. Todavia, embora nenhum desses signos ideológicos seja substituível por palavras,

---

[35] Cf. Rossi-Landi, *Il linguaggio come lavoro e come mercato*, op. cit.; *Metodica filosofica e scienza dei segni*, Milão, Bompiani, 1985.
[36] Roland Barthes, *Elements de semiologie*, trad. it., *Elementi di semiologia*, Turim, Einaudi, 1964, p. 14.

cada um deles, ao mesmo tempo, se apoia nas palavras e é acompanhado por elas, exatamente como no caso do canto e de seu acompanhamento musical.[37]

Por último, há que se lembrar que, entre as características peculiares da palavra, o signo verbal é o principal material sígnico da consciência, e como tal acompanha e comenta todo ato ideológico (ver Capítulo "A matéria linguístico-ideológica do inconsciente: Bakhtin e Freud").

Os traços do signo verbal – sua pureza semiótica, sua flexibilidade ideológica, sua implicação na comunicação cotidiana, sua ubiquidade social, o fato de ser o principal material sígnico da consciência e de acompanhar, geralmente, qualquer outro tipo de mensagem ideológica – fazem dele o principal objeto de estudo da ciência das ideologias, das leis da refração ideológica.

Sobretudo as noções de flexibilidade ideológica e de onipresença social do signo verbal, ou seja, o fato de que este está sempre implicado em qualquer tipo de relação social: desde a ideologia formalizada, oficial, até a ideologia cotidiana ou a ideologia não oficial ou em formação permitem a Bakhtin e a seus colaboradores encontrar, sobretudo no signo verbal, além de nos demais signos, o elemento de mediação da dialética entre a estrutura e a superestrutura. Como resultado de seus trabalhos desde o ensaio de 1965, *A linguagem como trabalho e como mercado,* cuja semiótica apresenta-se também "como complemento necessário a uma teoria das relações entre estrutura e superestrutura",[38] Rossi-Landi também observa que as dificuldades, que geralmente se apresentam no estudo dessas relações, dependem essencialmente da falta de reflexão sobre o elemento de mediação que são os sistemas sígnicos. Segundo Bakhtin, concretamente, o signo verbal, entre outros signos é o que determina a dependência entre estrutura e superestrutura, e estabelece as relações entre elas. Além disso, é o que estabelece as relações de inter-relação entre o nível da ideologia não oficial, ou em formação, e o nível das ideologias institucionalizadas, dominantes. Os signos verbais, como dito no *Marxismo e filosofia da linguagem,* estão tecidos com inúmeros fios ideológicos e servem como uma trama a todas as relações sociais em qualquer campo: as relações de trabalho, as de intercâmbio econômico, as relações familiares, os contatos casuais da vida cotidiana, as relações políticas etc. O processo de constituição de novas formas ideológicas, a organização ideológica correspondente às mudanças sociais que estão em desenvolvimento, mas que ainda não foram organizadas em sistemas ideológicos definidos, se realizam sobretudo no material sígnico verbal.

---

[37] Bakhtin-Voloshinov, *Marxismo e filosofia da linguagem,* p. 38.
[38] Cf. Rossi-Landi, *A Linguagem como trabalho e como mercadoria,* Difel, 1985.

A linguagem verbal representa um *continuum* que vai desde os sistemas ideológicos já regularizados e definidos por completo até a estrutura socioeconômica, apresentando uma gama de níveis ideológicos.

As formas de consciência coletiva, que mantêm uma relação de interdependência entre estrutura e superestrutura, estão cheias de material sígnico, sobretudo verbal. Como temos visto (Capítulo "A matéria linguístico-ideológica do inconsciente: Bakhtin e Freud"), para Bakhtin "a psicologia social" – que para Plechanov e outros marxistas é o elo entre estrutura e superestrutura – consiste na comunicação verbal e na comunicação sígnica, em geral. Nesta "psicologia social", "verbalmente materializada", fixam-se trocas sociais que, apenas perceptíveis no início, encontram sucessivas expressões nos produtos ideológicos plenamente desenvolvidos. Voloshinov mostra como a "psicologia social" de Plechanov consiste, na realidade, em uma variedade de formas de expressão, de gêneros do discurso cotidiano, que produzem a organização hierárquica da sociedade.[39]

À dialética entre sinal e signo corresponde à distinção entre *significação* e *tema* (ver Capítulo "Signo e sentido em Bakhtin"), que Bakhtin considera de enorme importância para um estabelecimento adequado dos problemas da semântica, estudada dentro do signo verbal.

Para Bakhtin, o problema da dimensão socioideológica do signo verbal não pertence unicamente ao campo da semântica e da lexicologia. As formas sintáticas indicam processos de produção da linguagem e são sensíveis às influencias socioideológicas. Toda a terceira parte do *Marxismo e filosofia da linguagem* é um "estudo da aplicação do método sociológico aos problemas da sintaxe".

O caráter socioideológico da estrutura sintática não pode ser apreciado, observa Voloshinov, se se estuda somente a expressão monológica isolada, separada de seu contexto verbal e situacional, se se estudam fragmentos de discurso que não têm nada que ver com a expressão completa, com a sua totalidade. A linguística (trata-se da linguística a qual Bakhtin contrapõe sua "metalinguística") – fonética, fonologia, semântica e sintaxe – geralmente não se ocupa da expressão completa, mas de seus elementos constitutivos:

> Todas as categorias morfológicas, por exemplo, tem valor exclusivamente pelo que se refere aos elementos que constituem uma expressão e deixam de ser úteis quando se trata de definir a totalidade. O mesmo vale para as categorias sintáticas,

---

[39] Cf. Bakhtin-Voloshinov, *Marxismo e filosofia da linguagem*, op. cit., p. 157.

a categoria da frase, por exemplo, que é simplesmente uma definição da frase como unidade-elemento de uma expressão, e não uma entidade completa.[40]

Segundo Voloshinov, outro aspecto que evidencia os limites da linguística oficial com relação à sintaxe é que ela não é capaz de explicar a subdivisão interna do discurso escrito em *unidades divididas em parágrafos*. De fato, também nesse caso, todas as categorias já estudadas pela linguística se revelam inadequadas: um parágrafo pode ser formado por um conjunto de frases ou por uma frase, ou, também, por uma única palavra. O que decide o final de um parágrafo e o início do seguinte? Para Bakhtin a resposta é fácil, porque uma expressão monológica é, na realidade, uma palavra de duas vozes que antecipa a palavra alheia, já que se dirige sempre a um interlocutor, a um auditório especial. O procedimento de dividir o discurso em parágrafos se baseia "no ajuste às reações previstas do ouvinte ou do leitor. Quanto mais fraco o ajuste ao ouvinte e a consideração das suas reações, menos organizado, no que diz respeito aos parágrafos, será o discurso".[41]

Todavia, é mais evidente que as categorias do monolinguismo linguístico são inadequadas, quando se trabalha com a palavra alheia, com o cruzamento entre as palavras do autor e uma palavra estranha, isto é, quando se trata de estudar a sintaxe do discurso em que aparece a palavra alheia como forma de discurso reproduzido: discurso direto, indireto, indireto livre e variante destes modelos sintáticos (ver Capítulo "A manipulação da palavra alheia. Sobre as formas do discurso reproduzido").

Voloshinov escreve (e considerações parecidas, como temos visto, encontram-se também nas publicações assinadas por Bakhtin):

> Enquanto a linguística orientar suas pesquisas para a enunciação monológica isolada, ela permanecerá incapaz de abordar essas questões em profundidade. A elucidação dos problemas mais elementares da sintaxe só é possível, também, sobre a base da comunicação verbal. Todas as categorias básicas da linguística deveriam ser cuidadosamente reexaminadas nesse sentido.[42]

Em Voloshinov, o estudo dos modelos sintáticos e das variantes do discurso reproduzido, isto é, o estudo das leis sintáticas de recepção do discurso alheio, tem como objetivo começar um novo estabelecimento dos problemas sintáticos, visto que, apesar de se tratar de um problema específico e limitado, tem a possibilidade de demonstrar aspectos de tal importância no processo ver-

---

[40] Idem, ibidem.
[41] Idem, p. 141.
[42] Idem, p. 142.

bal, que repercutem de forma positiva em todo o campo do estudo da sintaxe, se for estabelecido adequadamente (como resultado do que se tem dito). Um dado estudo, além do mais, está estreitamente unido à análise da "palavra" em Dostoiévski, e a toda a teoria bakhtiniana da literatura.

Através da discussão das diferentes teorias do discurso reproduzido, especialmente da concepção do discurso indireto livre que defendem os vosselerianos (Lork, E. Lerch, G. Lerch), por um lado, e Bally, por outro, Voloshinov destaca o caráter "sociológico" dos modelos que a língua dispõe para a recepção e representação do discurso alheio, e das variantes estilísticas que o reproduzem. Nas principais formas de discurso reproduzido, Voloshinov encontra uma demonstração de como a língua reflete, nos seus modelos, as questões sociais da interação verbal, da comunicação ideológico-verbal, em relação às condições históricas determinadas.

Duas tendências no estudo da linguagem

Voloshinov[43] distingue duas tendências fundamentais na filosofia da linguagem e na linguística em geral: "o objetivismo abstrato" e o "subjetivismo individualista". Cada uma delas pode caracterizar-se esquematicamente em quatro princípios que representam seus pressupostos metodológicos, e que as colocam em relação antitética uma em relação à outra:

a) "Objetivismo abstrato":

1. A língua é um sistema estável, imutável, de formas linguísticas submetidas a uma norma fornecida, tal qual à consciência individual e peremptória para esta.

2. As leis da língua são essencialmente leis linguísticas específicas, que estabelecem ligações entre os signos linguísticos no interior de um sistema fechado. Essas leis são objetivas relativamente a toda consciência subjetiva.

3. As ligações linguísticas específicas nada têm a ver com valores ideológicos (artísticos, cognitivos ou outros). Não se encontra, na base dos fatos linguísticos, nenhum motor ideológico. Entre a palavra e seu sentido não existe vínculo natural e compreensível para a consciência, nem vínculo artístico.

---

[43] Cf. Voloshinov, "Le più recenti tendenze del pensiero linguistico occidentale", trad. it. R. Bruzzese, em *Il linguaggio come pratica sociale*, op. cit.; e também *Marxismo e filosofia da linguagem*, op. cit. O ensaio de 1928 é uma síntese dos três primeiros capítulos da segunda parte deste último livro.

4. Os atos individuais de fala constituem, do ponto de vista da língua, simples refrações ou variações fortuitas ou mesmo deformações das formas normativas. Mas são justamente esses atos individuais de fala que explicam a mudança histórica das formas da língua; enquanto tal, a mudança é, do ponto de vista do sistema, irracional e mesmo desprovida de sentido. Entre o sistema da língua e sua história não existe nem vínculo, nem afinidade de motivos. Eles são estranhos entre si.

Há que se buscar as origens do objetivismo abstrato, segundo Voloshinov, no racionalismo dos séculos XVII e XVIII, e em particular na filosofia cartesiana. Essa tendência encontra ainda uma formulação mais coerente e orgânica em Saussure (1916) e na Escola de Genebra.

O *Curso de linguística geral* de Saussure foi traduzido para o russo por H. M. Suhotinen somente em 1933, com comentários de R. J. Sor e introdução de D. N. Vvedeski. No entanto, a influência da Escola de Genebra nos anos 1920 já era bastante forte, a ponto de Voloshivov poder dizer que "a maioria dos representantes do nosso pensamento linguístico se acha sob a influência determinante de Saussure e de seus discípulos, Bally e Sechehaye".[44]

Ao Círculo Linguístico de Moscou chegou também a influência da linguística saussuriana. S. Karcevski, que havia seguido os cursos de Saussure em Genebra, encarregou-se de divulgar a teoria saussuriana aos jovens moscovitas (R. Jakobson, N. S. Trubezkoi). Além de V. V. Vinogradov, um seguidor e defensor das ideias saussurianas, e também o já mencionado R. Sor, como demonstra seu livro *Linguagem e sociedade,* publicado em Moscou, em 1926, e o artigo "La crisis de la linguística contemporánea". Voloshinov dedica especial atenção à teoria linguística de Saussure. Além disso, faz-se ressaltar que, como a Escola de Genebra, também as duas escolas russas de linguística, a Escola de Fortunatov e a chamada escola de Kazan (Churusevski e Baudouin de Courtenay), ambas formalistas, seguem as tendências do "objetivismo abstrato".[45]

Pelo que se refere a J. N. Baudouin de Courtenay, não há como esquecer sua influência sobre Bakhtin, especialmente nos trabalhos que aparecem com o nome de Voloshinov. Como nota Prevignano,[46] pode-se falar de uma utilização, por parte de Voloshinov, da interpretação baudouiniana da língua. Essa "utilização" se refere em especial a: 1) à distinção baudoiniana da investigação linguística em

---

[44] Bakhtin-Voloshinov, *Marxismo e filosofia da linguagem,* op. cit., p. 84.
[45] Idem. p. 85.
[46] C. Prevgnano, "Una tradizione scientifica slava fra linguistica e metodologia", em *La semiotica nei paesi slavi,* op. cit., pp. 23-99.

quatro "mundos": "psicológico", "biológico-fisiológico", "externo, físico" e "social"; 2) ao uso, por parte de Baudouin de Courtenay, das noções de "língua cotidiana" e "língua oficial"; 3) à interpretação dinâmica e "contínua" da história da língua "tomada e desenvolvida por Voloshinov em sua consideração de interação do signo e da língua", da comunidade linguística e da "dinâmica do discurso";[47] 4) soma-se a isso, a interpretação da linguagem poética, por parte de Medvedev em seu livro de 1928, em termos de "função", este também um conceito baudouiniano, tomado de Jakubinski.

b) "Subjetivismo individualista":

1. A língua é uma atividade, um processo criativo ininterrupto de construção ("energia"), que se materializa sob a forma de atos individuais de fala.
2. As leis da criação linguística são essencialmente as leis da psicologia individual.
3. A criação linguística é uma criação significativa, análoga à criação artística.
4. A língua, enquanto produto acabado (*ergon*), enquanto sistema estável (léxico, gramática, fonética), apresenta-se como um depósito inerte, tal como a lava fria da criação linguística, abstratamente construída pelos linguistas com vistas à sua aquisição prática como instrumento pronto para ser usado.

O subjetivismo abstrato tem, segundo Voloshinov, seus maiores representantes em Wilhelm von Humboldt e na escola de Vossler, que o estudou e desenvolveu, mas nos anos 1920 exerce uma fraca influência na Rússia. No perfil dos estudos de linguística e de filosofia da linguagem traçado por R. Sor no ensaio já citado, "La crisis de la linguística contemporánea", faz menção à escola de Vossler em apenas uma nota. Em compensação, para a teoria de Vossler e a sua Escola, Voloshinov dedica uma atenção especial não apenas quando discute as principais tendências do estudo da linguagem, mas também quando trata do "discurso reproduzido". Ao expor as características da tendência do subjetivismo individualista, Voloshinov leva, também, em consideração a posição de Benedetto Croce.[48] Na Rússia, Potebnia e sua Escola haviam retomado as concepções linguísticas de Humboldt.

---

[47] Idem. pp. 62-5.
[48] Sobre esse aspecto, ver também Voloshinov, "Sui confini tra poetica e linguistica" (1930), trad. N. Marcialis, Voloshem, *Il linguaggio come pratica sociale*, op. cit.

Como se pode verificar, na reconstrução histórica das duas tendências da linguística e da filosofia da linguagem, como também na classificação de cada uma delas, dos seus representantes e das etapas mais importantes do pensamento filosófico-linguístico-ocidental, Voloshinov propõe um modelo de interpretação que contrasta com o que sucessivamente propõe Chomsky em sua análise da "linguística cartesiana". Na classificação de Voloshinov – diferentemente do que sustenta Chomsky, que coloca Humboldt na corrente da "linguística cartesiana" – o racionalismo cartesiano e a concepção de linguagem de Humboldt se colocam um frente ao outro, de forma antitética. Além do mais, Voloshinov relaciona a linguística estrutural de Saussure com o racionalismo cartesiano, estabelecendo relações de analogia não entre o racionalismo cartesiano e as posições que insistem no aspecto criativo da linguagem (como fez Chomsky), mas, ao contrário, entre o racionalismo cartesiano e essas posições que usam a classificação como método, que estudam a língua como sistema estável e de imposição, contraposta ao falante individual, e que levam em consideração somente o que na linguagem se apresenta como idêntico, invariável, repetitivo, sem considerar sua variedade, sua capacidade de adaptar-se a situações novas e diferentes, portanto, o novo e específico de qualquer ato linguístico concreto. É pouco lícito, como observam outros autores, Chomsky colocar Humboldt no âmbito da "linguística cartesiana como "seu ponto culminante e conclusivo".[49]

Evidentemente a questão de que o princípio da criatividade linguística está presente ou ausente na concepção de linguagem de Descartes pode ser resolvida se se define, em primeiro lugar, o que se entende por "criatividade linguística". De fato, a referência a Descartes por parte de Chomsky se justifica se levarmos em conta que para este a criatividade linguística do falante consiste, em última análise, no uso passivo de leis supraindividuais, das quais o falante não possui o controle, não pode dar nenhuma explicação nem conhece o sentido. O falante chomskiano "é falado" por seu sistema linguístico e pelo subsistema de regras reduzidas, que é inato e comum para todas as línguas e que lhe permite interiorizar, no processo de aprendizagem, a gramática de sua língua.[50] Na classificação que Voloshinov faz das principais tendências do pensamento filosófico-linguístico ocidental, a teoria linguística de Chomsky, compreendida a concepção do uso criativo da linguagem,

---

[49] Cf. Noam Chomsky, *Saggi linguistici*, vol. III, Turim, Boringhieri, 1969; sobre a discussão da interpretação chomskiana de Humboldt, ver Maria-Elisabeth Conte, "W. von Humboldt nella linguistica contemporanea", em Luigi Heilmann (ed.), *W. von Hunboldt nella cultura contemporanea*, Bolonha, Il Mulino, 1976, pp. 281-328; e Luigi Rosiello, *Linguistica illuminista*, Bologna, Il Mulino, 1967.

[50] Cf. A. Ponzio, *Produzione linguistica e ideologia sociale*, Bari, De Donato, 1973.

coloca-se no "objetivismo abstrato" (e não no "subjetivismo individualista"), na mesma linha que segue o racionalismo cartesiano e o estruturalismo do curso saussuriano. Explica-se, desta forma, o nexo que Chomsky estabelece entre sua interpretação da criatividade linguística e a concepção cartesiana de linguagem.

Segundo Voloshinov, mais que em um autor ou em uma corrente filosófico-linguística concreta, as origens do "subjetivismo abstrato" teriam que ser buscadas em uma esfera de interesses teóricos específicos: os da análise filológica:

> Na base dos métodos de reflexão linguística que levam à postulação da língua como sistema de formas normativas estão os procedimentos práticos e teóricos elaborados para o estudo das línguas mortas, que se conservaram em documentos escritos.

Dificilmente a filologia está de todo isenta do "subjetivismo individualista".[51] A linguística, diz Voloshinov, nasce da filologia, e, portanto, esta última é sua característica principal e encontra no "objetivismo abstrato" sua expressão mais evidente. Considerar a língua como um sistema de normas idênticas é o resultado de um processo de abstração, que é válido quando se estuda e se aprende uma língua estrangeira, sobretudo no caso de uma língua escrita e morta. Tanto objetivamente como do ponto de vista subjetivo do falante receptor nativo, uma língua não se apresenta como sistema de formas idênticas: objetivamente está sujeita a um constante processo de transformação, e o mesmo pode se dizer se a considerarmos em função e do ponto de vista do falante receptor. Compreender um signo verbal em seu uso concreto equivale a compreendê-lo em uma situação concreta, em uma expressão concreta, compreender sua novidade, e não reconhecer simplesmente sua identidade (ver no Capítulo "A manipulação da palavra alheia. Sobre as formas do discurso reproduzido" a relação tema-significado).

O estudo de uma língua estrangeira, sobretudo quando se trata de uma língua morta, privilegia a autoidentidade da forma linguística em relação ao fator de sua variabilidade. A fonética (e a fonologia), a gramática e a lexicologia, como estudo da identidade linguística, nascem em relação à função heurístico-pedagógica do linguista filólogo, como disse Voloshinov.

Por seu fundamento filológico, explica-se também, segundo Voloshinov, o fato de que a linguística assuma como objeto de análise a expressão monológica, como entidade isolada e autossuficiente, separada do contexto real da comunicação social e do terreno ideológico concreto a que pertence. Qualquer expressão, incluindo a expressão escrita, o documento escrito, faz parte de uma gama de perguntas e respostas;

---

[51] Bakhtin-Voloshinov, *Marxismo e filosofia da linguagem*, op. cit.

além disso, está dialeticamente unida a outras expressões e é um elo do processo de formação do campo ideológico a que pertence, tanto por sua gênese como por sua função. O linguista filólogo estuda e interpreta a expressão monológica isolada em relação ao sistema da língua, e não em relação ao contexto ideológico ao qual pertence. Nessa perspectiva, a compreensão é passiva, exclui-se qualquer tipo de resposta ativa, de contestação ideológica, que obedeça às necessidades reais da expressão, que se ajuste ao seu sentido efetivo e possa captar seu verdadeiro significado. A categoria da "compreensão passiva" é a base, disse Voloshinov, não somente dos métodos da interpretação linguística dos textos, mas também de toda semântica europeia.

Na realidade, o significado de toda enunciação é inseparável de seu sentido ideológico e de sua relação com a prática social; apenas existe em seu específico contexto ideológico e prático:

> Na realidade, não são palavras o que pronunciamos ou escutamos, mas verdades ou mentiras, coisas boas ou más, importantes ou triviais, agradáveis ou desagradáveis etc. A palavra está sempre carregada de um conteúdo ou de um sentido ideológico ou vivencial. É assim que compreendemos as palavras e somente reagimos àquelas que despertam em nós ressonâncias ideológicas ou concernentes à vida.[52]

Outro ponto importante na crítica que Voloshinov faz do objetivismo abstrato é o da relação individual-social do ponto de vista linguístico. Não é exato dizer que o indivíduo suporta, aceita passivamente,[53] a própria língua. A língua e o indivíduo que a usa não são duas entidades separadas, como pretende o estruturalismo, que concebe a língua não como "uma função do sujeito falante, mas como um produto que o indivíduo adquire passivamente". Essa é, segundo Voloshinov, a relação que existe entre o falante e uma língua estrangeira. Nesse caso a relação da língua com o falante é de imposição, de aceitação passiva: "os sujeitos não 'adquirem' sua língua materna; é nela e por meio dela que ocorre o primeiro despertar da consciência".[54]

Também no subjetivismo abstrato a relação individual-social está mal colocada. O erro estabelecido nessa relação é, segundo Voloshinov, o ponto em comum do "objetivismo abstrato" e do "subjetivismo individualista", apesar de sua relação antitética. O ato de palavra é entendido, em ambos casos, como estritamente individual e oposto à língua como algo social. Na realidade a

---

[52] Idem, p. 95.
[53] Ferdinand de Saussure, *Corso di linguistica generale* (1916), trad. it. T. De Mauro, Bari, Laterza, 1972, p. 23.
[54] Bakhtin-Voloshinov, *Marxismo e filosofia da linguagem*, op. cit., p. 108.

parole não é menos social que a *langue*. Esta última não é *expressão,* objetivação externa para outros, de conteúdos internos mediante a língua, à qual, portanto, necessitaria se adaptar, confiar as próprias experiências, "incomunicáveis em sua unicidade"[55] para que possam encontrar expressão. De fato:

> Consequentemente, é preciso eliminar de saída o princípio de uma distinção qualitativa entre o conteúdo interior e a expressão exterior. Além disso, o centro organizador e formador não se situa no interior, mas no exterior. Não é a atividade mental que organiza a expressão, mas, ao contrário, é a expressão que organiza a atividade mental, que a modela e determina sua orientação.[56]

Inclusive a percepção mais simples, como a da fome, já tem uma linguagem. e como tal tem uma forma e uma projeção social, uma entonação ideológica.

Além disso, a enunciação é uma moeda de duas caras: em uma aparece o falante e na outra, o destinatário, posto que é o resultado da relação recíproca entre ambos, dentro de condições histórico-sociais determinadas e completamente sociais. O falante possui a palavra apenas sob o ponto de vista fisiológico. Entretanto, este ponto de vista não nos interessa diretamente na hora de analisar semioticamente o comportamento verbal. Como signo, a palavra, inclusive em suas características estilísticas, disse Bakhtin, é um produto social, assim como o indivíduo que a usa. De fato, para se utilizem as palavras de Rossi-Landi, que também critica a dicotomia *langue/parole* de Saussure e os fundamentos individualistas subjetivos da linguagem, se um falante põe em circulação uma determinada palavra, realizando um trabalho individual, "a elaboração, essa elaboração, é individual porque é considerada individualmente, porém o modelo da elaboração é social".[57]

Em relação às duas correntes do estudo da linguagem (objetivismo abstrato e subjetivismo individualista), a posição do *Marxismo e filosofia da linguagem* encontra uma adequada interpretação na seguinte citação de Raymond Williams:

> Voloshinov é original porque não tentou aplicar ideias marxistas à linguagem, mas procurou considerar todo o problema da linguagem no âmbito da corrente marxista geral, o que lhe permitiu conceber a "atividade" (base do pensamento idealista a partir de Humboldt) como "atividade social", e conceber o "sistema" (base da nova linguística objetivista) em relação a essa atividade

---

[55] André Martinet, *Elementi di linguistica generale*, trad. it. G. C. Lepschy, Bari, Laterza, 1967 (trad. esp. Julio Calonge: *Elementos de linguísticas general*, Madri, Gredos, 1991).
[56] Voloshinov, *Marxismo e filosofia da linguagem*, op. cit.; p. 112.
[57] Cf. Rossi-Landi, *A linguagem como trabalho e como mercadoria*, op. cit., p. 71.

social e não social [...]. Era necessário recuperar o pleno significado do termo "social", distinguindo-o tanto da redução idealista de social – enquanto produto herdado pré-confeccionado, "crosta morta" na qual toda criatividade é individual – quanto da projeção objetivista do social em um sistema formal, autônomo e governado por leis internas, em cujo âmbito – e unicamente de acordo com ele mesmo – se produziam os significados.[58]

Através da crítica do "subjetivismo individualista" e do "objetivismo abstrato", Voloshinov chega às seguintes conclusões, que se encontram de novo em Medvedev e nos trabalhos de Bakhtin, sobretudo em *O discurso no romance* e em *Problemas da poética de Dostoiévski*. As mesmas, como dissemos, constituem "uma crítica à linguística estrutural que não existia ainda (estamos em 1929, no ano em que se publicam as teses do Círculo Linguístico de Praga) e da linguística gerativista, cujos prolegômenos serão enunciados nos Estados Unidos, trinta anos mais tarde":[59]

1. A língua, como sistema estável de formas normativamente idênticas, é apenas uma abstração científica que só pode servir a certos fins teóricos e práticos particulares. Essa abstração não dá conta de maneira adequada da realidade concreta da língua.

2. A língua constitui um processo de evolução ininterrupto que se realiza através da interação verbal social dos locutores.

3. As leis da evolução linguística não são de maneira alguma as leis da psicologia individual, mas também não podem ser divorciadas da atividade dos falantes. As leis da evolução linguística são essencialmente *leis sociológicas*.

4. A criatividade da língua não coincide com a criatividade artística nem com qualquer outra forma de criatividade ideológica específica. Mas, ao mesmo tempo, a criatividade da língua não pode ser compreendida independentemente dos conteúdos e valores ideológicos que a ela se ligam. A evolução da língua, como toda evolução histórica, pode ser percebida como uma necessidade cega de tipo mecanicista, mas também pode tornar-se "uma necessidade de funcionamento livre", uma vez que alcançou a posição de uma necessidade consciente e desejada.

5. A estrutura da enunciação é uma estrutura puramente social. A enunciação como tal só se torna efetiva entre falantes. O ato de fala

---
[58] Williams, *Marxismo e letteratura*, op. cit., pp. 47-8.
[59] Luis-Jean Calvet, *Pour et contre Saussure*, Paris, Payot, 1975, p. 7.

individual (no sentido estrito do termo "individual") é um *contradictio in adjecto*.[60]

Linguagem e classes sociais: Bakhtin, Marr e as ideias de Stalin sobre a linguística

O nome de N. Ja. Marr aparece várias vezes nos trabalhos de Bakhtin. Em *Marxismo e filosofia da linguagem* é frequente, apesar de Marr não ser mencionado na "Introdução", em que se fala da situação do estudo marxista da linguagem.

Voloshinov remete a Marr, concretamente, à obra *As etapas do desenvolvimento da teoria jafética*, de 1926, para afirmar que os estudos sobre a origem da linguagem confirmam a plurivocidade do signo verbal, posto que sustentam que a palavra em sua origem era, como diz Marr, "onissignificante", uma palavra em que, comenta Voloshinov, o "tema" suplantava por completo o "significado".[61]

As considerações sobre a origem da linguagem do artigo de Voloshinov de 1930 "Che cosa è il linguaggio?" remetem também a Marr de 1926.

Bakhtin, em "O discurso no romance" (1934-35),[62] também faz referência a Marr quando estabelece a relação língua-pensamento mitológico, afirmando em uma nota que, "pela primeira vez, esse campo hipotético passa a converter-se em patrimônio da ciência na paleontologia dos significados, da teoria jafética".[63] Posteriormente, o ensaio "A pré-história do discurso no romance", de 1940, publicado em 1967, menciona Marr por suas contribuições ao problema do cruzamento das línguas como fator fundamental da formação e do desenvolvimento interno das mesmas, ainda que seja apenas para recordar sua citação, retirada do livro sobre Platão, de Willimowitz-Moellendorff: "Só um conhecimento da língua com uma mente alheia leva à compreensão adequada da própria língua".[64]

Apesar dessas referências, e apesar de não existir uma crítica direta da teoria da linguagem de Marr, a posição que Bakhtin sustenta sobre os problemas linguísticos resulta, em grande parte, e nas questões fundamentais, oposta à de Marr.

---

[60] Bakhtin, *Le più recenti tendenze...*, op. cit.; e *Marxismo e filosofia da linguagem*, op. cit., p. 127.
[61] Cf. Voloshinov, *Marxismo e filosofia da linguagem*, op. cit., p. 130.
[62] Em Bakhtin, *Estética e romance*, op. cit.
[63] Idem, p. 177.
[64] Bakhtin, "La preistoria della parola nel romanzo", trad. it. R. Messina, em *Nuovi argomenti*, 1972, p. 170. Esta referência a Marr não se encontra na tradução italiana do ensaio em *Estetica e romanzo*, op. cit., ver p. 426.

Em Marr, a teoria do caráter superestrutural e de classe da língua começa a se formular de forma explícita já a partir de 1925-1926. Porém Voloshinov (1929) não faz nenhuma referência à contradição entre a própria posição e a de Marr sobre essa questão (contradição sobre a qual insiste Mateika e também Williams), ou seja, como temos visto, remete somente a algumas citações que aparecem em Marr de 1926, usando-as para reforçar seus argumentos.[65]

O fato de que Voloshinov não adverte, ou pelo menos não declara, suas diferenças com Marr pode ser explicada se consideramos que, somente a partir daqueles anos, a interpretação simplista do caráter de classe da língua assume o valor de um autêntico princípio na "Nova doutrina da linguagem" de Marr, e recebe um caráter oficial na linguística soviética, convertendo-se em um dogma do marrismo. Posteriormente já era demasiado tarde para as críticas diretas ao marrismo, visto que, como diz Mateika, as divergências com o marrismo mesmo que não declaradas explicitamente podem ser consideradas uma das causas do trágico fim de Voloshinov.

Ao explicitar a dimensão histórico-social, o caráter ideológico e de classe, o Círculo de Bakhtin separa-se de Marr pelo menos em dois aspectos que aparecem claramente em *Marxismo e filosofia da linguagem* e também no ensaio "A enunciação e sua função social", mas também em todas as suas obras. O primeiro é que a categoria de "superestrutura" não basta para determinar as características específicas do signo verbal, mas, ao contrário, precisamente ao determinar estas últimas – dado o caráter mediador do signo verbal e dos demais signos na relação entre estrutura e superestrutura – é possível abordar em profundidade, e sem fazer um movimento mecanicista, o problema das superestruturas ideológicas.

O segundo é que, em uma sociedade dividida em classes, a comunidade linguística não pode coincidir com uma única classe e que, portanto, apesar de responder ideologicamente a interesses de classes, o signo verbal não tem somente um único sentido, mas possui o traço da "pluriacentuação", isto é, nele se entrecruzam acentos ideológicos que seguem tendências diferentes. Tudo isso não significa admitir a existência de uma língua neutra, indiferente às classes, como dirá Stalin em 1950 contra o marrismo – que depois se empregaria segundo os interesses diferentes das extintas classes. A palavra concreta, e não sua abstração em nível de dicionário, é sempre ideológica; forma-se e se modifica em um

---

[65] Cf. Ladislav Mateika, "Sui primi prolegomeni russi alla semiotica", trad. N. Marcialis, em A. Ponzio (ed.), *Bachtin. Semiotica, teoria della letteratura e marxismo*, op. cit., e Williams, *Marxismo e letteratura*, op. cit.

determinado contexto de valores que estão dialeticamente unidos às condições materiais da vida e à divisão do trabalho. Em uma sociedade dividida em classes, na linguagem refletem-se e são necessárias as contradições entre correntes ideológicas diferentes e, ainda que prevaleça a da classe dominante, esta nunca consegue eliminar de todo as outras correntes ideológicas.

Especialmente interessantes, se estabelecermos uma relação de Bakhtin com Marr, são os três ensaios de Voloshinov que formam parte de um único artigo intitulado "Estilística da arte verbal" e que apareceram separados e vêm em sequência em 1930. No primeiro, "O que é a linguagem?", encontramos uma referência a Marr ao também sustentar a ideia da origem mágica da linguagem verbal, primitivamente usada pelos "xamãs", e ao afirmar que a linguagem gestual é anterior à linguagem verbal. Já nos dois ensaios seguintes, especialmente no terceiro, "A palavra e sua função social", as ideias de Marr já não têm nenhum papel e, ainda mais, porque de forma não explícita toma-se uma posição contrária à ideia marrista de uma língua classista, fruto de uma determinada classe e unicamente funcional para a classe que a criou. Como havia afirmado no *Marxismo e filosofia da linguagem*, volta-se a repetir que "em um mesmo signo se refletem e aparecem relações de classes sociais distintas", que "a classe não coincide com a comunidade semântica, isto é, com a comunidade que utiliza os mesmos signos de comunicação ideológica. Classes diferentes utilizam uma mesma língua. Portanto, em cada palavra, em cada signo ideológico, se interpretam relações de classe diferentes".

Entretanto, estas considerações não tiveram nenhum peso na concepção "marxista" da linguagem em Marr. Esta e as duas conferências de 1950 de Stalin sobre a linguística contribuíram para o desenvolvimento das ideias mecanicistas, que Voloshinov e Medvedev já indicavam como predominantes nos estudos marxistas da linguagem, da literatura, da psicologia, e em geral da ideologia.

O mérito do debate de *Pravda* em 1950 sobre os problemas da linguística consiste na discussão do caráter marxista da teoria de Marr, apesar de que nesta o marxismo que se assume como critério de referência é geralmente sua *vulgata* e sua falsificação dogmática da época stalinista. Cikobava compara a teoria dos estágios de Marr com a "periodização marxista da história" que se encontra exposta no *Materialismo histórico e materialismo dialético* de Stalin, segundo a qual a história da humanidade, com uma falsificação dogmática do materialismo histórico, se reduz à necessária e linear sucessão de cinco estágios, correspondentes aos "cinco tipos fundamentais de relações de produção": o comunismo primitivo, as formas de produção escravista, feudal, capitalista e socialista.

Um aspecto positivo é que Cikobava, abrindo o debate sobre marxismo, reafirma a necessidade de ir além da simples classificação da linguagem como uma superestrutura e, superando Marr, da necessidade de analisar a "natureza específica" (nos termos de Cikobava) da linguagem. Não podemos colocar no mesmo plano, diz Cikobava, a linguagem e qualquer outra superestrutura – por exemplo, a arte –, afirmando, como faz Marr, que a linguagem é um valor social, superestrutural do mesmo tipo que a pintura ou arte em geral. Cikobava parece se dar conta da escassa capacidade determinante da categoria de superestrutura que Medvedev (1928) e Voloshinov (1929) já denunciavam.

> Em conclusão, disse, o problema da natureza superestrutural da linguagem na teoria jafética de Marr está baseado, de forma correta, só em um ponto de vista geral, porque em suas doutrinas os traços específicos da linguagem, como categoria superestrutural, permanecem na sombra. O modo de fazer referência aos diferentes feitos linguísticos permanece igual. [...] À linguística soviética cabe a missão de determinar os elementos desse complexo problema, que é mostrar a natureza específica da linguagem como categoria superestrutural, e de detectar todas as possíveis formas de sua dependência da produção.[66]

É importante também afirmar que, durante o debate de 1950, o conceito de "classe" usado por Marr não se parece nada com a teoria marxista das classes sociais. O mesmo pode-se dizer de Cikobava, que nega o caráter de classe das línguas, fazendo referência à concepção stalinista da língua nacional. Também de V. Kudriavcev, que defende a tese da diferenciação classista da língua, preocupando-se em explicar em que sentido teríamos que entendê-la para que não se faça um uso indiscriminado e não se caia no exagero de estendê-la, como fez Marr, a qualquer época histórica. De fato, Marr chega a afirmar que a linguagem verbal teve na história da humanidade uma origem classista e que "línguas pertencentes a uma mesma classe nos diferentes países, dada a idêntica estrutura social, mostram entre elas um aspecto parecido, maior que as línguas de diferentes classes do mesmo país ou mesma nação" (Marr). Kudriavcev reconhece que a concepção de "classe" de Marr "era incorreta, pouco científica e nada marxista".[67]

Seria difícil não concordar com Stalin quando afirmava que a importância da discussão sobre a linguística foi ter acabado com "o regime de Arakceev",

---

[66] A. Cikobava, "Alcuni aspetti della linguistica sovietica", em Lia Formigari (ed.), *Marxismo e teorie della lingua*, Messina, La libra, 1973, p. 212.
[67] V. Kudriavcev, "Sulla natura classista della lingua", em Formigari (ed), *Marxismo e teorie della lingua*, op. cit., p. 230.

que se criara no campo da linguística (o nome Arakceev, ministro de Alexandro III, é sinônimo de adulação e repressão):

> A discussão colocou às claras que nos órgãos da linguística, tanto no centro como nas repúblicas, estava em vigor um regime que não era adaptável nem à ciência nem aos homens de ciência. A menor crítica do estado das coisas na linguística soviética, inclusive as tímidas tentativas de crítica da chamada "nova doutrina", eram perseguidas e eliminadas por parte dos grupos que dirigiam a linguística. Por uma atitude crítica com relação à herança de N. Ja. Marr, por uma mínima desaprovação dos ensinamentos de N. Ja. Marr, bons pesquisadores do campo da linguística eram destituídos de seus cargos ou privados de suas funções. As personalidades da linguística obtinham cargos de responsabilidade não pelos resultados conseguidos, mas por aceitarem, incondicionalmente, os ensinamentos de N. Ja. Marr.[68]

Stalin descreve uma situação que não é única nem excepcional: o "regime de Arakceev" em linguística caracteriza também a investigação científica em todos os campos durante o período do stalinismo: é suficiente recordar o "caso Lisenko".[69]

A contribuição de Stalin aos problemas da linguística, se é verdade, como ele mesmo disse, que poria fim ao "velho" regime da linguística, no qual predominava a indiscutível autoridade de Marr, também inaugurava outro regime não muito diferente, no qual se recorria dogmaticamente a outra autoridade, nesse caso à autoridade do próprio Stalin, como havia acontecido em outras ciências sociais. Temos que lembrar também, com A. Schaff, que "a forma na qual a teoria de Marr foi rechaçada, naquela ocasião, foi nociva para a ciência: métodos parecidos seriam julgados como inadmissíveis nas discussões científicas, assim como era inadmissível a anterior consagração dessa mesma teoria como única, autêntica e correta".[70] Ao rechaçar a teoria de Marr, posto que não era marxista, ninguém se preocupou em verificar se certos aspectos do trabalho dele poderiam ter valor, independentemente do fato de não serem "marxistas".

Na discussão de 1950 foi dado um passo para o convencimento de que os problemas que se referem à linguagem não podem ser resolvidos com fórmulas simplistas, como as que afirmam ou negam o caráter superestrutural da língua. Porém, essa discussão terminou quando interveio a autoridade máxima soviética da época, propondo de novo, ao estilo da cultura stalinista, esquemas reduzidos

---

[68] Stalin, *Il marxismo e la linguistica*, op. cit., p. 61-2.
[69] Cf. Dominique Lecourt, *Is caso Lisenko*, introd. de L. Althusser, Roma, Riuniti, 1972.
[70] Cf. A. Schaff, *Filosofia del linguaggio*, Roma, Riuniti, 1969, pp. 9-29.

e genéricos que ocultavam e alteravam os problemas reais. Nas conferências de Stalin, parte-se da pergunta se a língua é ou não uma superestrutura e se chega a conclusões opostas às de Marr, ou seja: que a língua é definida como não superestrutural. O fato de Stalin ter intervindo, como ele declara desde o princípio, na qualidade de especialista não exatamente em linguística, e sim no "marxismo na linguística, como em outras ciências sociais", incidiu de forma negativa, principalmente na construção de uma teoria marxista da linguagem; uma vez mais manchou os esforços empregados em abandonar fórmulas redutoras e acabou com a possibilidade de afrontar desse ponto de vista marxista o problema de caracterizar a linguagem verbal com o fenômeno social.

Tendo que afrontar problemas urgentes de política cultural-nacional que, uma vez passado o período da guerra, voltavam novamente a um primeiro plano e que se apresentavam, sobretudo, no aspecto linguístico, como o problema da alfabetização, da criação de gramáticas normativas, de um alfabeto para as línguas que não possuíam língua escrita, a classe política se preocupou com a situação caótica da língua soviética; nela, como se apreciava nos debates do final dos anos 1940 e depois claramente nos de 1950, no *Pravda*, assistia-se a uma "incrível confusão de opiniões", como disse Stalin. Essa confusão deixava aberta uma série de questões que não estavam nem sequer bem delimitadas, e também investigações que se encontravam longe de soluções seguras e indiscutíveis, sobretudo, no que se referiam às bases de uma teoria marxista da linguagem. A discussão aberta no *Pravda* "havia de fato quebrado em mil pedaços o antigo regime da linguística", como disse Stalin: porém isso só aumentava mais as dificuldades que, no plano linguístico, a política cultural-nacional tinha que afrontar. Por esse motivo, quando Stalin interveio para "resolver os problemas da linguística", dá o tiro de misericórdia na teoria de Marr, porém põe fim, artificialmente, na discussão que se estava desenvolvendo sobre as relações entre investigação linguística e marxismo. De um lado, Stalin proclama sua própria posição sobre a questão entre língua e nação, na ocasião resumida de forma sumária e de modo a resultar absolutamente em um contraste com a teoria de Marr. Já, por outro lado, insiste nesses aspectos que caracterizam a língua: quando a considera em função de fins didáticos; quando se estudam as línguas estrangeiras; quando se pensa na construção de gramáticas normativas escritas, ou seja, a língua como simples instrumento de comunicação, de intercâmbio, de pensamentos, a língua como veículo de significados preexistentes nela mesma, como forma que se pode separar de seus conteúdos culturais, a língua como revestimento do pensamento, como sistema fixo de regras gramaticais, como nomenclatura.

Em suas duas conferências sobre o marrismo, Stalin volta a propor a concepção mecânica da relação entre base e superestrutura. A superestrutura, disse Stalin em seu artigo "A propósito do marxismo na linguística", é o produto direto de uma determinada infraestrutura, de uma determinada época, e não o produto de toda uma série de épocas nem de conjunturas socioeconômicas diferentes. "Cada infraestrutura possui sua própria superestrutura, e a superestrutura se adapta a ela [...]. Se se altera e elimina uma infraestrutura, imediatamente depois fica alterada e eliminada sua superestrutura; se nasce uma nova base, imediatamente depois nasce a superestrutura que se adapta a ela."[71] Se a relação entre infraestrutura e superestrutura é esta, falta dizer que não só a língua não é uma superestrutura como também não o são o direito, a religião, a arte, a filosofia etc., campos aos quais Stalin faz referência para esclarecer o que se entende como "superestrutura".

É necessário alertar que falta a Stalin uma definição de "superestrutura". Para indicar o significado de superestrutura, Stalin se limita a enumerar, no princípio de seu artigo, algumas "superestruturas" (concepções e instituições políticas, jurídicas, religiosas, artísticas, filosóficas) e a ilustrar, no sentido que mencionamos pouco antes, as relações entre infraestrutura e superestruturas.

Certamente, uma definição de "superestrutura" falta também em Mar e Engels, porém o uso que Stalin faz do termo é diferente: precisamente porque não se dá uma definição, o termo, por sua vez, não é usado para definir nenhuma das formações ideológicas, não pretende ser um conceito explicativo por si mesmo, não procura determinar o caráter específico de uma forma ideológica concreta. "Superestrutura" em Marx e Engels é um conceito fundamentalmente metafórico, cujo sentido se esclarece somente à luz de seus trabalhos teóricos gerais sobre a ideologia e sobre as relações sociais de produção. Certamente, o sentido de superestrutura em Marx e Engels não é o mesmo assumido no contexto do discurso stalinista sobre a língua, sobretudo quando Stalin esclarece as relações entre infraestrutura e superestrutura.

Porém, o equívoco maior, que se encontra não somente em Stalin, consiste em focalizar o problema em termos de se a língua é ou não uma superestrutura, problema decisivo para definir a língua e para definir uma teoria linguística marxista.

A polêmica entre os que sustentavam – esforçando-se para encontrar apoio em alguma citação de Marx e Engels – que a língua é uma superestrutura e os que com Stalin, também em nome do materialismo histórico e dialético, negam o caráter superestrutural da língua não conduz a nenhum lugar no plano científico.

---

[71] Stalin, *Il marxismo e la linguistica*, op. cit., p. 18.

SIGNO E IDEOLOGIA

Do ponto de vista marxista, quando se afirma o caráter superestrutural de outros fenômenos sociais – o direito, a religião, a filosofia, a moral etc. – é para opor-se à sua interpretação em sentido idealista e metafísico e para manifestar sua origem histórico-social e material. Porém, esta afirmação não é relevante quando se trata de estudar o caráter específico de cada uma dessas disciplinas, nas diferentes situações históricas. Afirmar o caráter superestrutural da língua significa simplesmente dizer, com Marx, que tanto a linguagem – a língua – (*sprache* = língua e linguagem) quanto a consciência nascem da necessidade de relacionar-se com outros homens;[72] necessidades e relações que estão historicamente especificadas, que se correspondem com o desenvolvimento das formas de produção e da organização de relações sociais de produção. São os homens os que produzem sua linguagem e sua consciência. Se a língua produz uma determinada visão de mundo, esta, por sua vez, é produzida na práxis social, segundo as diferentes formas de organização da vida real. Mas não é possível, recorrendo à noção de superestrutura, ir além quando se trata de estudar a linguagem verbal com relação a outras linguagens como fenômeno específico, distinto do resto da produção espiritual, como se expressam Marx e Engels, "outras linguagens" são a "linguagem da política, das leis, da moral, da religião, da metafísica, etc., de um povo".[73]

Precisamente, se se concede ao termo superestrutura o sentido que – em raras ocasiões, para dizer a verdade – lhe dava Marx, resulta que não se está propondo nenhuma interpretação científica do caráter específico dos fenômenos indicados como "superestruturais". Pelo que se refere a uma teoria científica da ideologia e da linguagem, este termo pode ter apenas a função de evitar que se caia num tipo de explicação que esteja desde o princípio viciada ao reduzir todo o edifício social unicamente à sua fachada ideológica, desinteressando-se pela base real da estrutura econômica e considerando a linguagem como uma esfera à parte, para pôr fim, como fizeram os jovens hegelianos, ao falso problema de como passar da "linguagem" à "vida real".[74]

Estas ideias são expostas por Medvedev em 1928, tratando do debate de 1950:

---

[72] Cf. Marx e Engels, *Ideologia alemã*, op. cit., p. 37.
[73] Idem.
[74] Cf. idem, pp. 464-9. Sobre a discussão do marrismo de *Pravda*, ver Marcellesi et al., *Linguaggio e classi sociali: marrismo e stalinismo*, op. cit., e a introdução do volume de A. Ponzio, pp. 5-77. Sobre o marrismo ver também Françoise Gadet et al., *Les maîtres de la langue: Marr, Staline, Polivanov*, Paris, Maspero, 1979.

Entre a teoria geral das superestruturas e de suas relações com a infraestrutura, por um lado, e o estudo concreto de cada um dos fenômenos ideológicos específicos, por outro, existe uma pequena fratura, uma espécie de zona nebulosa e incerta onde os pesquisadores adentram e, com frequência, atravessam depois de ter fechados os olhos a todas as dificuldades, para não ver a falta de claridade. Como resultado, ou se compromete a simplicidade do fenômeno tomado para a análise – por exemplo, uma obra de arte – ou a uma análise "imanente" – capaz de caracterizar o fenômeno – se adiciona artificialmente a base econômica, já que não tem nada em comum com a sociologia. Falta um exame sociológico articulado das características específicas dos dados, das formas e dos fins de cada um dos traços da criatividade ideológica. Cada um deles, de fato, tem sua linguagem específica, com as formas e os princípios que os caracterizam, suas leis específicas que regulam a interpretação ideológica de uma mesma realidade. Apagar essas diferenças, excluir a substancial pluralidade das linguagens ideológicas é absolutamente estranho ao marxismo.[75]

O caráter específico do sistema sígnico-verbal não constitui uma superrestrutura na argumentação de Stalin, ou seja, é uma superestrutura, mas relacionada às outras, é uma "superestrutura com ritmo lento".[76] Em ambos os casos, continua-se a recorrer (ainda que na forma da negação, como no primeiro caso) à noção de superestrutura, considerada como noção por si mesma exaustiva no plano explicativo, e se segue concebendo a relação entre estrutura e superestrutura como relação automática e mecânica, na qual a língua ou não resulta ser uma superestrutura, ou resulta ser uma estrutura "anormal", "atípica".

Não se pode ir muito além com os termos com os quais Stalin insere a questão, quando diz que o caráter ideológico, superestrutural e de classe da linguagem tem que ser atribuído ao uso da língua, e não à língua, embasando a distinção entre língua como estrutura, sem condicionamentos externos, e língua como uso, sujeita aos condicionamentos do ambiente sociocultural.[77] Sanga (1978), que sem dúvida é um dos que sustentam a "definição" da língua como superestrutura,[78] afirma que são corretas as objeções de quem observa que "nos encontramos com o equívoco idealista de uma estrutura fora da história, de uma estrutura 'santificada', como diria Marx". Considerações críticas que encontram

---

[75] Medvedev, *Il metodo formale*, op. cit., pp. 55-6.
[76] Giacomo Devoto, "Introduzione a Stalin", em *Il marxismo e la linguistica*, op. cit.
[77] Cf. Roliello, *Linguistica e marxismo*, Roma, Riuniti, 1974, p. 27.
[78] Glauco Sanga, "Principi di linguistica marxista", informe do congresso de 1978 na Sociedade de Linguística Italiana.

este tipo de solução podem ser observadas amplamente também no Wittgenstein das *Investigações filosóficas*. Tal fórmula é inaceitável, sobretudo quando se apresenta como alternativa à posição stalinista, como faz Rosiello. De fato, esta solução segue a linha de pensamento stalinista, tanto que Vinogradov, em seu artigo publicado em *Pravda* em 4 de julho de 1950, no qual respondia aos artigos de Stalin, afirmava que, graças a Stalin, o estudo infundado do caráter de classe da língua seria substituído pelo estudo do caráter de classe dos diferentes usos da língua. Stalin, de fato, afirma que, enquanto a língua serve a todas as classes sociais e mostra uma espécie de indiferença a respeito destas, "os homens, cada grupo social, se esforçam por utilizar a língua segundo seus interesses".[79]

O mesmo que foi dito até agora sobre a noção de "superestrutura" vale para a noção de "reflexo", como se essa, somente por si, pudesse caracterizar a linguagem verbal de forma exaustiva. A realidade é que em Marx e Engels falta um estudo sistemático dos fenômenos sociais como a linguagem, a arte, a religião etc., apesar de terem feito muitas referências aos problemas das diferentes formas ideológicas e da linguagem. E, ao se apelar à denominada "teoria marxista das superestruturas" ou a uma "teoria do reflexo", eles estão convencidos de que se economiza o trabalho de constituir uma teoria marxista da linguagem ou da literatura.

Nos artigos de Stalin de 1950 sobre linguística, desempenha um papel importante o nexo língua-nação, a concepção da língua comum como emblema da nação.[80] Todo discurso de Stalin – que volta a considerar as mesmas ideias que havia sustentado nos escritos sobre a questão nacional, mas com uma formulação mais simples e a-histórica, metafísica, que havia exposto ao falar de uma unidade entre língua e nação e do próprio conceito de nação – está construído sobre a identificação de língua/linguagem (o russo, como se sabe, não faz a distinção entre estes dois termos) com a "língua nacional unitária". Sobre a base desta identificação, a solução dos problemas inseridos no debate em torno do marrismo se resulta bastante simples; a solução se dá pela definição: a língua nacional unitária é a língua unitária, comum, de toda a nação. Segundo Stalin, a "língua da nacionalidade" é uma língua unitária que preexiste à formação da nação e que se converte sucessivamente na "língua nacional unitária". Se a língua (nacional) tiver um caráter de classe e superestrutura, "a língua nacional unitária" e a "cercania linguística" como símbolo da nação seriam conceitos fictícios. Para combater esta conclusão, Stalin apresenta a língua nacional, comum a todo povo, como um fato dado,

---

[79] Stalin, *Il marxismo e la linguistica*, op. cit., p. 31.
[80] Idem, p. 31.

universalmente válido, como anterior ao uso que haviam feito "os burgueses", que ao criar "dialetos classistas" "tomaram emprestados a estrutura gramatical e o quadro lexical essencial" da língua "nacional unitária", "empobrecendo a mesma".[81] Portanto, a língua nacional unitária já estaria realizada, preparada antes da formação da cultura burguesa, antes de converter-se na forma desta cultura e, como tal, seria de todo indiferente e neutra em relação a ela. A forma "língua nacional" resulta desse modo antecedente não somente pelo conteúdo da cultura socialista (segundo a fórmula stalinista de uma cultura nacional pela forma, ou seja, "pela língua", e socialista por seu conteúdo), mas também pelo que contém da cultura burguesa. Considerando a "língua nacional comum de todo povo", os dialetos são vistos como simples variantes territoriais dentro da unidade linguística ou jargões, dialetos classistas, derivados da língua nacional.[82]

Uma crítica *ante literam* a estas teses de Stalin pode ser encontrada no ensaio de Bakhtin "O discurso no romance" (1934-35), mas, como vimos nos capítulos anteriores, toda a concepção bakhtiniana contrasta com as teorias marxistas da língua da época stalinista (marrismo e stalinismo, em linguística, são aspectos de uma mesma realidade político-cultural).

Podem ser encontradas, neste artigo de Bakhtin, coincidências com as ideias de Antonio Gramsci: a) nos processos de formação da língua nacional unitária em conexão com a hegemonia de uma determinada classe; b) na "gramática imanente" e sobre a "gramática normativa não escrita", "constituída pelo controle recíproco, da doutrina recíproca, da censura recíproca, que se manifestam com as perguntas Entende?/O que quer dizer?/Explique-se melhor etc., com a caricatura e a brincadeira etc.; c) no processo de "conformação gramatical", que necessidades comunicativas concretas a determinam, qual pode pertencer a estratos sociais limitados e a núcleos locais ou alargar-se além dos mesmos, como movimento de unificação que tende a abraçar todo um território nacional e que favorece a "gramática normativa escrita" – que "pressupõe sempre uma eleição, uma direção cultural, ou seja, é sempre um ato de política cultural nacional", como também "um aspecto de uma luta política, a chamada questão da língua". A gramática normativa escrita "não pode imaginar a língua nacional fora do marco das demais línguas, que a influem por numerosas vias, frequentemente difíceis de controlar"; d) na dialética entre "processo de desagregação"

---

[81] Idem, pp. 33-4.
[82] Sobre a questão da "nação", também em relação a "língua", ver A. Ponzio, "La nazione come identità e come differenza", em *La differenza non indifferente: comunicazione, migrazione, guerra*, Milão, Mimesis, 1995.

linguístico e "movimento de unificação" (a chamada "unidade linguística" é na realidade um movimento de unificação) determinada por condições estruturais socioeconômicas; e) no caráter social da expressão linguística, que determina em contraste com a afirmação do caráter lírico-subjetivo que cada grupo social tem a sua linguagem; f) nas relações de intercâmbio entre linguagem literária e as linguagens de determinados grupos sociais etc.[83]

A língua unitária, diz Bakhtin em "O Discurso no romance", não é um fato que se dá de uma vez por todas, mas sempre como um objetivo a ser alcançado. As forças centrípetas, unificadoras da vida linguística, que tendem a construir a língua unitária, atuam em uma realidade pluridiscursiva. A língua em todo momento, dada sua evolução, está estratificada em dialetos linguísticos e em linguagens ideológico-sociais diferentes que pertencem a grupos sociais, a grupos de profissionais, a um determinado gênero, a determinada geração etc. Enquanto uma língua segue viva e evolui, junto com as forças centrípetas da língua atuam forças centrífugas, num processo contínuo de centralização e descentralização. "Toda comunicação concreta do sujeito do discurso é um ponto de aplicação de forças, tanto centrípetas como centrífugas."[84] A isso relaciona-se a questão da dialética entre "tema" e "significação" e entre "o sentido atual da enunciação" e seu "significado neutro" (ver Capítulo "A manipulação da palavra alheia: sobre as formas do discurso reproduzido").

Quando Bakhtin fala tanto de unificação e centralização como de desunião e descentralização, não se refere a processos que são simplesmente de ordem verbal abstrata, mas que concernem à realidade ideológico-verbal em sua concreta indissolubilidade. Ao falar de língua unitária:

> Referimo-nos não ao mínimo linguístico abstrato de uma língua comum, no sentido de um sistema de formas elementares (símbolos linguísticos) que garantem um mínimo de compreensão na comunicação prática. Consideramos a língua não como um sistema de categorias gramaticais abstratas, mas uma língua ideologicamente construída, a língua como concepção de mundo, e também como opinião concreta, língua que garanta o máximo de recíproca compreensão em todas as esferas da vida ideológica. Por isso a língua unitária expressa a força da concreta unificação e centralização ideológico-verbal, que se desenvolve em um indissolúvel nexo com os processos de centralização político-social e cultural.[85]

---

[83] Antonio Gramsci, *Letteratura e vita nazionale*; *Marxismo e letteratura*, G. Manacorda (ed.), Roma, Riuniti, 1975; *Quaderni dal carcere*, Turim, Einaudi, 1975.
[84] Bakhtin, "La parola nel romanzo", op. cit., p. 80.
[85] Idem, p. 79.

Em cada momento histórico de sua vida ideológico-verbal, a língua se apresenta como pluridiscursiva, pluriacentuada, como "coexistência de contradições ideológico-sociais entre o presente e o passado, entre as várias épocas do passado, entre os vários grupos ideológicos sociais do presente etc.".[86] Mas as diferentes linguagens de classe, de geração, de gênero etc., que evidentemente se diferenciam não só pelo vocabulário, mas também pela diferente intenção ideológica em cada perspectiva prático-valorativa, não são línguas fechadas nem autossuficientes: apresentam entre elas, como também em seu interior, relações dialógicas, de recíproca influência, de contradições. São precisamente estas correlações ideológicas – sustentadas por interesses concretos da comunicação prática e mais ou menos fortes segundo a organização das relações sociais de produção e intercâmbio – as que, ao relacionar-se com forças centrífugas, reforçam a tendência até chegar ao máximo da unificação ideológico-social.

Por um lado, não existe uma língua que não pertença a uma corrente ideológica, neutra, comum a todos, indiferente aos diversos interesses sociais, e, por outro lado, tampouco existe um uso concreto que cada vez se coloque ideologicamente de forma determinada.

> A língua não é um meio neutro, que fácil e livremente passa a ser propriedade intencional do falante: ao contrário, está habitada e superpovoada de intenções alheias. O domínio de uma língua, que se submete aos acentos e às próprias intenções, é um processo difícil e complexo.[87]

Antes que alguém se aproprie dela, a palavra não se encontra na língua neutra e impessoal, mas é palavra alheia, que já conta com um rastro ideológico determinado, uma intenção valorativa concreta. Quando o falante a torna própria, nunca é uma palavra vazia a ser ocupada com conteúdos ideológicos, mas sim "palavra já habitada", cuja apropriação é obtida através do encontro, da adesão ou do choque com conteúdos ideológicos que já existiam nela. A palavra permanece sempre como "semialheia". O processo de apropriação – que em seus contextos concretos comunicativos não é o de apropriação puramente gramatical (fonologia, sintaxe, semântica), no caso da "competência" chomskiana – nunca é completo nem é sempre possível: na palavra do falante permanecem intenções que lhe são estranhas, que ele nem sempre consegue controlar, que nem sempre coincidem com as próprias intenções. Bakhtin faz referência à situação que pode ser indicada

---

[86] Idem, p. 99.
[87] Idem, p. 102.

como situação de "alienação linguística",[88] e que nunca pode ser eliminada de todo. Nesse caso, as palavras que estão sempre tomadas de contextos sociais concretos, e não de vocabulário, "ressoam de forma estranha nos lábios do falante que se apropriou delas, não podem integrar-se em seu contexto e ficam fora dele. É como se, contra a vontade do falante, colocaram-se, por si próprias, entre aspas".[89]

Da reflexão que a filosofia da linguagem, a linguística e a estilística fazem da língua como sistema gramatical unitário de formas normativas, abstrato e sem as concretas interpretações ideológicas que a tornam viva (ver o parágrafo anterior), resulta a explicação de que isso se dá, diz Bakhtin, pelo empuxo ideológico das forças de unificação e de centralização linguístico-social e ideológicas. A categoria de língua unitária, como sistema de normas linguísticas idênticas, é "a expressão teórica" de processos históricos concretos e existe em função do papel de centralização e unificação das línguas europeias.[90]

A filologia, por um lado – "com seus métodos de estudo e de ensino das línguas mortas e, portanto, unitárias, como tudo o que está morto" –,[91] e a tendência unificadora, por outro lado – nas línguas europeias, que sob o impulso de acontecimentos históricos concretos têm conduzido à vitória de uma língua (ou um dialeto) que predomina sobre as demais –, têm condicionado as teorias linguísticas ocidentais levando-as à unidade, em detrimento da pluralidade, aos aspectos estáveis, unívocos da palavra, muito mais que para seus aspectos mutáveis e plurívocos constitutivos.

Os estudos filosófico-linguísticos têm sido pouco influenciados pela consciência plurilinguística e pluridiscursiva, pela consciência linguística real, "saturada de ideologias e que participa da pluridiscursividade e do heterolinguismo efetivo".[92] Ao insistir sobre o estado convencional e artificial da palavra excluída do diálogo, os estudos filosófico-linguísticos têm perdido de vista o traço específico do signo verbal, que é, como vimos, a dialogia da palavra própria com a palavra alheia em uma mesma comunidade linguística, a dialogia entre as diferentes "línguas sociais" no âmbito de uma mesma língua nacional e a dialogia entre as línguas nacionais dentre de um mesmo contexto cultural.[93]

---

[88] Cf. Rossi-Landi, *A linguagem como trabalho e como mercadoria*, op. cit.
[89] Bakhtin, "La parola nel romanzo", op. cit., p. 986.
[90] Cf. idem, pp. 77-8.
[91] Idem, p. 71. Conceito presente também em Voloshinov.
[92] Bakhtin, "La parola nel romanzo", op. cit., p. 82.
[93] Cf. idem, pp. 81-3.

Semiótica e marxismo

Podemos formular algumas considerações sobre o sentido e a possibilidade de uma fundamentação marxista da semiótica.

I. Não faz muito sentido fundamentar a relação marxismo-semiótica em termos de "aproximação marxista à semiótica", de "constituição de uma semiótica marxista", e muito menos de uma "aplicação do marxismo à semiótica pelo que se refere a determinar os métodos, o campo e os objetos da investigação científica", porque, além do mais, corre-se o risco de dar lugar a uma visão distorcida do próprio problema.

"Marxismo" e "marxista" são abstrações em absoluto "determinantes", precisamente no sentido marxista, sobretudo quando se reduzem ao papel de etiquetas e quando são utilizadas como sinais, direções, flechas que indicam um já retomado conceito, e que, como um ato de vontade, basta escolher ou tomar. E parece que o próprio Marx disse uma vez, rindo: "a única coisa que eu posso dizer com segurança é que não sou marxista".[94]

Além disso, o problema está mal fundamentado, porque os dois termos da relação, sobretudo um deles, isto é, "marxismo", apresentam-se como termos que existem autonomamente, independentes um do outro, e que depois, por uma decisão tomada, por uma iniciativa individual, se encontram. A "constituição de uma semiótica marxista" parece um fato opcional, uma questão gratuita, com a qual não se ganha, senão mediante declarações de princípio.

Do ponto de vista da semiótica, a intrusão do marxismo, precisamente por ser gratuita e peremptória, geralmente abre espaço para atitudes defensivas, que remetem à diferenciação entre "ciência" (a semiótica) e "ideologia" (o marxismo) e que defendem a "pureza da investigação científica" contra todo elemento "ideológico" e "político" que pode falsificá-la. Desse modo, pressupõe-se que a relação da semiótica com a ideologia seja uma relação com algo que é "externo", com algo com o que esta última se encontra, por assim dizer, "quando tudo já está feito", e não se consideram as seleções pré-teóricas e ideológicas que de fato intervêm para determinar os métodos, as categorias, os próprios objetos de investigações semióticas. Existe uma polêmica entre os estudiosos que militam em uma semiótica marxista, ainda que seja apenas uma pura e simples forma de adesão ideológica, e os que denunciam como pretensão ilusória tentar fundar a ciência dos signos no marxismo

---

[94] Hans M. Enzensberger, *Colloqui con Marx ed Engels*, Turim, Einaudi, 1977.

e que consideram que um trabalho científico "não pode colocar-se sob nenhuma bandeira",[95] como dizia A. Meillet, que desaprovava o simples fato de que um artigo de N. Ja. Marr aparecera na revista *Unter dem Banner Des Marxismus*.

A relação semiótica-marxismo tem que ser entendida no sentido de que os signos não são acessórios com relação ao materialismo histórico-dialético, um simples motivo para ampliar seu campo de "aplicação", mas a relação representa um momento constitutivo, um estudo do qual não se pode prescindir a própria perspectiva histórico-materialista.

O marxismo é "um sistema aberto": "sistema" não no sentido da filosofia especulativa, especificamente a hegeliana, isto é, não no sentido de um mecanismo dedutivo que se funda em um único princípio. Os próprios Marx e Engels rejeitavam a qualificação de "sistema" para seus argumentos. Ao contrário, o marxismo é um sistema pelo fato de que consiste em um conjunto de elementos no qual quando um dos elementos é modificado, os demais também se modificam. É um sistema aberto porque é um sistema científico que, como tal, está submetido às leis gerais da ciência e que pode ser verificado e confrontado constantemente. Em relação ao desenvolvimento das realidades sociais e do conhecimento humano, o marxismo se desenvolve e se completa com novos elementos, que comportam uma transformação e uma renovação dos velhos elementos. Essa transformação poderia ser total, de tal forma que o marxismo como sistema teórico-ideológico especial deixaria de existir, no sentido de que o que resulta não pode ser chamado de "marxismo": também este é um risco que o marxismo, como todo sistema científico, tem que correr, e que não deve impedir a completa verificação de todas as partes da teoria marxista.[96]

O estudo dos signos ocupa um lugar básico para o marxismo nesse trabalho de verificação. Vejamos as razões principais:

a) Uma primeira razão tem que ser buscada na própria configuração da crítica marxista da economia política, que se propõe a decifrar a "linguagem das mercadorias" (Marx, *O capital I*), explicar o processo de seu funcionamento como mensagens superando, através de análises de estruturas comunicativas sociais, a visão fetichista. Esta última concebia as mercadorias como dado simples e natural, e a relação entre mercadorias como uma relação entre as coisas, e não – como é na realidade – como uma determinada relação social entre os próprios

---

[95] Cf. Daniel Baggioni, "Contributo alla storia dell'influenza della 'nuova teoria del linguaggio' in Francia", em Marcellesi et al., *Linguaggio e classi sociali*, op. cit., p. 238.
[96] Cf. A. Schaff, *Che cosa significa essere marxista?*, op. cit.

homens. Nesse sentido, a crítica marxista da economia política é também uma análise semiótica que chega a considerar as "mercadorias como mensagens", estudando-as não apenas no nível de intercâmbio, mas também sua produção e seu consumo.[97]

b) Outra razão é que o estudo marxista das diferentes formas ideológicas utiliza a noção de superestrutura. O estudo das ideologias é inseparável do estudo dos sistemas sígnicos e das relações que implicam as hierarquias que se estabelecem entre eles. Por outro lado, a noção de "superestrutura" – em vez de ser uma categoria com a qual se definem a linguagem verbal e as demais linguagens da sociedade, como se a mesma já estivesse definida independente e anteriormente ao estudo destas diferentes linguagens, as quais, portanto, simplesmente faltaria aplicá-la – requer uma explicação, em suas relações com a "estrutura social" precisamente através do estudo dos sistemas sígnicos que constituem o fato social, desde a base material aos mais altos níveis ideológicos.[98]

c) Além disso, é muito evidente que, também como teoria do conhecimento, o materialismo histórico-dialético tem, necessariamente, que executar análises que comportam o estudo da linguagem verbal e dos signos em geral. Toda análise do processo cognoscitivo deve ser análise dos processos sígnicos, sem os quais o conhecimento seria simplesmente impossível.

d) Por último, a necessidade de considerar os problemas da comunicação, de estudar mensagens e sistemas sígnicos, quando o marxismo atua como ideologia política, apresenta-se como projeção social e se propõe a realizar o consenso em torno de determinados objetivos de organização social. O marxismo não pode evitar adentrar no terreno da semiótica quando se encontra com os problemas da informação, da propaganda política, da comunicação de massas, da luta ideológica. A "luta de classes" – contrariamente à visão reduzida e mecanicista de suas relações com a linguagem e as "superestruturas ideológicas" – não pertence a uma "realidade social extralinguística" que depois "se refletiria" na "esfera ideológico-linguística". Ao contrário, desenvolve-se por completo no terreno sígnico, sobretudo no verbal.

Se, de outro modo, partimos da semiótica e tentamos explicar sua raiz marxista, podem ser levantados os seguintes pontos:

---

[97] Ver sobre este aspecto as obras de Rossi-Landi, *A linguagem como trabalho e como mercadoria*, op. cit.; *Metodica filosofica e scienza dei segni*, op. cit.
[98] Cf. Voloshinov, *Marxismo e filosofia da linguagem*, op. cit., ver Capítulo II.

a) Pode-se começar dizendo que o enfoque marxista contribui para a constituição de uma semiótica como disciplina explicativa e crítica, que do nível superficial do intercâmbio de mensagens passa à análise das estruturas histórico-sociais da produção sígnica.

b) Os processos de produção sígnica são também processos de produção das ideologias. Uma teoria crítica dos signos que são usados nas sociedades humanas tem que se realizar, necessariamente, como uma teoria crítica da ideologia. Ao mesmo tempo tem que renunciar à ilusória pretensão da neutralidade ideológica, tomando posições em relação aos programas sociais que se detectam em todo comportamento humano enquanto sígnico. Por sua perspectiva totalizadora, pela consciência que se realiza da colocação das programações do comportamento humano no âmbito do sistema global e, portanto, em sua especificação histórico-social, a Semiótica se propõe como lugar tanto da crítica dos códigos culturais, como de formulação de programas alternativos.

c) Como crítica da "naturalidade" e da "espontaneidade" dos fenômenos sociais, a semiótica encontra no materialismo histórico-dialético os instrumentos e as perspectivas que lhe permitem detectar – no que parecia tratar-se de comportamentos "naturais", "gratuitos", "privados" – a presença de programas precisos, documentos históricos, leis, projeções sociais, dos quais o sujeito do comportamento nem sequer suspeita da existência. A semiótica, assim, descobre formas de inconsciência, de falta de tomada de consciência, de falsa consciência, onde parecia que apenas existia comunicação consciente, voluntária.

d) A mesma ideia marxista (contida em *Ideologia alemã*) que sustenta que "a linguagem é a consciência real – prática que existe também para outros homens e que, portanto, é a única que existe também para si mesmo – e que a linguagem, como a consciência, surge somente da necessidade de relação com outros homens", esta mesma ideia marxista pode ser desenvolvida pela semiótica como crítica que se opõe à redução dos signos unicamente a meios de comunicação e a própria comunicação reduzida a processos de informação, de transmissão de significados, de intercâmbio de notícias, de mensagens. Diferentemente do que sustenta a chamada semiologia da comunicação, os signos não estão presentes somente quando se trata de informar alguém, de expressar algo, seguindo uma intenção determinada, consciente, voluntária. Da mesma forma, detectar, constituir, determinar esse algo, a formação de experiências pessoais a comunicar, a tomada de consciência, a tomada de decisões, a existência de uma especial relação individual dentro da qual se realiza a comunicação intencional, nada disso pode ser concebido sem a intervenção de signos, sem um trabalho sígnico socialmente organizado. Considerar signo somente aquilo que se pressupõe ter por trás um convencionalismo, uma consciência, um conhecimento, uma vontade, significa não só interpretar de forma reduzida o signo como também conceber de forma idealista os significados e as operações da consciência, atribuindo-lhes uma autonomia e uma existência anterior ao material sígnico em que se encontram incorporados desde o princípio; porque o material sígnico, como disse Marx, está "infectado" de significados e de operações da consciência. A comunicação social não é somente o processo que se produz entre um emissor e um receptor, mas é o processo que figura na base de sua existência como emissor e como receptor; não só pelo fato de que se refere a sua atual troca de mensagens, mas também por própria diferenciação como sujeitos individuais.

e) Não se pode esquecer o fato de que no modelo saussuriano de signo, que teve e continua tendo um peso importante nas teorias semióticas, detecta-se a influência da teoria marginalizada da Escola da Suíça (Walras, Pareto). A comparação com a crítica marxista da teoria política se mostra pertinente e, em certo sentido, inevitável na discussão sobre o conceito de signo e de valor sígnico. Tampouco, nesse caso, trata-se simplesmente de "aplicar", de conduzir a teoria marxista da mais valia da economia política ao campo da semiótica, deixando de lado as discussões em torno da teoria marxista de valor, e não levando em conta as interpretações que foram se acumulando, sucessivamente, sobre o texto marxista e que contribuíram para evidenciar seus limites, para precisá-los, para indicar as linhas de seu desenvolvimento. A crítica marxista da economia política pode somente indicar à semiótica o trabalho que está por ser feito: como na análise marxista de mercado, também no estudo dos processos sociais sígnicos tem que se avançar do constituído ao constituinte, da estrutura epifenômica do valor de troca e do "mercado sígnico" às estruturas que estão por trás do trabalho social de comunicação e significação. Desse modo, o valor sígnico, que parecia que consistia unicamente em uma relação entre signos, se se remete ao trabalho sígnico e social e a sua organização, que é seu objetivo, resulta ser uma relação de produção social. As estruturas sígnicas se revelam como estruturas de relações sociais. Trata-se, em outras palavras, de realizar, na análise estrutural dos sistemas sígnicos vigentes de uma determinada sociedade, o que Marx obteve na análise da mercadoria e do capital: detectar relações sociais onde parecia que havia somente relações entre coisas e relações de coisas e pessoas.

II. Verificar e ampliar o caráter científico do materialismo histórico-dialético requer uma comparação constante com as ciências naturais e sociais. O desenvolvimento das ciências é certamente incompatível com o materialismo vulgar e com o materialismo reduzido a dogma; ao contrário, é suplementar ao desenvolvimento do materialismo histórico-dialético do marxismo concebido como sistema aberto.

O mesmo vale para as relações entre marxismo e semiótica, em que não se trata de aplicar o marxismo à semiótica, mas de provar a resistência de uma teoria semiótica frente à crítica marxista e vice-versa, a resistência do sistema marxista (no sentido mencionado) frente ao desenvolvimento das ciências sociais.

Considero que a relação de mútuo complemento e apoio entre marxismo e semiótica se estabelece numa teoria dos signos que se funda nos seguintes pressupostos:[99]

1. Para que exista semiose é necessário um corpo, um objeto físico, que funcione como material sígnico. Pode ser um corpo natural ou um artefato.

2. Um corpo se converte em material sígnico somente na dimensão histórico-social; nesse sentido, também os chamados signos naturais são sociais.

3. A semiose pressupõe que o corpo sígnico se encontra num sistema de corpos sígnicos. Um corpo isolado não pode transportar nenhum significado. O corpo sígnico remete a um sistema formado por mais signos (dois pelo menos) com os quais entra em relação paradigmática todas as vezes que aparece.

4. O signo tem uma dupla materialidade: física e histórico-social; esta última é a que converte um corpo num signo e é a que interessa diretamente do ponto de vista semiótico.

5. Qualquer corpo pode converter-se em material sígnico e assumir um número indeterminado de significados. Cada um dos materiais sígnicos pode ter não somente diacronia, mas também contemporaneamente sincronia, significados diferentes. Deste ponto de vista, pode-se estabelecer uma diferença entre "signo" e "sinal": quando entre material sígnico e significado se estabelece uma relação de um a um, aparece o sinal; portanto, pode-se considerar a sinalidade o nível mais baixo da signicidade.

6. O significado de um material sígnico é a classe de materiais sígnicos, que podem ser signos uns dos outros, que se encontram numa relação de recíproca substituição uns dos outros. O conceito de significado e a própria pergunta "o que significa?" pressupõe uma relação de intercâmbio entre determinados signos.

---

[99] Os mesmos foram desenvolvidos em A. Ponzio (em colaboração com Omar Calabrese e Susan Petrilli), *La ricerca semiotica*, op. cit., em A. Ponzio (em colaboração com Patrizia Calefato e Susan Patrilli), *Ponzio, Petrilli e Calefato. Fundamentos de filosofia da linguagem*. Trad. Ephraim F. Alves. Petrópolis, Vozes, 2007; e em A. Ponzio, *Segni per parlare di segni*, Bari, Adriatica, 1995.

7. O significado é diferente do referente, e o referente é também um elemento essencial da semiose. É errôneo identificar o significado com o referente, pois tanto se reduz o significado ao referente como se reduz o referente ao significado.

Sobre o problema do referente é oportuno deter-se mais detalhadamente pelos frequentes equívocos a que esta noção dá lugar quando se trata de determinar os fundamentos teóricos da semiótica. Com a noção de referente, atende-se diretamente ao materialismo dado que, amiúde, tanto quando se nega como quando se afirma a pertinência semiótica do referente, parte-se de sua interpretação em termos de materialismo vulgar, de "materialismo desprezível".

A função de referente pode desenvolver uma "coisa", um objeto físico, ou qualquer pensamento, sentimento, desejo, qualquer objeto imaginário, ilusório, fictício, ou toda uma situação, ou o contexto situacional em que se usa o signo. Além disso, o referente de um signo pode ser um objeto individual como na expressão "este é meu cachorro", mas também pode ser um objeto em seu aspecto geral, como na expressão "o cachorro é um animal de quatro patas".

Utilizando a teoria de Morris, o conceito de referente pode se dividir em *denotatum* e *designatum*. O *interpretante* de Morris corresponde ao *signifié* saussureano e ao *reference* de Ogden e Richards, e, portanto, no triângulo do famoso diagrama proposto por estes últimos, coloca-se no vértice junto ao *reference* (referência). O modelo de Morris comporta, por outro lado, na parte direita do dito triângulo (no lado esquerdo está o símbolo), o desdobramento do *referent* em *denotatum* e *designatum* (*significatum*). Morris[100] por *designatum* entende a referência do símbolo. Esse objeto, com essas propriedades e essas características, pode não existir realmente *no modo em que o signo faz referência a ele*. Ao contrário, quando o objeto de referência existe realmente *no modo em que nos referimos a ele*, então é *denotatum*. Podemos dizer que, se um signo se refere sempre a algo, possui um *designatum* que se converte, portanto, em um elemento necessário da semiose, mas nem sempre possui um *denotatum*. Seguindo com esta terminologia, podemos dizer que os *denotatum* dependem do modo de referência do signo. Por exemplo, na mitologia grega os centauros existiam, mas não existem na zoologia; portanto, o signo "centauro" tem ou não tem *denotatum* segundo o contexto de sua semiose. Paralelamente, a Ulisses é dado um *denotatum* na *Odisseia*, mas não lhe corresponde nenhum *denotatum* do ponto de vista histórico. Assim, no interior de um mesmo contexto de ideias, por exemplo, num romance, numa fábula, algumas expressões possuem um *denotatum,* enquanto outras

---

[100] Cf. Charles Morris, *Writings on the general theory of signs*, LaHaya, Mouton, 1971; *Segni e valori*, S. Petrilli (ed.), Bari, Adriatica, 1988.

necessitam dele, ainda que tenha que se considerar que todas, relativas ao conceito de existência, no sentido de observação, carecem de *denotatum*.

Em todo caso, o referente do símbolo possui uma natureza semiótica. O setor da experiência ao qual o signo faz referência forma parte do território organizado, segmentado, estruturado em situações diferenciadas, em objetos diferentes e individualizados, mediante o conjunto de sistemas sígnicos empregados numa determinada comunidade humana. Existe o referente porque existe um signo, que através da mediação do sistema no qual está inserido e na base do contexto sígnico situacional de onde aparece expressa um significado que se refere a ele próprio. O referente de um signo não tem uma relação de causa mecânica com o significado, que vai do primeiro ao segundo, precisamente pelo fato de que o referente forma parte da semiose, tanto da que está em ação como das que se realizaram anteriormente e, assim como o significado, sobrevive somente como componente dessa práxis social especial.

8. Segundo a situação da semiose, um certo corpo pode funcionar como material sígnico entrando na classe de um determinado significado e, portanto, pode colocar-se numa relação de recíproca substituição com os demais materiais sígnicos da mesma classe, ou bem pode funcionar como referente. Tomando um lápis posso dizer: "isto é o que significa a palavra lápis". Nesse caso o objeto funciona como signo. Ou posso dizer: "este é o lápis do qual lhe falava". O objeto funciona então como referente. Enquanto algo funciona como referente, não funciona como material sígnico. O que serve para representar um determinado significado não pode funcionar ao mesmo tempo como referente, e o que é referente não pode funcionar, simultaneamente, como material sígnico nem como interpretante dos outros materiais que são parte da mesma classe significado. O intercâmbio das partes é certamente possível, mas, então, a situação signo é outra.

9. Se por ideologia entende-se o lado prático – a intenção operativa que um signo assume na concreta situação signo e que, como perfil, como sombra, ou seja, de forma mais apagada, o acompanha, inclusive quando se lhe considera separado do texto contexto semiótico –, pode-se dizer que todo signo é ideológico. A ideologia não pode existir fora do material sígnico e, como o signo, tem um caráter social. O social em seu conjunto está repleto de signos, e também de ideologias. O ideológico e o signo não representam extratos separados, uma esfera isolada na qual se reflete a ordem social. Signos e ideologias intervêm ativamente em todas as formas de relação social, desde a "infraestrutura" até a "superestrutura", e sem o signo ideológico (Bakhtin), sem material sígnico-ideológico, toda a representação social será inconcebível (Rossi-Landi). Isso significa também que o signo ideológico não reflete passivamente as desigualdades e as contradições

sociais, mas que forma parte da organização social em suas diferentes formas de "desigualdade e domínio" (Balandier).[101] Na sociedade de classes (burguesas ou socialistas), a ideologia assume uma conotação de classe mais ou menos marcada segundo o papel que determinadas mensagens e determinados sistemas sígnicos desenvolvem, seguindo interesses de classe, segundo as relações de hierarquia que se estabelecem entre campos diferentes do sígnico-ideológico. O signo é a expressão viva das contradições de classe (e não somente sua mera representação). É ideológico por si mesmo, contraditório, ambíguo, plurivocal, e o é mais quanto maiores são as contradições sociais e quanto mais peso tem o sistema sígnico-ideológico na organização social e no desenvolvimento das forças produtivas. A classe dominante, que busca sua reprodução, esforça-se por dar aos signos um caráter unívoco, definitivo, sério. Mas os signos não são o produto de uma só classe; são o produto de toda a sociedade, e as contradições sociais fazem estourar neles a plurivocidade, a ambiguidade, o duplo sentido.

10. Com respeito aos diferentes estudos de campos concretos da comunicação social – as diferentes "semióticas especiais" ou "semiologias", como também se poderia dizer diferenciando nesse sentido o termo "semiologia" de "semiótica" – a semiótica se apresenta não somente como ciência puramente teórica, como teoria geral que determina as categorias e os métodos de estudo dos signos, estabelecendo suas bases teóricas. Ela é, além disso, globalizadora em relação aos setores das diferentes semiologias e considera os diferentes sistemas sígnicos no sistema social global da produção sígnica, detectando os cruzamentos entre os diferentes programas da comunicação no contexto da reprodução social global, isto é, representando o nível mais explicativo e crítico de análise semiológica.

Os pontos que vimos são demasiado esquemáticos e teriam que ser tratados de forma mais extensa, apesar de que se pode justificar a abstração, a generalização, como procedimento necessário para a determinação do concreto. Em seu conjunto pode ser considerado como uma hipótese de trabalho semiótico na qual está presente o materialismo histórico-dialético como realidade de nossa história cultural e política e que, portanto – ainda que não nos demos conta –, dirige a investigação científica até o campo das ciências sociais e recebe deste elementos de revisão e de comparação.

De tudo o que vimos neste capítulo, a semiótica resulta unicamente numa ciência humana, uma ciência social (para superar esta visão vejam os trabalhos

---

[101] Cf. Georges Balandier, *Società e dissenso*, trad. e introd. M. Solimini, Bari, Dedalo, 1977.

de Tomas A. Sebeok).[102] Falamos da semiótica e do signo deixando de lado os elementos físicos que provêm de uma fonte natural e são interpretados como signos – os indícios, os vestígios, os sintomas – porque pressupõem um contexto cultural, um trabalho social de interpretação e significação. Também não falamos das formas de comunicação natural, como a animal, a do código genético, os estímulos etc. Tal e qual o estudo dos signos tem se desenvolvido nos últimos anos, também esse setor que se conhece com o nome de "zoossemiótica" tem avançado. O marxismo não pode ignorar o que Eco[103] chama de "limite inferior da semiótica", os aspectos mais naturais de sua significação, como não pode ignorar, em geral, as ciências naturais, se é verdade que, como dizia Engels, o materialismo tem que adaptar sua forma ao desenvolvimento das ciências naturais. Podemos justificar o modo pelo qual consideramos a relação entre semiótica e marxismo dizendo que a semiótica é, certamente, uma ciência essencialmente humana, uma ciência social.[104]

---

[102] Cf. Tomas A. Sebeok, em *Il segno i suoi maestri*, S. Petrilli e A. Ponzio (eds.), Bari, Adriatica, 1985; e *Penso di essere un verbo*, S. Petrilli (ed.), Palermo, Sellerio, 1990.

[103] Umberto Eco, *Trattato di semiotica generale*, Milão, Bompiani, 1975 (trad. esp. Carlos Manzano, *Tratado de semiótica general*, Barcelona, Lumen, 1991).

[104] Cf. A. Ponzio, *Man as a Sign*, S. Petrilli (ed.), op. cit.

BAKHTIN E PEIRCE: SIGNO, INTERPRETAÇÃO, COMPREENSÃO

1. Em Peirce, a relação entre o signo e seu objeto é necessariamente mediada pela relação entre signo e interpretante. Sem interpretante não existe o signo. O que significa que o signo que funciona como interpretante, não é um elemento acessório nem secundário, mas constitutivo do signo interpretado. O significado não reside *no signo,* mas sim na *relação entre os signos*; não nos signos de um sistema definido e fechado, os de um código, a *langue;* trata-se, ao contrário, dos signos tais como se encontram no processo interpretativo. Esse processo é mais completo e respondente que a interpretação. Não se limita à pura repetição nem à tradução literal, nem à substituição sinonímica, para se converter em uma arriscada reelaboração e reformulação explicativa, que não está garantida por nenhum código único e preestabelecido, o qual se subtrai do processo interpretativo. Para Peirce, *o significado é o interpretante.*

O interpretante, por sua vez, ao ser um signo, remete a outro interpretante e assim por diante, segundo uma cadeia aberta de remetentes. Portanto, não existe nenhum ponto fixo, nenhum interpretante definitivo. A identidade do signo requer um contínuo deslocamento, de forma que cada vez que o signo é interpretado ele se converte em outro: é de fato outro signo que atua como interpretante.

Tudo isso tem repercussões sobre a concepção do sujeito que é *ele mesmo um signo,* como diz explicitamente Peirce, e que, portanto, encontra-se constantemente deslocado, convertido em outro, em um processo de remetentes de um interpretante a outro. Em vez de ser anterior ao signo e controlá-lo, o sujeito o pressupõe, compreende-se e se autoidentifica fazendo-se signo interpretante de um signo anterior. A consciência de si não é mais que uma relação entre um "signo objeto" e um "signo sujeito" ou "metassigno", mais explicitamente, uma relação entre o signo e seu interpretante. O caráter dialógico do sujeito é, portanto, inevitável.

Em Bakhtin encontramos uma posição parecida quando afirma o caráter dialógico da palavra, incluindo também o chamado discurso interior, mas sobretudo quando critica (não só no *Marxismo e a filosofia da linguagem*, publicado em 1929 com o nome de Voloshinov, mas também em ensaios posteriores e publicados com seu nome) a concepção da língua como sistema abstrato e quando se mostra contrário a limitar a vida linguística aos dois extremos da *langue* e da *parole*.

Tanto em Bakhtin como em Peirce, a estrutura dialógica e dialética do signo (a dialética, em contraste com a pseudodialética monológica, pressupõe necessariamente o diálogo e se configura como dialógica) resulta do fato de que, para ser signo, tem que ser ao mesmo tempo idêntico e diferente de si mesmo. Somente na perspectiva do sistema abstrato de signo, o signo parece ter um caráter fixo, coincidir consigo mesmo e representar-se pela fórmula A = A. Nos contextos comunicativos concretos, o signo necessita de algo mais que um processo de identificação. Interpretar um signo não quer dizer simplesmente identificá-lo como *este signo*, como se prevê em um sistema determinado.

Certamente esta identidade é necessária para a semiose, sem ela o reconhecimento do signo não seria possível, porém não se realiza segundo a fórmula direta A = A. Se quisermos recorrer a fórmulas para a autoidentidade do signo, dado que ela é sempre indireta, mediada e também problemática, teríamos que representá-la por A = B = C = D, em que o signo de igual não anula a diferença, a comparação, a alteridade. De fato indica uma intervenção baseada na semelhança, na analogia, na qual o interpretante é de um tipo icônico, e precisamente o ícone permite intervenções do tipo inovadora e criativa, como mostra Peirce.

Também a palavra, separada de seu contexto linguístico e situacional, a palavra que já não está viva, a palavra do dicionário, por exemplo, para realizar sua identidade necessita da mediação de outras palavras, de outras expressões com função de interpretantes: seu significado não pode fixar-se de forma direta.

A identidade do signo, portanto, não se determina na tautologia, mas num jogo de remissões a outros signos, em uma cadeia de interpretantes que permanece aberta em vez de se concluir no ponto de partida. A identidade do signo é sempre postergada: não é possível apagar o efeito de sua peregrinação, de sua transmigração a outros corpos sígnicos através dos quais a identidade do signo se afirma: no signo se encontram todos os elementos que o vão enriquecendo em seu intercâmbio com outros signos.

Identificar o signo A significa proceder mais ou menos assim: A, ou seja B, ou seja C, ou seja D, ou seja... Ao estabelecer essas relações, que não são substituições sinonímicas mecânicas, mas que requerem interpretações e hipóteses, são realizadas inferências não só do tipo dedutivo, mas também do tipo indutivo e abdutivo. Não se obtém a identidade porque o signo é algo fixo e definido, mas por causa da sua indeterminação, da sua instabilidade, visto que tem que ser *outro para ser este signo*. A identificação do signo só pode ser demonstrada ao exibir outro signo, só pode ser apreciada quando se reflete no espelho de outro signo, e está constituída com todas as deformações que esse jogo de espelhos comporta. O interpretante nem sempre se coloca em uma relação de contiguidade com o signo interpretado (nem sempre é índice, no sentido de Peirce): contiguidade "natural" (a fumaça significa fogo); contiguidade dedutiva (Sócrates é um homem; todos os homens são mortais; Sócrates é mortal); contiguidade dentro do mesmo código (tradução endolinguística), ou entre código diferentes (tradução interlinguística), contiguidade dentro de um mesmo campo do saber. Colocar-se na relação de contiguidade com o signo interpretante pode acontecer, e acontece com frequência, porque geralmente necessitamos de identificações hipotéticas e explicativas, e não de tipo dedutivo ou analítico, que deve buscar o signo interpretante em algum sistema distante porque não está ao alcance da mão. E, ainda, depois disso deve identificá-lo não através de uma relação de necessária contiguidade, mas de hipotético semelhante (ou seja, de ícone). Nestes casos excepcionais o signo icônico interpretante pode ser inclusive inventando *ex novo* porque nenhum código ou nenhum campo do saber o tem previsto.

Como demonstra Peirce, um signo ou *representamen* é tal quando cria no intérprete "um signo equivalente ou talvez um signo mais desenvolvido", ou seja, um interpretante. Podemos então dizer que um significado de um signo é a classe (aberta) que o compreende junto com todos os seus possíveis interpretantes. A função mediadora do signo entre significado e objeto se realiza, por sua vez, através da mediação de outros signos. Um signo, diz Peirce, pressupõe uma tripla relação na qual, além de si mesmo, figura seu objeto e o pensamento que o interpreta, sendo este último também signo. Um signo representa sempre o papel do terceiro, precisamente porque media o signo interpretante e seu objeto.

Foi dito anteriormente que o signo se enriquece depois de sair em busca de si mesmo, dos disfarces aos quais tem que recorrer para afirmar sua identidade, mas também se pode produzir um empobrecimento, uma desvalorização semiótica. Este enriquecimento ou empobrecimento depende sempre das relações com outros signos. Mas, em qualquer caso, estas relações nunca são de intercâmbio idêntico. Isso acontece com o sinal, no qual, diferentemente do signo, existe uma correspondência de um por um entre significante e significado, ou mais exatamente, seu significado é a classe compreensiva de si mesmo e de seus interpretantes através de simples substituição (sinal é a cor vermelha do semáforo em que o significado tem um único significado, ou seja, a classe dos significantes que se limitam a substituí-lo: *Pare!*, na forma gráfica ou fônica, o guarda com os braços abertos horizontalmente etc.).

Como dissemos antes, o signo é a unidade dialética entre a autoidentidade e a alteridade. O sentido atual de um signo consiste em algo mais que se agrega aos elementos que permitem seu reconhecimento. Está constituído por esses aspectos semântico-ideológicos que são, em certo sentido, os únicos que têm algo de peculiar e indissoluvelmente ligado ao contexto situacional da semiose. Em Bakhtin (Voloshinov, 1929), insiste-se sobre a relação dialética entre estes dois aspectos do signo que são: "significado" (tudo o que no signo apresenta com o caráter de reprodução, de estabilidade e que está sujeito a um processo de identificação) e "tema" ou "sentido" (os novos aspectos, que requerem uma compreensão ativa, uma resposta, uma tomada de posição, e que fazem referência à situação concreta na qual a semiose se realiza). Referindo-se especialmente ao signo verbal, e considerando nele a dialética entre "tema" e "significado", Bakhtin observa:

> Além disso, é impossível designar a significação de uma palavra isolada (por exemplo, no processo de ensinar uma língua estrangeira) sem fazer dela o elemento de um tema, isto é, sem construir uma enunciação, um "exemplo". Por outro lado, o tema deve apoiar-se sobre uma certa estabilidade da significação; caso contrário, ele perderia seu elo com o que precede e o que segue, ou seja, ele perderia, em suma, o seu sentido.[1]

A distinção entre "significado" e "tema" pode coincidir com a subdivisão do interpretante, como propõe Peirce, entre *interpretante imediato* e *interpretante dinâmico*. O interpretante imediato está *fixado pelo uso*, pela tradição, dá-se na decifração correta do próprio signo, em seu *reconhecimento*, "e normalmente se chama significado do signo".[2] O interpretante dinâmico "é o *efeito atual* que o signo, enquanto signo, realmente determina". Considerando tanto a relação

---
[1] Bakhtin, *Marxismo e filosofia da linguagem*, op. cit., p. 129.
[2] Peirce. *Semiotica*, op. cit., p. 229.

com o interpretante dinâmico como a relação com o objeto dinâmico, ou seja, "a realidade que, de algum modo, consegue determinar o signo em sua determinação",[3] também para Peirce o signo nunca é algo repetitivo. Cada vez que se volta a usá-lo é um novo ato de semiose, que acarreta uma renovação e, portanto, determina que seu interpretante não possa estar estabilizado: trata-se do princípio peirciano da semiose ilimitada, do subseguir-se sem fim de interpretantes (princípio relacionado com o caráter hipotético e aproximado da consciência, que figura na base da "semiótica cognitiva" de Peirce).

Uma alternativa interessante no que se refere ao problema do significado, ao que me limito a fazer referência, mas que seria conveniente aprofundar, é a que oferece Rossi-Landi,[4] concretamente com a distinção entre "significados de partida" e "significados agregados", que vimos no Capítulo "Signo e sentido em Bakhtin".

Representamen, significado, interpretante, interpretante imediato, interpretante dinâmico (significado e tema em Voloshinov-Bakhtin), objeto imediato, objeto dinâmico (o referente que Morris, seguindo Peirce, Ogden e Richards, divide por sua vez em *designatun* e *denotatum*): essas são as noções fundamentais nas quais se articula o modelo de signo em Peirce e Bakhtin (não figuram outras,[5] como as de ícone, índice, símbolo no que se refere a Peirce, e texto e intertextualidade no que se refere a Bakhtin).

2. Uma das diferenças entre Bakhtin e Peirce é que a semiótica deste último é uma "semiótica cognitiva", quer dizer, que está estritamente ligada a uma teoria do conhecimento, enquanto a semiótica de Bakhtin, ou melhor dizendo, "sua filosofia da linguagem" (Bakhtin prefere esta última expressão para fazer referência a suas reflexões sobre os problemas do signo, do texto e da intertextualidade, empregando-a tanto em seu livro publicado sob o nome de Voloshinov em 1929, como no ensaio de 1959-60 "O problema do texto"),[6] está ligada à crítica literária. Poderíamos chamá-la semiótica literária não porque se aplica à literatura (deste ponto de vista também a semiótica de Peirce pode aplicar-se e, de fato, se aplica), mas porque a literatura constitui seu ponto de vista (ver os capítulos "A caracterização da palavra literária", "A manipulação da palavra alheia: sobre as formas do discurso reproduzido" e "Alteridade e gênese da obra").

---

[3] Idem.
[4] Cf. Rossi-Landi. *Significato, comunicazione e parlare comum*, op. cit., 2. ed., 1980, pp. 177-98 e 201-11.
[5] Cf. Ponzio, *Production linguistique et idéologie social*, op. cit.; e *Tra semiotica e litteratura*, op. cit.
[6] Bakhtin, "O problema do texto na linguística, na filologia e em outras ciências humanas", em *Estética da criação verbal*, São Paulo, Martins Fontes, 2003.

A alteridade da escritura não solicita ouvinte, não solicita audiência, porque não se propõe a informar, persuadir, educar, sensibilizar. Dá-se na escuta, oferece-se à vista, mas no silêncio da leitura, e não tem nada que desvelar, embora "diz" e é inquietante e atraente como um rosto que cala. "Pode-se definir o conjunto desses fenômenos como uma variedade das formas do mutismo."[7]

A metalinguística de Bakhtin não tende a superar somente a linguística, mas também a própria linguagem. Isso é possível somente graças à superação imanente da própria linguagem, que a literatura permite. De fato, a relação linguística supõe a separação radical, a estranheza, a autonomia dos interlocutores. Ela supõe uma alteridade irredutível na relação de oposições (A/não A), supõe uma relação na qual como diz Lévinas, os termos se absolvem da relação, permanecem absolutos na relação.[8] Trata-se da alteridade como se pode descrever, usando as categorias de Peirce, em termos de primazia ou origem, ou originalidade, ou seja, como algo que é aquilo que é, sem referência a nada que esteja fora de si mesmo, desvinculada de qualquer força ou de qualquer razão; como ser uma coisa sem referência a nada mais.

A metalinguística mostra, portanto, as possibilidades da mesma linguagem, que por sua própria constituição tende à alteridade. Estas possibilidades se revelam na escritura, concretamente nos gêneros e subgêneros literários que levam a linguagem mais adiante da alteridade que determinada pela oposição: de fato, contestando Wittgenstein, aquilo de que não se pode falar, pode-se escrever (no sentido intransitivo da escritura).

Se, como disse Roland Barthes, "graças à análise de Bakhtin [...] entrevê-se a possibilidade de analisar a escrita literária como um diálogo com outras escritas, um diálogo de escrita dentro de uma escrita",[9] a primeira coisa a se fazer é caracterizar este diálogo em relação ao diálogo da palavra oral. Se, como diz Bakhtin, "os direitos de propriedade exibidos pelo autor sobre seu discurso são opináveis e ideologicamente capciosos", falta considerar a função da escritura ("intransitiva") para relativizar os direitos do locutor, do autor, os direitos do próprio sujeito.

A alteridade da escrita não é a alteridade complementar na afirmação da consciência, em sua constituição como totalidade. Não é alteridade necessária para completar a identidade, a alteridade funcional na esfera do Mesmo. Nesse

---

[7] Bakhtin, "Apontamentos 1970-1971", em *Estética da criação verbal*, São Paulo, 2000, p. 390.
[8] Lévinas, *Totalité et infini*, La Haya, Nijholff, 1961, trad. it. *Totalità e infinito*, Milão, Jaca Book, 1980, pp. 35-6.
[9] Barthes, *La grain de la voix*, Paris, Seuil, p. 83.

sentido a ideologia da escritura literária — que encontra sua máxima expressão no romance polifônico — diferencia-se da palavra escrita ou oral que se propõe a um fim determinado: científico, ético, político, pedagógico etc.

Na escritura concretiza-se uma relação excepcional. Em cada gênero se expressa uma relação especial com o outro, através do grau de distanciamento que se estabelece entre o autor, o personagem e o destinatário, e que não depende somente de regras gramaticais — por exemplo, do uso da primeira, da segunda ou da terceira pessoa, ou do uso de modelos do discurso reproduzido. Depende, também, das regras específicas de cada gênero e de suas possibilidades de se renovar e de ser usado com relação às novas exigências expressivas.

A alteridade da escritura se completa com uma perda da posse do eu, uma decomposição, uma saída que não se conclui com a volta até o mesmo eu. O fato de encontrar-se fora é fundamental na criação literária. A ironia, a comunicação indireta, a exotopia, são diferentes aspectos do mesmo: a alteridade da escritura.

O diálogo na escrita, sobretudo como se realiza no romance polifônico, tem algo de peculiar que o distingue do diálogo que se realiza fora da literatura. A literatura experimenta, em todas as suas possibilidades, as potencialidades dialógicas da linguagem, empurrando-a até um limite em que o intercâmbio, a alteridade relativa e de oposição, a subordinação do significante ao significado, ao sujeito, à verdade, em que o caráter econômico instrumental e o produtivo da linguagem ficam superados em uma palavra que não é funcional e que pressupõe relações de exotopia, de alteridade absoluta. Na alteridade da escritura se expressa a alteridade daquilo que não é escritura, mas que aspira, como também o faz a escritura, a expressar-se através de uma palavra autônoma, autossignificativa, não funcional. Uma palavra que tem valor por si mesma, que é constitutivamente outra.

3. Roland Barthes analisa precisamente um terceiro sentido,[10] o terceiro nível do sentido: a significância (*signifiance*). A significância se refere ao campo do significante e se opõe à significação. Esta última constitui o segundo nível do sentido, o simbólico, que se contrapõe, por sua vez, ao nível informativo, que é o primeiro nível, o nível da comunicação. Em relação a estes três níveis podemos falar de três semióticas, ou de três correntes da semiótica: a semiótica da comunicação, que se ocupa do nível informativo e da mensagem; a semiótica da significação, que se ocupa do nível simbólico e está ligada às ciências do símbolo

---

[10] Roland Barthes, *L'Olvie et l'obtus*, Essais critiques III, Paris, Seuil, 1982 (trad. esp.: *Ensayos críticos*, Barcelona, Seix Barral, 1967).

(psicanálise, economia, dramaturgia); e a terceira, a semiótica da significância, que é também semiótica do texto e da escrita (no sentido de Barthes).

Peirce e Bakhtin vão mais além da semiótica da comunicação, ou, usando a tipologia proposta por Bonfantini,[11] da "semiótica do código", e também da semiótica do símbolo ou "semiótica da produção de sentido". Naturalmente toda a investigação de Bakhtin, desde 1920 a 1974, se coloca na semiótica da significância, como semiótica do texto, da escrita na linha de autores como Blanchot, Derrida, Kristeva e o último Barthes, o posterior a *Élements de sémiologie* (1964, texto manifesto da semiótica da significação).

Porém a semiótica da significância, como semiótica que remete de um significante a outro significante e como semiótica que não segue o mito da hegemonia do código, do sujeito, do significado, pode também compreender a semiótica de Peirce.

Nesse caso, poder-se-ia falar de uma dupla direção da semiótica do terceiro sentido ou da significância, isto é: 1) a semiótica do texto e da escrita (intransitiva, literária) e 2) a "semiótica da interpretação", que compreende a semiótica cognitiva de Peirce.

---

[11] Massimo Bonfantini, *Semiótica e media*, Bari, Adriatica, 1984.

BAKHTIN E PROPP:
FESTA, CARNAVAL E LITERATURA

1. A "tradição científica eslava, contemporânea no que concerne à linguística e à cultura",[1] tem seus melhores representantes em Propp e Bakhtin, cujos trabalhos sobre a conexão entre folclore e literatura são os estudos mais importantes que surgem sobre os problemas que os formalistas russos haviam delineado, como expõe Jakobson em sua introdução a Todorov em 1965. Na Rússia, os estudos sobre a cultura popular, sobre as relações entre literatura e folclore e sobre o conto remontam-se a Veselovski e encontram sugestões e contribuições, por exemplo, em "Homem de Cultura" de Marr e na "psicologia étnica" de Spet (*An introduction to ethnopsychology*, Moscou, 1927), mas somente assumem caráter científico, sobretudo, a partir de Propp, Bogatyrev, Jakobson e Bakhtin. Este último com *A cultura popular na Idade Média e no Renascimento: o contexto de François Rabelais*, trabalho dos finais dos anos 1930, mas publicado somente em 1965, e, também, com *Problemas da poética de Dostoiévski*, pela importância dada à categoria de "Carnaval".

O "carnavalesco" ocupa um lugar primordial na análise que Bakhtin faz sobre a origem e as características do romance polifônico e sobre as relações entre a cultura popular cômica medieval e a literatura renascentista. O termo "carnaval" possui em Bakhtin um significado muito amplo. O adjetivo "carnavalesco" designa não somente as formas do carnaval, no sentido estrito do

---

[1] Cf. Prevignano, "Introduzione", em *La semiotica nei Paesi slavi*, op. cit., pp. 23-99.

termo, mas também toda a vida rica e variada da festa popular no decorrer dos séculos, especialmente na Idade Média e no Renascimento.

Assim como Propp, Bakhtin dirige atenção especial ao riso ritualista e à festa popular, encontrando neles a chave para explicar imagens específicas, motivos e gêneros de produção artística da cultura popular que penetram na literatura oficial, como no caso de Rabelais.

Em "O riso ritual no folclore" (1939),[2] Propp analisa a dialética morte-riso, da qual voltará a ocupar-se em *Le feste agrarie russe* (1963), ao estudar os contos de magia. Como Propp observa em "El árbol mágico sobre la tumba",[3] para compreender alguns motivos do conto, faz-se necessário "abandonar a esfera da fábula e começar a comparar seu material com alguns elementos da vida popular, que são objeto de estudo da etnologia".[4]

No estudo que Propp realiza sobre as festas agrárias russas, recupera-se também o significado originário de determinados costumes presentes na nossa cultura, que remontam a estágios primitivos de desenvolvimento da agricultura, ao encontrar as referências reais que permitem entender canções, poesias, fábulas etc. "O estudo histórico-etnográfico das festas agrárias", diz Propp na conclusão de seu livro de 1963, "nos permite entender melhor as canções poéticas ligadas ao calendário e sua beleza".[5]

Sem que se desvalorizem as relações entre a fábula e o ambiente social, voltamos a encontrar em Propp, na *Morfologia do conto maravilhoso* e em *As transformações dos contos de magia*,[6] os aspectos mais válidos da crítica considerada pelos formalistas. Medvedev, em 1928, não deixa de se referir especialmente a Schlovski, em oposição à "escola etnográfica", que considera que os motivos do conto refletem de forma direta a realidade social. Os contos de magia, diz Propp, tomam referências da vida real, mas "refletem a realidade corrente distante, e tudo o que deriva diretamente dela tem um caráter secundário".[7] No conto de magia não nos encontramos diretamente com elementos da realidade social,

---

[2] Ensaio incluído em *Édipo à luz do folclore*, Lisboa, Veja, s/d. Antologia de ensaios que se colocam entre *Morfologia do conto maravilhoso*, de 1928, e *As raízes históricas do conto maravilhoso*, de 1946.
[3] Também em *Édipo à luz do folclore*, op. cit.
[4] Vladimir Propp, *Edipo alla luce del folklore*, trad. it. C. Strada Janovic, Turim, Einaudi, 1975, p. 13.
[5] Propp, *Le feste agrarie russe*, trad. R. Bruzzese, introd. de M. Solimini, Bari, Dedalo, 1978, 2. ed, 1993.
[6] Propp, *Morfologia do conto maravilhoso*, Rio de Janeiro, Forense-Universitária, 1984.
[7] Propp, "La transformazione delle fiabe di magia", em *I formalisti russi*, Turim, Einaudi, 1968, p. 281.

mas com "a amplificação e especificação [...] de um elemento folclórico".[8] A realidade social reflete-se através da mediação de elementos folclóricos, que, se não fossem considerados, os reais processos de transformação do conto não poderiam ser compreendidos.

Na resposta ao artigo de Lévi-Strauss de 1960, intitulado "A estrutura e a forma",[9] Propp insiste sobre a estreita relação entre análise morfológica e análise genética, afirmando a importância do estudo do contexto etnográfico também na análise morfológica. Entre morfologia e história não existe nenhuma relação de incompatibilidade: "Não abandonei a análise morfológica sem que me colocasse a buscar as bases e raízes históricas desse sistema, que se revelou a mim um estudo comparado da trama do conto de magia".[10] Como escreve Cirese na introdução da tradução italiana de *As raízes históricas do conto maravilhoso*, de Propp, "nesta passagem de estudo morfológico para estudo genético, assumir a perspectiva marxista parece constituir não somente algo acrescido, mas também um desenvolvimento e uma organização do que inicialmente já se havia previsto".[11]

Uma diferença entre a descrição "formal" de Bakhtin – que pretende traçar o que Medvedev, em *Il metodo formale nella scienza della letteratura*, chama de "modos arquétipos" que atravessam a história literária – e a morfologia de Propp é a que Ferrario descreve nestes termos:

> Enquanto em Propp encontramos um sistema de proposições que descrevem alguns fenômenos (ou melhor, ações, "funções") do universo discursivo do conto, de uma forma tal que para além das variantes materiais detecta-se (através de um específico processo de tradução numa metalinguagem crítica) uma rede formal de operações recorrentes (de "constantes"), o modelo de Bakhtin é um modelo semiótico (um modelo do mundo) que dispõe de uma lógica discursiva peculiar, capaz de dar forma a diferentes níveis da matéria, desde o plano da expressão ao plano do conteúdo. A forma bakhtiniana, em outras palavras, torna pertinente a totalidade do universo discursivo literário. Isto é também, em certa medida, o que para Propp constituiu o resíduo da formalização (do estilo às motivações, aos portadores das funções, os personagens e seus atributos) [...].[12]

---

[8] Idem, p. 286.
[9] Este artigo, junto com a resposta de Propp intitulada "Struttura e storia nello studio della fiaba", se encontra na edição italiana de Propp, *Morfologia della fiaba*.
[10] Propp, "Struttura e storia nello studio della fiaba", trad. it. Propp, *Morfologia della fiaba*, p. 21.
[11] Alberto Cirese, "Introduzione a Propp", em Propp, *Le radici storiche dei racconti di fate*, Turim, Boringhieri, 1972, p. 14.
[12] Ferrario, op. cit.

Os elementos constitutivos e originários do gênero, diz Bakhtin, conservam-se somente graças a constante renovação: "o gênero é sempre outro, é sempre novo e velho a cada vez. O gênero renasce e se renova em cada uma das etapas do desenvolvimento da literatura e em cada obra individual desse dado gênero".[13]

Desta forma, a visão carnavalizada do mundo, presente na memória do gênero romanesco, condiciona o modo especial em que o romance revive, com Dostoiévski. Assim, são concedidas as potencialidades que este autor – ponto de encontro dessa memória do gênero com as condições sócio-históricas de sua época – desenvolve em novas e originais visões e representações artísticas do mundo, dando lugar ao "romance polifônico".

Bakhtin chama de "carnavalização" da literatura a transposição da linguagem do carnaval à linguagem literária, que se reflete em várias formas simbólicas (ações da massa, gestos individuais etc.), unificadas pela visão comum do mundo que todas elas expressam. Entre essas duas linguagens, o carnavalesco e o artístico-literário, produz-se uma relação de afinidade que tem permitido, historicamente, a passagem da primeira para a segunda, isto é, a transposição, a tradução da linguagem carnavalesca para a linguagem da literatura.[14]

As categorias carnavalescas – as do avesso ("mundo ao avesso", "vida ao contrário"); a da abolição da ordem hierárquica (livre contato familiar entre os homens); a da mistura de valores, pensamentos, fenômenos e coisas (sagrado e profano, sublime e ínfimo, sábio e tolo etc.); a da profanação (sacrilégios carnavalescos, obscenidades e sátira carnavalesca) – são

> ritual-espetáculo, ideias concreto-sensíveis vividas e interpretadas na própria forma da vida, formadas e conservadas no curso de milhares de anos, no seio das massas populares da humanidade europeia. Por esse motivo, as mesmas puderam exercer uma influência formal enorme, que deu forma aos gêneros literários.[15]

Como todos os aspectos do carnaval, que possuem um caráter ambivalente ao reunir opostos extremos (nascimento e morte, bênção e maldição, elogios e insultos, alto e baixo etc.), também o riso carnavalesco é ambivalente. Bakhtin o considera o herdeiro de antigas formas de riso ritual:

> O riso ritual se dirigia contra algo superior: enganava-se e faziam-se trapaças ao sol (deus supremo), aos demais deuses, ao supremo poder terrestre, para obrigá-los a renovar-se e a regenerar-se. Todas as formas de riso ritual estavam ligadas

---
[13] Bakhtin, *Problemas da poética de Dostoiévski*, op. cit., p. 138.
[14] Cf. idem, p. 159.
[15] Idem, p. 161.

à morte e à ressurreição, ao ato da reprodução, aos símbolos da força produtiva. O riso ritual era reação contra as crises de vida do sol (eclipses solares), contra as crises de vida da divindade, contra o fim da vida do mundo e do homem (riso fúnebre). No riso ritual o escárnio fundia-se com a alegria.[16]

Na antiga Roma, os escárnios rituais do triunfante por parte dos soldados, os saturnais, o riso romano nos funerais e o riso mímico estavam ligados às formas do riso ritual, relacionadas à morte e à ressurreição, ao ato da reprodução e aos símbolos da força produtiva. Segundo Bakhtin, o riso romano, com suas raízes ritualísticas, teve um papel importante na produção artístico literário e, conservando-se na cultura popular medieval e nos baixos gêneros, fecundou depois os altos gêneros literários da literatura humanístico-renascentista. Entre as obras satíricas da Idade Média, Bakhtin indica, como um dos mais antigos exemplos da paródia sacro-medieval, a célebre *Coena Cypriani,* em que toda a sagrada escritura se transforma em carnaval, mais exatamente nas saturnais. Outra obra medieval semissatírica muito antiga é o *Vergilius Mara Grammaticus,* além das numerosas orações satíricas, paródias sacras, paródias da liturgia, dos mistérios etc.

Propp ressalta também a ambivalência do riso ritual e do riso carnavalesco – os momentos de farsa no ritual fúnebre, o riso que acompanha a ruptura e a asfixia das marionetes de Guiñol etc. Demonstra, além disso, que não se pode explicar a mistura de traços satíricos e fúnebres nas festas campestres europeias, como fez Fraser. Este último sustenta que essa mistura estranha nasce da compaixão pelo deus da vegetação já morto e, ao mesmo tempo, pelo ódio e medo dele, visto que ele faz com que a morte gere felicidade e alegria.

Como Bakhtin, Propp insiste na ação vivificante atribuída ao riso nos rituais cômicos. O riso no folclore, como riso ritual, teria originariamente o significado de "princípio", de "fonte de vida". Como expressão e característica exclusiva da vida, atribuía-se ao riso a capacidade de provocar, ele próprio, a vida. Nas antigas sociedades campesinas, a força vivificante do riso encontra aplicação nas festas e nos cultos do campo:[17] o riso teria que garantir a fertilidade da terra e a fecundidade de toda a natureza. A correta interpretação do riso no folclore, afirma Propp, explica vários temas do conto e do mito: a deusa dos partos auxilia a parturiente "sempre rindo"; o herói, uma vez que está no reino dos mortos, se reconhece como vivo quando começa a rir; o riso da princesa é o que faz desabrochar as flores e, ainda, a escrava que ri para Perséfone, deusa grega da fertilidade, cujo luto havia inter-

---

[16] Idem, ibidem.
[17] Cf. Propp, *Le feste agrarie russe,* op. cit., pp. 182-6.

rompido toda a germinação e que, com o riso, tudo começa a florir novamente etc. Essas metáforas e esses mitos eram entendidos no sentido literal. Refletiam uma crença real: "na civilização agrícola, pretendia-se utilizar a força do riso para que influísse, magicamente, sobre o mundo vegetal".[18] Isso também explica o riso durante os funerais: rir sobre os túmulos, assim como rir da divindade morta ou da natureza que a primavera não despertou, significa que o que está morto pode ressurgir, pode renascer. O riso carnavalesco, que acompanha a ruptura e morte do fantoche de carnaval, tem esse mesmo significado mágico antigo: segundo remotas crenças, "o riso não influi na natureza de forma imediata, mas através da ressurreição das personificações antropomórficas da festa. Estas voltavam assassinadas e ressurgiam sob a forma de ervas ou cereais e, com sua morte e sua ressurreição, provocavam a colheita".[19]

Bakhtin e Propp seguem um mesmo método, independentemente de o objeto de estudo ser o conto, as festas agrárias ou a linguagem carnavalesca, que recusa qualquer forma de atomismo (Meletinski põe em evidência a crítica de Propp ao atomismo)[20]. Isso porque o atomismo faz perder de vista a totalidade do fenômeno estudado e as totalidades mais amplas nas quais ele está compreendido, reduzindo-o a um elemento isolado ou a uma combinação mecânica de elementos. Nesse sentido, é interessante a crítica que Propp[21] faz à teoria de Veselovski, que concebe a trama como a soma de temas e o tema como unidade narrativa mais simples. Uma crítica muito parecida é formulada por Bakhtin e Medvedev a respeito da interpretação que Schlovski faz do romance (especialmente de *Dom Quixote*). Ao dizer que se trata de uma coleção de "romances encadeados", Schlovski ignora o caráter orgânico do gênero e, como diz Medvedev, "nenhuma combinação exterior de romances pode substituir a unidade interior da realidade que se adapta ao romance".[22] Medvedev e Bakhtin assumem a realidade do gênero literário como ponto de partida para poder, depois, passar ao estudo dos elementos individuais da construção artística (com a crítica implícita ao procedimento contrário). De forma parecida, ao querer estudar o que une os contos de magia, Propp determina o que constitui suas estruturas comuns, fazendo com que pareçam variantes de um mesmo modelo.

---

[18] Idem, p. 184.
[19] Idem, p. 186.
[20] E. M. Meletinski, "L'étude structurale et la typologie du conte", em Propp, *Morphologie du conte*, Paris, Seuil, 1970, pp. 201-54.
[21] Propp, *Morfologia della fiaba*, op. cit., pp. 18-21.
[22] Medvedev, *Il metodo formale*, op. cit., p. 295.

Em várias ocasiões, Propp critica os estudos sobre o folclore que se ocupam de fenômenos isolados, que pretendem, por exemplo, explicar uma festa e seus elementos constitutivos sem considerá-la no ciclo das festas ao qual pertencem e sem considerar os aspectos comuns a outras festas: "antes de enfrentar o problema da variedade e da diversidade, é preciso resolver o problema da unidade e do parecido, necessário para esclarecer a pluralidade".[23] Bakhtin, em *A cultura popular na Idade Média e no Renascimento: o contexto de François Rabelais*, também afirma que no estudo da cultura popular são necessárias bases teóricas, modelos de análise e abstrações para que o estudo não caia a um nível empírico-abstrato, para que não se reduza somente a uma recompilação de dados.

2. Em *A cultura popular na Idade Média e no Renascimento: o contexto de François Rabelais*, voltamos a encontrar a análise da relação entre "ideologia oficial" e "ideologia não oficial", que já se havia estabelecido tanto em *O freudismo* como em *Marxismo e filosofia da linguagem*.

Essa análise transfere-se ao mundo medieval para pôr em evidência o contraste entre "duas culturas": a cultura oficial e a cultura popular; acima de tudo, a cultura popular cômica. Do ponto de vista desse contraste, a obra de Rabelais é considerada a chave para penetrar no mundo das imagens da cultura popular cômica, que se contrapõem às manifestações culturais da Igreja e do Estado feudal. Bakhtin interessa-se sobretudo pela "luta de duas culturas, a cultura popular e a cultura oficial".

Conforme diz V. V. Ivanov, *A cultura popular na Idade Média e no Renascimento: o contexto de François Rabelais* poderia ter um título melhor, usando como modelo os títulos dos livros de Lévi-Strauss, *Il Sopra e il Sotto*, porque conduz uma análise às avessas das categorias e dos valores da ideologia dominante, como faz a ideologia da cultura cômica popular medieval. Um título apropriado também poderia ser, como veremos, *Ideologia e linguagem do corpo grotesco e da comicidade popular*.

O "sistema das imagens de Rabelais" apresenta-se como lugar de onde se recorrem e se unem os conteúdos e as formas dos ritos e dos espetáculos de tipo cômico, difundidos em todos os países da Europa medieval e do Renascimento, sobretudo em países de línguas românicas, mais especialmente na França. Bakhtin examina a cultura cômica medieval como: a "ideologia deliberadamente não oficial", alheia às ideologias oficiais da Igreja e do Estado, como visão de mundo alternativa e, ainda, como um segundo mundo e uma segunda vida edificada ao lado

---

[23] Propp, *Le feste agrarie russe*, op. cit., p. 168.

dos oficiais. Se não se leva em consideração esta espécie de dualidade de mundo, diz Bakhtin, não é possível compreender nem a consciência cultural da Idade Média, nem a civilização do Renascimento. Sob este aspecto é especialmente interessante que Bakhtin critique Konrad Burdach (*Reforma, Renaissance, Humanismus*, Berlin, 1918) por não ter compreendido que o Renascimento extrai sua própria visão de mundo da cultura popular cômica, carnavalesca, da Idade Média.

Bakhtin busca explicar, em geral, o processo de formação da ideologia não oficial de uma cultura popular, em contraste com as formas ideológicas institucionalizadas. Concretamente, observa o processo de formação do caráter não oficial e contestador da comicidade popular na Idade Média. Bakhtin encontra a base destes processos na divisão em classes da sociedade. A formação de uma ideologia não oficial pressupõe, em geral, a divisão em classes e reflete os contrastes da mesma. Isso vale também para as formas dos rituais e dos espetáculos organizados no mundo da comicidade. A comicidade não oficial é expressão de uma visão de classe alternativa à oficial e séria, imposta pela classe dominante. O processo de separação do cômico e do sério, de tal forma que se apresentam como expressões culturais divergentes, uma oficial e a outra não oficial, está ligado ao processo de formação das classes e do Estado.

A cultura popular medieval encontra sua expressão nos ritos e nos espetáculos que se afastam totalmente dos ritos religiosos e se libertam, por sua comicidade, dos ritos sérios do dogmatismo, do misticismo religioso e eclesiástico. Com frequência, constituem, também, sua sátira ou paródia.

Bakhtin vê no carnaval medieval a realização da festa em sentido pleno, da festa como forma primitiva da civilização humana – igual ao trabalho –, da festa como concepção de mundo, como expressão de fins superiores aos da pura subsistência humana, expressão do mundo dos ideais. No regime feudal, a festa entendida como festa do povo, como realização momentânea do reino utópico da universalidade, da liberdade, da igualdade e da abundância, é considerada como uma espécie de "segunda vida" do povo, uma vida diferente da vida oficial. A festa oficial medieval, ao contrário, perde os traços específicos de festa em sentido pleno e, como o trabalho, se apresenta em sua forma alienada.

A mistificação da festa oficial revela-se, sobretudo, em relação à temporalidade: a festa oficial perdeu o sentido da transformação, da temporalidade, da história, e visa exclusivamente o passado, pretendendo conservar e consagrar a ordem social estabelecida. A estabilidade, a imutabilidade das leis que regulam o mundo, a hierarquia, a ordem, o sério: essas são as categorias através das quais se organiza a festa oficial. No carnaval medieval, expressa-se uma ideologia inovadora, transformadora, que visa o futuro. Contrariamente à festa oficial, o carnaval era o triunfo de uma espécie de liberação provisória da verdade dominante e da abolição provisória de toda a hierarquia, de toda regra e tabu. Era a autêntica festa da temporalidade, do devir, das renovações, posicionava-se diante de um acontecimento que não se havia realizado.

Bakhtin "lê" a oposição entre festa oficial e festa não oficial através dos signos, verbais e não verbais que as caracterizam respectivamente: vestidos, insígnias, colocação especial, vocabulário, gesto etc. A festa oficial serve-se de diferentes sistemas sígnicos, da vestimenta à postura, para reafirmar e destacar as distinções hierárquicas e as distâncias sociais. As formas de comunicação do carnaval, ao contrário, pretendem subverter a ordem constituída, eliminar as hierarquias, estabelecer relações de igualdade. Bakhtin observa que as formas de espetáculo carnavalesco, apesar de parecerem com as do teatro, diferem-se destas precisamente porque nelas não existe a distinção entre "atores" e "espectadores", como não existe nenhuma delimitação espacial da cena, na qual se desenvolve o espetáculo. As formas de comunicação das quais a festa popular medieval se serve adaptam-se a sua visão de mundo, ao seu sentido da relatividade, do devir, da transformação, do provisório, da igualdade, da liberdade, do refratário, com respeito a tudo o que se apresenta como definitivo, já realizado, eterno e absoluto. Por esse motivo, elas têm, em contraste com as formas de comunicação oficial medieval, uma intenção decididamente desalienante, ainda que seja na forma de uma utopia que não tende ao nível de simples imaginação, de modo que encontra, ainda que de forma provisória, modos de realizar-se efetivamente. O ideal utópico e o real fundem-se provisoriamente na visão carnavalesca de mundo, única em seu gênero.

Bakhtin não se limita somente a enumerar as diferenças entre a cultura cômica medieval e as formas da ideologia oficial na Idade Média. Também procura determinar o caráter específico dessas formas culturais não oficiais, considerando-as também em relação à cultura burguesa. Analisa o realismo grotesco do sistema das imagens da cultura cômica popular medieval, considerando-o tanto em relação ao realismo do Renascimento como em relação ao realismo moderno. Além disso, mostra o contraste que existe entre a paródia popular medieval e a paródia literária puramente formal da época moderna.

Como Bakhtin faz notar, em seu ensaio "Da pré-história do discurso romanesco", a palavra satírica medieval tinha funções diferentes das que tem hoje, porque eram diferentes as condições da produção e da consciência linguística:

Vivemos, escrevemos e falamos no mundo da linguagem livre e democratizada. A antiga hierarquia das palavras, complexa e fortemente graduada, as formas, imagens e estilos, que impregnaram todo o sistema da linguagem oficial e da consciência linguística, foram varridos pela revolução linguística da época renascentista. As línguas *literárias* europeias – francês, alemão, inglês – foram criadas num processo de destruição dessa hierarquia, sendo que os gêneros cômicos e travestizantes do fim da Idade Média e da Renascença – novelas, jogos carnavalescos, *soties*, farsas e, finalmente, romances – formaram estas línguas. A prosa literária francesa foi criada por Calvino e Rabelais, mas mesmo a linguagem de Calvino, linguagem das camadas médias da população (vendedores e artesãos), era uma redução intencional e consciente, quase um travestimento da linguagem sagrada da Bíblia. As camadas médias das linguagens populares tornaram-se aquelas altas esferas ideológicas da Sagrada Escritura, e eram percebidas como um travestimento denegridor destas esferas elevadas. Por isso, no âmbito dessas linguagens novas, para a paródia restou somente um lugar muito modesto: estas linguagens quase não conheceram e não conhecem as palavras sagradas, e elas próprias, em medida considerável, nasceram da paródia da Palavra Sagrada.[24]

A análise do material e do corporal no realismo grotesco medieval e sua contraposição com o "material" e com o "corporal" da ideologia burguesa moderna é particularmente interessante em *A cultura popular na Idade Média e no Renascimento: o contexto de François Rabelais*. No sistema da cultura cômica popular medieval, o corporal e o material têm um caráter positivo e fortemente social; não se reduzem a formas egoístas e nem separadas das demais esferas da vida.

Nesse contexto temático, introduzem-se as interessantes considerações que Bakhtin dedica à concepção cômica popular da mulher medieval e renascentista, em *A cultura popular na Idade Média e no Renascimento: o contexto de François Rabelais*. Nelas a mulher é considerada em todo seu aspecto material e terreno, em contraposição tanto à tradição idealizada como à tendência ascética do cristianismo medieval. Este último, apesar de ter também uma interpretação materialista da mulher, tem uma visão negativa e reduzida do corpo e da matéria, e considera a mulher como encarnação do pecado. A imagem da mulher na tradição cômica popular é ambivalente: a mulher está relacionada à inferioridade material e corporal, mas, precisamente por isso, tem uma função regeneradora e é princípio de vida e de renovação.

---

[24] Bakhtin, *La preistoria della parola nel romanzo*, op. cit., trad. it., 1972, p. 179 ("Da pré-história do discurso romanesco", em *Questões de literatura e de estética: a teoria do romance*, Unesp/Hucitec, São Paulo, 1998, pp. 386-7).

Já em *Dom Quixote*, segundo Bakhtin, é possível encontrar diferenças na concepção do "material" e do "corporal" no que se refere à concepção do realismo grotesco popular, apesar de que, em Cervantes, já se encontram sua lógica e seus motivos principais: o corporal começa a assumir um caráter privado, pessoal e apresenta-se como obstáculo às aspirações e ao alcance dos ideais.

Segundo Bakhtin, o realismo do Renascimento revela-se essencialmente contraditório. Duas concepções de mundo entrecruzam-se: a primeira remonta à cultura cômica popular; a segunda, propriamente burguesa, é de existência individualista e distinta. O princípio material do realismo grotesco medieval associa-se, contraditoriamente, ao princípio material egoísta da sociedade burguesa. O realismo grotesco das sucessivas épocas até os tempos mais recentes apresenta todos os limites específicos da concepção burguesa de mundo.

Bakhtin examina a dialética entre ideologia popular não oficial e ideologia oficial, encontrando em alguns momentos da literatura humanístico-renascentista estados de fusão desta dupla visão de mundo. À medida que o regime feudal teocrático medieval vai se extinguindo, assiste-se a uma penetração da cultura não oficial na literatura oficial, em diferentes momentos e em distintos países europeus: o riso carnavalesco, conservado na cultura popular medieval, invade a grande literatura com Boccaccio, Erasmo (*Elogio da loucura*), Rabelais, Cervantes, Shakespeare. O uso da linguagem vulgar na literatura, através da qual se passa também à ideologia da vida cotidiana popular, contribui especialmente para a fusão, para a mesclagem, entre culturas oficiais e não oficiais. Nesta fusão entre oficial e não oficial, no âmbito da literatura do Humanismo e Renascimento, assistimos a um duplo processo: a cultura cômica popular fecunda e dá vida à literatura oficial, e, ao mesmo tempo, esse passo do extra oficial ao oficial permite que a cultura cômica popular passe de um estado de existência quase espontâneo a um estado de consciência artística, aspirando a um fim concreto, com seu universalismo, seu radicalismo, sua dialética e seu materialismo. Em outras palavras, o riso medieval no Renascimento converte-se na expressão de uma consciência nova, livre, crítica e histórica do Humanismo e do Renascimento.

Por outro lado, se em pleno regime feudal a comicidade popular está isolada, fora de todas as esferas oficiais da ideologia, e se o "sério" é assumido como a única forma de expressão de valores (a verdade, o bem etc.), no início da Idade Média já se pode assistir, observa Bakhtin, ao mesmo fenômeno de penetração da comicidade popular no âmbito das formas ideológicas oficiais, fenômeno que depois se apresentará no período de extinção da cultura teocrática e feudal. Nos séculos VII, VIII e IX, a cultura oficial religiosa e feudal ainda é frágil e não se formou completamente: o regime feudal que está se formando é, por conseguinte, relativamente progressista e, portanto, relativamente popular. Por outro lado, permanecem vivas as tradições das saturnais romanas e outras formas de comicidade popular, incluídas as festas pagãs, às quais as festas cristãs suplantarão paulatinamente.

No final da Idade Média assistimos a um processo de fragilização das fronteiras entre a cultura cômica popular e a grande literatura, entre as formas inferiores da cultura popular e as formas superiores da literatura: em Rabelais, a comicidade popular medieval encontra sua máxima expressão e converte-se na forma de consciência histórica, livre e crítica.

A história da relação entre cultura cômica popular e cultura oficial dos séculos sucessivos – história que Bakhtin "lê" também através das diferentes interpretações que se tem dado à obra de Rabelais, nos distintos períodos históricos – é a história da ascensão da nova classe dominante, a burguesia, e da consolidação de seu poder econômico, cultural e político. Em consequência, é a história do contraste entre ideologia oficial e ideologia não oficial que volta a se apresentar.

Conforme temos dito, Bakhtin considera importante a atitude que a cultura oficial manteve a respeito de Rabelais ao longo do tempo, porque tal atitude se apresenta significativa na relação entre cultura oficial e cultura cômica popular, que encontrou em Rabelais uma das maiores expressões literárias. Por exemplo, o período do Iluminismo foi o momento de maior incompreensão de Rabelais.

A visão histórica, dialética e materialista da comicidade popular – que de espontânea se converte em consciência crítica em algumas das mais altas expressões da cultura humanístico-renascentista – para o racionalismo do século XVII era distante e incompreensível. Da mesma forma, tal visão não foi compreendida nem teorizada adequadamente pelo Romantismo, que, apesar de contrapor-se a uma visão estática, naturalista e abstrata da realidade, teve, todavia, uma concepção do material e do corporal muito afastada da cultura cômica medieval, que comportava a separação de "matéria" e "espírito", ou a negação da realidade material.

Bakhtin dedica todo um amplo capítulo, o segundo de *A cultura popular na Idade Média e no Renascimento: o contexto de François Rabelais*, à analise das formas específicas da linguagem através das quais a cultura cômica popular se expressa e se faz presente na obra de Rabelais: trata-se da *linguagem da praça pública*, cujas imagens verbais introduzem-se na lógica espacial do realismo grotesco. A praça pública é o lugar da convergência de tudo o que não é oficial e que goza de uma espécie de direito de "extraterritorialidade do mundo, da ordem e da ideologia oficial". A comunicação que nela se dá caracteriza-se pelo uso de uma linguagem familiar, na qual as distâncias entre os sujeitos da comunicação são abolidas, na qual aparecem apelidos injuriosos que assumem um tom afetuoso e elogioso, na qual frequentemente se usam séries de blasfêmias e de palavras "obscenas".

Em geral, toda palavra da linguagem viva tem sempre um tom especial, um significado valorativo, emotivo, tem um valor positivo ou negativo. Essa é a tese que aparece nos textos publicados por Voloshinov. A seguinte frase de *A cultura popular na Idade Média e no Renascimento: o contexto de François Rabelais* faz eco a outra que aparece em *Marxismo e filosofia da linguagem*: "não existem palavras neutras, indiferentes; não se podem obter, de fato, palavras artificialmente neutras".[25]

A linguagem popular apresenta um dos fenômenos mais antigos da língua: o duplo tom. A linguagem da praça é ambivalente. Não se podem distinguir claramente nela os elogios e os insultos, diz Bakhtin. Os elogios são irônicos e ambíguos e, definitivamente, são insultos, como também estes últimos não se podem separar de todo do elogio, de modo que frequentemente têm um sentido afetuoso e elogiador. Esta ambivalência, esta presença do negativo e do positivo juntos caracteriza toda a linguagem da cultura cômica popular, seu tipo de paródia, de ironia, de comicidade. Na linguagem cômica popular, as imagens nunca são definitivas, isoladas, inertes, mas dotadas de uma "ambivalência regeneradora", graças à visão dinâmica, viva, construtiva, globalizante, na qual se funda.

A figura do duplo tom, que une elogios e insultos, diz Bakhtin, coroa e destrona ao mesmo tempo. No curso da evolução da sociedade de classes, esta concepção de mundo não podia encontrar maior expressão que na cultura não oficial, porque não tem direito de cidadania na cultura das classes dominantes, na qual os elogios e insultos estão fixados e diferenciados. Podem-se encontrar hoje remotos ecos desse duplo tom na linguagem familiar, na linguagem confidencial pouco estudada, assim como pouco estudada tem sido a cultura cômica popular dos séculos passados.

Tanto em *O freudismo* como em *Marxismo e filosofia da linguagem* (mas também nos ensaios de Voloshinov de 1926 e 1930), encontramos referências à importância do estudo dos gêneros verbais no nível da linguagem cotidiana, dos gêneros populares através dos quais se apresenta a ideologia

---

[25] Bakhtin, *Rabelais*, op. cit., p. 428 (em português, *A cultura popular da Idade Média e do Renascimento: o contexto de François Rabelais*).

cotidiana em todas as suas diferenciações. Em *A cultura popular na Idade Média e no Renascimento: o contexto de François Rabelais*, essa temática é retomada e analisada mais diretamente: analisam-se alguns gêneros verbais da praça pública, consideram-se suas relações com os gêneros literários oficiais e o processo de sua infiltração na cultura oficial em determinados períodos históricos. Um desses gêneros populares, o mais simples de todos, constituem os gritos dos vendedores, ou seja, a publicidade que o vendedor faz de sua mercadoria na praça, com uma cadência rimada e rítmica. É um tema no qual P. Bogatyrëvs dedica também um artigo intitulado, precisamente, *Vykriki raznoś ikov i brodja ich remeslennikov: znaki reklamy* ("Grito dos vendedores e artesãos ambulantes"),[26] de 1962.

Bakhtin também considera as relações entre corpo grotesco e linguagem, demonstrando como a separação entre ideologia oficial e não oficial refletem-se sobre a linguagem verbal do corpo humano, e, como a afirmação da concepção individualista, particular, estática do corpo, instaura uma fronteira rigorosa entre a linguagem oficial e a linguagem familiar. Já vimos como o corpo grotesco, o corpo do realismo grotesco, é um corpo sem delimitação, sem fechar, apartado ou completo, visto num processo de construção e de criação em que se une a outros corpos e ao mundo. A mesma filosofia humanista, especialmente Pico de La Mirandola, Pomponazzi, Telesio, Bruno, Campanella e Paracelso, reexperienciam, afirma Bakhtin, a concepção do corpo grotesco.

A linguagem popular do corpo grotesco possui abundantes termos e expressões para se referir às partes do corpo com as quais se estabelece amplamente a relação de comunicação com outros corpos, e entre o corpo e o mundo: todas as protuberâncias e orifícios do corpo (os órgãos genitais, as nádegas, o ventre, a boca, o nariz etc.) desempenham na linguagem do corpo grotesco um papel de suma importância. A linguagem do corpo grotesco, observa Bakhtin, refere-se sempre não só a um corpo individual e isolado, mas também ao corpo nas suas relações com outros corpos, numa relação bicorporal, pelo menos. A linguagem do corpo grotesco encontra-se em todos os povos e em todas as épocas. Junto a essa visão de corpo mais recentemente se formou outra, que considera o corpo como totalmente realizado, já dado, rigorosamente delimitado, isolado, estável, individual.

Na linguagem na qual se expressa a concepção de corpo definido, abstratamente individual, está excluída a menção de todas as relações, comportamentos

---

[26] Trad. it. R. Bruzzese, em Petr Vogatyrev, *Semiotica della cultura popolare*, M. Solimini (ed.), Verona, Bertani, 1982.

e partes do corpo nas quais este se apresenta não como completo, dado, isolado, estático, mas em formação, em conjunção, em um processo de criação em relação a outros corpos. Mas, "no oceano infinito da linguagem do corpo grotesco que, no plano espaço-temporal espalha-se por todas as línguas e todas as literaturas, como também o sistema de gestos", a concepção de corpo dos tempos modernos não é mais que "uma ilha reduzida e limitada".

A formação deste novo preceito de vida corpórea, diz Bakhtin, relega a linguagem do corpo grotesco à vida familiar cotidiana, ou, em determinadas épocas e em determinados extratos sociais, fica excluído também desta última. A linguagem da concepção grotesca de corpo volta a surgir nos insultos, nas blasfêmias, nos palavrões, e tem um papel primordial na cultura cômica popular em todos os povos e em todas as épocas.

Com respeito à ideologia oficial, que procura manter a ordem constituída das hierarquias sociais e o poder da classe dominante, a ideologia não oficial apresenta também uma maior potencialidade crítica, uma maior disposição para a discussão, a investigação, a desmistificação, o conhecimento científico. Bakhtin a põe em evidência quando fala da relação entre a cultura cômica e a nova ciência experimental renascentista. A nova perspectiva de familiaridade com o mundo, típica da cultura cômica popular, torna possível também o novo conhecimento científico. O mundo não poderia converter-se em um objeto de conhecimento livre, fundado sobre a *experiência* e o *materialismo*, a partir de uma perspectiva hierárquica. Familiarizar-se com o mundo destruiria a distância e as proibições, aproximaria o mundo do corpo, permitiria tocar qualquer coisa, prová-la, colocá-la do avesso, compará-la com qualquer outro fenômeno, realizar, estimar, medir e adaptar.

Volta a surgir, uma vez mais, o problema da relação entre ciência e ideologia e entre *ciência* e *classe* (ver Capítulo "A matéria linguístico-ideológica do inconsciente: Bakhtin e Freud"). A relação da ideologia não oficial com a literatura oficial e a linguagem dominante é também o da sua relação com a literatura científica e com a linguagem da ciência. Trata-se de um problema que, como o da relação geral entre estrutura social e superestruturas, não se pode estabelecer nem se resolver, a não ser na base de *uma teoria dos signos e da linguagem verbal,* que leve em consideração os *processos e as estruturas da produção linguística* (e sígnica em geral) *social.*

DIÁLOGO E DIALÉTICA

Na introdução à tradução francesa do livro *Marxismo e filosofia da linguagem*, primeiramente publicado em Leningrado em 1929, sob a autoria de V. N. Voloshinov e atribuído a Bakhtin, Roman Jakobson diz de Bakhtin o que este dizia de Dostoiévski: "Nada nele parece terminado; todos os problemas permanecem abertos, sem fornecer a mínima alusão a uma solução definitiva."[1]

Nesse aspecto, o estilo de trabalho de Bakhtin relembra o de outro grande estudioso dos signos, Charles Sander Peirce (ao qual fizemos referência no Capítulo "Bakhtin e Peirce: signo, interpretação, compreensão"), que declara de modo significativo: "Somente uma vez, que eu me lembre, provei o prazer do elogio [...], e esse elogio queria ser uma crítica. Foi quando um crítico disse que eu não parecia absolutamente seguro de minhas próprias conclusões."[2]

O que caracteriza a investigação de Bakhtin ao longo dos anos é sempre a volta ao começo, o que Todorov chama de "repetição": "un ressassement éternellement recommencé"[3]. A obra de Bakhtin, segundo Todorov, não tem um *desenvolvimento* num sentido estrito: mudam-se os centros de interesse e as formulações, mas, ainda que haja algum desvio e alguma mudança, o discurso bakhtiniano volta continuamente sobre si mesmo. É como se cada uma de suas partes contivesse o conjunto, a totalidade (aberta) a qual pertence, de tal forma que se poderia dizer que

---

[1] R. Jakobson, "Préface à Bakhtine", *Le marxisme et la philosophie du langage*, Paris, Minuit, 1977, p. 8.
[2] Peirce, *Semiotica*, op. cit., p. 12.
[3] Todorov, *M. Bajtín: le principe dialogique*, op. cit., p. 25.

entre o seu primeiro ensaio e último, ou seja, desde 1919 até 1974, seu pensamento permanece fundamentalmente o mesmo, de maneira que podemos encontrar frases idênticas escritas num intervalo de tempo de cinquenta anos.

A falta de desenvolvimento a que se refere Todorov não é uma dogmática reiteração das mesmas ideias, mas tem o sentido que o próprio Bakhtin dava ao romance de Dostoiévski: "o espírito do autor não se desenvolve, não ocorre", "não existe uma dialética de um só espírito" que siga relações de teses, antíteses e sínteses. Não se encaminha para uma única e definitiva conclusão na qual todas as partes da obra tenham que ser funcionais.[4]

O objeto próprio da investigação bakhtiniana, que permanece constante em sua análise, ainda que se modifiquem os materiais e os problemas, é o signo como "completo", e não como elemento individual significante, como termo isolado. Nessa concepção não se pode aplicar um tipo de dialética como a hegeliana para se chegar a uma visão "unilateral", "endurecida", "ossificada", em última análise, uma pseudodialética. Como ressalta Strada, "numerosos são os pontos polêmicos de Bakhtin contra Hegel, contra a "dialética monológica de seu sistema".[5] Desde a crítica da filosofia hegeliana por parte de Marx (1843), destaca-se que, na dialética hegeliana, as contradições se apresentam e se superam de forma fictícia, através de uma palavra que representa um ponto de vista absoluto. Em "Apontamentos 1970-71", Bakhtin descreve como se chega a uma dialética monológica a partir da dialogia da palavra viva:

> No diálogo se eliminam as vozes (a divisão das vozes) e as entonações (pessoais e emotivas) das palavras vivas e as respostas são extraídas dos conceitos e juízos abstratos, tudo envolvido numa única consciência abstrata. Desta forma, se obtém a dialética.[6]

A "lógica unidirecional e providencial que tende a um fim", para usar as palavras de Strada, coloca em crise a plurivocidade, a pluridirecionalidade ideológica, a polilogia do signo. É difícil dizer onde começa e onde termina um signo, se se reduz a um elemento ou se se decompõe em elementos, porque um signo não é uma coisa, mas um processo, um cruzamento de relações. O sentido global e unitário do signo não pode se separar dos contextos comunicativos concretos, da interação social, de seu nexo com determinados valores e perspectivas ideológicas. A interpretação de um signo não pode coincidir somente com sua identificação,

---

[4] Bakhtin, *Problemas da poética de Dostoiévski*, op. cit., trad. it., *Dostoiévski*, p. 38.
[5] Vittorio Strada, "Dialogo con Bachtin", *Intersezioni*, n. 1, 1981, p. 123.
[6] Bakhtin, "Apontamentos 1970-71", em *Estética da criação verbal*, op. cit. (trad. it., "Degli appunti del 1970-71", em *Intersezione*, n. 1, p. 139).

mas também requer uma compreensão ativa. O sentido de um signo consiste em algo mais, no que diz respeito aos elementos que permitem seu reconhecimento. É feito desses aspectos semântico-ideológicos que são, em certo sentido, únicos, que têm algo de peculiar e de indissoluvelmente ligado ao contexto situacional da semiose. A compreensão do signo é uma compreensão ativa, pelo fato de que requer uma resposta, uma tomada de posição, nasce de uma relação dialógica e provoca uma relação dialógica: vive como resposta a um diálogo.[7]

Estes aspectos do signo já estão analisados, na perspectiva de uma semiótica geral, em *Marxismo e filosofia da linguagem*, mas também estão presentes em dois ensaios que também estão assinados por Voloshinov e atribuídos a Bakhtin: "Discurso na vida e na poesia" (1926) e "A construção da enunciação" (1929), que Todorov, em *M. Bakhtine: le principe dilogique*, reproduz no apêndice.[8]

No que se refere ao aspecto verbal, o signo é uma enunciação completa que não se pode isolar do contexto social, do campo ideológico e do gênero de discurso a que pertence ("a infinita variedade de gêneros de discurso", diz Bakhtin em "Apontamentos 1970-1971". Não por casualidade, um de seus livros incompletos se intitulava "El problema de los géneros de discurso").[9] Bakhtin concebe a enunciação como parte de uma relação social e histórica concreta, como texto vivo, e não como texto reificado, ou seja, não como expressão monológica isolada, ou "frase", que se interpreta com base na pura relação entre suas unidades linguísticas e na língua como sistema. Afirma Bakhtin em um de seus últimos ensaios, "Observações sobre a epistemologia das ciências humanas":

> O texto só vive em contato com outro texto (contexto). Somente em seu ponto de contato é que surge a luz que aclara para trás e para frente, fazendo que o texto participe de um diálogo. Salientemos que se trata do contato dialógico entre os textos (entre os enunciados), e não do contato mecânico "opositivo", possível apenas dentro das fronteiras de um texto (e não entre texto e contextos), entre os elementos abstratos desse texto (os *signos* dentro do texto), e que é indispensável somente para uma primeira etapa da compreensão (compreensão da significação e não do sentido). Por trás desse contato, há o contato entre indivíduos e não de coisas.[10]

---

[7] Cf. idem, pp. 134-135.
[8] Na trad. it., esses ensaios, junto com os demais de Voloshinov/Bakhtin do período de 1926-30, se encontram no volume *Il linguaggio come pratica sociale*, op. cit.
[9] Em Bakhtin, "O autor e o herói", em *Estética da criação verbal*, op. cit.
[10] Bakhtin, "Observações sobre a epistemologia das ciências humanas", em *Estética da criação verbal*, São Paulo, Martins Fontes, 2003, pp. 404-5.

É o texto, entendido desta forma, o grande protagonista de seus ensaios sobre Dostoiévski e Rabelais e de seus estudos teórico-metodológicos. O texto como "matéria significante"[11] não como "coisa", mas como "voz", que vive somente em contato com outros textos (intertextualidade e intratextualidade).[12] Todorov define Bakhtin como "teórico do texto", "em um sentido não restritivo, mas sim num sentido que vai além do da "literatura".[13]

Em relação a esse objeto especial (o texto), que é específico de todas as ciências humanas que se ocupam do homem como produtor de textos (escritos e orais, verbais e não verbais), perfila-se o método bakhtiniano, que assume a compreensão ativa, a compreensão dialógica, como seu principal elemento.

A lógica específica do texto é uma dialógica, uma dialética intertextual. Bakhtin fala explicitamente, em um ensaio de 1958-61,[14] da dialógica como dialética não hipostática. O sentido do texto se define na lógica da pergunta e da resposta, que não são categorias abstratas do *logos*, absoluto e impessoal, mas sim momentos dialógicos concretos que pressupõem "encontrar-se reciprocamente fora", pressupõem "cronotopos" diferentes, para quem pergunta e para quem responde. O "encontrar-se reciprocamente fora", a "extralocalização", é, para Bakhtin, fundamental na compreensão ativa.

> Para entender este conceito, escreve Strada, tem-se que pensar na expressão usual "pôr-se no lugar de outro", como condição da compreensão do outro. Para Bakhtin, ao contrário, tem-se que "permanecer no próprio lugar", é necessário estar extraposicionado com respeito ao outro, para estabelecer com ele um diálogo compreensivo.[15]

Sobre a base do conceito de signo e da materialidade semiótica como alteridade, como resistência com relação a toda forma de redução monológica, Bakhtin delineia a possibilidade de voltar a definir a dialética de forma que resulte diferente dessa "dialética materialista", pela qual, em 1930, o haviam acusado de "idealismo polifônico".

---

[11] Todorov, op. cit., p. 31.
[12] Strada, op. cit., p. 123.
[13] Todorov, op. cit., p. 7.
[14] Traduzido em italiano na antologia de ensaios de Ivanov, Kristeva, Mateika, Titunik, Bakhtin, *Semiotica, teoria della letteratura e marxismo,* op. cit.
[15] Strada, op. cit., p. 123.

A RELAÇÃO DE ALTERIDADE EM BAKHTIN, BLANCHOT E LÉVINAS

Bakhtin, Blanchot e Lévinas são três "filósofos" da alteridade, do excedente, da ausência de simetria, da exotopia. Três "filósofos da linguagem" que estudam a abertura da linguagem a uma alteridade irredutível, como a que se estabelece numa relação na qual, como disse Lévinas, "os termos se absolvem da relação – permanecem absolutos na relação",[1] uma relação na qual falar, como disse Blanchot

> não seria mais revelar pela luz [...]. Aqui, o que se revela não se mostra à visão nem tampouco se refugia na simples invisibilidade. [...] Na realidade, revelar pressupõe que se mostre algo que não se mostrava. A palavra (pelo menos aquela que tentamos abordar: a escritura) expõe, sem retirar o véu e, às vezes, ao contrário, encobrindo – de um modo que não cobre nem descobre.[2]

"Filosofia da linguagem": em *Marxismo e filosofia da linguagem*, Bakhtin-Voloshinov denomina dessa forma sua investigação. Por que filosofia da linguagem, e não semiótica? Porque a semiótica, afirma Bakhtin nos "Apontamentos 1970-1971", referindo-se à semiótica do código ou semiótica da troca (igual) comunicativa, ocupa-se, sobretudo, da transmissão de uma mensagem já preparada, mediante um código prefixado antes da comunicação e independente do processo interpretativo: a semiótica inaugurada por Peirce merece um discurso diferente do

---

[1] Lévinas, *Totalité et infini*, La Haya, Nijhoff, trad. it., op. cit., pp. 35-36.
[2] Blanchot, *L'entretien infini*, Paris, Gallimard, 1959.

da semiótica da interpretação. Ao contrário, na linguagem viva, a rigor dos termos, a mensagem constitui-se no processo da transmissão e, na realidade, não existe nenhum código prefixado em relação à efetiva resposta que a mensagem requer, isto é, à "compreensão ativa". Por que "filosofia"? Porque a pesquisa de Bakhtin, como ele mesmo afirma em "O problema do texto", pode se definir filosófica por não ser nem uma análise linguística, nem uma análise filológica, nem uma análise crítico-literária, nem qualquer outro tipo de análise especializada. Trata-se, preferencialmente, de uma investigação que se desenvolve nas fronteiras de todas as disciplinas citadas, em seus pontos de intersecção e contato.

Uma filosofia aproximada "àqueles pensadores, desde Heráclito até Emmanuel Lévinas, que preferiram os poderes inerentes às forças centrífugas" da vida social e linguística, que leva em conta as diferenciações e os excedentes semânticos e ontológicos, os deslocamentos de sentido, os movimentos de deriva no signo e, portanto, na vida humana, leva Peirce (como também Bakhtin-Voloshinov) a dizer: "o homem é um signo".

O que especificamente vincula Bakhtin, Lévinas e Blanchot não é somente pertencer a essa tradição filosófica ou seus interesses pela problemática do diálogo e da alteridade, ou tampouco terem sofrido influências análogas, por exemplo, de Martin Buber. Além das analogias e coincidências com outros autores que também se interessam pelos mesmos temas, o que caracteriza a relação entre Bakhtin, Lévinas e Blanchot – pelo menos o que me interessa evidenciar aqui – é a conexão que se encontra nos três entre o problema do diálogo e da alteridade e o interesse pela *escritura*: a escritura que, como disse Barthes, "a escritura não é inevitavelmente o modo de existência do que é escrito [...] a escritura não é a palavra e nem é também a escrita, a transcrição: escrever não é transcrever".[3]

O interesse pela escritura, não somente a escritura "sagrada", como também a escritura literária, está sempre presente na pesquisa de Lévinas: isso é confirmado, sobretudo, pelo livro *Noms propres* de 1976 e também num ensaio publicado em 1948, em *Temps modernes*, e intitulado "La réalité et son ombre". Lévinas escreve neste ensaio:

> Concebe-se a introspecção como o procedimento fundamental do escritor. [...] Acreditamos, ao contrário, que uma visão exterior – de uma exterioridade total, em que o próprio sujeito é exterior a si mesmo – seja a verdadeira visão do escritor. [...] Mesmo o escritor psicólogo vê sua vida interior pelo lado de fora, não necessariamente pelos olhos de um outro, mas como participante de um ritmo

---

[3] Barthes, *Le grain de la voix*, op. cit., pp. 9-10.

ou de um sonho. Todo o poder do romance contemporâneo, sua magia artística, venha talvez dessa maneira de ver do exterior a interioridade, diferenciando-se totalmente dos procedimentos do behaviorismo.[4]

É surpreendente a analogia entre o conceito levinasiano de "exterioridade" e o bakhtiniano de *vnenachodimost*, "extralocalização", encontrar-se reciprocamente fora, exotopia (Todorov), *extralocality*, *outsideness* (Clark, Holquist), sobretudo como é empregado em "O autor e a personagem na atividade estética", isto é, para caracterizar a relação entre o eu e o outro, autor e personagem, no "fenômeno estético".

O conceito de exotopia aproxima-se nesse ensaio – como ocorre também na terceira parte do *Marxismo e filosofia da linguagem*, dedicada à relação entre o discurso do autor e o discurso alheio – da concepção, depois abandonada, da visão do autor que engloba o personagem (Todorov, especialmente, insiste nessa mudança, uma vez que Bakhtin assume o ponto de vista polifônico de Dostoiévski). No entanto, o conceito de exotopia, precisamente como empregado aqui para explicar o fenômeno estético, contém implicações importantes para o desenvolvimento e também para a interpretação da sucessiva investigação bakhtiniana.

Em "O autor e o herói", a relação entre autor e personagem é considerada para determinar a relação entre forma e conteúdo na obra literária, fazendo uma comparação, também terminológica, com o formalismo russo. Através do personagem e do autor, afirma Bakhtin, os valores extra-artísticos, contidos em uma determinada situação social, penetram na obra e encontram nela expressão estética. A forma da obra literária coincide, conforme Bakhtin, com a palavra do autor. Esta não é simplesmente forma do material, mas também forma do conteúdo, ou, se desejar, forma de um material sígnico-ideológico. "No objeto estético", afirma Bakhtin, "entram todos os valores do mundo, mas com um determinado grau estético".[5] A forma artística, ou seja, a palavra do autor organiza os conteúdos da palavra e da vida alheia, e na palavra do autor se deve expressar uma real alteridade para que o personagem pareça convincente, para que o conteúdo pareça real e se dê uma coerência de valores.

Lendo esse texto hoje, creio que não se pode evitar ouvi-lo numa relação "externa" de exotopia com a palavra de Blanchot. A caracterização da "posição" do escritor aproxima-se da reflexão de Blanchot sobre a escritura-morte. Também

---

[4] Lévinas, "La réalité et son ombre" (1948), em *Revue des sciences humaines*, n. 185, 1982, p. 114.
[5] Bakhtin, "O problema do herói na atividade estética" (trad.it. "Il problema dell'autore", op. cit, p. 6).

Blanchot sustenta que não existe para o escritor outra perspectiva que "a de fora", outra possibilidade que a de recorrer ao eterno "fora de". Por meio dos diários de Kafka, Blanchot chega à conclusão de que o escritor é aquele que encontra a possibilidade de escrever em uma relação antecipada com a morte, porque esta permite a ele dirigir seus personagens, e a si mesmo como personagem do próprio diário, um olhar não inquieto que lhe permite aproximar-se com uma "intimidade clarividente". A escritura, como prática do escritor, a escritura "intransitiva", no sentido de Barthes, requer que a relação com o mundo e com a vida quotidiana se rompa. É essa separação, esse "encontrar-se fora", o que caracteriza o ponto de vista do escritor, fazendo com que seus personagens pertençam ao tempo indefinido da morte.

O fato de encontrar-se fora, a extralocalização estética, mantém entre o eu e o outro uma distância irredutível, ou seja, uma alteridade efetiva, uma separação radical que impede a reconstrução da totalidade, como demonstra o romance polifônico de Dostoiévski, que leva a experimentação da exotopia a seu limite. A alteridade da escrita literária é o seu ponto de vista específico e se determina na dialética entre "estar dentro" e "estar fora", entre participação e distanciamento.

Assim como em Lévinas e em Blanchot, em Bakhtin a relação de alteridade não se reduz nem ao *ser com*, ao *Mitsein* de Heidegger, nem ao *ser para* de Sartre.[6] Em Bakhtin, a alteridade se encontra dentro do sujeito, do eu, que é ele próprio diálogo, relação eu-outro, a tal ponto que o chamado "problema do outro eu" implica, como diria Peirce, a determinados interpretantes. Estes permitem a autoconsciência, mantêm uma relação de alteridade com os signos que interpretam e se reconhecem como os "meus", aqueles com os quais "eu" tomo consciência de mim mesmo.[7] Não existe nenhum privilégio ontológico nem metafísico da consciência do eu, dado que a consciência é inseparável da linguagem, e a linguagem é sempre alheia. De modo que, antes que a palavra se converta em "própria" e se identifique com a própria consciência, com as próprias intenções, com o próprio ponto de vista, ela já pertence a outros:

> A palavra não está na língua de uma forma neutra e impessoal, não está no dicionário (de fato, não é no dicionário que o falante capta as palavras!), mas nos lábios alheios, nos contextos alheios, a serviço das intenções alheias: é aí que o falante deve captar as palavras e fazê-las próprias.[8]

---

[6] Sobre a concepção da alteridade em Lévinas, cf. Ponzio, *Responsabilità e alterità. Da Lévinas a Lévinas*, Milão, Jaca Book, 1995.
[7] Cf. Peirce, *Collected Papers* (1931-58), Cambridge, Harvard University Press, v. VI, parágrafo 160.
[8] Bakhtin, *Estetica e romanzo*, op. cit., p. 101.

A palavra permanece sempre mais ou menos alheia, e o eu, como a língua, nunca é unitário, possui uma alteridade, uma pluridiscursividade, um plurilinguismo interno, uma pluralidade e diversidade interna de vozes (heteroglossia). Um dos méritos de Dostoiévski é o de haver desenvolvido as potencialidades presentes na história do gênero romance e de tê-las tornado acessíveis por meio do "romance polifônico".

O outro, no sentido de "outro", "outra pessoa", ou no sentido de "o outro", "o estranho", o "alheio", é inseparável do eu, do mesmo (*le même*, no sentido de Lévinas), e enquanto *étranger* (estrangeiro) não pode ser englobado na totalidade do eu. O outro permanece refratário a toda categoria que queira eliminar sua alteridade e subjugá-lo à identidade do eu; além disso, o eu necessita do outro para construir seu mundo e para construir-se a si mesmo.

O que, sobretudo, vincula Bakhtin a Lévinas é que ambos (veja-se de Lévinas, principalmente, "La substituition")[9] encontram a alteridade na mesma esfera do eu, sem que este comporte sua assimilação, mas, ao contrário, que impeça constitutivamente a integridade e o fechamento do eu. Tanto em Bakhtin como em Lévinas, a relação com o outro não se estabelece em termos de diferença distintiva, o que converteria a alteridade em algo relativo ou de oposição, em uma alteridade dialética e não dialógica ("A dialética é o produto abstrato do diálogo"). A relação com o outro é entendida como algo mais, como superação do pensamento objetivo, como fora da relação de sujeito-objeto e da relação de intercâmbio igual. O outro que está dentro do eu é o que produz, em um nível linguístico, a dialogização interna da palavra, o que impede que seja palavra integral. Paralelamente, em um nível linguístico-estético, o outro produz a exotopia da escritura (sua alteridade em relação à vida real, ao escritor, à "contemporaneidade", à esfera da literatura, ao texto interpretante); por último, no plano moral, o outro produz a inquietude, a obsessão, a responsabilidade. Esse conceito, que aparece com frequência em Lévinas, nós o encontramos, não por casualidade, no primeiro ensaio de Bakhtin, "Arte e responsabilidade".[10] Aqui a responsabilidade é entendida no sentido de colocar-se na condição ético-dialógica de ter que responder. Além disso, Holquist intitula o livro, que tem os distintos ensaios bakhtinianos dos anos 1918-24, de *The architectonics of answerability* (A arquitetônica da respondibilidade); um projeto do qual faria parte também

---

[9] Cf. Lévinas, "La substitution" (1968), em *Autrement qu'être au-delà de l'essence*, La Haya, Nijhoff, 1978.
[10] Também nos dois ensaios de Bakhtin do início dos anos 1920, publicados em italiano com o título de *Valore, visione estetica, responsabilità*, em Jachia e Ponzio (ed.), op. cit.

o último ensaio citado e "O autor e o herói". Portanto, existe em Bakhtin e Lévinas uma base ética comum no que se refere à relação eu-outro.

> Denominamos ética uma relação entre termos que se ligam um ao outro não por uma síntese de entendimento, nem pela relação de sujeito a objeto, mas em que um pesa ou é importante, ou é significante, para o outro, em que estão ligados por uma intriga que o saber não conseguiria esgotar nem desvencilhar.[11]

A relação eu-outro escapa, irredutivelmente, do território do conceito, do pensamento abstrato, da consciência, apesar de ser essa a que o torna possível: "As diferenças de espaço e tempo do eu e do outro. Estas existem na sensação viva, mas o pensamento abstrato as apaga. O pensamento abstrato cria um único mundo geral do homem sem nenhuma referência ao eu e ao outro."[12]

A relação de alteridade aparece no momento em que tomamos consciência de nós mesmos, condição indispensável para a autoidentidade. Essa relação, Lévinas e Bakhtin descrevem quase com as mesmas palavras. Escreve Lévinas:

> Qual é a relação entre "si mesmo" e "para si" da representação? É o "si mesmo" uma recorrência do mesmo tipo que a consciência, o saber e a representação, e que sublimar-se-ia apenas na consciência, concebida como Espírito? É o "si mesmo", por sua vez, consciência ou movimento outro, acontecimento que justificaria o emprego de termos distintos: Si, Eu, Ego, alma? Os filósofos descreveram, com muita frequência, a identidade do "si mesmo" pelo retorno a si da consciência. Para Sartre, assim como para Hegel, o si mesmo é posto como um *para-si*. A identidade do Eu reduzir-se-ia, então, ao retorno da essência sobre ela mesma, a seu retorno a ela mesma e à identificação do Mesmo, do qual ela pareceria ser, momentaneamente, o sujeito ou a condição.[13]

Segundo Lévinas, por outro lado, o si de "ter consciência de si" não coincide com a consciência nem a pressupõe, é anterior a ela. O si mesmo estabelece com a consciência uma relação de autonomia e de alteridade. Comporta uma relação eu-outro, que se insinua irredutivelmente dentro do eu. Paralelamente, Bakhtin se pergunta:

> O reflexo de si no outro empírico, por meio do qual é necessário passar para chegar ao eu-para-si (pode este eu para-si ser solitário?). Absoluta liberdade desse eu. Mas essa liberdade não pode mudar o ser, por assim dizer, materialmente (e não pode sequer desejá-lo): pode mudar somente o sentido do ser (reconhecer,

---

[11] Lévinas, *En découvrant l'existente avec Husserl et Heidegger*, Paris, Vrin, 1967.
[12] Bakhtin, "Apontamentos 1970-1971" (trad. it., "Dagli appunti di 1970-71", op. cit., p. 365).
[13] Lévinas, "La substituion", op. cit, p. 132.

justificar etc.): é a liberdade de um testemunho e juiz. A mesma se expressa na palavra. A verdade não é inerente ao ser, ao contrário, é somente ao ser conhecido e pronunciado.[14]

"Testemunha" e "juiz": uma vez mais termos éticos, como em Lévinas, para um problema que normalmente se encara em termos de conhecimento e de ontologia, e uma vez mais a relação de exotopia que a escritura acentua até chegar aos graus mais altos da "compreensão respondente" e da dialogia, como no "romance polifônico".

Outro ponto de encontro que se pode estabelecer com o pensamento de Blanchot se refere ao desaparecimento do autor na obra, o escritor como lugar da ausência,[15] um tema que Blanchot retoma de Mallarmé. A obra se realiza a partir da ausência do escritor, de sua omissão, de uma espécie de morte que a escrita literária comporta. Para defender-se desse esquecimento que o invade, para manter uma relação consigo mesmo, como é efetivamente fora de sua objetivação na escritura, o escritor, diz Blanchot, recorre ao diário. Neste último deseja deixar a memória de si, da pessoa que é, na vida cotidiana, quando não escreve. Trata-se do espelhamento parecido com o que sofre o crítico literário que busca no diário a autêntica imagem do autor, o autor real tal e como é fora de sua obra. A ironia da sorte quer que o diário seja também escritura e nos devolve, portanto, a objetivação do autor na escrita, em um gênero especial.[16]

Bakhtin, em "O problema do texto", esclarece a distância entre o autor e sua obra, seu "estar fora", inclusive quando é o protagonista da própria escritura. Também no autorretrato, diz Bakhtin, não vemos o autor que representa, mas a representação do artista. A "imagem do autor" é um *contradicto in adjecto*. Como imagem, representação, objetivação, distancia-se do autor, diferencia-se dele. O autor representado na obra pressupõe um autor "puro", representativo, e, como tal, permanece irremediavelmente fora da obra, e, portanto, como disse Blanchot, em uma situação de "solidão essencial", de "ausência", de "esquecimento". A imagem do narrador na narração em primeira pessoa, a imagem do protagonista nas obras autobiográficas (autobiografias, confissões, diários, memórias etc.), diz Bakhtin, como imagem representativa que é, deixa fora o autor.

Naturalmente, observa Bakhtin, também na linguagem extraliterária podemos assumir o discurso como figurativo, representado, objetificado, mas tal imagem

---

[14] Bakhtin, "Apontamentos 1970-1971" (trad. it., "Dagli appunti del 1970-71", op. cit., p. 355).
[15] Cf. Blanchot, *Le livre à venir*, Paris, Gallimard, 1959.
[16] Cf. Blanchot, *L'espace littéraire*, Paris, Gallimard, 1955, pp. 14-15.

objetificada não forma parte das intenções ou fins do autor. A palavra literária, por outro lado, é sempre uma palavra objetificada. Por isso, nela podemos escutar o autor, em vez de vê-lo, como acontece, ao contrário, na palavra extraliterária, na palavra direta, que tende a identificar o falante ou escrevente com o eu do discurso. A palavra literária é sempre mais ou menos palavra indireta, distanciada e, como tal, representa a alteridade constitutiva da consciência e a autoconsciência, ou melhor, a dialogia interior da palavra. Alteridade e dialogia que, por sua vez, devem ser deixadas de lado, colocadas entre parênteses, sem convertê-las em um tema, na palavra que se propõe um objetivo exterior e que não se propõe à representação de si mesma como palavra outra. Na literatura nunca encontramos palavras puras, que sejam palavras próprias, diretas do autor, que tendem a manifestar uma única voz, como acontece fora da literatura, em que esta tendência motiva e orienta a palavra, apesar de seu constitutivo caráter dialógico e sua dialogia interior.

Sem dúvida, o fenômeno da dialogia interior da palavra, que se manifesta, sobretudo, nas formas do discurso reproduzido (ver Capítulo "A manipulação da palavra alheia: sobre as formas do discurso reproduzido"), está presente tanto na língua falada como na língua escrita, também na literatura e na escrita extraliterária. Do mesmo modo, na prosa extra-artística (cotidiana, científica, retórica) encontramos diferentes modelos que são variantes do discurso reproduzido e a dialética entre a palavra própria e a palavra alheia. Mas, na literatura, a dialogia interior da palavra se converte em objeto de representação artística. Isso equivale a dizer que, no romance e, sobretudo, no romance polifônico, as potencialidades dialógicas da linguagem são levadas a seus limites. O intercâmbio, a alteridade relativa e de oposição, a subordinação do significante ao significado, ao sujeito, à verdade, e o caráter instrumental e produtivo da linguagem se superam em uma palavra que, sob este aspecto, é não funcional e que se orienta até as relações de alteridade absoluta. Na prosa extra-artística

> a dialogia costumeiramente se isola em um ato autônomo especial e se desenvolve no diálogo direto, ou melhor, em outras formas claras, expressas na composição como demarcação e polêmica com a palavra alheia. Na prosa artística, ao contrário, a dialogia da palavra penetra desde o interior com o ato mesmo com o qual a palavra concebe seu objeto e com o modo de sua expressão, transformando sua semântica e sua estrutura sintática. A recíproca abertura dialógica se converte em um fenômeno da palavra mesma que desde o interior a vivifica e a dramatiza em todo o momento.[17]

---

[17] Bakhtin, "La parola nel romanzo", em *Estetica e romanzo*, op. cit., p. 92.

Também encontram expressão na linguagem a monologia, a divisão das palavras em próprias e alheias, a posição objetiva e a posição do terceiro – que faz abstração do eu e do tu, das irrepetíveis singularidades de cada um e das realidades primárias, submetendo-as à generalização do conceito. A linguagem não é somente encontro com o outro, compreensão respondente, enunciação, única e infinitamente diversa: é também imposição de significados gerais, repetição, anulação das diferenças, universalização sem nenhuma referência nem ao eu nem ao outro.

O engano da linguagem, diz Blanchot – no duplo sentido que se engana e nos engana –, consiste na ilusão de incluir de forma definitiva e firme a ausência em uma presença. O sentido se obtém ao preço de uma existência e uma presença negadas. O sentido da palavra (*mot*) dá a ideia da coisa, mas nega seu ser coisa. Certamente

> a palavra me dá o que ela significa, contudo, antes disso, ela suprime esse significado. [...] A palavra me dá o ser, porém ela me dá isto privado do ser. Ela está ausente deste ser, de seu nada, o que permanece dele quando ela perdeu seu ser, quer dizer, o único fato que ela não é.[18]

Mas a linguagem é também plurivocidade, mal-entendido, contradição. Além da palavra que tende à estabilidade e ao que não se equivoca, à plenitude de sentido – e onde se esconde o equívoco, o vazio e a ausência –, existe também uma palavra cujo sentido é impreciso, ambíguo, que se difere, feito de remissões a outras palavras em um jogo de revides que nunca se conclui. Trata-se de uma palavra enferma, diz Blanchot, cuja enfermidade é a saúde das palavras: "O equívoco as rasga? Feliz equívoco sem o qual não haveria diálogo. O mal-entendido as falsifica? Mas o mal-entendido é a possibilidade de nossa tentativa. O vazio as penetra? Este vazio é o sentido delas mesmo."[19]

Uma palavra que é ausência e é fundamentalmente uma pergunta, e que, portanto, expressa a negação, o vazio, a ausência, sobre os quais se fundamenta a linguagem.

Esta espécie de elogio da plurivocidade, da ambiguidade e da palavra que é objetificada em vez de ser objetiva é, tanto em Blanchot como em Bakhtin, um elogio da literatura. A literatura é a experiência por meio da qual a linguagem descobre sua ambiguidade. Uma ambiguidade que nela é essencial. Com as próprias inquietudes, divisões e contradições, a linguagem literária não faz nada mais que expressar o ser da linguagem.

---

[18] Blanchot, *De Kafka à Kafka*, Paris, Gallimard, 1981, p. 57.
[19] Idem, p. 23.

A impotência da linguagem, diz Blanchot, está na impossibilidade de ter subtraído o seu próprio poder, de sair de seu próprio reino, que é o "dia", e não a intimidade noturna do que foi descartado e excluído da nominação. Mas essa impotência pode demonstrar-se: a palavra assume, nesse caso, como sentido próprio, sua impossibilidade de se subtrair o sentido, e se converte assim em "um poder vazio, com o qual nada se pode fazer, poder sem poder, impotência por deixar de ser".[20] Um triunfo sobre o sentido das palavras, uma relação sem poder, fora da dialética amo-escravo, uma linguagem "que fala também somente a quem não fala, para ter e poder, para saber e possuir, para tornar-se dominador e se dominar, quer dizer, um homem muito pouco homem".[21]

A escritura sabe da morte que a linguagem dá às coisas quando as diz, e a linguagem, que se converte em ambígua, fala de sua ausência, de sua presença proibida. O desafio da linguagem, que deseja revelar as coisas e determiná-las, é um desafio ao nada. Existe uma dupla relação da linguagem com a morte, ou seja, a morte como afirmação da própria Verdade, por um lado, e a morte como morte sem Verdade, por outro. A exclusão da morte da ordem do discurso se converte em sua transgressão, em algo mais, um "desvio incurável" (Baudrillard). Como na visão carnavalesca, a vida não é o oposto da morte; termina por sê-lo quando, em sua ilusão de não poder ser nada mais que vida, dissimula toda ambivalência, toda não funcionalidade e toda carência, convertendo-se em um desenho linear de produção e de acumulação.

Para Blanchot, a linguagem é adjacente ao que é o outro do homem, avizinha-se daquilo que é irredutível ao horizonte do ser, ao horizonte das possibilidades do mesmo (*même*) e da totalidade (*totalité*), como diria Lévinas. Não se pode separar a investigação de Blanchot da reflexão sobre a relação de alteridade, precisamente nos termos nos quais a considera Lévinas: uma alteridade que ultrapassa os limites da totalidade, da palavra objetiva, da utilidade, da economia, do poder da linguagem.

Assumir o ponto de vista da escritura literária significa renunciar o pressuposto de um sujeito sempre disposto a responder pela sua própria palavra, sempre disposto a justificá-la e esclarecê-la. Mas não só isso: a referência à escritura literária comporta posteriores consequências nos confrontos pelo direito de propriedade sobre a palavra e nos confrontos da mesma categoria de "sujeito". A literatura, sobretudo em determinados gêneros e em determinadas obras, aparece

---

[20] Idem, p. 46.
[21] Blanchot, *Le livre à venir*, op. cit., p. 44.

como uma espécie de decomposição do eu, de autodistanciamento, de autoironia, que recusa comprometer-se com a palavra edificante, autoritária, unilateralmente ideológica, inclusive quando a literatura tenta esquecer sua não funcionalidade, e se compromete com uma causa política e social, "o engajamento se realiza entretanto sobre o modo do desengajamento. E é a ação que se torna literária".[22]

Como a metalinguística de Bakhtin (a *translinguistique* [translinguística] de Todorov), a palavra de Blanchot apresenta o que a linguística (da *langue* e da *parole*) não conhece da linguagem; e se pode fazê-lo é pela superação imanente que a literatura permite dentro da linguagem. De fato, em Bakhtin é precisamente o caleidoscópio da literatura que lhe oferece a possibilidade de ver na linguagem o que a linguística do intercâmbio igual e da comunicação não pode apreciar, ou seja, a palavra outra; não somente a palavra do outro, que requer a compreensão respondente, mas também outra voz que ressoa na palavra do "mesmo" sujeito.

A escrita literária supera a monologia da linguagem e sua dialogia limitada tendendo à polilogia. A escrita é esse mesmo movimento de abertura, e os diferentes gêneros e subgêneros literários podem classificar-se em relação a esses dois polos opostos. Somente através da escritura é possível ver o rosto alheio da palavra e da linguagem, ver o que não se desvela, o que não se dá diretamente, o que não é afirmação do mesmo, mas também sua crítica, ver uma alteridade que transborda o sistema das oposições, uma alteridade autônoma, não relativa.

A alteridade que se escuta na palavra oral é uma alteridade que se faz ver como objetiva, mas que na realidade é relativa, porque se apresenta como identidade, afirmação de outro idêntico que realiza sua identificação de mesmidade, seu egotismo em um sistema de papéis, de traços distintivos, reciprocamente opostos. Aquele que fala, fala de uma posição determinada, o que ele diz lhe pertence: o sujeito falante não pode separar-se do "eu" de seu próprio discurso. A alteridade da escrita literária, ao contrário, é deslocamento (*déplacement*) em relação às oposições, aos papéis, aos lugares comuns da linguagem, e se dá como deslocamento, como ausência.

A escrita não fala diretamente; ao contrário, representa, joga, põe em cena, corrompe, parodia. Se qualquer discurso entra sempre em diálogo com outros discursos, a dialogia da escrita se caracteriza pelo não compromisso do escritor como escritor, por sua palavra indireta, deslocada: o escritor escapa à regra do discurso na qual todo sujeito está obrigado a tomar posição nos papéis estabelecidos.

---

[22] Blanchot, *De Kafka à Kafka*, op. cit., p. 92.

Também Lévinas, no ensaio de 1948, que citamos no início, com as noções de "evasão", "sombra", "entremeios" (*entretemps*), "o provisório nunca terminado", "a duração eterna do intervalo", afirma a impossibilidade de fechar a arte e a literatura no contexto do contemporâneo e na esfera da liberdade e do engajamento do eu. É significativo que esse ensaio sobre a arte e a literatura se conclua com um alargamento da perspectiva que inclui também a reflexão sobre o problema da relação com o outro.

O que une Lévinas, Blanchot e Bakhtin se os consideramos em uma relação não de identificação, mas de "recíproca compreensão respondente", como vozes que dialogam sobre o mesmo problema (um diálogo real entre Blanchot e Lévinas, ideal com Bakhtin)? O que os une, apesar de se tratar de um diálogo no qual os interlocutores se encontram distanciados de suas próprias tradições culturais (judaísmo e cristianismo)?

Talvez trate-se de um interesse comum pelo que existe de propriamente humano em toda obra humana, qualquer que ela seja, na medida em que, além de adaptar-se perfeitamente ao próprio fim, como diz Lévinas, "ela testemunha seu acordo com um indefinível destino estranho ao corpo das coisas e que as coloca fora do mundo, como o passado apagado para sempre das ruínas, como a efêmera singularidade do exótico".[23]

---

[23] Lévinas, *La réalité et son ombre*, op. cit., p. 106.

O HUMANISMO DA ALTERIDADE EM BAKHTIN E LÉVINAS

Alteridade e diálogo

Comecemos por uma citação em que se fala das leituras de um escritor em sua etapa de formação:

> Trata-se, antes de mais nada, de leituras da literatura russa. Concretamente de Puskin, Lermontov e Dostoievski, sobretudo deste último. Parecia-me que o romance russo, a obra de Dostoiévski e de Tolstoi, se interessava por questões fundamentais. Eram livros atravessados pela inquietude religiosa, mas que podiam ser lidos como busca do sentido da vida. Romances nos quais o amor revela sua dimensão transcendental [...]. O sentimento amoroso nesses romances foi minha primeira tentação filosófica.

Poder-se-ia pensar que o autor dessa citação é o filósofo e teórico da literatura M. Bakhtin, que como se sabe ocupou-se de Dostoiévski, Puskin, Tolstoi e outros escritores russos. Na realidade o texto citado pertence a E. Lévinas.[1]

Lévinas nasceu na Lituânia em 1906, mas sua formação deu-se na Rússia. Voltou à Lituânia em 1923 e ficou em Estrasburgo. Anos mais tarde mudou-se definitivamente para Paris, onde morreu em 1995. Mas foi em Estrasburgo que

---

[1] Forma parte de uma entrevista que foi concedida a Françoise Poiré, E. Lévinas, *Entretiens*, Lion, La Manufacture, 1987, p. 69.

Lévinas conheceu o romancista e teórico da literatura Maurice Blanchot, com quem estabeleceu uma amizade que se deu também por um interesse comum pela filosofia e pela literatura: "foi ele", diz Lévinas, "quem me fez conhecer Proust e Valéry".[2]

Em Bakhtin a escrita literária converte-se em objeto direto de pesquisa, e é o principal ponto de vista a partir do qual se considera a relação de alteridade e a estrutura dialógica do discurso. Por outro lado, em Lévinas, a literatura não ocupa o mesmo lugar de relevo como objeto de pesquisa — naturalmente esse lugar é ocupado pela "escritura": a "sagrada" escritura, a Bíblia, o Talmud —, ainda que vários de seus ensaios dediquem-se à literatura, sobretudo os que formam parte de *Noms propres*. Mas também para Lévinas a literatura e a arte em geral constituem importantes pontos de referência para sua reflexão. Há que recorrer-se, a esse propósito, a seus ensaios "La realité et son ombre" e "La transcendencia de las palavras", em *Temps modems*, respectivamente em 1948 e 1949.

Propomos aqui um estudo comparativo das posições filosóficas de Bakhtin e de Lévinas, seguindo a análise que havíamos iniciado no capítulo anterior. Comparar Bakhtin com Lévinas, autor comprometido no âmbito da filosofia, leva a compreender mais profundamente a consistência teórica da reflexão bakhtiniana. Além disso, essa comparação permite ver como o pensamento de Bakhtin estende-se para além das fronteiras da teoria da literatura. Dizendo isso não pretendo sobrevalorizar a influência que a literatura exerce sobre Bakhtin. Ao contrário, a partir da afirmação de que o objeto da investigação bakhtiniana não é unicamente a literatura, pode-se ver melhor como a literatura constitui, de fato, sua perspectiva. Realmente, Bakhtin se move em um terreno muito mais amplo que aquele que institucionalmente se delimita como história da literatura ou da arte em geral. Por um lado, poderíamos caracterizar o pensamento de Bakhtin como filosofia da literatura (ou talvez melhor, como filosofia da criação artística), mas atribuindo, no plano da análise lógica, também no "da literatura", principalmente um valor de genitivo subjetivo e não somente de genitivo objetivo. Por outro lado, estudando Bakhtin não convém perder de vista a estreita relação, entre "arte" e "vida", também no sentido de que tudo o que se experimenta na arte tem que se transladar para a vida para enriquecê-la e renová-la.[3]

Em um certo sentido, também Lévinas utliza a literatura como ponto de partida para suas reflexões. Não trata apenas, como em Bakhtin, de literatura russa, como também o autor que mais impressiona Lévinas (como Bakhtin) é Dostoiévski.

---

[2] Idem, p. 27.
[3] Relação que se afirma a partir de seu primeiro ensaio de 1919: "Arte e responsabilidade".

Sabe-se que, paralelamente a Bakhtin, Lévinas se tem ocupado especialmente da relação entre o eu e o outro. Em consequência, poderíamos esperar que a comparação entre esses dois autores se referisse às suas respectivas interpretações da relação interpessoal. Por outro lado, como de alguma maneira se deduz do que foi dito até agora, o que me interessa destacar é a relação que ambos os autores evidenciam entre o eu e o outro e o problema do valor literário e do valor artístico em geral. Isto é, a relação entre valor estético e fundação das ciências humanas em um humanismo que se delineia, em ambos, como humanismo da alteridade.[4]

Em Bakhtin e Lévinas, a alteridade se encontra no interior do sujeito, do eu, que é o mesmo diálogo, relação eu-outro. Não existe nenhum privilégio ontológico da consciência do eu, dado que a consciência é inseparável da linguagem, e a linguagem é de outros antes que se converta em "própria", antes que se identifique com a própria consciência e expresse as próprias intenções, o próprio ponto de vista.

> Nosso discurso, ou seja, todas as nossas enunciações (incluídas as criativas) estão cheias de palavras alheias que têm um diferente grau de alteridade ou assimilação e que são usadas com diferentes graus de consciência ou de ressalva.[5]

Tanto em Bakhtin como em Lévinas, a relação com o outro não se estabelece em termos de diferença recíproca. A relação com o outro se entende como excedente, como superação do pensamento objetivado, como fora da relação sujeito-objeto e da relação de reciprocidade equivalente (incluída a relação entre significado e significante). Essa relação se coloca dentro do próprio eu sem que ele comporte sua assimilação. Além disso, a exotopia da palavra literária, ou seja, sua autonomia no que diz respeito ao escritor, à esfera da literatura, ao texto interpretante, realiza-se sobre a base da relação de alteridade. Autonomia que comporta uma responsabilidade muito maior que a dos papéis que definem a identidade do sujeito. Esse conceito de responsabilidade, que aparece com frequência em Lévinas está presente, desde o princípio, na reflexão de Bakhtin (veja o Capítulo "Filosofia moral e filosofia da literatura").[6]

O problema da alteridade e do diálogo implica, necessariamente, o da linguagem verbal (oral e escrita) e do signo em geral. Aparecem, portanto, nas disciplinas que deles se ocupam diretamente: na linguística, com todas as

---

[4] Cf. Lévinas, *Humanisme de l'autre homme*.
[5] Bakhtin, "O autor e o herói" (trad. it., "L'autore e l'eroe", op. cit., p. 278).
[6] Para uma análise mais profunda, veja também Ponzio, *Scrittura, dialogo, alterità: Tra Bachtin e Lévinas*. op. cit.

suas ramificações e divisões, e na semiótica. Mais precisamente, o problema da alteridade e a dimensão dialógica do discurso obrigam as ciências dos signos e da linguagem verbal – sobretudo quando possuem uma visão globalizadora e sistemática e se baseiam na categoria da identidade – a interditarem as próprias noções e os próprios fundamentos para levar a cabo uma reflexão crítica e, portanto, filosófica. Nesse sentido, Bakhtin e Lévinas trabalham por uma filosofia da linguagem que, ao estar conectada com as ciências dos signos, não permanece vinculada a seu estatuto e encerrada nos limites da especialização. Trata-se de uma "metalinguística", como diz Bakhtin, ou uma metassemiótica; ou ainda, nas palavras de Lévinas, de uma filosofia que não é ontologia, que não está vinculada ao ser, como acontece nas diferentes ontologias especializadas – as ciências dos signos, nesse caso, ou na ontologia geral com pretensões totalizadoras –, mas que está dialogicamente orientada para a escuta do "*Autrement que être*" (expressão que remete ao título do livro de Lévinas de 1974), para a escuta do que permanece irredutivelmente outro com relação à totalidade, para a identidade e ontologia.

A alteridade do signo

Tanto em Bakhtin como em Lévinas, o problema da alteridade e do diálogo implica necessariamente a questão da linguagem verbal e do signo em geral, porque o diálogo e a alteridade são as modalidades primordiais e constitutivas daquilo que se apresenta como signo, num sentido próprio, distinguindo-se da unicidade, reiteração e identidade do sinal. Isso se dá de tal forma que a reflexão sobre a linguagem verbal e o signo em geral pode servir como aporte ao problema da alteridade e do diálogo. Este último problema é primordial posto que, se faltar nas ciências da linguagem, sacrifica-se uma dimensão essencial do signo verbal e do signo não verbal, como de fato tem acontecido na linguística e na semiótica, nas quais têm predominado o monologismo e a categoria da identidade.

Da mesma forma, o signo (verbal ou não verbal) é o modo objetivo e material de ser da alteridade e da dialogia, sobretudo porque estas não podem existir fora dele. A alteridade de que Bakhtin e Lévinas se ocupam, e que é a que nos interessa, é uma alteridade não relativa, na qual o outro existe por si, independentemente do eu. Ela não espera a doação se sentido por parte de uma consciência objetivante e interpretante para subsistir como outro; em segundo lugar, além disso, o signo da alteridade não relativa ao eu e ao signo do diálogo não formal – aparente, mas real e substancial – possui uma autonomia irredutível com relação ao significado que o intérprete lhe atribui. Isso vale tanto para o intérprete que o "lê", o "leitor", quanto para o que o "produz", o "autor": o signo expressa um sentido diferente daquele que o eu, como intérprete, lhe concede e tem, por esse motivo, uma objetividade própria, uma materialidade própria, uma capacidade de resistência no que diz respeito à consciência que o interpreta e lhe atribui um significado.

É essa alteridade do signo a que determina e a que decide os "limites da interpretação", em relação à qual se volta a considerar a questão da "obra aberta", tanto por parte do "autor" como do papel do leitor, "*lector in fabula*",[7] e que não se pode resolver recorrendo ao convencionalismo social. Os limites da interpretação são proporcionados pela objetividade, materialidade e autonomia do signo, ou seja, a alteridade com relação ao eu interpretante, seja este o "receptor" ou o "enunciatário", ou "o leitor", ou quem o produz, o "enunciador", o "autor" em pessoa, com toda sua autoridade. O problema dos "limites da interpretação" está estreitamente ligado ao da alteridade e da dialogia do signo ("interiores", ao se referirem ao próprio eu do signo, a seu "autor", ou "exteriores", ao se referirem a um intérprete diferente, o "leitor"), e não se pode encará-lo separadamente da reflexão de quem, como Lévinas e Bakhtin, lhe dedica atenção especial.

Dialogia, alteridade, escrita

As perguntas que vamos fazer são: quais são as características do signo em que a alteridade irredutível à identidade e à ideologia efetiva se expressam melhor? É a oralidade ou a escrita o que permite à palavra do outro realizar-se melhor? Sabemos que Platão desconfia do discurso escrito, porque não responde a quem o interroga e não escolhe os seus interlocutores. Desconfiança que tinha levado Sócrates a não escrever nada e preferir a conversação e a "palavra viva". Platão fora levado ao mesmo, a escolher o diálogo como forma literária, porque reproduz melhor o desenvolvimento da conversação.

Na realidade a presença da alteridade e do diálogo torna-se possível não pela oralidade como tal, mas por gêneros especiais do discurso os quais permitem que a palavra ressoe como outra que, junto com as intenções do falante, tenha outra ou outras que lhe são estranhas, apresentando-se como palavra a "duas

---

[7] Cf. Humberto Eco, *Opera aperta*, Milão, Bompiani, 1962 (trad. esp. Roser Berdagué, *Obra abierta*, Barcelona, Ariel, 1990); *Lector in fabula*, Milão, Bompiani, 1979 (trad. esp. Ricardo Pochtar, *Lector in fabula*, Barcelona, Lumen, 1993); e *I limiti dell'interpretazione*, Milão, Bompiani, 1990 (trad. esp. Elena Lozano, *Los límites de la interpretación*, Barcelona, Lumen, 1992).

ou mais vozes", segundo a expressão de Bakhtin. Precisamente porque é uma questão de gêneros do discurso, a escrita não está, como tal, em desvantagem em relação à palavra oral; ambas podem realizar-se segundo gêneros do discurso da palavra direta, da palavra própria que, por mais que possa conter a presença da palavra alheia e ressoar como outra, é fundamentalmente funcional à realização da identidade e segue linearmente o ponto de vista e as intenções de um mesmo sujeito. Nesse caso, a palavra, independentemente do fato de ser oral ou escrita, é palavra objetiva, incapaz de distanciar-se do sujeito que fala, incapaz de objetivar-se, de representar-se, de olhar a si mesma a partir de um outro ponto de vista, como acontece após um processo de "deslocamento" de ordem espacial, temporal, axiológica e linguística, um movimento de exotopia, como diz Bakhtin.[8]

Como Kierkegaard já havia observado, a palavra direta, objetiva, não se preocupa com a alteridade, com a outra palavra com relação a si mesma, com a alteridade do sujeito que cria para si a ilusão de objetivar-se nela, com identificar-se com ela, não se preocupa com sua alteridade individual com relação a si mesmo como indivíduo relacionado a um gênero, um papel, uma posição social. A palavra direta, objetiva, não se preocupa com a alteridade do interlocutor, mas em superá-la, englobá-la, assimilá-la. É uma palavra que se ocupa somente de si mesma e, portanto, não constitui comunicação alguma se não for para confirmar sua identidade.

A palavra oral não é a única que possui o privilégio de permitir a quem fala não apenas apresentar-se como "sujeito objetivo", fixo, determinado, de acordo com uma tomada de posição, uma perspectiva, uma eleição, um papel, mas de ser *atopos*, como diziam Platão e Alcibíades de Sócrates. Não é a palavra oral a que torna possível a ironia socrática, mas a que tem a possibilidade de falar indiretamente, de falar com reserva. Uma palavra em que a alteridade dos interlocutores não fica esmagada nem anulada pelo discurso; em que aquele que fala mantém, com ela, uma relação de separação e é capaz de artifícios formais que desloquem o sujeito objetivo e façam vacilar sua segurança e sua univocidade.

A palavra indireta e com mais vozes é própria de alguns gêneros do discurso que, ao se encontrarem em desenvolvimento, sobretudo na escrita, não lhe pertencem originalmente. Além disso, seu caráter dialógico e sua abertura para a alteridade derivam de seu antigo nexo com gêneros orais da cultura popular. Antes de se converter em um gênero escrito, o gênero "diálogo socrático" foi um gênero oral, ligado a outros gêneros que Bakhtin indica como pertencentes ao

---

[8] Cf. Ponzio, *Tra semiotica e letteratura. Introduzione a M. Bachtin*, op. cit., sobre a distinção entre "objetivo" e "objetivado", pp. 55-60.

âmbito "sério-cômico" que têm sua base no folclore do carnaval e que se ressentem da "alegre relatividade" típica da visão carnavalesca do mundo. Os gêneros do sério-cômico são variantes literárias de gêneros orais folclórico-carnavalescos.

Por sua vez, esses gêneros orais remetem aos signos não verbais da cultura carnavalesca, à linguagem de formas simbólicas que encontra expressão nas festas, cerimônias e formas de tipo carnavalesco. Com diferentes variações e detalhes, segundo as diferentes épocas, os diferentes povos e as diferentes festas, esses gêneros se encontram na base de toda cultura e são anteriores à divisão em classes da sociedade e à formação do indivíduo como entidade circunscrita e isolada do resto *do social* – com sua esfera delimitada de responsabilidade e imputação. Bakhtin, em *A cultura popular na Idade Média e no Renascimento: o contexto de François Rabelais*, interessa-se especialmente pela relação, em nível de experiência vivida a nível corporal, entre essa abstração relativamente recente que é a identidade individual e esse modo muito mais antigo de viver e sentir o mundo e os demais; que encontra expressão na experiência que Bakhtin chama de "corpo grotesco"; que se caracteriza pela implicação; pela inseparabilidade intercorporal – o indissolúvel nexo de união entre identidade e alteridade. Os signos do corpo grotesco e da cultura carnavalesca, com seu sentido da ambivalência, da subversão, do livre contato familiar entre os homens, da abolição das distinções e das ordens hierárquicas (de casta, de classe, de idade, de sexo, de propriedade) contêm uma forte potencialidade de manifestações da alteridade, as quais têm comportado os gêneros do discurso e literários, concretamente aqueles do domínio "sério-cômico". Esses gêneros se contrapõem à palavra direta, a que conserva e reforça a identidade – individual, de grupo, nacional, linguística –, aos gêneros da palavra "séria", como são a epopeia, a tragédia, a historiografia, os gêneros retóricos etc. Esses signos de "realismo grotesco" que se contrapõem à visão monológica da realidade e que possuem um sentido polilógico têm entrado na linguagem familiar, na linguagem satírica e na linguagem do escárnio – na linguagem da "praça", que Bakhtin investiga em *A cultura popular na Idade Média e no Renascimento: o contexto de François Rabelais* e qualifica como "enorme reserva de livre gesticulação carnavalesca". Mas, observa Bakhtin – e é uma consideração fundamental para responder à questão da individualização do signo na qual a identidade irredutível pergunta sobre qual é o signo em que a alteridade irredutível à identidade e a efetiva dialogia se expressam –, a linguagem das formas simbólicas do carnaval

> Não pode ser completamente traduzida nem se adequar à língua comum, muito menos à linguagem dos conceitos abstratos, mas permite uma determinada

transposição na linguagem que lhe é afim pelo caráter concretamente sensível, das imagens artísticas, ou seja, na linguagem da literatura.[9]

Como se vê, a questão do signo específico da alteridade e do diálogo elimina a contraposição oralidade/escrita e, além disso, ultrapassa os limites do verbal, sugerindo a relação entre signos verbais e signos não verbais. Se a escrita permite o desenvolvimento do "gênero diálogo socrático", ao mesmo tempo ela produz textos dialógicos que do diálogo socrático originário têm somente a forma, mas cujo conteúdo têm um caráter monológico, porque, nesse caso, o diálogo terá se convertido em um simples método de exposição com fins pedagógicos: para expressar uma tese, uma doutrina. Isso se passa, como se sabe, também em Platão. A causa desta transformação não está no uso da forma escrita, mas na subordinação da forma do diálogo à palavra direta, à palavra objetiva. Nos lugares em que, por outro lado, prevalece a palavra indireta, distanciada, onde a escrita busca recursos sintáticos e literários de distanciamento da palavra própria – tanto no discurso que reproduz como no discurso reproduzido – nos recursos de transformação da palavra objetiva em palavra objetivada, como no Simpósio de Platão, a forma dialógica encontra a efetiva dialogia do conteúdo.[10]

Arte, desinteresse, responsabilidade

A palavra literária desenvolve as potencialidades expressivas da alteridade da palavra indireta. O caráter específico que confere valor artístico à palavra literária é sua objetificação, sua representação, expressa na posição do outro, e não do eu. Passa-se a compreender por que, na citação anterior, Bakhtin estabelece uma relação de afinidade entre signo carnavalesco e imagem artístico-literária: porque ambos se caracterizam por uma abertura para a alteridade. Poderíamos encontrar na literatura, sobretudo nos gêneros que se caracterizam por uma maior exotopia – nos gêneros carnavalescos como o romance, sobretudo o "polifônico" –, um lugar privilegiado de manifestação da alteridade e da dialogia. Para algumas expressões do gênero romance, diz Lévinas em "La réalité et son ombre", em sintonia surpreendente com Bakhtin (ver Capítulo "A relação de alteridade em Bakhtin, Blanchot e Lévinas"), pode-se falar de uma "visão exterior que se converte em método":

---

[9] Bakhtin, *Problemas da poética de Dostoiévski* (trad. it., *Dostoievski*, op. cit., p. 159).
[10] Cf. Ponzio, Calefato e Petrilli, *Fondamenti di filosofia del linguaggio*, op. cit.

a introspecção é considerada como o procedimento fundamental do romance [...]. Cremos, ao contrário, que uma visão exterior – a partir de uma exterioridade total [...] onde inclusive o sujeito é exterior a si mesmo – é a verdadeira visão do romancista [...]. Também o romancista psicólogo vê sua vida interior de fora, não necessariamente com os olhos de outro, mas como se participasse de um rito ou um sonho. Toda a força do romance contemporâneo, sua magia artística, deriva talvez deste modo de ver a interioridade a partir do exterior, que não coincide em absoluto com os procedimentos do behaviorismo.[11]

Existe uma estreita relação de analogia entre o conceito levinasiano de *exteriorité* e o bakhtiniano de *vnenachodimost*, "extralocalização", "exotopia".

Como propõe Bakhtin, podemos distinguir, nos gêneros do discurso, os gêneros primários ou simples, ou seja, os gêneros do diálogo cotidiano, e os gêneros secundários ou complexos, como o gênero diálogo, o romance, os gêneros teatrais etc. Ou seja, todos os gêneros que representam e objetificam a troca cotidiana, ordinária, objetiva.

O diálogo dos gêneros primários, na qualidade de componentes dos gêneros secundários, converte-se em diálogo representado e perde assim seu nexo direto com o contexto real e com os objetivos da vida cotidiana. Em consequência, perde seu caráter instrumental, funcional. O diálogo *sai do contexto monológico* no qual se determina com relação a seu objeto e com relação aos demais discursos de seu próprio contexto. Entra no contexto do discurso que o representa, na complexa interação verbal com o autor que o objetifica, o representa, na forma do discurso indireto, direto, indireto livre e suas variantes.

A complexidade da palavra dialógica pode ser mais bem estudada examinando-se a representação do discurso em sua dialogização interna, presente nos gêneros de discurso secundários da literatura, especialmente no gênero romance, os quais evidenciam aspectos do diálogo que os gêneros do discurso primário, simples, diretos, objetivos, não revelam. E esse estudo interessa também pela análise linguística que tem como objeto a enunciação, que é a célula da troca dialógica, em vez da frase ou da proposição, que são, por outro lado, as células da *langue*.[12]

A escrita literária, a do "escritor", não a do "escrevente", a "escrita intransitiva", no sentido de Barthes, opera um deslocamento na linguagem para a dialogia e a alteridade. Aquele que escreve não é escritor enquanto sua palavra

---

[11] Lévinas, *La realité et son ombre*, 1948, op. cit., p. 114.
[12] Cf. Bakhtin, "O autor e o herói" (trad. it., "L'autore e l'eroe", op. cit., pp. 253 e seguintes).

for palavra objetiva, e não objetificada, como a de um jornalista, um crítico, um autor de textos filosóficos ou científicos. Para que sua palavra seja objetificada, é necessário que o autor saia de sua própria palavra, que não se identifique com ela, mas que a veja externamente como outra, detecte seu duplo, que configure o que Lévinas (1948) chama de "imagem". Lévinas em "La réalité et son ombre" chama de "imagem" o que a arte representa e onde se manifesta a alteridade. Lévinas contrapõe a imagem ao conceito. O conceito é o objeto captado. A partir deste ponto de vista não existe distinção entre conhecimento e ação: os dois se apropriam do objeto. A imagem neutraliza esta relação com a realidade. O chamado desinteresse da arte consiste nessa neutralização. Para Bakhtin, escritor é aquele que trabalha sobre a língua, estando fora dela, e que possui o dom de falar indiretamente.

O conceito de des-interesse (*dés-inter-essement*) torna-se muito importante na obra de Lévinas. O des-interesse coloca o indivíduo em uma situação de compromisso ilimitado, de responsabilidade absoluta como indivíduo, como único, um indivíduo ao qual o outro não pode substituir em sua responsabilidade. Como tal, o des-interesse é um afastamento em relação aos interesses que tentam conservar a identidade, conservar o ser, *aderir* à realidade, supõe um distanciamento em relação a uma visão inerente a uma determinada ontologia.

Também Bakhtin em "Arte e responsabilidade" (1919) coloca a recíproca relação de compromisso entre o desempenho da obra artística e a responsabilidade que não se pode limitar ao âmbito de convencionalismos determinados (ver Capítulo "Alteridade e gênese da obra").

Desde seus primeiros ensaios Bakhtin, como faz Lévinas, estabelece uma relação de recíproco compromisso entre unidade, singularidade, não intercambialidade e responsabilidade, entendida como absoluta, como não delimitada (por leis, papéis, posições), entendida como "não ter álibis".[13] O ponto principal, que organiza o que está em volta da forma unitária como universo unitário e único, não é determinado por uma consciência que tematiza, não se encontra na relação cognoscitiva sujeito-objeto, mas dá-se, diz Bakhtin, na individualidade

---

[13] Cf. Bakhtin, "Dalle annotazioni e fragmenti del primo capitolo dell'autore e l'eroe", em Jachia e Ponzio, *Bachtin e...*, op. cit., pp. 159-96. Veja também sobre a relação estética-responsabilidade em Bakhtin, *Toward a Philosophy of the Act*, M. Holquist e V. Liapunov (ed.), Austin, University of Texas Press, 1993. O texto de Bakhtin, traduzido do russo para o italiano com o título "Sulla filosofia dell'azione responsabile", se encontra em Ponzio, Jachia e De Michiel, *Bachtin e le sue maschere*, op. cit. (ver Capítulo "Filosofia moral e filosofia da literatura" deste volume).

de minha responsabilidade, pela qual nenhum outro pode ocupar meu lugar, e determina que eu "não tenha álibis para viver".

A "imagem", como Lévinas a considera, implica um domínio sobre o sujeito, que assume o sentido de "estar sujeito a algo", estar sujeito a uma alteridade, que forma parte não eliminável de sua própria realidade, que se converte em seu duplo, sua sombra. A imagem é a alteridade do que é; a estranheza da realidade em relação a si mesma; seu duplo também em um sentido que implica a paródia, a caricatura. A "imagem" é a realidade que não se reduz ao ser, à identidade, à totalidade, à ontologia. É a alteridade, que encontra nos signos da arte a possibilidade de manisfestar-se. Também sob este aspecto, muitas são as analogias com Bakhtin, como é fácil de comprovar se considerarmos a reflexão bakhtiniana sobre a copresença do sério e cômico na cultura popular e na representação da realidade nos gêneros da literatura "carnavalesca".

Alteridade e escuta

O signo artístico, como qualquer outro signo, em que a alteridade se manifesta, é expressão: mas o que significa aqui "expressão"? Lévinas coloca essa questão a propósito da arte em "La réalité et son ombre" e volta a considerá-la em "La transcendencia de las palabras", publicado no ano seguinte na mesma revista (*Temps modernes*) e dedicado a Biffuris e Leiris. É o mesmo problema que se apresenta outras vezes em Lévinas sobre a distinção entre o "dito" e o "dizer", sobre a "significação do dito" e a "significância do dizer". Expressar-se não significa somente manifestar um pensamento por meio de um signo. A partir desse ponto de vista, Lévinas, em seu ensaio de 1948, considera que a expressão artística não pode implicar somente conhecimento e, a esse propósito, estabeleceu a distinção entre imagem e conceito. Lévinas evidencia o caráter dialógico da expressão, em contraste com a tradição que a subordina ao pensamento e ao sujeito e a reduz somente à comunicação ou dissimulação. A expressão, para usar outro conceito de Lévinas (1987), está "fora do sujeito" (*hors sujet*),[14] fora do eu, fora do tema e da argumentação, fora de toda a síntese produzida por uma consciência. A expressão implica a impossibilidade da autossuficiência do sujeito e abertura ao outro, porque necessita de sua compreensão, necessita a atenção alheia. Como diria Bakhtin, a compreensão, desde o início e em sua forma mesma, está predisposta dialogicamente na

---

[14] Cf. Lévinas, *Hors sujet*, Montpellier, Fata Morgana, 1987.

expressão. Tanto é assim que requer não simplesmente a decodificação ou a interpretação identificadora, mas a "compreensão respondente".

Em texto escrito no final dos anos 1930 e início dos 40, *Fundamentos filosóficos das ciências*, Bakhtin se detém a considerar a "expressão", caracterizando-a, ele também, como deslocamento em direção ao outro, como "autorrevelação", na qual o sujeito "se revela graças ao outro" e ao mesmo tempo "permanece ainda em si mesmo". Neste caso, assim como Lévinas, Bakhtin diz que a exatidão do conhecimento não conta como critério e, se se deseja falar de conhecimento em relação à expressão, trata-se de um "conhecimento do individual", de uma "compreensão da expressão", em que o horizonte do conhecedor entra em interação com o horizonte do conhecido, em que se cruzam e se enlaçam reciprocamente duas consciências (do eu e do outro; "aqui eu existo para o outro, através do outro").

Voltando à linguagem artística, a propósito de *Biffures*,[15] de Michel Leiris, Lévinas parece esclarecer que a alteridade do signo não está no seu significado, no seu conteúdo, no dito, mas em sua expressão, no "dizer", que interrompe a condição de sujeito e dono de um determinado mundo para colocar o eu frente ao outro. Nesse caso, não é suficiente o fato de a arte substituir o objeto com sua imagem, a realidade com sua sombra, diz Lévinas, para que o signo se abra à alteridade, para dispô-lo ao diálogo. Também o signo-imagem tende a fechar-se em sua autossuficiência estética, na "paz da beleza", tende a impor o silêncio.

Como o signo-conceito, o signo-imagem se fecha na identidade de uma visão totalizadora, fixa um olhar silencioso que abraça um mundo. É a situação que Bakhtin, no texto de 1919 "Arte e responsabilidade", descreve em termos de separação ou de união mecânica, exterior, entre arte e responsabilidade:

> O artista e o homem estão unificados em um indivíduo de forma ingênua, o mais das vezes mecânica: temporariamente o homem sai da "agitação do dia a dia" para a criação como para outro mundo de "inspirações, sons doces e orações". O que resulta daí? A arte é de uma presunção excessivamente atrevida, é patética demais, pois não lhe cabe responder pela vida que, é claro, não lhe anda no encalço. "Sim, mas onde é que nós temos essa arte – diz a vida –, nós temos a prosa do dia a dia".[16]

Na visão distante da arte, "em que a forma adere ao conteúdo e o acalma", diz Lévinas, e a expressão sucede ao silêncio, a transcendência necessita de escuta. Em Lévinas (também em Bakhtin), a alteridade e a dialogia não são

---

[15] Lévinas, "La trascendance des mots: à propos des Biffures", em *Temps Moderns*, n. 44, 1949.
[16] Bakhtin, "Arte e responsabilidade", em *Estética da criação verbal*, trad. Paulo Bezerra, São Paulo, Martins Fontes, 2003.

privilégio de um signo enquanto tal, mas existem na expressão que requer a escuta, na expressão da palavra viva que solicita acolhimento da palavra alheia. Nesse sentido, mas somente nesse sentido, Lévinas fala de "privilégio da palavra vivente, destinada à escuta, em relação à palavra imagem".

Trata-se de recuperar, nas expressões, a interação primitiva com o outro, que sobretudo se manifesta quando a expressão está ainda ligada ao corpo, e não entregue ao signo escrito. Como diz Bakhtin, ligada ao corpo "não como algo morto, mas como rosto, olhos etc". Consideramos que este é o sentido que Lévinas dá à expressão, porque não é a palavra reduzida ao som a que rompe o silêncio da visão e o silêncio da arte, "silêncio que às vezes denota remorso da consciência, silêncio pesado ou ameaçador". Se é o som verbal o que possui uma capacidade efetiva de transcendência – "a transcendência das palavras" –, não se apoia em ser "som" nem em sua capacidade de assegurar uma união, uma relação em presença, mas se apoia em ser expressão que abre à escuta. Nos "Apontamentos 1970-1971", de Bakhtin, encontramos uma página sobre a relação entre signo verbal, som e "silêncio" (tisina), diferente em Bakhtin de "escuta" (*molcanie*), que apresenta muitos pontos em comum com a distinção que Lévinas propõe em seu ensaio de 1949, do qual falamos.[17]

Por um lado, a expressão como manifestação de um pensamento, concepção à qual se chega a partir das palavras congeladas da linguagem convertidas em documentos, da escrita em sua função de mera transcrição. Por outro lado, a expressão como pedido de compreensão respondente, como se dá na palavra viva que se oferece à escuta. Daí que Lévinas enfoca a crítica – da literatura e da arte em geral – considerando o ponto de vista do interlocutor, leitor, espectador. Trata-se de uma crítica que evidencia a necessidade que o público tem de falar, sua necessidade de não se contentar somente com o prazer estético, mas também de romper com o silêncio imposto "por todas as artes, incluída a arte sonora", uma crítica que se configura como "palavra de um ser vivente que fala a um ser vivente".

Obra, pegada, escritura

Se, até o momento, com base na leitura que realizamos de Bakhtin e Lévinas, voltamos a considerar a relação que a dialogia e a alteridade mantêm com a oralidade e a escrita, nos damos conta de que não é uma relação de dependência:

---

[17] Cf. Ponzio, "El silencio y el callar. Entre signos y no signos", em *Bajtín y la literatura*, trad. M. Arriaga, José Romera Castillo et al (ed.), Madri, Visor, 1995, pp. 27-42.

o diálogo e a alteridade não têm nem na oralidade, nem na escrita, seu meio privilegiado de expressão. A alteridade não necessita da vocalização para existir, é independente da *phoné*, tem uma vida própria anterior à oralidade, assim como também é independente do signo escrito como tal.

Se entendemos a escritura como uma atividade que não se identifica com a produção de signos escritos, que é independente da *phoné*, e que se pode encontrar também fora do signo verbal em geral, podemos chamar "escritura" o processo sígnico em que se realiza esse movimento em direção única, sem retorno, também no sentido de sem garantia, em direção à alteridade que Lévinas chama obra. Esse movimento se pode encontrar na obra artística como tal, mas não é exclusivo dela. O fenômeno estético determina a obra, mas se pode encontrar também fora da esfera artística, apesar de manifestar-se nela como condição fundamental, como método. A "escritura" é a atividade que segue o movimento da obra.[18]

Por outro lado, com Lévinas podemos chamar "pegada, rastro" o signo dessa prática de "escritura" inerente ao movimento da obra. O "rastro" é o signo da alteridade e da abertura dialógica. Mas, além de sua função de comunicar um pensamento, a expressão deixa um rastro que, como demonstra Lévinas em *Totalidade e infinito*, aparece na comunicação como significância da significação. A significância se manifesta no "dizer" mesmo e não se esgota no "dito". Uma série de características (independência do dito, ser algo mais, não funcional apara a troca de mensagens, "dis-simetria", "ex-cedência", situar-se "fora" do ser e das categorias que o descrevem, inutilidade em relação à economia da narração, fábula, autorreferencialidade, ambiguidade, contradição, o fato de que na significância o que se revela não se desvela, mas que permanece invisível, irredutível ao objeto e não perde a própria interioridade e o próprio segredo, sua abertura em relação a alteridade absoluta) configura a significância do dizer como proximidade, contato intercorporal, participação, e a converte em rastro de uma atividade que possui as características da escritura.

Se chamamos escrita a relação levinasiana de alteridade como se realiza no contato de significância do dizer, nos damos conta dos equívocos que se produzem quando necessitamos ver na relação do "face a face" de Lévinas uma preponderância do discurso oral que desvaloriza a escritura. Para Lévinas, como ele mesmo diz na introdução de *L'Au-delà du verset*, a palavra humana já

---

[18] Sobre a relação entre escritura, espaço literário e responsabilidade em Lévinas insiste também S. Petrosino, *La verità nomade, introduzione a Emmanuel Lévinas*, Milão, Jaka Book, 1980.

é escritura pela sua capacidade de significar sempre mais do que diz, porque nela o significante vai além do significado, do dizer. A palavra humana se apresenta como escritura independentemente do fato de estar escrita no sentido literal da palavra, porque é expressão da alteridade, é o rastro, a presença de uma ausência. A escritura, diz Lévinas, já existia na linguagem e na comunicação "antes que o cinzel ou a caneta imprimissem letras em tábuas, em pergaminhos ou no papel. A literatura vem antes da letra".[19] A comunicação e a linguagem não são somente instrumentos, não se esgotam na literariedade do que escrevem, desenvolvem como tema ou se tornam conhecidas.

Para compreender o que caracteriza a obra artística é necessário abandonar o preconceito de que se expressar significa somente manifestar um pensamento, preconceito que se baseia na preponderância da categoria da identidade. "A expressão", diz Lévinas, "implica uma impossibilidade de ser em si, impossibilidade de conservar o próprio pensamento 'para si' e, em consequência, uma carência na posição de sujeito, em que o eu dispõe de um mundo 'dado'.[20] A exotopia da palavra literária evidencia os limites da linguística da identidade e reconduz a expressão à dimensão ética da alteridade que privilegia o outro. Estamos diante de um humanismo da alteridade, que considera que "o fato primário da existência não é o 'si mesmo' nem o 'para si', mas 'o outro'".[21]

---

[19] Lévinas, *L'Au-delà du verset. Lectures et du discours talmudique*, Paris, Minuit, 1983, p. 8.
[20] Lévinas, "La réalité et son ombre", 1948, op. cit., p. 159.
[21] Idem, ibidem.

ALTERIDADE E GÊNESE
DA OBRA

O que expressa a obra? O que o artista quer dizer? Essas são perguntas que constituem toda uma reflexão sobre o "objeto". São perguntas que constituem toda uma reflexão sobre a produção artística. Precisamente, essas perguntas prescindem, por definição, do fato de que a obra possa ser um produto artístico e a consideram, desde seu próprio projeto, um "objeto". A obra expressa algo que podemos conhecer se conseguimos que ela entre em nossa esfera cognoscitiva, se conseguimos transformá-la em objeto de nosso conhecimento. Existe, portanto, um duplo movimento cognoscitivo: um primeiro que se baseia na realização da obra, em sua possibilidade de ter algo a expressar, e um segundo movimento que conduz da obra à sua compreensão. No primeiro, "da obra", na expressão "conhecimento da obra", é genitivo subjetivo da expressão, e a obra (e, antes dela, seu autor) coloca-se na posição de sujeito do conhecimento; no segundo, "da obra" é genitivo objetivo, portanto a obra está situada na posição de objeto do conhecimento. Com relação ao resto do conhecimento, o conhecimento da obra-sujeito pode ser definido como um "algo mais" que somente a arte pode expressar: o artista expressaria o inefável, nos daria a conhecer da realidade aquilo que o conhecimento não artístico não consegue encontrar nem expressar. Sobre essa estranha pretensão realista, apesar dos estudos de realismo estético, Lévinas ironiza sutilmente:

> Onde a linguagem comum silencia, o poema ou o quadro falam. Assim a obra, que é mais real que a realidade, manifesta a dignidade da imaginação artística que se comporta como saber absoluto. Apesar de estar desacreditado como cânone

estético, o realismo conserva todo o seu prestígio. No fundo é negado apenas em nome de um realismo superior. Surrealismo é um superlativo.[1]

O conhecimento da obra-objeto serve-se dos conhecimentos extra-artísticos da realidade a que pertence e da qual fala, dos conhecimentos das disciplinas históricas, sociológicas, antropo-culturais e filológico-linguísticas. É um paradoxo considerar que se pode traduzir em forma extra-artística o conteúdo de uma obra. Ao fazê-lo não somente se destrói sua forma, mas também se afirma a superioridade e onicompreensão da expressão extra-artística que, por outro lado, parecia colocar-se em discussão considerando a arte como esse *algo mais* cognoscitivo.

> A crítica substitui a arte. Interpretar Mallarmé não significa traí-lo? Interpretá-lo fielmente não significa talvez suprimi-lo? Dizer claramente o que ele diz de forma obscura significa dizer que seu falar obscuro é vão. [...] Pode-se definir o crítico: aquele que tem algo para dizer quando já se disse tudo; que pode dizer algo diferente da própria obra.[2]

Evidentemente algo não funciona quando se coloca o problema da compreensão da obra em termos de "o que ela pode nos dizer". Por isso, em vez de continuar fazendo com que a obra oscile entre a posição de sujeito e de objeto, e em vez de qualificá-la com expressões como o inefável, ou como mistério desvelado, seria melhor abandonar o pressuposto cognoscitivo e expressivo da arte. "É legítimo perguntar-se", diz Lévinas, "se o artista conhece e fala a verdade".[3]

Em Bakhtin encontramos uma atitude parecida com respeito à gênese da obra: a obra artística não depende da expressão e não se baseia no conhecimento. Não é o que o autor tem que dizer nem a força expressiva com a qual diz que produzem o fenômeno estético. A palavra direta, objetiva do autor, é esteticamente improdutiva.[4] Aquele que escreve, e que se apresenta com uma palavra própria, com uma palavra direta, pode ser um publicitário, moralista, estudioso etc., mas não um escritor. Em seu próprio nome o escritor não pode dizer nada.[5] O que quer dizer o autor? É uma pergunta que prescinde do caráter estético da obra, porque esta última se constitui precisamente quando o artista se faz invisível como sujeito que se expressa diretamente, que "se envolve no

---

[1] Lévinas, "La réalité et son ombre", op. cit., p. 174.
[2] Idem, pp. 174-5.
[3] Idem, p. 175.
[4] Cf. Bakhtin (1920-30), "O autor e a personagem", em *Estética da criação verbal*, São Paulo, Martins Fontes, 2003.
[5] Cf. Bakhtin, "Apontamentos 1970-1971", em *Estética da criação verbal*, op. cit.

mutismo", que "permanece na escuta". A atividade propriamente estética não se pode produzir a menos que o autor na obra expresse a si mesmo, suas experiências de vida. A obra de arte não é expressão do autor, nem compreendê-la consiste em participar dessa expressão, não é uma espécie de experiência compartilhada.[6]

Bakhtin e Lévinas não somente se opõem à "estética expressiva" e ao caráter cognoscitivo da arte, mas também compartilham a mesma forma de resolver o problema da especificidade do "fenômeno estético". Essa mesma expressão "fenômeno estético" se encontra em ambos e indica um modo de relacionar-se com o tempo, com a realidade, com o valor, que delineia categorias irredutíveis às do conhecimento. O conhecimento é um movimento do eu, um complexo de operações que tem como ponto de partida o sujeito e que se conclui com um retorno ao mesmo. Um percurso do mesmo ao mesmo que se desenvolve seguindo um projeto no qual o eu é o protagonista quer seja de uma situação de sucesso e aprovação, quer seja de uma situação de fracasso e desilusão. Ao contrário, a origem do movimento da obra artística é o outro. A situação que lhe dá origem não é a do eu, mas a do outro, e, em relação a seu autor, a obra se caracteriza como outra e é esteticamente válida por sua alteridade, por ser irredutível ao sujeito que a produziu, à autonomia, ao acabamento que a desliga de todo projeto que constitui a economia do sujeito e que a libera da história unitária de um eu e a converte, em relação a esta última, como diz Bakhtin, em "transcendente" ou "transgressora".

A obra artística possui as mesmas características da obra, no sentido que Lévinas dá a esse termo em *Le sens et l'oeuvre,* ao afirmar que: "uma orientação que vai do Mesmo ao Outro [...]; a Obra pensada radicalmente é um movimento do Mesmo que não retorna jamais ao Mesmo".

Desse ponto de vista, a posição e o movimento que estão na origem da produção artística constituem um gênero de fenômenos mais amplos que se caracterizam por sua abertura para a alteridade, sua capacidade de ter um destino estranho ao do sujeito que os produziu, ao contexto a que estão ligados, aos fins a que estão imediatamente destinados. A alteridade se apresenta na obra artística precisamente porque é uma obra. Se nos parece que alguns produtos extralinguísticos têm algo em comum com a obra artística é porque também são obras; tanto é assim que podemos afirmar:

> Tem-se de reconhecer um caráter artístico também na obra artesã e em todas as obras humanas, comerciais e diplomáticas, na medida em que, além de adaptarem-se

---

[6] Cf. Bakhtin, "O autor e a personagem", em *Estética da criação verbal*, op. cit.

perfeitamente às suas finalidades, testemunham um acordo com um destino indefinível, estranho ao corpo das coisas, que as coloca fora do mundo, como o passado apagado para sempre das ruínas, como a efêmera singularidade do exótico.[7]

De fato, a arte tem algo de obra como o tem qualquer criação humana. Nesse sentido, o mundo propriamente humano pode-se caracterizar como o mundo em que qualquer artefato, além da finalidade para a qual foi construído, da função que lhe é designada, tem algo a mais, "algo" lhe sobra, tem uma vida própria, uma alteridade. O propriamente humano pode rastrear-se em um objeto qualquer no qual se encontre algo de extrínseco a respeito da utilidade, algo para além de sua função.

Para Marx, o mundo humano é o lugar em que se satisfazem as necessidades de forma mediada: entre a necessidade e sua satisfação se interpõe, como momento intermediário, o trabalho. Se unirmos as duas definições de homem, *faber* e *loquens*, podemos considerar a linguagem, verbal ou não verbal, como trabalho, posto que também satisfaz necessidades, as necessidades comunicativas, e também produzem objetos, objetos sígnicos verbais e não verbais.[8] Para Marx, a produção humana vai além de satisfazer as necessidades, inclusive as necessidades comunicativas: como têm demonstrado os antropólogos, não existem sociedades de pura subsistência, e na reprodução social está sempre subentendido um excedente. Podemos dizer então que a obra é algo específico do homem. Quando se produz um objeto que tende a satisfazer uma necessidade determinada, o trabalho permanece confinado à esfera do sujeito, e quando o próprio sujeito não é a finalidade, trata-se de um trabalho alienado. A obra, em contrapartida, está fora da esfera do sujeito e se orienta para o outro. Assumir a obra como o movimento em que o humano se realiza significa tomar partido de um humanismo que inverte o itinerário que a filosofia percorre normalmente, que, como diz Lévinas: "permanece aquele de Ulisses, cuja aventura no mundo não passou de um regresso à sua ilha natal – uma complacência no Mesmo, um desconhecimento do Outro".[9]

Esse humanismo da alteridade *(Humanisme de l'autre homme,* como se intitula o livro de Lévinas) encontra na produção artística a sua expressão porque esta se propõe exclusivamente a realizar a obra. A partir daqui se pode compreender a relação arte-responsabilidade. A arte, tendendo para a obra,

---

[7] Lévinas, "La réalité et son ombre", op. cit., p. 175.
[8] Rossi-Landi, *Metodica filosofia e scienze dei segni*, op. cit., pp. 48-82.
[9] Lévinas, "Le sens et l'oeuvre", p. 5.

não se pode descomprometer da causa de sua alteridade, de sua autonomia em relação ao próprio autor, por sua capacidade de atravessar as fronteiras histórico-biográficas e histórico-sociais nas quais foi produzida. Mesmo que o autor queira se comprometer, o não compromisso da obra é inevitável. "A obra permanece essencialmente sem compromissos".[10] Trata-se do que Blanchot chama de "a solidão essencial da obra".[11]

> Aquele que escreve a obra se distancia dela, o que a escreveu termina despedido, o que foi despedido não o sabe. [...] A solidão da obra tem como primeira condição esta ausência de exigência que nunca permite dizer dela que é completa ou incompleta. Não tem prova, da mesma forma que não tem um uso. Não se verifica, a verdade pode marcá-la, a fama a ilumina: essa existência não se refere a ela, essa evidência não a torna segura nem real, nem a torna transparente.[12]

Na origem da obra figura a sua ausência, sua separação do autor, seu inevitável alheamento, sua autonomia, sua alteridade. Essa origem é o que é essencial na obra, seu ponto primordial. E é como se, em certos momentos da produção artística, a obra fosse em busca de sua origem, como se expusesse esse processo de separação, como se refletisse sobre sua própria alteridade. O autor compreende que a obra não é expressão de seus estados de ânimo nem algo subjetivo, e que se a obra o coloca fora do mundo em que vive não é porque devolve a sua intimidade, pois a intimidade do autor é alheia à obra e essa alienação é a sua origem. Portanto, se ainda se quer atribuir à obra a missão de expressar e conhecer, é melhor que a obra fale de sua separação, de seu desempenho, de sua origem.

> Precisamente com Mallarmé e com Cézanne, para servirmo-nos simbolicamente destes nomes, a arte não procura refúgios frágeis. O que conta para Cézanne é "a realização", não os estados de ânimo de Cézanne. A arte se dirige com força para a obra, e obra de arte. A obra que se origina na arte se afirma de uma forma absolutamente diferente das obras que se originam no trabalho, nos valores, nas trocas – diferente, mas não contrária: a arte não renega o mundo moderno nem o da técnica, nem o esforço de liberação e de transformação que se baseia na técnica, mas expressa, e talvez cumpre, determinadas relações que precedem qualquer missão objetiva e técnica.
> Parece que não existe nada em comum entre Valery, Hofmannsthal e Rilke. Em contrapartida, Valery escreve: "meus versos têm tido para mim um único

---

[10] Lévinas, "La réalité et son ombre", op. cit., p. 174.
[11] Blanchot, *L'espace littéraire* (trad. it., *Lo spazio letterario*, Turim, Einuadi, pp. 7-19).
[12] Idem, pp. 7-8.

interesse, sugerir-me reflexões sobre o poeta"; e Hofmannstahl: "O núcleo mais interno da essência do poeta é unicamente o feito de saber que é poeta". Já em relação a Rilke não é traição afirmar que sua poesia é a teoria melódica do ato poético. Nesses três casos, o poema é a profundidade aberta sobre a experiência que o torna possível, é o estranho movimento da obra até sua origem, e é a própria obra que se converte na procura inquieta e infinita da sua nascente.[13]

O não compromisso da obra não tem nada a ver com a estética da arte pela arte. A obra distancia o sujeito e está fora da esfera do mesmo, tanto da esfera do sujeito individual autor como da esfera do contexto social em que se produz a obra; e seu movimento conduz irremediavelmente até o outro, estabelecendo um nexo entre arte e responsabilidade. Trata-se de uma responsabilidade diferente da do tipo jurídico, na qual o sujeito responde que sim: quando presta contas, o faz desde a esfera do que lhe compete e segue um determinado código e alguns determinados deveres, um contrato, uma função. Em contrapartida, na responsabilidade com que funciona a arte, não se trata de ter que responder que sim, senão de outro modo: uma responsabilidade pelo outro que supera as fronteiras da ordem ético-normativa, jurídica e política, que vai além da responsabilidade individual, das leis de troca recíproca, das funções que fixam os papéis, da posição social, das distinções que impõem a lei entre identidades individuais, cada uma com a própria esfera de liberdade e do que lhe é imputável.

Em "Arte e responsabilidade" encontramos a relação recíproca entre o desempenho da obra artística e a responsabilidade não circunscrita ao âmbito de convencionalismos. Se quando o homem está na arte ele está fora da vida, e da mesma forma, pergunta-se Bakhtin, se entre arte e vida não existe uma união na unidade da pessoa que resulte no desdobramento entre elas, o que é que permite então essa união? A união, responde Bakhtin, produz-se em uma única responsabilidade. O movimento para o outro, típico da obra, que a arte tem permitido viver, não tem de se dar como uma experiência interna à arte como esfera separada, mas tem de se estender até à vida. A própria vida tem que considerar a abertura para a alteridade que se dá na obra artística e tem que buscar, ela própria, converter-se em obra.

A responsabilidade da obra, que se deve ao movimento que origina na alteridade, contrasta com a estética da arte pela arte que Lévinas considera uma "falsa fórmula na medida em que coloca a arte por sobre a realidade e a libera de

---

[13] Blanchot, *Le livre à venir* (trad. it.. *Il libro a venire*, Turim, Einaudi, 1969, p. 199).

qualquer dependência; imoral na medida em que libera o artista de seus deveres de homem e lhe assegura uma nobreza fácil e pretensiosa".[14]

A arte não se coloca fora da realidade, e sim fora da visão da realidade por parte do realismo, de uma realidade determinada e consolidada por determinadas instituições, determinados costumes, determinadas fórmulas estereotipadas. O diretor de cinema Eisenstein dizia que o realismo "não é absolutamente a forma correta da percepção, mas simplesmente a função de uma determinada forma de estrutura social".[15] O realismo estético, como nota Rossi-Landi, responde às expectativas do público que representa a ideologia dominante.[16]

O desempenho da arte não consiste, diz Lévinas, num ir "além", mas em um "vir até aqui". Propõe-se a encontrar a origem dos costumes perceptivo-linguísticos, a origem das construções teórico-ideológicas do mundo e das regras de comportamento intersubjetivo válidas em uma determinada organização social. Por isso, Lévinas fala em "metafísica", uma metafísica anterior à ontologia, ao mundo do mesmo, à totalidade, que resulta do desenvolvimento de temas e conceitos através dos quais o sujeito exercita o poder sobre o que lhe resiste como outro, tentando reduzi-lo a si. Em definitivo, trata-se de uma metafísica que precede o "imperialismo ontológico".[17] É a mesma "metafísica" de que também fala Merleau-Ponty, considerando-a como o contrário do "sistema", que torna possíveis e compatíveis todos os aspectos da experiência e que suprime a alteridade.

> A consciência metafísica tem como único objeto a experiência cotidiana: este mundo, os outros, a história humana, a verdade, a cultura. Mas, em vez de assumi-los como já preparados, como consequência, sem premissas, e como se fossem óbvios, expõe seu estranhamento fundamental para mim e o milagre de seu aparecimento.[18]

No entanto, em Merleau-Ponty, como em outros representantes da fenomenologia husserliana, a experiência metafísica se apresenta em termos de conhecimento, em referência a uma consciência e em relação a um objeto. Também não se trata de recuperar a moralidade que o sistema "suprime junto à consciência metafísica".[19] A metafísica, no sentido de Lévinas, se coloca nessa parte da consciência e da moral como algo que está antes da política e da economia.

---

[14] Lévinas, "La réalité et son ombre", op. cit., p. 176.
[15] Eisenstein. *La forma cinematografica,* Turim, Einaudi, 1964, p. 37.
[16] Cf. Rossi-Landi, *Significato, ideologia e realismo artistico,* em *Semiotica e ideologia,* op. cit.
[17] Lévinas, *Totalidade e infinito* (trad. esp., *Totalitá e infinito,* op. cit., pp. 40-50).
[18] Maurice Merleau-Ponty, "Il metafisico nell'uomo", em *Senso e non senso,* Milão, Il Saggiatore, 1962, pp. 117-9.
[19] Idem, ibidem.

Indica a dimensão a que se refere Bakhtin quando fala de metalinguística e de metassemiótica, isto é, a dimensão dialógica sobre a qual se baseia todo o diálogo formal, todo sistema sígnico, todo o texto, todo o convencionalismo fixado em um determinado gênero de discurso.

Transcendência, excedente, inadequação, superação: esses são os termos que falam de uma experiência que não se conclui com o retorno a si mesmo, para onde não existe retorno, inclusive no sentido de "rendimento", e tampouco existe a complacência de um jogo em pura *dépense* que permita ao sujeito reafirmar-se, mesmo que seja em termos de niilismo.

> O Outro considerado metafisicamente não é "outro" como pão do qual me alimento, como o lugar onde vivo, como a paisagem que contemplo, como, às vezes, eu mesmo posso aparecer aos meus olhos: este "eu", este "outro". Com estas realidades posso "nutrir-me" e em grande parte satisfazer-me como se simplesmente me tivessem faltado. É por esse motivo que sua alteridade se reabsorve em minha identidade de homem que pensa e possui.[20]

Na relação de alteridade não relativa ao eu, mas absoluta, o outro não se dá, não é objeto, não se pode representar conceitualmente, não se pode definir. Podemos, por isso, compreender por que no ensaio de Lévinas de 1984, "La réalité et son ombre", se diz que o procedimento mais elementar da arte consiste em substituir o objeto com sua imagem, para que esta última se contraponha ao conceito. O conceito é o objeto apreciado, apreendido, e desse ponto de vista não existe distinção entre conhecimento e ação, ambos captam o objeto. A imagem neutraliza essa relação com o real. O chamado desinteresse da arte consiste nesta neutralização, mas este desinteresse não é expressão da liberdade nem da iniciativa de um sujeito, não deriva de uma situação de poder. Pelo contrário, a imagem implica um domínio sobre o sujeito, significa o sentido originário do sujeito como "estar sujeito a algo", comporta uma situação de passividade. Aqui, como não se pode aplicar a noção de "consciência", também não se pode aplicar a de "inconsciente": mesmo que não exista iniciativa, tomada, toda a relação se desenvolve em presença, à vista, como um "sonho com os olhos abertos". Existe uma situação de automatismo concreto, que Lévinas compara à da dança, "onde nada é inconsciente, mas onde a consciência, paralisada em sua liberdade, realiza *(joue)*, completamente absorvida nessa execução *(jeu)*".[21]

---

[20] Lévinas, *Totalidade e infinito* (trad. esp., *Totalità e infinito*, op. cit., p. 31).
[21] Lévinas, "La réalité et son ombre", op. cit., p. 178.

Como imagem, o que se dava como objeto se converte em não objeto, realizando uma espécie de desconceitualização da realidade. A noção de imagem em Lévinas se pode relacionar com a análise de Peirce sobre o caráter icônico dos signos. Como ícone, o signo se dá autonomamente, apresenta-se por si só, não depende de um convencionalismo da forma que depende o signo que é fundamentalmente símbolo (para Peirce, são simbólicos os signos convencionais, os signos verbais e os sinais), nem depende de relações de necessidade casual, como no caso dos índices (por exemplo, os indícios – as marcas e rastros – e os sintomas). Como icônico, o signo se dá em uma relação especial, que Peirce caracteriza pela categoria do "primário", querendo com isso indicar que é autossuficiente, que vale por si próprio. De fato, não depende de sua referência a uma segunda coisa, isto é, a coisa que o determina e que o signo indica, como acontece no caso do signo-índice, que por esse motivo pertence à categoria do "secundário". Nem o signo depende de um terceiro elemento mediador entre o que é signo e o que é o seu significado, isto é, não depende de uma interpretação de acordo com um convencionalismo segundo um código, como é o caso do signo-símbolo, que por esse motivo pertence a categoria do "terciário".

As reflexões de Peirce sobre a autonomia e a autossignificação do signo icônico podem confirmar o caráter de alteridade da imagem e do processo de "des-objetivação" e "des-subjetivação" que, segundo Lévinas, a imagem comporta. Ao ícone, Peirce atribui um papel importante no tipo de inferência da qual se serve o pensamento inventivo, inovador, ou seja, a abdução. Portanto, tanto na origem do descobrimento científico como na origem da obra artística, prevalece o mesmo tipo de signo, ou seja, o icônico, isto é, o que Lévinas chama de "imagem", capaz de autonomia em relação ao convencionalismo dos signos, que são sobretudo símbolos sobre os quais se baseia a indução, e em relação à necessidade dos signos que são sobretudo índices, sobre os quais se baseia a dedução.[22]

Como em Peirce, a imagem de Lévinas se fundamenta no similar, que não permite uma relação de dependência, que não depende do seu remetente. "Similar" não deve ser entendido, diz Lévinas, "como resultado de uma comparação entre a imagem e seu original, mas sim como o próprio movimento que dá lugar à imagem".[23] Mesmo em termos de uma contraposição imprópria entre signo e imagem, Lévinas distingue a imagem de outros tipos de signos,

---

[22] Cf. Peirce, *Semiotica*, op. cit.; e *Le leggi dell'ipotesi*, M. A Bonfantini (ed.), Milão, Bompiani, 1984.
[23] E. Lévinas. *La réalité et son ombre*, op. cit., p. 180.

precisamente porque a imagem vale por si mesma, é opaca, resiste ao conceito, ao objeto, é independente da realidade, assim como é independente da verdade.

> O que diferencia a imagem do símbolo, ou do signo, ou da palavra? O modo pelo qual ela se refere ao seu objeto: o similar. Isso, porém, pressupõe que o pensamento se detenha sobre a imagem em si mesma e, em consequência, que ela seja parcialmente opaca. O signo, ao contrário, é transparência pura, posto que não possui um valor por si próprio [...]. A realidade não seria somente o que é, o que se mostra na verdade, mas também o seu duplo, a sua sombra, a sua imagem.[24]

A imagem é a alteridade do que é estranho com relação a si mesma, é o seu duplo. A coisa é ela mesma e sua imagem, e por isso a imagem, o duplo, é tão real quanto o fato de que algo é o que é. Ser idêntico e ser estranho, alteridade: estas são as duas faces do real que o realismo não consegue captar.

A arte tende a esse duplo do real. Não representa a realidade, mas poderíamos dizer, usando uma expressão de Bakhtin: "representa o seu duplo". Achamos novamente um ponto de encontro entre Lévinas e Bakhtin: a distinção entre "realidade" e "duplo", portanto, entre "conceito" e "imagem", que pode corresponder à distinção entre "objetivo" e "objetivado". Objetivo é o autor real de qualquer palavra, de qualquer comportamento, e objetivos serão essa palavra e esse comportamento se se propuserem a um fim, se forem internos a um contexto, se forem funcionais com relação a uma situação. Objetificado é o autor fora de si, convertido em outro, e objetificada é a palavra quando já não é palavra própria, palavra direta com uma só voz, na qual a identidade de seu autor se realiza, se objetifica, mas palavra distanciada, assim como objetificado é qualquer comportamento que não se assume como próprio, mas como representado, alheio.

O que é objetivo é extraestético: quando se fala com uma só voz, quando não há objetificação, não há representação, não há alteridade, o plano estético é nulo. A palavra objetificada, diz Bakhtin, é como se estivesse posta entre aspas, e cada um dos gêneros literários tem diferentes formas de distanciamento da palavra, de representação do discurso. Paralelamente Lévinas observa:

> Nosso olhar, na imaginação, se dirige sempre para o exterior, mas a imaginação modifica ou neutraliza esse olhar: o mundo real aparece nele, de alguma forma, entre parênteses ou entre aspas. O problema consiste em precisar o sentido destes procedimentos de escritura.[25]

---

[24] Idem, ibidem.
[25] Bakhtin, "O problema do texto na linguística, na filologia e em outras ciências humanas", em *Estética da criação verbal*, op. cit.

O duplo – a alteridade que se subtrai da identidade do que é, ou a imagem que a arte representa – tem algo de paródia, de caricatura. O discurso objetificado, diferente do discurso objetivo, não é um discurso que se toma a sério; é uma espécie de disfarce, um discurso que mostra o que o sujeito não consegue dominar e que torna ridículas e torpes suas tentativas de contê-lo na esfera da própria identidade. Bakhtin dedica especial atenção à análise desses aspectos paródicos, cômicos, irônicos, da palavra objetificada, a essas formas de "rebaixamento" da palavra séria e dos gêneros secundários do discurso. Em certos momentos da literatura, em certos usos dos gêneros literários que se prestam melhor à representação da palavra a duas vozes, esses aspectos são essenciais na representação estética e permitem falar, como faz Bakhtin, de "literatura carnavalizada". Também Lévinas põe de maneira clara a paródia no duplo:

> O ser não é somente si mesmo, mas é evasivo. Eis aqui uma pessoa que é o que é: não consegue em troca fazer esquecer nem dissolver, nem recobrir completamente os objetos que usa e o modo como os usa, seus gestos, seus membros, seu olhar, seu pensamento, sua pele, que escapam sob a identidade de sua substância, incapaz, como um saco sem fundo, de contê-los. E é assim que a pessoa carrega sobre seu rosto, coincidente com seu ser, sua caricatura, seu lado pitoresco. O pitoresco é sempre um pouco caricatura. Aqui está uma coisa familiar, cotidiana, que se adapta perfeitamente à mão que a usa normalmente: suas qualidades, sua cor, sua forma, sua posição, qualidades que, no entanto, permanecem letárgicas com relação a seu ser, "recobertas" de uma alma que se retirou dessa coisa, como uma "natureza morta".[26]

A objetificação estética requer, como mostra Bakhtin, um "forte apoio fora de si", uma situação de "exotopia". Essa posição fora de si não é consistente com a categoria do "eu", mas com a do "outro". Somente de um ponto de vista "outro" é possível a união, a completude que a obra artística comporta, a liberação do próprio contexto, da própria identidade, do próprio tempo. O ponto de vista do "outro" permite ao que é objetificado fazer parte "do unitário mundo exterior plástico-pictórico" ao qual a representação pertence.[27] Bakhtin e Lévinas insistem ambos no caráter plástico-pictórico, escultural, da visão estética, precisamente por sua exotopia, por sua plenitude, por sua capacidade de captar todos os aspectos do que está representado, por sua capacidade de rodeá-lo por todas as partes, de sentir todos os seus limites, sua frágil finalização. No fenômeno

---

[26] Idem.
[27] Cf. Bakhtin, "O autor e a personagem", em *Estética da criação verbal*, op. cit.

estético se dá o aspecto exterior que não se pode captar do ponto de vista do "eu", mas do "outro", se dá a possibilidade de deter o devir, parar o tempo no qual as pessoas e as coisas realizam sua identidade e, de fora desse processo, de fora do próprio tempo, vê-las como suspensas, "incompletas". "Toda imagem é em definitivo plástica, e toda obra de arte é em definitivo estátua – uma parada do tempo ou seu atraso com relação ao próprio tempo."[28]

Um conceito parecido é afirmado por Blanchot, mesmo que o caráter escultural da obra não se refira tanto à possibilidade de representar completamente tudo o que é objetificado e de deter o processo temporal como ao silêncio da obra, ao fato de que a mesma não "disse", de que nela "falar" é "escutar". Encontramos em Blanchot, quase com as mesmas palavras, a observação de Bakhtin e de Lévinas: "escritor é quem faz calar a palavra, e uma obra literária, para quem sabe penetrá-la, é um lugar rico de silêncio".[29] Daí o caráter escultural de toda obra artística, também da obra literária:

> Ante uma grande obra de arte figurativa nos assalta a evidência de um silêncio especial, como um estupor que nem sempre é repouso: um silêncio sensível, autoritário às vezes, supremamente indiferente ou agitado, vivo e cheio de alegria. O verdadeiro livro é sempre um pouco estátua. Levanta-se e se organiza como uma força silenciosa que, por meio do silêncio, dá ao silêncio forma e firmeza.[30]

A arte imobiliza o duplo, a imagem, em uma duração eterna que, no entanto, diz Lévinas, é radicalmente diferente da eternidade do conceito, é uma espécie de "entre tempo" infinito em que o que está objetificado fica fixado para sempre, vive, mas sem vida, em um tempo próprio fechado em seu próprio destino. Bakhtin chama de "tempo grande" o tempo da objetificação artística, que vai além do tempo limitado no qual vive tudo o que possui uma realidade objetiva, contextualizada, correspondente a um período ou a uma época determinada.

Na imagem, no duplo, que acompanha inevitavelmente os esforços de afirmação da identidade pessoal, antecipa-se o destino da história individual, seu fim que não conclui nada. Na obra de arte, que representa o duplo, encontra-se, inevitavelmente, o pressentimento da morte, porém de uma morte superada, uma morte distanciada, "a morte do outro, do ponto de vista do sobrevivente".[31] "O fato de que a humanidade pôde criar uma arte revela, no tempo, a incerteza de

---

[28] Cf. Lévinas, "La réalité et son ombre", op. cit., p. 188.
[29] Blanchot, *Il libro a venire*, op. cit., p. 220.
[30] Idem, ibidem.
[31] Lévinas, "La réalité et son ombre", p. 187.

sua continuação e uma espécie de morte que acompanha o impulso da vida – a petrificação do instante no intervalo da duração."[32]

Por essa relação com a morte, pela caricatura que caracteriza o duplo, pelo fato de que a imagem já fala da impossibilidade de um tempo linear, produtivo, acumulativo, a obra artística tem mais ou menos um caráter cômico e trágico ao mesmo tempo: "toda imagem é já caricatura. Esta caricatura, porém, tende ao trágico".[33] Tanto o trágico quanto o cômico não participam da vida que vive o eu, mas pressupõem o ponto de vista do outro, exigem uma posição externa para subsistir como tais. Como nota Bakhtin:

> De dentro da experiência vivida, a vida não é nem trágica nem cômica, não é bela nem é sublime para quem materialmente a vive e para quem puramente convive com ela; somente quando supero os limites da alma que vive a vida, ocupo uma firme posição fora dela, revisto-a ativamente de uma carne exteriormente significante, circundo-a de valores transgressores [...] somente então sua vida se acende para mim com uma luz trágica, assume uma expressão cômica, se converte em bela ou sublime.[34]

Como Bakhtin, também Lévinas recusa a estética da introspecção que identifica o autor com o personagem e, paralelamente a Bakhtin, mostra como, sobretudo a novela entre gêneros literários, é a que requer uma exterioridade total. Para algumas expressões do gênero novela se pode falar, diz Lévinas, de "uma visão de fora que se converte em método".[35]

Se se considera a exterioridade que está na origem do fenômeno estético, se compreende o contraste com a crítica que atribui à obra artística o papel de palavra direta do autor e que a explica a partir de sua biografia, a partir da realidade objetiva na qual se produziu. Tal tipo de crítica elimina a distância, a separação do eu, do sujeito, separação que possibilita a obra. Resume a obra ao desempenho que a caracteriza, à sua responsabilidade objetificada, a "ter que responder do outro", e o faz em nome da responsabilidade objetiva, do dever do autor de responder de si mesmo. Esse tipo de crítica não pode imaginar nem de longe que é a alteridade que configura a obra artística como obra humana, que a faz sobreviver no "grande tempo".

---

[32] Idem, pp. 188-9.
[33] Idem, p. 184.
[34] Bakhtin, "O autor e a personagem", em *Estética da criação verbal*, op. cit.
[35] Lévinas, "La réalité et son ombre", p. 186.

CRÍTICA DA RAZÃO DIALÓGICA

Se assumirmos a crítica kantiana como divisor de águas a partir da qual se decide a "contemporaneidade" da filosofia, podemos relacionar o diálogo à "razão crítica". De Hegel a Sartre desenvolveu-se o programa kantiano no sentido da razão dialética. Nossa hipótese é que o fracasso da razão dialética deve-se ao distanciamento entre *dialética* e *dialógica* tanto na fase hegeliana quanto na fase sartreana, isto é, quando se exalta o universal e se reivindicam os direitos do individual-existencial. Somente uma crítica de razão dialógica pode permitir recuperar e renovar a dialética,[1] inclusive após a crise das grandes ideologias e das crescentes formas de individualismo na vida social, tanto nacional quanto internacional.

Como Sartre escrevia há trinta e seis anos, o problema da razão dialética não pode ser encarado em separado das contradições sociais nas quais ele se insere, como o problema do ser humano em sua historicidade, como o problema de "uma construção de uma antropologia cultural e histórica".[2] Como Sartre afirmava, trata-se de ver se "a compreensão do homem por parte do homem" não requer uma "Razão nova", e se esta não teria de ser uma Razão dialética. "Nossa intenção será *crítica*", diz Sartre, "visto que buscará determinar a validade e os limites da razão dialética". O problema para Sartre se coloca em primeiro lugar em termos de "questão de método".

---

[1] Cf. o que se compreende por dialética em Ponzio, *Dialettica e verità*, Bari, Dedalo, 1975.
[2] Jean-Paul Sartre, *Crítica da razão dialética* (trad. it., *Critica della ragione dialettica*, I, Milão, Il Saggiatore, 1963, p. 12).

Verifica-se o problema do método como decisivo, inclusive quando se adota uma posição contra o método (Feyerabend), e não apenas quando se propõe, nesse caso, a discutir os problemas do método, mas também se apresenta uma proposta metodológica que não tem nenhum método pré-constituído, rígido, porque "não existe nenhuma definição de ciência que se estenda a todos os domínios possíveis, e não existe nenhuma forma de vida que não possa assimilar situações novas por completo".[3]

Que dialética e que método então? A postura "contra o método" que hoje deve ser levada em conta é a postura contra toda forma unilateral, rígida e fossilizada do processo cognoscitivo, também próprio da dialética, quando assume uma forma monológica. Dialética monológica da qual Sartre parece não poder escapar, quando concebe a História e a Verdade como "totalizadoras" e considera que as contradições têm que se superar de forma "sintética". Tratar-se-ia de um método que não seguiria o método de um conhecimento inflexível e totalizador e de uma dialética que, diferente de uma dialética monológica, unilateral e necessariamente orientada para a síntese e para a conclusão, se apresentasse, como diz Lênin, "como um conhecimento vivo, multilateral (com um número de possibilidades em constante aumento) e com uma diversidade de matizes em todo o enfoque infinitamente rico".[4] A dialética, entendida dessa maneira, adota também uma postura "contra o método", no sentido de Feyerabend, ou seja, uma posição mitológica contrária a processos cognitivos unilaterais e totalizadores, contrária a se reduzir o novo, o irrepetível e o diferente ao idêntico. Nos *Diálogos sobre o conhecimento*, Feyerabend observa:

> Os conceitos, especialmente os conceitos "que figuram na base" da concepção de mundo, não permanecem como se estivessem fixados com pregos; estão mal definidos, são ambíguos, oscilam entre interpretações incomensuráveis e têm de ser assim, para que seja possível a troca conceptual. De forma que, em certo sentido, tanto os erros do relativismo filosófico quanto os do objetivismo remetem à ideia platônica de que os conceitos são claros e estáveis de forma inerente, e que o conhecimento tem de penetrar nesta lucidez.[5]

Desde o ponto de vista dialético, como afirma Lênin, nos "Cadernos filosóficos",

---

[3] Paul K. Feyerabend, *Diálogos sobre o conhecimento* (trad. it., *Dialoghi sulla conoscenza*, Roma-Bari, Laterza, 1991, p. 103).
[4] Lenin, "Cadernos filosóficos" (trad. it., "Quaderni filosofici", em *Opere*, XIV, Roma, Riuniti, 1966, vol. XIV, p. 365).
[5] Feyerabend, op. cit., p. 103.

o conhecimento humano não é uma linha reta, e sim curva; que se parece infinitamente com uma série de círculos, com uma espiral. Todo segmento ou fragmento, toda parte dessa curva, pode ser transformado (unilateralmente) em uma linha reta independentemente de conduzir a um precipício (se as árvores impedem de ver o bosque). [...] O caráter retilíneo e unilateral, a rigidez e a fossilização, o subjetivismo e a cegueira subjetiva: eis as raízes gnoseológicas do idealismo [da dialética hegeliana].[6]

A contribuição de Bakhtin à dialética materialista consiste em ter explicitado que o caráter fundamental da materialidade é a alteridade. Portanto, a dialética se apresenta como dialógica porque nela o diálogo não é uma característica exterior ao discurso, mas sua estrutura lógica.[7] É preciso considerar Bakhtin quando se quiser realizar uma crítica da razão dialógica também porque ele dedicou toda a sua investigação ao mesmo problema que Sartre colocou na *Crítica da razão dialética*. Nas palavras de Sartre:

> Estabelecer se a razão positivista das ciências naturais é a mesma que encontramos no desenvolvimento da antropologia, bem como se o conhecimento e a compreensão do homem por parte do homem implicam não só métodos específicos, mas também uma Razão nova, isto é, uma nova relação entre o pensamento e seu objeto.[8]

A dialética sartreana detém-se nos limites da dialética monológica, porque a relação de alteridade reduz-se a uma relação entre identidades que se objetivam reciprocamente e porque, como afirma Lévinas,

> Para Sartre, como para Hegel, o si-mesmo é posto como para si. A identidade do eu se reduz ao retorno da essência sobre ela mesma, à sua volta, à identificação do Mesmo, onde pareceria, a um só tempo, ser o sujeito ou a condição.[9]

Além disso, Sartre, de acordo com sua concepção totalizadora de dialética e da história, coloca o problema "da compreensão do homem pelo homem" e a questão da razão da dialética dentro da "grande narrativa" da "filosofia marxista":

---

[6] Lenin, op. cit., p. 366.
[7] Cf. o capítulo "Diálogo e dialética" deste livro.
[8] Sartre, op. cit., p. 13.
[9] Lévinas, *Autrement qu'être, ou au-delà de l'essence*, La Haya, Nijhoff, 1974 (trad. it. S. Petrosino e M. Aiello, *Altrimenti che essere o al di là dell'essenza*, Milão, Jaca Book, 1983, p. 132).

Considero o marxismo como a insuperável filosofia de nosso tempo, e considero, por outro lado, que a ideologia da existência, com seu "método compreensivo", é inerente ao próprio marxismo que a produz e a rechaça ao mesmo tempo.[10]

A crise dessa grande narrativa do marxismo conseguiu desfavorecer a compreensão e o estudo de Marx,[11] e ainda mais hoje que, com a grande narrativa do "fim do comunismo", liquida-se, junto com o marxismo – identificado com o "socialismo real" –, o pensamento de Marx. Uma vez mais, é uma visão totalizadora que, como escreve Rossi-Landi em 1981, permite

> O truque de associar o nome de um pensador como Marx – com a tradição de sofrimento e investigação que convergem nele – a um ou a outro caso do fracasso do "socialismo real"; ou, ao contrário, que se busque negar a realidade desse fracasso escondendo-se atrás da explicação contingencial de suas doutrinas.[12]

A crítica da razão dialógica é uma crítica da categoria da identidade como categoria dominante hoje no pensamento e na práxis ocidental. Do ponto de vista da identidade só pode haver mistificação, porque o sentido coincide com interesses parciais, limitados, tanto se se tratar da identidade de um indivíduo como de um grupo; de uma nação; de uma língua; de um sistema cultural; de uma grande comunidade como a europeia; de todo o Ocidente ou do conjunto das Nações Unidas.

A categoria da Identidade predomina hoje em dia; sobre ela estão construídas as abstrações concretas as quais constituem nossa Realidade: Indivíduo, Sociedade, Estado, Nação, Verdade, Saber, Igualdade, Justiça, Liberdade, Responsabilidade circunscrita e definida, Necessidade, Troca recíproca etc., abstrações concretas que vivem dentro do sistema global de reprodução social atual. O próprio sistema se fundamenta na categoria da Identidade, porque concretamente, como fica cada vez mais evidente, tende a realizar-se estruturalmente como Universal, como um único processo de Produção, Mercado e Consumo de alcance mundial.

Concretamente, a lógica da abstração do atual processo de reprodução social é a lógica da Identidade. A essa lógica, obedecem a categoria do Indivíduo, com seus direitos, deveres e responsabilidades; a categoria da Sociedade, com seus interesses; a categoria do Estado com sua Política que espelha o máximo possível

---

[10] Sartre, op. cit., p. 12.
[11] Cf. A. Ponzio, *Marxismo, scienza e problema dell'uomo*, Verona, Bertani, 1977; e *Segni e contraddizioni. Fra Marx e Bachtin*, Verona, Bertani, 1981.
[12] F. Rossi-Landi, *Ideologia*, op. cit., p. 15.

a Realidade; e também a categoria da troca recíproca com suas "necessidades" e sua ideologia de "mercado livre".

Uma visão dialética efetiva, isto é, uma dialética que não proponha de novo a lógica da Identidade, mas que seja capaz de realizar-se como crítica do sistema de reprodução social que concretamente põe em prática essa lógica, tem de realizar-se necessariamente nos termos da Alteridade: um ponto de vista como o que rompe as falsas (Ideológicas), porém concretas, totalidades (Indivíduo, Nação, Comunidade e Unidade supranacional, os diferentes saberes parciais, as Ciências etc.), seguindo um método não totalizador, que detecte a rede global das quais essas totalidades são parte, estando além dos limites da Identidade.

Na construção das diferentes identidades[13] "sacrifica-se" a alteridade: na identidade do Indivíduo, com sua autoprotetora definição de responsabilidade, pela qual renuncia ser singular e insubstituível e busca escapar de seu compromisso sem limites; na identidade dos vários Gêneros, nos quais cada vez o indivíduo se reconhece e determina seus deveres e direitos (Identidade de uma Função, Profissão, Posição Social, Partido, Sexo, Nação, Etnia etc.); na identidade do sistema global de reprodução social, com sua concreta necessidade de um processo universal de produção-intercâmbio-consumo, e, portanto, na concreta generalização universalizada do Mercado, da Política, do Direito, da Ética, do Ser humano.

A loucura é a prova do sacrifício da alteridade no nível individual. A guerra é a visualização do sacrifício da alteridade no nível planetário e no nível das nações, um sacrifício que chega até a morte, ao extermínio, ao genocídio, à destruição das condições naturais de vida; sacrifício que se manifesta em uma mesma nação, nas diferentes formas de segregação, marginalização, *apartheid*, eliminação do "outro" em nome da sua e da nossa identidade generalizada.

Nossa Razão que incorpora as razões da guerra, mesmo como *extrema ratio*, pela qual pode parecer legítima, justa, legal; nossa Razão que compreende as razões para eliminar, marginalizar, segregar, inclusive exterminar o outro; nossa Razão que nos permite ter razão sobre o outro é a Razão da Identidade. Sua lógica da Identidade se afirma através do isolamento, da segregação ou da eliminação da alteridade e permite a construção das abstrações concretas sobre as quais se fundamenta, entre as quais figura que o Indivíduo é o primeiro a sacrificar sua própria alteridade.

---

[13] Cf. A. Ponzio, "Il duplice senso del lavoro sacrificale", em *Athanor*, n. 2, 1991.

A crítica dessa Razão requer um ponto de vista distinto, em que primeiro é necessário considerar o outro, ou melhor, em que é obrigação, imposição, algo inevitável considerar esse outro. Considerar o outro não é uma concessão ou uma livre decisão do Indivíduo, do Sujeito, do Mesmo, mas antes é uma necessidade que a alienação, a perda de sentido, a circunstância do *homo homini lupus*, impõe. O Homem como lobo do homem é uma consequência, e não uma causa – eis a falácia de Hobbes! – das abstrações concretas de "Estado", "Política", "Lei",[14] que consideram o outro pelo medo de que viole o espaço de sua identidade, qualquer que seja esta, medo que se apresenta como crescente quanto maior for a exclusão do outro.[15]

A aproximação de Bakhtin aos problemas da cultura e, portanto, do problema dos signos e dos valores assume um interesse especial pelo que se refere à questão da razão dialógica, visto que põe em discussão a categoria de Identidade em favor da Alteridade.

Apesar dos esforços de Sartre para diversificar a Razão dialética (a nova Razão da antropologia da compreensão do homem pelo homem, a Razão positivista das ciências naturais, a Razão analítica), ela permanece totalizadora e monológica. A Razão dialética tem em comum com a Razão analítica algo que a contrapõe ao diálogo: a narração. A Razão dialética sartreana é um ambicioso projeto narrativo que se situa na grande narração do marxismo. Diferencia-se das narrações parciais e isoladas das ontologias especializadas das ciências naturais e dos conhecimentos empíricos somente por seu caráter totalizador. Por isso, Bakhtin encontra o traço de diferenciação da Razão nova, da compreensão do homem pelo homem, no diálogo que a diferença da Razão positivista e também da Razão dialética monológica.[16]

"Narração" e "diálogo" se encontram em uma relação de oposição. Trata-se de uma oposição de tipo dialético-dialógico. Narração e diálogo estão ligados entre si pelo próprio diálogo.[17]

A narração é uma sequência discursiva que segue coerentemente um projeto, uma linha de unificação. Suas principais características resultam da unidade e da coerência. Ela segue um projeto determinado, um começo e uma conclusão. É uma história legível que segue as trilhas de um itinerário concreto, unilinear.

---

[14] Cf. A. Ponzio, *Filosofia del linguaggio* 2, Bari, Adriatica, 1991.
[15] Cf. A. Ponzio, *La differenza non indifferente. Comunicazione, migrazione, guerra*, Milão, Mimesis, 1995.
[16] Consultar o capítulo "Diálogo e Dialética".
[17] Cf. A. Ponzio, *Dialogo e narrazione*, Lecce, Millela, 1992.

Qualquer ontologia, qualquer discurso sobre a existência das coisas, a respeito da realidade das coisas, se desenvolve em termos de narração. Não somente a "ontologia geral" tem um desenvolvimento necessariamente narrativo, mas também "as ontologias parciais", "regionais" (Husserl), se constituem de narração. O ser, entendido como história da mesma forma como o entende Sartre, de acordo com o pensamento moderno como história das coisas, e a descrição da realidade tal como é, segundo uma visão totalizadora, se desenvolvem em termos narrativos. Exposição e narração podem identificar-se entre si: expor e narrar significam, mais ou menos, as mesmas operações.

Essa relação entre narração e ontologia, geral ou regional, implica outra relação: a de narração e sujeito. A narração, ao se dar como um discurso orientado, um discurso que se desenvolve seguindo um projeto, uma linha única e um traçado próprios, apresenta uma perspectiva, um ponto de partida, uma ótica, um ponto de vista. Podemos, sem dúvida, chamar esse ponto de vista de "sujeito". O sujeito se apresenta como autor da narração, porém ao mesmo tempo como seu resultado. A narração, como plano unitário, permite a constituição de um sujeito unitário. Podemos, então, afirmar que o "eu penso", que, segundo Kant, permite a unificação das formas e das categorias, é uma estrutura narrativa que unifica as diferentes experiências, fazendo com que pertençam a um mesmo e único sujeito. O "eu penso" é a narração que une as diferentes experiências e vivências. Na narração da filosofia, em um dado momento, esse sujeito, que é o ponto de vista que dirige a narração, se pergunta por si mesmo de forma direta. É o momento da fenomenologia. Refiro-me à fenomenologia de Husserl, que descreve as operações através das quais o sujeito transcendente produz narrações ou, como o mesmo afirma, pergunta-se pelos processos de formação do que resulta ser a realidade em suas diferentes formas e circunstâncias.

A relação entre narração e ser, narração e realidade, narração e história, narração e sujeito, implica a relação de narração e totalidade. A narração é o lugar onde se constrói a totalidade, isto é, o lugar de organizações que seguem um ponto de vista, um itinerário e uma lógica, dão uma visão global, unitária e a mais completa possível das coisas. Isso comporta também uma conexão entre narração e o que Foucault chama de "ordem do discurso":[18] tem-se que obedecer ao discurso, à ordem que o discurso constitui e organiza. A relação com a ordem do discurso é sempre mais ou menos uma relação autoritária, uma

---

[18] Foucault, *A ordem do discurso* (trad. it., *L'ordine del discorso*, Turim, Einaudi, 1972; e trad. esp. Alberto González, *El ordem del discurso*, Barcelona, Tusquets, 1987).

relação com o poder que se enquadra em uma projeção política. Em *Totalidade e infinito*, Lévinas estabelece uma relação de compromisso recíproco entre ontologia e política quando afirma que a ordem ontológica é uma ordem política. A política, posto que sua missão é cuidar dos fatos e perceber as coisas com realismo, está estreitamente ligada à ontologia e, como ontologia, está unida a um processo narrativo. Toda política tem sua narração, se realiza e se inscreve dentro de um processo narrativo.

Diálogo: o diálogo pode ser parte de uma narração; pode se encontrar dentro da ordem do discurso da narração; pode tomar parte da visão totalizadora. Nesse último caso, a relação de alteridade se deteriora. O outro, no diálogo entendido dessa forma, é outro, bastante relativo e bastante limitado, é "muito pouco outro", porque toma parte do projeto histórico de um "mesmo" como parte de uma totalidade.

Muitos textos e gêneros literários nos demonstram como é possível que de fato isso aconteça. Porém existe também outra possibilidade: a narração que se dá atravessada pelo diálogo. Aqui temos que fazer uma referência obrigatória a Platão, visto que estamos falando de diálogo.

Pois bem, precisamente em Platão, encontramos essa dupla possibilidade de relação entre diálogo e narração. Há alguns diálogos em forma de tese em que toda a argumentação se organiza em função de uma conclusão e que, portanto, formam parte de um plano narrativo determinado; em outros, ao contrário, a alteridade dialógica consegue romper a totalidade narrativa e decompõe e desbarata os planos da narração. Este é o caso do "Simpósio". "Simpósio" é um dos diálogos menos narrativos, no sentido explicado, que menos se parece com uma tese, é menos demonstrativo, e por isso, em contrapartida, apresenta uma estrutura dialógica que revela a voz cantante. Podemos notar que temos uma série de personagens que dialogam, mas nenhum, como acontece também em outros diálogos de Platão, faz com que seu discurso prevaleça como conclusivo, e não se chega, a partir das diferentes posições, a uma conclusão unitária. E o mais interessante é que o próprio Sócrates, quando o convidam para que exponha sua versão, não diz a "sua", mas antes fala através do discurso de outro, quer dizer, conta o que havia escutado sobre o tema em questão da boca de uma mulher, uma tal de Diotima. Recordemos o fato de que este Sócrates, que reproduz um discurso alheio, é um Sócrates narrado por outro que, em seu discurso, é reproduzido por outro que não relata de forma direta neste momento, mas que reproduz o que recorda que foi narrado anteriormente.

Poderíamos chamar os recursos desse tipo de escrita ou de literariedade. A escrita literária – e o "Simpósio" é, nesse sentido, um texto literário além de ser um texto filosófico (melhor seria dizer que nele a filosofia está aprisionada nas engrenagens da literariedade) – permite tomar distanciamento com relação à palavra do sujeito que fala. Existe uma forma de dar xeque-mate à narração; Roland Barthes,[19] em sua *Aula*, afirma que não podemos escapar da linguagem, que nada se pode livrar da ordem do discurso, da ordem narrativa, porém também com a linguagem pode-se preparar armadilhas. Fazer armadilhas é o que chamamos de literariedade, ou, como afirma o próprio Barthes, "escrita intransitiva". Trata-se dessas formas discursivas em que eu digo "eu", mas esse "eu" não está atribuído a mim, não inicia ou desenvolve um projeto meu, mas está separado, distanciado, também não responsabilizado. A escrita literária tem a possibilidade de usar a primeira pessoa sem que essa pessoa coincida com o escritor, com o autor real, com o "autor homem", como diz Bakhtin. Pode-se pensar na interessante consideração que Bakhtin faz da obra de Dostoiévski quando distingue seus escritos como jornalista e como escritor. O "eu" do discurso do jornalista se identifica com ele e reflete sua tomada de posição em um contexto bem preciso e determinado, de forma tal que esse discurso pode ser entendido somente se se contextualiza e se valora em relação às suas referências reais. Trata-se de um discurso que forma parte da ontologia, da narração, do ser das coisas: é um discurso político. O discurso de Dostoiévski escritor, ao contrário, transcende o tempo histórico, apresenta uma capacidade de exotopia, como diz Bakhtin, e tem um valor que ultrapassa a própria contemporaneidade, pode ser independente das relações espaço-temporais da própria época. Também o próprio Sartre escritor pode servir como exemplo neste sentido: Sartre considerado não a partir do *Que é a literatura?*,[20] mas de *As palavras*, em que ele se apresenta, utilizando uma expressão sua, como "escritor póstumo em vida".[21]

Compreende-se agora que a referência à literatura não é referência a um setor especial da cultura entre tantos outros. A escrita literária aqui interessa como prática que permite uma via de saída de ordem histórica. Esse é o sentido

---

[19] Barthes, *Aula*, São Paulo, Cultrix, 1987. (*Leçon*, Paris, Seuil, 1978; trad. it., *Lezioni*, Turim, Einaudi, 1981).
[20] Sartre, *Que é a literatura?*, trad. Carlos Felipe Moisés, São Paulo, Ática, 1993 (tr. it., *Che cos'è la letteratura?*, Milão, Il Saggiatore, 1960); e *As palavras*, Rio de Janeiro, Nova Fronteira, 2000 (tr. it., *Le parole*, Milão, Il Saggiatore, 1965).
[21] Sobre Sartre, veja A. Ponzio, "La letteratura fra impegno e dépense", em *I segni dell'altro. Prossimità ed eccedenza letteraria*, Nápoles, ESI, 1995.

que Ítalo Calvino atribui a ela em suas *Seis propostas para o próximo milênio*.[22] A literatura permite fazer o que faz Perseu no mito quando vence Medusa. Perseu vence o monstro cuja olhada petrifica olhando-o não diretamente, e tampouco evitando olhá-lo ou dirigindo os olhos a outro lugar, mas antes contemplando-o refletido em seu escudo. Este herói "leve" – existe em Calvino um elogio do valor da "leveza" – por ser capaz de vencer o peso da realidade, de escapar à petrificação da realidade, olha as coisas, porém de forma indireta. Este olhar é também o da escrita literária.

A escrita literária permite entrever na linguagem a possibilidade de romper, desbaratar, colocar em discussão a ontologia, a totalidade, o ser, a narração. A escrita literária coloca em prática a possibilidade de uma nova razão, a possibilidade de uma dialética da razão dialógica.

---

[22] I. Calvino, *Seis propostas para o próximo milênio*, São Paulo, Cia. das Letras, 2003.

POSFÁCIO À EDIÇÃO BRASILEIRA

A filosofia da outra palavra na obra de Bakhtin e do seu círculo
Sou um filósofo

D: Mas o senhor não era também um clacissista?
B: Eu era já... eu era um filósofo. Veja bem, eu diria assim...
D: O senhor é mais filósofo ou mais filólogo?
B: Filósofo, mais que filólogo. Filósofo. E assim fiquei até hoje. Sou um filósofo. Sou um pensador.

Esse diálogo faz parte da primeira das seis conversas que aconteceram entre 22 de fevereiro e 23 de março de 1973 entre Mikhail M. Bakhtin (B.) e Victor D. Duvakin (D.) e que foram publicadas em russo numa primeira edição em 1996 e na segunda em 2002 (ver Bakhtin, 2002).[1]

---

[1] Victor Dmitrievi Duvakin (1909-1982), estudioso de literatura, ocupou-se particularmente de Maiakovski e trabalhou por mais de quarenta anos na Universidade de Moscou. Entre as suas publicações, *Radost masterom kovannaja*, Moscou, 1964, e *Rostafenster, Majakovski als Dichter und bildender Kunstler*, Dresda, 1967, 2. ed., 1975. Dedicou os últimos quinze anos à criação de uma coleção, através de gravações, de memórias orais, sobre a história da cultura russa no inicio do século XX, que ficou conservada na seção de documentos fonográficos da biblioteca científica MGU (Moscou). M. Bakhtin (Orel, 17 de novembro – 4 novembro do calendário Giuliano – Moscou, 7 de março de 1975), depois de décadas de isolamento, nos dias de hoje, é unanimemente reconhecido como figura central do século XX.

Mikhail Bakhtin, desde os seus primeiros escritos, interessa-se por questões filosóficas e todas as vezes que tem de falar de si mesmo, da sua reflexão, da sua perspectiva particular, como é o caso desse diálogo dois anos antes de sua morte, recorre aos termos "filosofia" e "filosófico".

Os interesses originais de Bakhtin são pela filosofia moral, acima de tudo pelo problema da responsabilidade. Desde o seu primeiro escrito de 1919, ele associa o problema da arte com o problema da responsabilidade. No escrito de 1920-24, publicado somente em 1986, sob o título de "K filosofi postupka" ("Sobre a filosofia do outro"; na ed. it. traduzida como *Filosofia dell'azione responsabile*), ele caracteriza a problemática da qual se ocupa como "filosofia moral".

Em "O problema do texto" (1959-61), declara preliminarmente que aquilo com o que se pretende ocupar encontra-se na fronteira (nos pontos de contato e de interação) de diversas disciplinas, e por isso não pode ser indicado nem como linguístico, nem como filológico, nem de ordem crítico-literária ou sociológica, ou semiótica etc. E exatamente porque, mesmo sem se atribuir ou se encerrar dentro de uma fronteira especializada, apresenta ao mesmo tempo todos esses aspectos e requer o diálogo, o confronto, a colaboração entre questões de setores disciplinares diferentes, a maneira mais oportuna para definir a análise de que se ocupa é indicá-la como "filosófica".

Filosofia é para Bakhtin esse não aceitar fechar-se no interior de um campo disciplinar, em uma "ontologia regional", como diria Husserl, nem no plano da "ontologia geral", no mundo já pronto, já feito, assumido como o ser das coisas como, atualmente, na contemporaneidade, isso se apresenta. Este movimento além, essa procura do entretanto, essa passagem de fronteira, pode ser expresso pela palavra "meta": Bakhtin, na segunda edição do livro sobre Dostoiévski, denomina a própria pesquisa de metalinguística justamente por essa não *circunscritibilidade* ao interior das sistematizações e classificações dos estudos linguísticos.

Ele, como os formalistas russos, e não só no estudo da literatura, mas das ciências humanas em geral, ou seja, onde se trabalha com os *textos*, considera imprescindível a reflexão sobre a linguagem, sobre a palavra, sobre o enunciado. Mas tal reflexão, segundo Bakhtin, sai, diferentemente de como acreditavam os formalistas, dos limites de uma linguística que queira comprimir a complexa vida linguística entre dois polos da língua vista como sistema, como código, e da palavra individual. O sentido de um enunciado, e ainda mais de um texto complexo como um texto literário, não se esgota nas suas relações sob um plano sincrônico com a língua e com a cultura de atribuição, considerados enquanto sistemas, não é delimitável no horizonte da sua contemporaneidade e logo não pode ser compreendido simplesmente inserindo-o no quadro de tais sistemas. É o que sustenta Bakhtin em dois escritos dos anos 1970: na sua resposta à revista "Nvij mir" (1971, em Bakhtin, 1979) e em "Metodologia das ciências humanas" (1974, em Bakhtin, 1979).

Esse é o ponto da reserva de Bakhtin em relação à semiótica de Ju. M. Lotman que, mesmo reconhecendo a inseparabilidade do texto do quadro da cultura de sua época, acredita poder lê-lo somente com base no sistema daquela cultura, com base no seu contexto, na sua contemporaneidade, perdendo de vista a sua possibilidade de transcendência, negligenciando a "excedência" que esse, em maior ou menor grau, sempre apresenta em relação à "ideologia oficial".

Os textos de que Bakhtin se ocupa não são somente verbais: são também não verbais, assim como não somente verbais são aqueles envolvidos na intertextualidade de que cada um desses vive. Toda a análise bakhtiniana de Rabelais (1965) é voltada a evidenciar relações intertextuais entre signos verbais e signos não verbais, como os signos do carnaval. Então a sua análise pode ser considerada, certamente, não somente linguística, mas também semiótica.

Contudo, Bakhtin não aceita o termo "semiótica" para indicar a própria análise, assim como não aceita o termo "linguística": em analogia com "metalinguística", a sua reflexão sobre os signos poderia ser caracterizada como "metassemiótica". Mas ele prefere indicá-la, pelas razões que apresentamos, como "filosófica". Ou então como "filosofia da linguagem".

Com "filosofia da linguagem" vem indicada a aproximação proposta no livro *Marxismo e filosofia da linguagem*, publicado em 1929 por Valentin N. Voloshinov (1895-1936, cuja amizade com Bakhtin teria tido início em Nevel, em 1919), com cuja escritura certamente (em que medida exata não sabemos) Bakhtin contribuiu.

Essa aproximação pretendia, de qualquer modo, preencher uma grave lacuna do marxismo, já que não existia ainda "nenhuma análise marxista no domínio da filosofia da linguagem", mas não se tratava simplesmente de acrescentar um novo campo disciplinar e inventar novos objetos temáticos, aos quais se poderiam aplicar categorias prefixadas e indiscutíveis. Essa aproximação, justamente enquanto filosófica, enquanto caracterizada por um comportamento inconsequentemente crítico, pretendia colocar em discussão o próprio modo segundo o qual o marxismo vinha sendo compreendido, "porque nesse", se diz na introdução desse livro, "instalaram-se categorias mecanicistas", características de um "materialismo mecanicista pré-dialético", dominado pela categoria da "causalidade mecânica" e do "culto do fato entendido não dialeticamente, mas como algo intangível e imutável".

Essa mesma discussão, essa crítica, segundo um comportamento efetivamente "filosófico", deveria evidentemente acontecer como "filosofia da linguagem": de Cohen, de Nortop, de Casirrer, da filosofia neokantiana – que Bakhtin e os amigos de seu Círculo, em modos e tempos diversos, foram logo assumindo, apesar das distâncias (também essas no espírito da crítica filosófica) –, e a lição que resta é que não se pode prescindir, se o homem é um animal simbólico, da reflexão sobre a linguagem. Mas não se pode prescindir nem mesmo se, com Marx, se reconhece que "a linguagem *é* a consciência real, prática, existente também para outros homens e logo a única existente também para mim mesmo" (*Ideologia alemã*).

A filosofia enquanto "crítica" transforma-se, indo além de Kant, em filosofia da linguagem pela indissolubilidade de consciência e linguagem, pelo fato de que é na linguagem que existe ideologia, a qual, ao contrário – denuncia-se na "Introdução" de *Marxismo e filosofia da linguagem* –, na literatura marxista, "na maioria dos casos", assume-se como fenômeno de consciência entendida isoladamente e logo "interpretada como fenômeno psicológico".

Mas a filosofia como comportamento crítico, ao se apresentar e caminhar como filosofia da linguagem, encontra já em *Marxismo e filosofia da linguagem* – mas efetivamente ainda antes, como por exemplo no ensaio de 1926, publicado também por Voloshinov, "O discurso na vida e o discurso na arte" – a sua motivação mais profunda e mais específica da perspectiva bakhtiniana: ou seja, o fato de que a consciência é feita de palavras dos outros e, por mais que se possa iludir e apagar o outro, esse apagamento não pode acontecer senão argumentando com as próprias palavras do outro; diálogo, não obstante, qualquer forma de ostentação de indiferença e autossuficiência com relação ao outro.

A filosofia da linguagem enquanto tal é filosofia do diálogo. Nesse sentido, é reconhecimento da inevitabilidade da relação com o outro, da confusão entre palavra sua e palavra do outro. O comportamento crítico, inconsequente, da filosofia da linguagem está no reconhecimento da inevitável abertura da palavra, do enunciado, ao outro, goste ele ou não, queira ele ou não. O discurso, também aquele "interior", é dialógico, relaciona-se com o discurso do outro, independentemente da iniciativa do eu de levar em consideração o outro, de dirigir-se a ele e de conceder-lhe a palavra.

A singularidade do eu é a singularidade da sua palavra no relacionar-se com a palavra do outro. Como Bakhtin mostra no seu livro de 1929 através da análise da palavra de Dostoiévski, a palavra tem sempre uma dupla orientação: em relação ao objeto do discurso, o tema, e em relação ao outro. Esta refere-se sempre, mesmo que não queria, sabendo ou não, à palavra do outro. Não existe palavra juízo, palavra sobre o objeto, palavra objetual, que não seja palavra discurso, palavra que entra dialogicamente em contato com a outra palavra, palavra sobre a palavra e voltada à palavra. A dialogicidade não é própria de um tipo de palavra, mas é a dimensão constituinte de qualquer ato de palavra, de discurso. Cada palavra se realiza numa relação dialógica e sente o efeito da palavra do outro; é sempre réplica de um diálogo explícito ou implícito, e nunca pertence a uma só consciência, a uma só voz. E isso já pelo fato de que cada falante recebe a palavra de uma outra voz, e a intenção pessoal que ele sucessivamente lhe confere encontra a palavra "já habitada" de uma intenção do outro.[2]

O enunciado é o produto de uma interação social, mesmo nas suas características estilísticas; e na própria língua, como fenômeno concreto, vive somente na interação dialógica daqueles que a falam. Cada texto, escrito ou oral, é ligado dialogicamente a outros textos, é calculado considerando outros possíveis textos que este pode produzir como reação, antecipando possíveis respostas, objeções, e orienta-se em referência a textos produzidos anteriormente, aos quais se refere, replica, objeta ou mesmo nos quais procura sustentação, retomando-os, imitando-os, aprofundando-os etc. A palavra mais monológica não é mais do que o grau mais baixo de alusão à palavra do outro. Parafraseando a conhecida frase de Marx "o homem é no sentido mais literal *zoon politicon*, não somente um animal social, mas um animal que somente na sociedade pode-se isolar", podemos dizer que a palavra é sempre palavra dialógica, produto social, e somente na interação dialógica, inserida em determinadas condições sociais, pode isolar-se, iludir-se em ser palavra a uma só voz.

Compreende-se então, como em *Marxismo e filosofia da linguagem*, que a filosofia da linguagem, justamente em função da sua disposição crítica em relação ao próprio marxismo, quando este resulta surdo ao caráter dialógico da palavra e, em consequência, pseudodialético, monológico – e ainda pretende impor as razões dos fatos e procura sínteses e conclusões definitivas para ter razões do outro e sobre o outro –, possa assumir como uma das suas tarefas fundamentais estudar a recepção da palavra do outro, do discurso citante e do discurso citado.

A terceira parte de *Marxismo e filosofia da linguagem*, talvez aquela mais bakhtiniana, é um estudo das formas de se ouvir a palavra do outro. Trata-se também de formas, próprias de cada língua, de ouvir a palavra do outro, as formas

---

[2] Sobre as relações dialógicas, ver Bakhtin, "O problema do texto na linguística, na filologia e em outras ciências humanas", em *Estética da criação verbal,* op. cit., pp. 307-35.

de alusão ao discurso do outro, dotadas de regras sintáticas. As regras linguísticas do discurso colocadas em forma de discurso direto, indireto e indireto livre, regras que variam de língua para língua, são o sinal de como uma língua sente a palavra do outro e de como a transforma.

Existem relações com o outro prefixadas pela língua. Relações sociais objetivas sedimentadas na sua sintaxe. Nas regras do discurso colocado, já prevendo o grau de envolvimento ou distanciamento em relação à palavra do outro, prevê-se a prevaricação da própria palavra sobre aquela do outro, ou ainda o seu confinamento, o seu fechamento, de modo a poder referi-la sem compromisso, poder tomar distância, em um comportamento de *des*responsabilização e de hipócrita indiferença; ou ainda, como acontece no discurso indireto livre, em uma relação "corpo a corpo" com a palavra do outro, em um diálogo tão fechado que a própria palavra ressoa da palavra do outro e vice-versa, tornando-se palavra a duas vozes, entre elas não indiferentes.

É esse então o sentido que, em relação ao caráter crítico – ou seja, dialógico, e logo efetivamente dialético, da filosofia da linguagem – tem a terceira e última parte de *Marxismo e filosofia da linguagem*, como uma parte determinante e conclusiva (muito diferente, logo, de como vem geralmente considerada, como justaposta, se não de uma vez por todas fora do tema em questão, a relação entre marxismo e filosofia da linguagem), intitulada "Para uma história das formas da enunciação nas construções sintáticas – Tentativa de aplicação do método sociológico aos problemas sintáticos". Compreende-se, então, por que essa ocupa-se da teoria do enunciado e de problemas de sintaxe; do problema do "discurso do outro", do discurso indireto, discurso direto e das suas variações, do discurso indireto livre em francês, alemão e russo.

Nessa seção do livro de 1929 sobre a filosofia da linguagem, o caráter dialógico entre a palavra própria e a palavra do outro e a questão da recepção da palavra do outro, da sua interpretação, transmissão e compreensão respondente são analisados não somente no enunciado enquanto célula viva do discurso em contraposição à frase, célula morta da língua, e não somente pelo que diz respeito ao enunciado, como relações no nível do conteúdo, mas também no nível da forma (por fim, referente à própria divisão de um texto em parágrafos).

Mas são considerados também no interior da língua, como a sua disposição na mesma, na sua própria sintaxe, nas modalidades de se relacionar com o outro, diversificadas de acordo com o período histórico e com as formas sociais e, logo, diversas no plano formal, sintático, de acordo com as diversas línguas e com os seus períodos históricos. Lembre-se a esse propósito do amplo ensaio de

Pier Paolo Pasolini em *Empirismo herético* (1972), dedicado ao discurso indireto livre, no qual se coloca que, se este se apresenta já em Dante e em Ariosto, antes ainda de La Fontaine, isso depende da sua apresentação em situações históricas específicas, como para Dante, as particulares contradições linguístico-ideológicas da sociedade comum e, para Ariosto, o encontro entre língua e ideologia feudal e língua e ideologia burguesa, entre a língua das armas e a língua do comércio e dos bancos.

A filosofia da linguagem torna-se então filosofia do ouvir, ouvir a palavra do outro e a sua recepção, a compreensão respondente a seu respeito, não simplesmente no plano individual, psicológico e da ideologia interpretada como fenômeno psicológico, mas no plano histórico-social, e isso também de acordo com a fórmula de Marx, colocada não por acaso como epígrafe no livro surgido em 1927 sob o nome de Voloshinov, *O freudismo*: "o ser humano não é algo abstrato que seja imanente ao indivíduo singular. Na sua realidade o ser humano é um conjunto de relações sociais" (Marx, VI *tesi su Feuerbach*). A relação com o outro está já na língua, está já dentro da sua própria identidade e não só no plano semântico, em que geralmente se pesquisaria acerca da relação entre língua e ideologia social, mas também sobre aquele plano menos suspeito da sintaxe.

A relação com o outro está já na língua, nas suas regras de discurso citado: mas em que implica tudo isso?

Com certeza não na frase isolada – que não é de ninguém, não é voltada a ninguém, não é orientada a nenhum fim, é descontextualizada, não tem nenhuma entonação, nenhuma acentuação, nenhum subentendido, pode ser repetida quantas vezes se quiser e será sempre a mesma –, mas num enunciado, na palavra viva que, ao contrário, tem todas as características e não pode ser repetida duas vezes sem que mude a acentuação e o sentido. Essas considerações encontram-se seja no ensaio de 1926, "O discurso na vida e o discurso na arte", bem como no livro de 1929, *Marxismo e filosofia da linguagem*.

Mas a relação entre língua e enunciado, entre *langue* e *parole*, entre língua e texto, entre sintaxe e estilo, entre gramática e estilística, não é uma relação direta, uma relação dual. Esta passa pelos gêneros do discurso. Cada enunciado, cada texto verbal, assim como faz parte necessariamente de uma língua, faz também necessariamente parte de um gênero de discurso. Fala-se sempre não só em uma língua, mas também em um gênero de discurso. Em um texto de 1952-53 (Bakhtin, 1979), Bakhtin ocupa-se diretamente dos gêneros literários e era sua intenção escrever um livro sobre esse assunto. Aqui ele faz distinção entre gêneros primários, ou diretos, ou simples, que são aqueles da vida cotidiana (ordinária), os gêneros da representação oficial, da realidade social, dos papéis, das relações interpessoais cotidianas, da palavra objetiva, e os gêneros secundários, ou indiretos, ou complexos, que são aqueles da representação dos primeiros, ou seja, os gêneros da representação literária, da palavra objetivada, indireta.

Então, entre os gêneros simples da representação oficial e aqueles complexos da representação literária, são os últimos aqueles que podem evidenciar em toda a sua amplitude a disposição objetiva da língua em relação à palavra do outro, mostrar como a própria palavra vive da recepção da palavra do outro, da sua interpretação e transmissão, da sua compreensão respondente.

Desse modo, todos os exemplos apresentados em *Marxismo e filosofia da linguagem*, ocupando-se do "discurso do outro" e da sua "definição", da "percepção ativa do discurso do outro em relação ao problema de dialogo", da dinâmica da inter-relação entre contexto autoral e discurso do outro, da "transmissão do discurso do outro", "do discurso direto, indireto e das suas variantes", do "discurso indireto livre" (alguns dos títulos dos parágrafos da terceira parte do livro), são tomados de obras literárias, acima de tudo do gênero romance, que é aquele capaz de melhor representar o caráter dialógico do discurso no sentido que colocamos anteriormente. Os textos analisados são extratos de Dostoiévski (*Os irmãos Karamazov* e seu conto *Una anedota scabroza*), de Púchkin (*O prisioneiro do Cáucaso* e *Poltava*), de Zola (*Roma*), de Mann (*Buddenbrooks*).

A filosofia da linguagem do livro de Voloshinov tem uma ligação estreita com a perspectiva segundo a qual o livro de Bakhtin do mesmo ano (1929) lê a obra de Dostoiévski. Também a monografia sobre Dostoiévski é um livro de filosofia, precisamente de filosofia da linguagem, no sentido em que Bakhtin mesmo usa tal expressão. A Bakhtin, diferentemente da literatura crítica dostoievsquiana dominante, não interessam os *conteúdos filosóficos* da obra de Dostoiévski, não interessa esta ou aquela outra ideia ética e religiosa expressa por seus personagens, não interessa a problemática ideológica. Trata-se, ao contrário, de abandonar completamente a via da "monologização filosófica ultrapassada da literatura dostoievsquiana".[3] A um estreito ideologismo é contraposta, coloca Bakhtin, uma relação formalística tão estreita quanto, que não consegue ir além da periferia da forma específica da arquitetônica de Dostoiévski.

A Bakhtin interessa a filosofia da obra de Dostoiévski em um sentido diferente e mais profundo do qual encontra expressão imediata nas declarações dos seus personagens. Como ele mesmo se expressa na nota introdutória da edição de

---

[3] Bakhtin, *Problemas da poética de Dostoiévski*, 1929, trad. it., 1997, p. 94.

1963,[4] trata-se de dar relevância ao que geralmente se perdeu de vista por causa da excessiva atenção às ideias expressas nos seus romances: ou seja, exatamente "os momentos estruturais mais profundos e estáveis da sua visão artística".

Bakhtin perscruta o complexo caráter fundador da sua perspectiva, podemos até dizer "transcendental", no sentido de que o romance de Dostoiévski evidencia a forma *a priori* da consciência da linguagem, e essa forma *a priori* é a sua estrutura dialógica, a sua alteridade constituinte.

Bakhtin diz claramente na "Nota do autor à edição de 1963"[5] aquilo que o pensamento artístico polifônico de Dostoievski permite colher: "excede do âmbito particular da sua obra". O seu caráter inovador é de ordem filosófico-metodológica.

O interesse de Bakhtin por Dostoiévski não é nem de ordem conteudístico-ética nem de ordem literária. Aquilo que o romance polifônico de Dostoiévski evidenciou vai bem mais longe da sua contribuição no plano artístico-literário e de renovação do gênero de romance. A contribuição que a análise bakhtiniana do romance de Dostoiévski pretende oferecer não fica limitada ao gênero romance e não se fecha na crítica literária. Ela é de ordem filosófica. Do romance polifônico de Dostoiévski, Bakhtin sublinha o fato de que este tornou possível a compreensão do funcionamento da "consciência humana pensante", mostrou, ou melhor, fez ouvir "a esfera dialógica na qual essa se gera e vive".[6]

Fazendo isso, Bakhtin coloca o ponto de vista do romance polifônico em decorrência de uma filosofia da linguagem entendida como crítica do monologismo, como colocar em discussão o "mundo percebido e entendido monologicamente".[7] "O mundo de Dostoievski é profundamente pluralista".[8] A sua perspectiva lhe permitiu "ver a multiplicidade, o plural, e onde os outros viam o único e o idêntico".[9] No romance polifônico de Dostoievski, encontra-se a posição perspectiva (de uma perspectiva tal) que permite evitar a transformação em dialético pacificado na síntese a redução de relações dialógicas com objetos de um ponto de vista externo não participante: o autor, diz Bakhtin,[10] aqui, como no mundo dantesco, é também este um dos participantes. No romance

---

[4] Bakhtin, *Dostoiévski, poética e estilística*, trad. it., 1968, p. 9.
[5] Idem, p. 9.
[6] Bakhtin, 1963, trad. it., p. 353.
[7] Bakhtin, *Problemas da poética de Dostoiévski*, 1929, trad. it., p. 91.
[8] Idem, p. 117.
[9] Idem, p. 121.
[10] Idem, p. 116.

polifônico, em "que tudo é dialógico", as relações dialógicas resultam em "um fenômeno muito mais vasto que não nas relações entre as réplicas do diálogo compositivamente expresso: são um fenômeno quase universal, que perpassa todo o discurso humano e todas as relações e as manifestações da vida humana, em suma, tudo aquilo que tem um sentido e um significado".[11]

O "dostoievsquismo" é a exploração reacionária puramente monológica que é feita da polifonia dostoievsquiana. Isso se fecha sempre nos limites de uma consciência, procura dentro dela, cria o culto da duplicação da pessoa isolada. Mas o principal traço da polifonia de Dostoievski é, ao contrário, exatamente aquilo que se cumpre entre diferentes (diversas) consciências, ou seja, a sua interação e interdependência.

Não é necessário ir à escola de Raskolnikov e de Sonja, de Ivan Karamazov e de Zosima, separando as suas vozes do complexo polifônico dos romances (e com isso deformando-os); é necessário ir à escola do próprio Dostoiévski enquanto criador do romance polifônico.[12]

O "dostoievsquismo" é o atestar-se sobre a questão da identidade. Isso, no âmbito da ideologia, da religião, da moral, significa considerar cada uma dessas como questões que dizem respeito ao eu centrado em si mesmo, o eu na sua identidade. Para Bakhtin, ir à escola de Dostoiévski significa reconhecer a alteridade como centro principal da sua lição ética e estética, contrária ao princípio da identidade.

Para Bakhtin, o problema da responsabilidade, quando se ocupou nos seus primeiros escritos, não diz respeito à responsabilidade circunscrita no âmbito da identidade. Quando sucessivamente ocupa-se de textos de literatura, não é pela identidade do artista, do autor, que ele se interessa e tampouco pela dos personagens, nem lhe interessa a identidade de um gênero literário ou a identidade de um endereço ou de um movimento literário. Quando se ocupa de problemas de ordem linguística, não lhe interessa a identidade da língua.

A Bakhtin não interessa a identidade. Em qualquer questão da qual ele se ocupe, ética, estética, linguística, o interesse de Bakhtin diz respeito à alteridade.

Ocupa-se da responsabilidade como resposta ao outro e do outro sem álibi.

Ocupa-se da palavra para evidenciar nela a presença de uma outra palavra que a mostre internamente dialógica.

---

[11] *Dostoiévski, poética e estilística*, 1963, tr. it., p. 58.
[12] Idem, p. 52.

Ocupa-se com Pavel N. Medevdev (1889-1938) do problema da "especificidade" do texto literário, erguido pelos formalistas russos, mostrando que, não o ponto de vista do *eu*, mas aquele "exotópico" do *outro* é esteticamente produtivo.

Confronta-se, participando dos interesses de Valentin N. Voloshinov (1895-1937), com o "freudismo" e interessa-se pelo "inconsciente" enquanto *discurso reprimido e uma ideologia outra* em relação àquela oficial.

Ocupa-se de problemas linguísticos para evidenciar que, ao lado de forças centrípetas que constituem a identidade da língua, agem forças centrífugas que a tornam continuamente outra em relação a si mesma.

Esse deslocamento da atenção na direção da alteridade é o que em Bakhtin vem também expressar através da palavra "meta": como sabemos, ele fala do seu estudo sobre linguagem como "metalinguística".

Avaliado em termos de "crítica", em um sentido que não pode ser redutivamente literário, mas também filosófico depois de Kant e Marx, a contribuição fundamental da sua "filosofia da linguagem" ou "metalinguística" – como ele definia a própria aproximação ao signo, ao enunciado, ao texto, aos gêneros de discurso, à relação entre escritura literária e as expressões não verbais da cultura popular – consiste em haver inaugurado uma crítica da razão dialógica. Esta é concentrada na responsabilidade sem álibi, na qual cada um encontra-se na sua inalienável alteridade. Tal alteridade apresenta uma irredutível materialidade em relação à identidade, seja essa individual, como aquela de uma consciência ou de um eu, ou ainda coletiva, como aquela de uma comunidade ou de uma língua, ou de um sistema cultural. Com esse deslocamento do centro da identidade à alteridade, com essa *revolução copérnica*, a crítica bakhtiniana da razão dialógica não é somente a atitude de pôr em discussão a inteira completude da filosofia ocidental, mas também aquele dominante na cultura à qual esta pertence.

O problema fundamental da filosofia é o problema do outro e o problema do outro é o problema da palavra, da palavra como voz, reconhecida como demanda de escuta. Uma *filosofia da linguagem, logo, como arte de ouvir*. Por isso é necessário ir à escola de Dostoiévski: ele sabia escutar as palavras, sabia escutá-la como vozes.

O ouvir, coloca Bakhtin, é um elemento constitutivo da palavra, que pode ser revelado somente por uma análise que não fique em um nível superficial, por uma análise que de linguística transforme-se em metalinguística:

> O ouvir deriva da natureza das palavras, que quer sempre ser escutada, procura sempre uma compreensão ativa e não para na primeira, mais próxima, compreensão imediata, mas avança sempre mais em frente (ilimitadamente). [...] "A possibilidade

de escuta" como tal representa guia a uma revelação dialógica. A palavra quer ser ouvida, compreendida, quer receber uma resposta e responder à sua vez, e assim *ad infinitum*. Esta entra no diálogo.[13]

A escuta é, logo, a arte da palavra, o seu fazer, o seu ofício, a sua atitude, a sua prerrogativa, o seu peculiar modo de ser. E serve à arte verbal, à escritura literária, ao gênero secundário, complexo, serve a Dostoiévski, para representar a escuta como a arte da palavra. Essa é a relação entre filosofia da linguagem como arte de escuta e a escritura literária.

O pior mal que pode acontecer à palavra é a ausência de escuta, a ausência de interlocutor – não o calar, que, ao contrário, é exatamente a condição da escuta, acima de tudo quando assume a forma da expressão literária (o escritor, de fato, é aquele que "veste a roupa do calar", diz Bakhtin nos "Apontamentos 1970-1971"), mas o silêncio.

Formação filosófica e inicial orientação pessoal

Bakhtin começou seus estudos universitários em Odessa, em 1913-14, e os terminou em São Petersburgo, em 1918. Na primeira e na segunda das conversações que se desenvolveram entre 22 de fevereiro e 23 de março de 1973, entre ele e Victor D. Duvakin (Bakhtin, 2002), Bakhtin fala dos seus estudos universitários e conta ter tido, na Universidade de Novorossijskij (Universidade de Odessa), com o professor de filosofia, Nicolaj Nikolaviʃ Lange (1858-1921), alemão, autor de *História do materialismo*, mas mais conhecido como psicólogo e como fundador de um dos primeiros laboratórios de psicologia experimental na Rússia, naquela Universidade. Era aluno de W. M. Wundt e escreveu, entre outros, *Psichologiʃeskie issledovanija* "Pesquisas psicológicas", Odessa, 1893). Além disso, da mesma Universidade, menciona Aleksandr I. Tomson (1860-1935), linguista, aluno de Filipp F. Fortunatov, especialista em linguística indo-europeia e eslava e autor do manual *Introdução à linguística*.

Em São Petersburgo, para os estudos clássicos, teve como professor Faddej F. Zelinskij e como docentes, no âmbito da filosofia: Aleksandr Ivanoviʃ Vvedenskij, autor de *Logika kak ʃast' teorii poznanija* ("A lógica como parte da teoria da consciência", Petrogrado, 1917) – "um rigoroso, coerente kantiano, mas não neokantiano", como Bakhtin o define, que tinha anteriormente publi-

---

[13] Bakhtin, "O problema do texto" (trad. it., "Il problema del texto", em A. Ponzio, 1977, pp. 227-9.

cado *Sui limiti e le caratteristiche del divenire cosciente*; e Nicolaj Onufrieviʃ Losskij – "se poderia defini-lo antikantiano" (1892) –, intuicionista, autor de *Basi dell'intuizionismo* e da revista *Il problema dell'io e dell'altro* (1910) (sucessivamente publicou *Dostoevskij i ego christianskoe miroponimanie* ("Dostoiévski e a sua visão de mundo cristão", 1953), reeditado no livro mais recente, *Bog i mirovoe zlo* ("Deus e o mal do mundo", Moscou, 1994); e, enfim, Ivan Ivanoviʃ Lapsin, sustentador de um certo positivismo do tipo inglês, autor de *Il problema dell'io e dell'altro* (1910), que é uma revista de textos que tratam desse assunto. Não obstante essas orientações totalmente diferentes, existia condução da cátedra entre Lapsin, Losskij e Vvedenskij (o "titular" era este último). "Claro, existia discussão", coloca Bakhtin no decorrer da sua segunda conversa com Duvakin, "mas isso não fazia mais que transformar em interessante o trabalho da cátedra. E me parece que essa cátedra filosófica era sem dúvida a mais válida, aquela com bases mais profundas, e também mais ativa que a cátedra filosófica de Moscou, onde estavam Felpanov, Lopatin etc.".

Bakhtin menciona entre os docentes, aos quais se sentia particularmente ligado, o polaco Stepan Samuiloviʃ Srebrnyj (1890-1962), filólogo clássico, aluno de F. F. Zelinskij, que, livre-docente desde 1916 na Universidade de Petersburgo, conduzia pesquisas sobre a comicidade clássica, principalmente sobre a comédia. Todavia, considerando em sua complexidade o processo todo de sua formação, Bakhtin observa (na primeira conversa com Duvakin):

> Mas é necessário dizer isso: ainda que eu não pudesse me lamentar nem do ginásio, nem da Universidade, todavia, fundamentalmente, eu me formei estudando por conta própria. Tudo e sempre. Porque as instituições educacionais oficiais não podem, na verdade, oferecer uma instrução que possa satisfazer plenamente. Quando uma pessoa limita-se a esta, então, no fundo torna-se... um funcionário do saber. Assim conhece-se somente aquilo que é o estado precedente de uma disciplina, mas acerca da situação contemporânea, criativa..., a iniciação para mim acontecia através de leituras independentes da mais recente literatura, dos mais recentes livros. Por exemplo, Lange, Nocolai Nikolaeviʃ Lange, era um excelente professor, excelente; mas, por exemplo, lembro-me que quando lhe perguntei – comecei muito cedo a ler livros filosóficos em original, em língua alemã –, quando lhe perguntei sobre Hermann Cohen, mestre da escola de Marburg...[...] quando lhe perguntei se *Kants Theorie der Erfahrungdi Cohen* [Berlin 1871] era um livro válido, respondeu-me: "parece que é válido o suficiente", ou seja, nunca o tinha lido. E, ainda mais, me pareceu que até o nome de Hermann Cohen o conhecia somente de ouvir falar.
> Pode-se dizer que comecei muito cedo a praticar um pensamento independente e a dedicar-me por conta própria à leitura de importantes livros filosóficos. E, inicialmente, eu era acima de tudo interessado mesmo pela filosofia. E literatura.

Conhecia Dostoiévski já com onze, doze anos de idade. E depois de mais um pouco, com doze ou treze anos, já comecei a ler alguns importantes clássicos. Em particular, conheci muito cedo Kant; comecei muito cedo a ler sua *Crítica da razão pura* [em alemão]. E devo dizer que a entendia. Entendia-a. [...] Lia outros filósofos alemães. Muito cedo..., antes que fosse traduzido em russo, já conhecia Søren Kierkegaard.

Matvej Isaeviʃ Kagan (1889-1937), um dos amigos mais íntimos de Bakhtin, tinha estudado filosofia na Alemanha, em Lipsia, em Berlin e em Marburg, com o mestre da escola kantiana, Hermann Cohen, e também com P. Natorp e E. Cassirer. Doutor em filosofia da Universidade de Marburg, Kagan, em 1918, voltou à sua cidade natal, Nevel, onde conheceu M. M. Bakhtin, que chegou ali nesse período.

Mas o interesse de Bakhtin pela escola de Marburg é anterior ao seu conhecimento de Kagan e remonta já ao período de estudos em Odessa. Quem também se interessou pela filosofia da escola de Marburg foi seu irmão Nicolai Bakhtin que, mesmo tendo um ano de diferença, frequentou contemporaneamente com Mikhail a Universidade em Odessa e em Petrogrado, até os eventos de 1917-1918, quando Nicolai Bakhtin, depois de ter-se juntado à Guarda Branca, deixou a Rússia para sempre.

Bakhtin, em 1918, em Nevel, ministrou um breve curso, para a "inteligência local", de introdução à filosofia, em sentido não cronológico, mas de problemática, e, entre seus ouvintes, estava Marija Veniaminovna Judina (1899-1970), que tornar-se-ia uma das pessoas mais próximas a ele. "Nas minhas aulas concentrava a atenção em Kant e no kantismo. Considerava isso central na filosofia. O neokantismo [...] em primeiro lugar, certamente, Hermann Cohen... Rickert... Natorp, Cassirer" (sexta conversa com Duvakin).

Muito cedo, Bakhtin começa a elaborar uma própria concepção filosófica, acima de tudo relacionada aos problemas de ordem moral. Bakhtin recorda-se de haver exposto, já no período de Nevel, durante longos passeios com Marija Veniaminovna, Lev Vasil'eviʃ Pumpanskij (1891-1949, que Bakhtin conhecia desde quando vivia em Vilnius e antes da transferência de Petroburgo a Nevel, onde Lev Vasil'eviʃ estava desde 1916 no exército) e Kagan (também ele transferido a Nevel de Petroburgo), os elementos da sua "filosofia ética" e de haver chamado um lago, a dez quilômetros de Nevel, na beira do qual sentavam-se para conversar a respeito de filosofia Maria, Lev e Mikhail (respectivamente com 19, 27 e 23 anos) de "Lago da Realidade Moral" (do qual se faz menção também nas lembranças de Maria Judina).

No período de Nevel, Bakhtin desenvolvia, além de uma filosofia da música, uma estética musical que se baseia em Hegel e, acima de tudo, em Schelling; neste último, particularmente, por aquilo que se refere à ideia de afinidade de música e mito que, como diz Bakhtin nas suas conversações com Duvakin, foi posteriormente desenvolvida por Claude Lévi-Strauss. Nessas conversações ele conta ter transmitido suas ideias a Lev V. Pumpjanskij, o qual depois as desenvolveu nos seus numerosos cursos sobre a filosofia da música.

No círculo filosófico de Nevel, onde também está Voloshinov (que chega em Nevel em 1919), e Boris Michailoviſ Zubakin (1894-1938), desenvolvem-se discussões sobre os mais complexos e, algumas vezes, mais inusitados assuntos filosóficos, como a discussão entre Bakhtin e Pumpianskij, "Deus e o socialismo".

"Arte e socialismo", "Cristianismo e crítica", "Sobre o sentido da vida", "Sobre o sentido de amor", "Nietszche e o cristianismo", "A concepção do mundo de Leonardo da Vinci": são estes alguns dos temas de discussões e conferências feitas nesse período. Em Vitebsk – desde 1920, onde os amigos de Bakhtin agregam-se a Pavel Nikoelaeviſ Medvedev (1891-1938, em Vitebsk desde 1917) e a Ivan Ivanoviſ Sollertinskij (de Vitebsk 1902-1944) – Bakhtin faz uma série de conferências públicas, entre as quais: "O momento moral na cultura", "A palavra", "A filosofia de Nietszche".

Muito cedo Bakhtin, certamente já no período de Nevel, afasta-se da filosofia kantiana e neokantiana, como se nota, seja a partir de suas discussões feitas em várias ocasiões entre seus amigos ou, mesmo que de forma privada em círculos mais amplos, seja no seu ensaio do início dos anos 1920, *K filosofii postupka* ("Sobre a filosofia do outro", 1920-24, trad. it. 1998).

Aqui ele afirma o primado da filosofia moral sobre a filosofia teorética e sustenta que, seja a razão teorética, seja a razão estética, são momentos da razão prática. O discurso de Bakhtin aqui parte de Kant, mas vai além de Kant e dos neokantianos. A filosofia moral, que Bakhtin considera como "filosofia primeira", não pode se valer da concepção kantiana e da retomada neokantiana (aqui Bakhtin faz uma referência explícita a Hermann Cohen), que com relação ao problema da moral deu particular relevância.[14]

Bakhtin acusa de teoreticismo, ou seja, de "abstração do meu único eu" – vale dizer do eu na sua alteridade, na sua singularidade irrepetível, na

---

[14] Idem, trad. it., pp. 39-42.

sua unicidade determinada pela sua insubstitutibilidade, não intercambialidade nas suas relações com o outro[15] – a ética formal de Kant e dos neokantianos:

> Aqui [em tal ética] não existe aproximação possível à viva ação no mundo real. Aqui o primado da razão prática é na verdade o princípio de um domínio teorético sobre todos os outros, e só porque é o domínio da forma mais vazia e improdutiva daquilo que é geral.[16]

A ética formal de Kant e dos neokantianos não consegue liberar-se do defeito da ética material, que consiste na concepção da universalidade do dever. A categoria do dever, justamente considerada como categoria da consciência se interpretada em termos de responsabilidade pelo outro sem limites, é, contudo, entendida como categoria da consciência teorética, como categoria universal e, consequentemente, a filosofia kantiana e também a neokantiana não conseguem dar conta da ação individual.

Em Kant e nos neokantianos, observa Bakhtin, o imperativo categórico é subordinado à sua capacidade de ser universal ("age de modo que a máxima da tua ação possa tranformar-se em universal"); a ação do indivíduo é justificada por sua capacidade de tornar-se norma de comportamento geral; a vontade criativamente ativa na ação cria uma lei à qual submete alienando-se no seu produto. O mundo da razão prática da ética formal kantiana e neokantiana não é o mundo da concreta ação responsável, o mundo da *responsabilidade moral sem limites* (e, nesse sentido, diferente da responsabilidade técnica e da responsabilidade jurídica), mas o mundo da sua *"transcrição teorética"*.[17]

Nisso, então, consiste, já no ensaio sobre a filosofia da ação responsável, a crítica de Bakhtin à ética de Kant e dos neokantianos: esta, não obstante o seu querer ser formal, não consegue destacar-se dos pressupostos fundamentais da ética material, da ética conteudística.

Bakhtin não se opõe à ética kantiana por ser uma ética formal, uma filosofia-princípio da razão prática, nem porque se apresenta como baseada no método transcendental (como erroneamente interpreta M. Holquist, que atribui a Bakhtin a contraposição de "imediato" a "transcendental". Na verdade, para Bakhtin tudo aquilo que é "imediato", como também tudo aquilo que é "direto" é inútil para qualquer tipo de compreensão, seja ela filosófica ou científica, ou estética), mas porque essa não consegue estar efetivamente à altura desse

---

[15] Idem, p. 41.
[16] Idem, ibidem.
[17] Idem, ibidem.

programa, à altura da sua própria denominação. De modo que uma tal filosofia moral pode e deve ainda ser criada, "mas pode-se e deve-se criar uma outra, que mereça mais, ou mesmo talvez com exclusividade, tal nome".[18]

Trata-se de trabalhar na construção de um humanismo da alteridade. A razão prática kantiana, ainda que assuma como máxima aquela de considerar o outro como fim, é fundada no princípio da consciência, do "eu penso", ainda de matriz cartesiana, que não instaurará o seu desenvolvimento no sentido idealístico. A razão kantiana e neokantiana continua a ser a razão da identidade, a razão do humanismo da identidade. Em relação a ele, uma boa contribuição virá de Martin Heidegger na sua crítica do humanismo e da metafísica, na afirmação da ontologia como fundamental, na impossibilidade da saída do horizonte do ser, na contraposição da razão ontológica como razão sem transcendência, sem senão.

Tendo ocasião de assistir ao famoso encontro de Davos de 1929 entre Cassirer e Heidegger, Emmanuel Lévinas percebera tudo isso, extraindo daí a consciência do fim do humanismo tradicional, o "humanismo da identidade", e da necessidade da concretização de uma radicalização do questionamento filosófico sobre o sentido do homem em termos de humanismo do outro, de humanismo da alteridade. (*Humanisme de l'autre homme* é o significativo título de um livro de Lévinas de 1972, coleção de ensaios dos anos 1960, que assinala uma etapa importante da sua reflexão sobre essa temática.)

É notável que Bakhtin, já no início dos anos 1920, refletindo sobre Kant e o neokantismo, delimite exatamente, no seu escrito sobre a filosofia da ação responsável, os limites da razão teorética e da própria razão prática situada dentro dos limites do teoreticismo, da consciência tematizante, objetivante: trata-se de colocar o outro como imprescindível dentro de uma arquitetônica dialogicamente estruturada que encontra expressão na sua palavra e que requer da parte do eu a posição de calar e escutar, que requer uma posição de não indiferença de participação, de compreensão respondente.

Seja para Bakhtin, seja para Lévinas, o movimento do humanismo da identidade acontece reconhecendo como fundamental a não indiferença pelo outro, que deslocam o eu da relação consigo mesmo e o ser ao qual pertence e com o qual se identifica para uma relação aquém da identidade, do ser e do conhecer, que é a relação de alteridade enquanto responsabilidade sem limites. O que une, não obstante as diferenças, Bakhtin e Lévinas é o itinerário da diferença, da identidade e da não indiferença (interesse) do indivíduo por tudo aquilo que não seja

---

[18] Bakhtin, 1920-24, trad. it., pp. 41-2.

apenas o próprio ser, a não indiferença do indivíduo pelo outro indivíduo, para o qual ele é único, não intercambiável, fora de qualquer gênero, fora de qualquer cobertura e proteção, de qualquer possibilidade de delegar, aqui compreendidas as que oferecem formas de responsabilidade circunscrita e garantida por limites, como a responsabilidade técnica ou jurídica, ou por profissão de fé, ou por aceitação de um código ético, ou em nome de uma ética "formal" na qual a máxima ação deva responder aos requisitos de universalidade pretendidos por uma razão abstratamente humana e, como tal, eivada dos vícios do teoreticismo.

Um outro aspecto que une Bakhtin e Lévinas é a concepção da relação com o outro como relação não simétrica e não reversível, o que, portanto, é bem diferente da fórmula *Ich-Du* de Martin Buber, que, como observa Lévinas ("Martin Buber", em Lévinas, 1976), tem uma estrutura formal, pode-se virar e ler indiferentemente da esquerda para a direita, como da direita para a esquerda: é como se um expectador externo, diz Lévinas, falasse do Eu e do Tu em terceira pessoa. A aproximação entre Bakhtin e Buber por parte de Todorov (1981) é, por isso, desviante. A relação Eu-Tu de Buber é uma relação de reciprocidade, uma relação reversível, que contrasta com a concepção bakhtiniana da unicidade do ser no mundo de cada um, com a sua insubstitutibilidade. Para Bakhtin a relação Eu-Tu é uma relação não recíproca, assimétrica, que comporta uma diferença de nível, na qual a posição do eu não é intercambiável com aquela que ocupa o Tu e onde a alteridade é sempre conotada axiologicamente.

A escuta da palavra do outro como relação "autor" e "herói"

A filosofia moral, ou filosofia primeira, ou filosofia da ação responsável, segundo a tarefa que Bakhtin lhe dá, deve descrever de maneira participante "a concreta arquitetônica"[19] centralizada em torno da singularidade, da unicidade de cada um. Os momentos segundo os quais se constituem e se dispõem todos os valores, todos os significados e todas as relações espaço-temporais são: "Eu para mim, o outro para mim e eu para o outro". A arquitetura do eu caracteriza-se em termos de alteridade. O eu na sua singularidade, na sua unicidade, é a modalidade singular, única, segundo a qual se organiza a sua alteridade constitutiva.

O diálogo em Bakhtin não é o resultado da iniciativa da assunção de uma postura aberta com relação ao outro (como foi, muitas vezes, equivocadamente entendido em Holquist, por exemplo), mas consiste na impossibilidade de fecha-

---

[19] Bakhtin, 1920-24, trad. it., p. 63.

mento, de indiferença, de não envolvimento, apesar de todos os esforços que o *eu* possa fazer para esquivar-se dessa situação. Essas vãs tentativas de fechamento, de separação, permanecem registradas na própria palavra do *eu* que, para tentar fazê-lo, deve sempre referir-se dialogicamente à palavra do *outro*. A palavra é dialógica por uma implicação passiva na palavra alheia. O diálogo não existe unicamente onde há composição de pontos de vista e de identidade, mas consiste exatamente na obstinação (refratariedade) à síntese, inclusive à síntese ilusória da própria identidade do *eu*, a qual, com efeito, é decomposta dialogicamente enquanto inevitavelmente envolvida numa alteridade.

Bakhtin indica, quase no final da introdução de "Por uma filosofia da ação responsável", o plano segundo o qual pretende desenvolver o trabalho que concerne a análise dos momentos fundamentais da arquitetônica da singularidade, da ação responsável. Isso nos faz entrever em que sentido Bakhtin pensa poder resolver o seu nada fácil problema: aquele de encontrar um ponto de vista externo que seja ao mesmo tempo empático e isento, contudo, de inclinações teoricistas – sejam de ordem filosófica, sociológica, psicológica etc.

A continuação do discurso de Bakhtin constitui-se da análise de uma inter-relação entre *autor* e *herói* na criação estética, à qual será dedicado o seu extenso texto – ao que parece, imediatamente sucessivo àquele sobre ação responsável – intitulado pelo editor *O autor e o herói na atividade estética* (Bakhtin, 1979): o fragmento do primeiro capítulo (v. Bakhtin, 1924) de *O autor e o herói na atividade estética* recomeça exatamente do mesmo ponto onde o texto "Por uma filosofia da ação responsável" (Bakhtin, 1920-24) havia chegado, recuperando algumas análises, retomando-as e desenvolvendo-as.

Desse modo, a relação entre autor e herói na criação da arte verbal é exatamente a relação que Bakhtin investiga na sua *filosofia da ação responsável*: aquela entre um ponto de vista externo, mas não cognoscitivo nem criptoteórico (o autor), e o *eu* como centro da arquitetônica da ação responsável (o herói) a ser caracterizado verbalmente como tal, enquanto *eu*, enquanto centro de uma arquitetônica peculiar, sem, por isso, reduzi-lo a objeto: uma caracterização empática, de um ponto de vista não indiferente e segundo uma atitude de compreensão respondente (como exatamente acontece na criação artística verbal).

A própria subdivisão de *O autor e o herói na atividade estética* indica, por um lado, a correspondência entre o ponto de vista do autor criador na arte verbal e aquele procurado no texto "Por uma filosofia da ação responsável" – que pode tornar possível uma "caracterização empática", uma fenomenologia não viciada de teoricismo; e por outro lado, a correspondência entre singularidade, centro da arquitetônica a ser caracterizada, e o herói do texto literário. O herói é o *eu* da arquitetônica em torno do qual se organizam todas as relações de espaço, tempo e sentido; de modo que o texto de Bakhtin que se ocupa da relação entre autor e herói é assim articulado: "A forma espacial do herói", "A totalidade temporal do herói", "A totalidade de sentido do herói".

O "problema do autor" coincide – é esta a "descoberta" à qual chega Bakhtin, como conclusão da sua reflexão filosófica desenvolvida em "Por uma filosofia da ação responsável" – com o problema do ponto de vista da "caracterização empática", assim como o "problema do herói" coincide com o problema da "arquitetônica da ação responsável".

Mas por que essa situação dual? Por que o ponto de vista fenomenológico da caracterização empática não pode ser aquele mesmo do *eu*? Por que a necessidade do ponto de vista externo; por que a necessidade do outro? A resposta é que, sem alteridade, a compreensão da arquitetônica não é possível. Mas, sem alteridade, nem mesmo é possível o valor estético: o *eu*, por si mesmo, é incapaz de representar a própria arquitetônica; o *eu*, por si mesmo, é "esteticamente improdutivo".

O personagem é um indivíduo da vida real, entrincheirado na sua identidade, que inevitavelmente fala de si segundo modalidades previstas na relação sujeito-objeto, que se descreve segundo os gêneros, as categorias, os lugares do discurso da sociedade, da cultura oficial, da língua de origem.

O autor pode fazê-lo vir à luz na sua singularidade, na sua alteridade, como centro organizador sem igual, e levá-lo a mostrar-se não como indivíduo, não como homem abstrato, identificado neste ou naquele gênero, não como falante genérico ou típico, mas como singular, como falante singular, com a sua *parole* outra com respeito à *parole* individual de uma *langue*, na sua presencialidade de valor no mundo, na sua responsabilidade sem álibi.

Mas qual autor? Não aquele do gênero primário, dos gêneros da vida ordinária, da palavra direta, objetiva, dos gêneros da representação do mundo, que também é um indivíduo da vida real, inserido numa identidade própria, e que reage à palavra do outro segundo as funções previstas na língua e segundo os objetivos de sua posição social, de seu papel, de seu ofício, de sua ideologia, da imagem de si etc. Não. Aqui o ponto de escuta é fora da vida real, fora da *representação*.

Como Bakhtin especificaria muitas vezes, desde os primeiros até os últimos escritos, aqui não se trata do "autor homem", mas do "autor criador", do escritor, àquele que os gêneros secundários, os gêneros da palavra indireta, da representação literária, permitem *usar a língua estando fora dela*, permitem-lhe *revestir-se do calar,* de não dizer mais nada em seu próprio nome, de distanciar-se da sua individualidade, da sua identidade de indivíduo, de destacar-se do ponto de vista da contemporaneidade, de sair do seu "pequeno tempo". O papel do escritor não é totalmente passivo, de mera contemplação, de observador desinteressado. A sua posição é aquela da escuta, da compreensão empática, da reação ativa, da provocação, do confronto com relação ao personagem, para entrar com ele em uma relação face a face, de indivíduo a indivíduo, de outro a outro, em uma relação de luta, de um envolvimento que se realiza na intrínseca dialogicidade de suas palavras.

O autor que se apresenta com uma palavra direta pode ser jornalista, estudioso, sábio etc. Mas não pode ser *escritor*. Como *escritor* o autor não diz nada. Ele, diferentemente de outros autores, "é privado de estilo e de situação" (Bakhtin, "Apontamentos 1970-1971", em Bakhtin, 1979). O semblante do autor escritor foge à individuação porque nenhuma de suas palavras é direta, nenhuma lhe pertence, mesmo que seja na forma ilusória de identificação com algo de superior e de impessoal. A sua palavra foge à interrogação que se impõe ao silêncio e quer ouvir de cada um e de cada coisa quem é e o que é. Na escritura literária, o autor "reveste-se do mutismo".[20] E este mutismo assume "diferentes formas de expressão, de riso diminuído (ironia) a alegoria etc.".[21]

Como, na maioria das vezes, acontece no romance polifônico de Dostoiévski, mas como é, em diferentes graus, característico da escritura literária, o escritor induz o seu personagem a manifestar-se como centro de uma arquitetônica espacial, temporal, axiológica, relacional única, colocando-se com ele em uma relação dialógica, na qual a palavra do autor é palavra dirigida à palavra do personagem, não como palavra sobre um ausente, mas como palavra dirigida a alguém presente; não como palavra de uma terceira pessoa não participante, mas como palavra de uma segunda pessoa, voltando-se a esta como a um "tu", assumindo-a como palavra frontal; realizando-se não como palavra *sobre* o personagem, mas como palavra *com* o personagem.

Estabelece-se assim um tipo de "cumplicidade" entre uma filosofia moral como filosofia primária – entendida como filosofia da ação responsável – e uma filosofia da arte verbal – entendida como filosofia da linguagem literária. Essa cumplicidade ou implicação recíproca entre filosofia da ação responsável e filosofia da linguagem do texto artístico, especificamente literário, está na base dos conceitos fundamentais que Bakhtin empregou em todo o arco da

---

[20] Cf. distinção entre "silêncio" e "mutismo" em "Apontamentos 1970-1971", em Bakhtin, 1979, pp. 369.
[21] Idem, p. 369.

sua pesquisa, desde esses escritos dos anos 1920 até aqueles da primeira metade dos anos 1970: *exotopia* ou *extralocalidade* (*vnenachodimost*), *excedência* (*izbytok*), *representação* (*izobraaenie*), *responsabilidade, testemunha-juiz, diálogo.*

Para Bakhtin a interpretação-compreensão da arquitetônica do *eu* em sua singularidade, unicidade, pressupõe que esse *eu* se realize a partir de uma posição outra, diferente e ao mesmo tempo não indiferente, em seu entorno participativo. Somente o ponto de vista do outro, enquanto externo, e, portanto, capaz de excedência "transgrediente", permite que a caracterização de mundo do *eu* não seja uma outra representação interna desse mundo e, portanto, limitada e parcial, uma reapresentação do olhar do *eu* enquanto mesmo, igual: do olhar do *eu* enquanto identidade, sujeito, indivíduo, mas uma visão compreensiva e compreendente, capaz de "representações", no sentido de "atuações". Sobre a relação *rappresentazione-raffigurazione* (*atuação-configuração*, v. Luciano Ponzio, 2000 e 2003), dão-se, assim, dois centros de valor, aquele do *eu* e aquele do *outro*, que são "os dois centros de valor da própria vida",[22] em torno do qual se constitui a arquitetônica da ação responsável, mas também os núcleos de valor da obra literária. É necessário que esses dois núcleos de valor permaneçam reciprocamente outros, que prevaleça a relação arquitetônica de dois mundos reciprocamente outros, por aquilo que concerne ao ponto de vista espaço-temporal e axiológico, e que não aconteça a prevaricação do ponto de vista do sujeito reduzindo o outro a objeto.

Desse modo, Bakhtin, em "Por uma filosofia da ação responsável", individua, como exemplo de uma visão similar, aquela que se cumpre na arte, especificadamente na arte verbal e na escritura literária. A visão do texto literário é, também esta, uma visão interessada em simbolizar a arquitetônica organizada ao redor daquele núcleo de valor que é cada ser humano na sua unicidade, insubstitutibilidade, precariedade, moralidade, respeito ao qual concretamente existe o "real peso do tempo",[23] o valor do espaço, as fronteiras, as possibilidades e limites insuperáveis, enquanto tudo aquilo que é admitido independentemente destes, "desconcretiza-se e desrealiza-se".[24] Além disso, também a visão estética do texto literário é focada na descrição de um ponto de vista outro não indiferente de tal arquitetônica cujo núcleo "não é abstratamente geométrico, mas responsável e volitivo-emotivo";[25] expressões, como *antes, depois, ainda*,

---

[22] Bakhtin, 1920-24, p. 80.
[23] Bakhtin, 1920-24, p. 66.
[24] Idem, p. 68.
[25] Idem, ibidem.

quando, nunca, tarde, ao fim, já, é necessário, deve-se, além, perto, longe, perdem o seu significado abstrato, coloca Bakhtin, e se enchem de sentido concreto que têm pelo *eu* numa singularidade própria, numa unicidade própria.

Em contraposição à indiferença do ponto de vista cognoscitivo, e de qualquer ponto de vista criptoteórico, centrado na relação sujeito-objeto e oscilante entre a prevaricação do sujeito e a sua anulação no objeto, Bakhtin caracteriza a visão literária como afetuosa – no sentido de um afeto desinteressado que não exclui, mesmo enquanto tal, o ódio –, independentemente do fato de que o núcleo no qual tem origem a responsabilidade da ação ter um valor positivo ou se, ao contrário, o *eu*, o herói que ocupa tal núcleo, ser mesquinho, malvado, incapaz, falido etc. Em qualquer caso a visão estética transborda sobre o núcleo da arquitetônica que configura a sua atenção não indiferente ao seu único núcleo de valor.

> Uma reação indiferente ou hostil é sempre uma reação que empobrece e desagrega o objeto: passa além do objeto em toda a sua variedade, ignora-o e supera-o. A própria função biológica da indiferença consiste no liberar-se da multiplicidade do ser, no abstrair-se daquilo que praticamente não é essencial para nós: é uma espécie de economia, de sua parcimônia da dispersão numa variedade. É essa a função do esquecimento.
> A falta de amor e a indiferença nunca desenvolverão forças suficientes para protelar intensamente o objeto, consolidar, esculpir cada um de seus mínimos detalhes. Somente o amor pode ser esteticamente produtivo, somente em relação a quem se ama é possível a plenitude da variedade.[26]

A característica principal do ponto de vista da representação artística, do ponto de origem da atividade estética, do comportamento de não indiferença ou de amor desinteressado, pode ser definido – como coloca Bakhtin, já nos textos iniciais da sua pesquisa, como aqueles que estamos examinando – com uma palavra: "exotopia", *extracolocação* (ou seja, a colocação de fora, a situação de encontrar-se fora em relação a todos os momentos da unidade arquitetônica tema da visão estética). É desse lugar "extralocalizado" que a arquitetônica do *eu* pode ser simbolizada na sua "unidade irrealizável", e não do ponto de vista do próprio *eu*, parcial e limitado porque ponto de vista do próprio e idêntico sujeito, de sujeito que reflete sobre si mesmo, que se produz objeto disso, submetendo-o às categorias que o identificam como indivíduo que age no seu mundo, produzindo-se nas representações previstas pela sua identidade. O que

---

[26] Idem, p. 72.

é representado esteticamente é relacionado ao "plano avaliativo do outro" e não entra no mundo que se correlaciona ao ponto de vista de *eu*.[27] Em outras palavras, como Bakhtin expressa-se em *O autor e o herói na atividade estética*,[28] o ponto de vista do *eu* é esteticamente muito improdutivo. Em todas as formas estéticas a força organizadora é dada do ponto de vista do outro, da excedência de valor de tal ponto de vista, que permite o "cumprimento transgrediente".

Na obra literária existem, então, duas arquitetônicas: aquela do autor criador e aquela do personagem. Esta última é constituída com participação do autor criador situado fora dela. O personagem é correlacionado com a vida vivida na sua unicidade e irrepetibilidade, encontra-se no tempo determinado e acabado da sua vida e encontra-se como mortal. Através da arquitetônica do autor criador, que coincide com a arquitetônica da obra, os valores e as dimensões espaço-temporais da arquitetônica da personagem assumem uma ressonância mais ampla, saindo dos limites da visão individual e dos limites da contemporaneidade, e relacionam-se com o grande tempo do valor estético. O valor da vida do indivíduo é acrescido e avaliado pela visão participativa externa que a considera na sua precariedade, limitação, fugacidade, numa inseparabilidade própria da morte; considera-a a partir do seu extremo limiar com toda a lucidez, a verdade e o amor em relação a ela que essa visão pode comportar. Na arquitetura do autor criador, na responsabilidade da sua criação artística, realiza-se a conexão entre cultura e vida, entre valor e momentos fixados como objetivo, e fazendo parte de lugares do discurso de uma determinada época, de uma determinada organização social, de uma determinada regulamentação jurídica, de certa posição, profissão, de um determinado papel e valores, e momentos que se dispõem ao redor de um concreto e particular centro avaliativo e que se referem a uma arquitetônica única e irrepetível.

Somente através do ponto de vista externo e não indiferente, a arquitetônica da responsabilidade revela que a centralidade do *eu* tem sempre o *outro* como ponto de referência, justamente por realizar-se como centralidade. O *eu* como ser no mundo sem álibi, como responsabilidade sem garantias, sem limites, é tal em real relação com o *outro*. A arquitetônica da responsabilidade não pode ser compreendida senão como arquitetônica da alteridade. Seja porque somente assim o *eu* revela-se na sua unicidade, na sua singularidade e, a saber, na sua alteridade como outro, seja porque essa sua alteridade é objetivamente realizada na relação com o

---

[27] Idem, p. 80.
[28] Bakhtin, op. cit., 1979, trad. it., p. 170.

outro. Como escreve Bakhtin em uma das suas anotações para a reelaboração da monografia de 1929 sobre Dostoiévski (na ed. it. de Bakhtin, 1929), compreender o homem como único, como totalidade irrealizável significa compreendê-lo como outro, mas "nem mesmo o próprio 'eu' ('eu para mim') pode-se compreender, conhecer e afirmar sem o outro e sem o seu reconhecimento ('eu para o outro')".

Ouvir mais vozes na monodia

A palavra literária, enquanto representação da palavra do outro e, portanto, caracterizada pela alteridade, pela exotopia, pela escuta, pela compreensão participante, respondente, é sempre dialógica, mesmo em diferentes graus, de acordo com os gêneros literários e de acordo com o modo no qual estes encontram função nas diferentes obras. Assim, a poesia lírica, quando relacionada ao romance, pode ser considerada um gênero monológico, mas, se caracterizada em relação aos gêneros do discurso cotidiano, é dialógica.

Sob esse aspecto, é interessante que Bakhtin – seja em "Fragmentos do primeiro capítulo" de *O autor e o herói na atividade estética*, seja na parte final da seção indicada como "Parte I" de "Por uma filosofia da ação responsável" – leva em consideração não uma obra do gênero romance, mas exatamente uma obra do gênero lírico, para mostrar como a relação *eu-outro*, como a relação entre palavra e palavra do outro, é o tema peculiar da representação literária. Ele assume como objeto de análise a poesia de Putkin, "Razluka" ("A separação").

Em "Razluka" o tema de destaque é aquele da partida. Mas trata-se de um duplo destaque: aquele do afastamento e aquele da morte. Aqui, quando o texto narra a separação, o seu contexto não é somente aquele do afastamento dela pelo retorno a sua pátria, como era no momento do adeus, mas também aquele sucessivo e atual, da notícia de sua morte e da consciência de que agora aquela separação era para sempre. Duas situações temporais diferentes então se encontram na palavra que narra: um tempo da partida e um tempo outro da notícia da sua morte.

Essa poesia de Putkin presta-se bem à intenção de Bakhtin de evidenciar o gênero lírico, que parece ser aquele de uma só voz. O entrelaçamento dialógico entre o contexto da voz do escritor e o contexto das vozes dos dois protagonistas, o herói, que é autobiográfico, e a heroína, demonstra a dinâmica entre o núcleo de forças que impedem o fechamento no sentido monológico da palavra. É um tipo de análise que Bakhtin retoma no livro dedicado a Dostoiévski (1929), verificando-a sobre a palavra do romance e em particular sobre o romance "polifônico".

Já somente nos dois primeiros versos de "A separação",

> Pelas margens da tua pátria distante
> Estavas deixando o solo estrangeiro

entrelaçam-se dialogicamente três núcleos de valor, dos quais partem tantos pontos de vista quanto os que condicionaram a escolha da entonação de quase cada palavra: a da heroína, em relação a qual vêm escolhidas a palavra "pátria" e a expressão "solo estrangeiro"; a do autor herói, a partir do qual vem empregado o verbo "deixar"; e aquele do contexto do autor escritor, consciente já da sucessiva morte da heroína, pelo qual se carregam de significados, concernentes ao destino dela e dele, o verbo "deixar", assim como o adjetivo "distante", que conota um sentido afetivo-emotivo da distância geográfica. A ponto de, disse Bakhtin, o problema da execução na efetiva recitação da poesia ser encontrar (coisa talvez impossível) o justo equilíbrio entre essas três direções entonativas.

Bakhtin faz notar também que a diferença entre a primeira escritura e aquela definitiva desses versos é justamente dada pela inter-relação entre diferentes núcleos de valor expressos nesta última. Na primeira edição, ao contrário, dominavam o contexto avaliativo e o tom volitivo-emotivo do autor herói:

> Pelas margens de uma terra distante
> Estavas deixando o solo de origem

A leitura que hoje nos é possível dos dois textos, "Por uma filosofia da ação responsável" e "Fragmentos do primeiro capítulo", permite constatar que Bakhtin experimenta, antes de tudo através do gênero lírico, a sua proposta de aproximação da visão literária e restabelece a própria relação de alteridade dialógica entre pontos de vista diferentes. Isso deveria bastar para eliminar finalmente o preconceito de que Bakhtin teria prestado pouca atenção ao gênero lírico e para demonstrar quão errada é a interpretação de que ele, ao abordar a dialogia de acordo com os diferentes gêneros literários, apresenta uma contraposição rígida entre gêneros que seriam monológicos, tal como o lírico, ou dialógicos, tal como o romance, acima de tudo na sua realização "polifônica".

Singularidade, unicidade, alteridade

Bakhtin elabora os dois escritos sobre a filosofia do ato, da ação responsável e sobre o autor e personagem na atividade estética no período de Vitebsk. É o período no qual ao Círculo de Bakhtin se agregava também Pavel N. Medvedev. O resultado maior do diálogo entre Medvedev e Bakhtin é o livro sobre método formal e a ciência da literatura, surgido em 1928. Mas esse diálogo tem consequências também já nos dois escritos dos anos 1920 anteriormente citados. Além disso, quando sobre o conceito de responsabilidade se joga um papel central, sobretudo no primeiro texto, já se descobre no artigo de Bakhtin, publicado em 1919, que ele se refere à arte e responsabilidade.

No ensaio de Iurii Medvedev e Dar'ia Medvedeva, "Thescholarly legacy of Pavel Medvedev in the light of his dialogue with Bakhtin in Craig Brandist",[29] evidencia-se a influência que pode ter exercido Pavel N. Medvedv – que já sobre esse tema reflete no, assim chamado, período bessarabiano (da revista *Bessarabajaain* "Vida bessarabiana) sobre a qual escreve, 1915-17), como particularmente resulta de seu artigo de 1916 – sobre o conceito bakhtiniano de "singularidade única", "irrepetível", de "responsabilidade sem álibi".

Efetivamente, em Bakhtin, por todo o arco da sua reflexão, a referência à singularidade, à unicidade, à não intercambiabilidade, é central, sendo o diálogo, como ele o concebe, uma relação fundamental e irredutível de alteridade, um conflito com o outro, que encontra expressão na palavra – palavra em que o próprio se consiste, que é o *eu*. O *eu*, a identidade enquanto diálogo ininterrupto, enquanto alteridade, não pode nunca coincidir, na consciência de si mesmo, com esse ser com o qual ininterruptamente dialoga; esse ser irredutível ao *eu*, ao indivíduo, à identidade que constitui a singularidade de cada um, e inevitavelmente envolvido na relação com o outro, sem álibi, sem substituto e, justamente por isso, incomparável, irredutivelmente outro. Como para Lévinas, a unicidade se constitui na relação com o outro, fora da relação gênero-indivíduo, e ao contrário como relação indivíduo a indivíduo, na qual o *eu* encontra-se para ser responsável sem álibi, sem possibilidade de exceção e de delega para o outro. A unicidade não subsiste fora da relação de alteridade; e é o *outro* que, na sua absoluta alteridade, chamando o *eu* à sua responsabilidade sem limites e sem justificativas, o produz único.

Como resulta das suas lembranças expressas durante a conversa com Duvakin, existe também Kierkegaard entre as leituras que contribuíram com a pessoal concepção filosófica de Bakhtin.

Kirkegaardiano é o conceito de indivíduo. Também para Kierkegaard a questão do escritor, como ele mostrou em toda a sua obra, é como sair da comunicação dominante abstrata e impessoal, como evitar os "lugares" da comunicação direta, os significados pré-escritos, as abstrações, os *em geral*, as

---

[29] Em David Shepherd e Galin Tihanov, *The Bachtin Circle*, 2004, pp. 24-439.

mediações, as sínteses, e chegar à relação de indivíduo a indivíduo. Kierkegaard evidencia *a contradição entre a enormidade dos meios de comunicação e o homem individual*. Justamente essa situação constringe a tática da comunicação indireta. A comunicação direta é aquela do pensar objetivo "que coloca em resultado e estimula os indivíduos a trapacearem copiando e proclamando resultados e fatos", produzindo, assim, sujeitos objetivos, definidos, determinados em uma posição ideológica, em uma profissão, em um papel. O pensar objetivo é aquele *da* e *para a* comunicação imediatamente garantida da ordem do discurso, do acordo imediato, da compreensão espontânea, do entendimento gratuito, descontado, no qual efetivamente não existe comunicação e no qual o aparente consenso, até a fusão, é quase sempre o máximo do mal-entendido. A partir disso está a necessidade da comunicação dupla, do falar indireto, da ironia, como expedientes para colocar-se fora dos lugares, das paisagens, dos pontos de encontro habituais, obrigatórios e óbvios da comunicação ordinária.

Um comportamento importante do escritor-autor para a saída da ordem da comunicação dominante é, segundo Kierkegaard, aprender a sorrir ironicamente: Kierkegaard é "maestro da ironia" (como ele mesmo diz jocosamente de si mesmo em referência ao fato de que foi promovido a mestre com a tese *Sobre o conceito de ironia*, 1841). "A ironia não pode não ser de um indivíduo" [...] "uma ironia que seja da maioria não é, absolutamente, ironia".[30] A ironia é uma palavra outra que, em uma relação com outra palavra a qual escuta, desde o início, já pelo fato de ser concebida na sua própria forma, possui um destino específico: palavra de indivíduo que, atravessando a massa, o público, os gêneros de todos os tipos, lutando "contra cada tirano e também contra o número",[31] procura "o indivíduo" como o próprio leitor eleito, de maneira que se distingue e se dissocia da palavra feita para o público (sobre a diferença entre destinatário e público fala um pouco Voloshinov no ensaio de 1926, sobre a palavra na vida e na poesia).

Entretanto, também em relação aos conceitos de indivíduo, de único, que o próprio Kierkegaard contribuiu para reabilitar contra a universalidade hegeliana, evidencia-se a originalidade da reflexão bakhtiniana. Em Kierkegaard, como coloca em evidência, Lévinas, nos dois ensaios recolhidos no seu livro *Nomes próprios* (1976), faz uma certa exaltação da subjetividade, que deve despojar-se de toda forma, por medo de perder-se no universal que leva à contraposição da

---

[30] "O ponto de vista na minha atividade de escritor", em Kierkegaard, 1995, v. 1, p. 57.
[31] "Sobre a minha atividade de escritor", em Kierkegaard 1995, v. 1, p. 8.

singularidade à ética, identificada com a dimensão da exterioridade e da generalidade, da regra válida para todos, sob a qual a unicidade do *eu* seria perdida.

Se, ao contrário, com Bakhtin e também Lévinas, por ética entendemos a consciência da responsabilidade sem álibi em relação ao *outro*, justamente tal responsabilidade, uma responsabilidade sem exceção e sem substituições, longe de comportar uma queda na generalidade, retifica a singularidade, a unicidade do *eu*. O *eu* como unicidade é o não se poder subtrair à responsabilidade pelo outro, do qual deve responder e ao qual deve responder. Está na preocupação pelo outro, na não indiferença pelo outro, a unicidade do eu, o seu ser singular, fora de gênero. No conhecido episódio do sacrifício de Isaac, central em Kierkegaard, o ponto essencial, disse Lévinas, não é aquele da superação do estado ético ao estado religioso da relação solitária, do *tu-per-tu* (cara a cara) com Deus, mas, justamente o contrário, aquele no qual Abraão (o qual em um outro episódio, do qual Kierkegaard não fala nunca, intercede por Sodoma e Gomorra por causa dos justos que talvez se encontrassem ali) dá ouvidos à voz que o reconduz à dimensão ética, proibindo-lhe o sacrifício humano.

Freud e o freudismo. A outra palavra e a palavra do outro

Escreve Bakhtin nos "Apontamentos 1970-71":

> As pesquisas da própria palavra, na verdade, são pesquisas não da própria, mas da palavra que é maior do que eu, é a tendência de afastar-se das próprias palavras, mediante as quais não se pode dizer nada de substancial.[32]

Claro, isso é valido, como vimos, acima de tudo para o escritor, mas vale também para o sábio, sobretudo no caso de Bakhtin que, mesmo não podendo competir, simplesmente por uma questão de escolha de gênero do discurso, com aquele "grande polifonista que é Dostoiévski", deu ampla prova de saber escutar, compreender e interpretar a polifonia deste último. Até porque, de Bakhtin, pode-se com certeza dizer aquilo que ele mesmo dizia de Dostoiévski, ou seja, que, mesmo com meios expressivos diferentes, "consegue colher na luta de opiniões e de ideologias (das várias épocas) um diálogo sobre os últimos problemas (no tempo grande). Os outros se ocupam de problemas solúveis no âmbito de uma época".[33] E, como na complexa produção de Dostoiévski, jornalista além de

---

[32] Bakhtin, op. cit., 1979, trad. it., p. 368.
[33] Idem, p. 370.

escritor, podemos distinguir uma parte (aquela relativa ao jornalista, "que é, antes de tudo, um contemporâneo") mais ligada à contemporaneidade, aos problemas do presente ou de um futuro próximo, a um diálogo acabado e completo; e uma outra, contrária (aquela concernente ao escritor), que ultrapassa a contemporaneidade e situa-se em um diálogo polifônico, incompleto e inacabado, um diálogo sobre problemas últimos, desenvolvido por "personalidades infactíveis e não por sujeitos psicológicos".[34] Assim, na obra complexa de Bakhtin são distinguíveis uma parte mais diretamente empenhada no debate do contexto cultural a ele contemporâneo e uma outra excedente, na qual a sua palavra torna-se réplica de um diálogo que não se esgota na sua contemporaneidade.

Mas por uma questão de gênero do discurso, a respeito da possibilidade da polifonia, a relação entre palavra própria e palavra do outro se inverte, quando se passa de Dostoiévski a Bakhtin.

Dostoiévski tem uma palavra própria quando fica ligado à contemporaneidade como sábio, como jornalista (como "escrevente"), uma vez que, como escritor, pode-se colocar fora desta, quando destaca que "a palavra própria não é mais própria (a pessoa é sempre superior a si mesma)".[35]

Bakhtin, ao contrário, tem somente a "palavra própria" do sábio, uma palavra própria, monológica, que, porém, ocupando-se de questões últimas e de problemas de método e de fundamentos, consegue, mesmo sendo inevitavelmente na forma da réplica monológica, ser superior a si mesma, ultrapassar os limites da própria contemporaneidade e a situar-se em um diálogo polifônico e inacabado. Assim essa contemporaneidade é favorecida também pelo fato de que os problemas específicos, dos quais se ocupa, entram no "tempo grande" da escritura literária. Quando, ao contrário, tal palavra deve participar do diálogo delimitado pela própria época, empenhando-se nisso e enfrentando os problemas, essa palavra – para subtrair-se à situação monológica na qual cada um em tais diálogos fica fechado no próprio mundo – não se apresenta como palavra objetiva, como palavra direta, mas vale-se da palavra de outros, mesmo dentro de uma única obra de estudo e pesquisa, em um único universo dialógico, dá voz à voz do outro, abrindo, assim, o próprio mundo a um diálogo polifônico interno.

A específica perspectiva filosófica, já clara e suficientemente estabelecida no início dos ano 1920, pela qual uma filosofia moral não viciada teoreticamente torne-se uma filosofia da linguagem como arte da escuta, apreendida com Dostoiévski, porque

---
[34] Idem, ibidem.
[35] Idem, p. 370.

é necessária toda a arte verbal para realizar a escuta. Usando as mesmas palavras de Bakhtin, podemos dizer que mesmo na reflexão teórica o autor comporta-se como um "'dramaturgo', no sentido de que distribui todas as palavras entre as vozes do *outro*, entre as quais também a 'imagem do autor' (e outras máscaras do autor)".[36]

Pode ser esse o motivo essencial, além dos motivos contingentes e ocasionais, da presença de textos como *O freudismo* (1927) na ópera complexa do círculo bakhtiniano, que, independentemente de ser assinado por outros em relação a Bakhtin, contêm já a voz de outros; foram compostos em diálogo com essa voz e o seu mundo.

No rascunho para o prefácio de uma coleção do trabalho de vários anos, Bakhtin escreve:

> A coleção encontra a sua unidade em um só tema que passa através de várias fases de desenvolvimento. A unidade de uma ideia em transformação (em desenvolvimento). Disso deriva também uma certa incompletude interior de muitas ideias. Mas não quero fazer de um defeito uma virtude: nos meus trabalhos existe muita incompletude exterior, incompletude não da ideia, mas da sua expressão e exposição. Às vezes é difícil separar uma incompletude da outra. Não se pode atribuir-me uma determinada tendência (por exemplo, ao estruturalismo). O meu amor é pelas variações e as variedades dos termos que dizem respeito a um mesmo fenômeno. A pluralidade dos pontos de vista. A aproximação ao que está longe sem indicar-lhe os anéis mediadores.[37]

Na obra completa do Círculo de Bakhtin, *O freudismo* – publicado em Petroburgo em 1927, e em 2005 reapresentado (em segunda edição; a primeira é de 1977), em italiano com o título de *Freud e il freudismo* –, de um lado coliga-se ao tema unitário que atravessa a inteira pesquisa bakhtiniana, aquele da alteridade, da dialogicidade; de outro lado refere-se a questões atuais do seu tempo – o debate sobre a "psicologia objetiva" (do qual trata Voloshinov, 1929), os fundamentos científicos, filosóficos e ideológicos da psicanálise, a relação entre psicanálise e marxismo – sem, todavia, permanecer confinado dentro dos limites daquele contexto histórico, mas mostrando respeito por ele, uma capacidade de superioridade que lhe rende ainda hoje atual. Seja pelo primeiro aspecto, seja pelo segundo, para o qual a alteridade e a dialogicidade não são somente temáticos, mas característicos da própria aproximação deste, pelo menos *O freudismo* pode ser considerado uma obra

---

[36] Bakhtin, "Il problema del testo", em Ponzio, op. cit., 1977, p. 206.
[37] "Apontamentos 1970-1971", em Bakhtin, 1979, trad. it., p. 374.

substancialmente bakhtiniana nesse sentido, e não por base em algum dado que indique o percentual da sua participação em sua escrita.

O mesmo vale também para o último livro publicado de Valentin N. Voloshinov, *Marxismo e filosofia da linguagem* (1929), e para *O método formal na ciência da literatura* (1928), de Pavel N. Medvedev (1891-1938), obras que, juntas a *O freudismo*, criam ainda discussão em torno da sua atribuição, e em qual medida, a Mikhail Bakhtin.

Na quarta das conversações com Duvakin, à pergunta "E o senhor, como considera *O freudismo?*", Bakhtin responde:

> Como o considero? Em todo o caso, Freud foi das maiores figuras do século XX, com certeza um genial descobridor. Pode-se admitir ao lado de... Einstein... Uma figura grandiosa. Independentemente do fato de que eu concorde com a sua concepção ou não, não existe nenhuma dúvida de que ele descobriu algo que antes dele não se via ou não se conhecia. Foi precisamente um grande descobridor, um grande descobridor.
> Não exerceu sobre mim uma influência direta, acerca do seu modo de ver as coisas. Todavia... tudo nele é tal que, não de modo direto, mas de algum modo, seja como for, como acontece em qualquer descoberta de algo novo, mesmo se, podemos dizer, não nos ocupamos, esse algo de novo igualmente, de qualquer forma, ampliou o mundo, enriqueceu-o de alguma coisa.

Freud e a psicanálise são objetos de discussão no Círculo de Bakhtin ao menos já em 1924-1925, no período no qual dele fazem parte, além de L. V. Pumpjanskij, M. V. Judina, V. N. Voloshinov, P. N. Medvedev, também o orientalista M. I. Tubjanskij, o biólogo I. I. Kanaev, o poeta K. K. Vaginov. Em 1925 vem à luz o ensaio de Voloshinov, *Po tu storonu sotstial'nogo: o freidzmi* ("Da parte oposta do social: o freudismo").[38]

Em *O freudismo* vem desenvolvida uma crítica construtiva e ainda hoje atual e válida de pressupostos filosóficos da psicanálise. Esta, por muitos aspectos, e em particular pela relação que estabelece entre inconsciente, linguagem e ideologia, antecipa, com traçados originais notáveis, a reinterpretação da psicanálise por parte de Jacques Lacan e a crítica a Freud de Gilles Deleuze, Felix Guatarri e Armando Verdiglione.[39] Parafraseando a declaração programática de *O método formal na ciência da literatura,* segundo a qual toda a tese dos formalistas russos deveria ser verificada e contestada no seu próprio terreno, pode-se dizer

---

[38] *Zvezda*, 5, pp. 186-214 (trad. it. em Voloshinov, 1927).
[39] Sobre este último, v. Ponzio 2006b, livro inteiramente dedicado à sua obra.

também que *O freudismo* enfrenta e discute a psicanálise no seu próprio terreno, o terreno da peculiaridade da consciência e do inconsciente, que consiste no seu caráter verbal e dialógico.

O freudismo coloca-se sobre uma linha de pensamento inaugurada pela reflexão bakhtiniana no início dos anos 1920 e, evidentemente, nasce do interesse de verificar a possibilidade da psicanálise contribuir, através da sua descrição e interpretação de casos individuais, para a compreensão daquela "arquitetura do eu", da qual Bakhtin coloca o problema no seu escrito sobre a filosofia da ação responsável, ou seja, do *eu* na sua singularidade, como ser participante no mundo de maneira única, irrepetível, situado em um espaço-tempo único, envolvido em relações com outros de forma única e insubstituível.

Pode-se compreender, por isso, o interesse que a psicanálise pôde suscitar em Bakhtin e no seu Círculo, dada a sua concentração no estudo de casos individuais, de vidas individuais. Mas, ao mesmo tempo, esta efetivamente não podia exercitar, como se expressa Bakhtin na conversa citada, "uma influência direta, acerca do seu modo de ver as coisas", acima de tudo porque estava ligada à relação cognoscitiva, à relação sujeito-objeto.

No escrito do início dos anos 1920 sobre a filosofia da ação responsável, Bakhtin insiste já sobre a irredutibilidade da singularidade da vida como "tornar-se responsável, arriscado, aberto" ao objeto de estudo científico da biologia, da sociologia, da economia e também da psicologia com as suas abstrações "aliviadas" da existência do *eu* na sua singularidade, unicidade e irrepetibilidade, com as suas construções nas quais tudo encontra justificativa, menos a singularidade da arquitetura existencial e da respectiva ação responsável.

Na sua singularidade não coincidente com a própria identidade do indivíduo, na sua alteridade, o *eu* não é reconduzível às categorias de um determinado campo cognoscitivo e explicável em termos biológicos, sociológicos, econômicos, psicológicos etc. Isso porque em cada uma dessas aproximações, todas caracterizadas pela relação sujeito-objeto, precisa-se necessariamente prescindir do lugar que ocupa o observador, da sua unicidade de intérprete, da sua alteridade, uma vez que é constituído como sujeito cognoscitivo e, também da unicidade, irrepetibilidade, alteridade daquele que vem observado, uma vez que foi reduzido a objeto.

A contribuição fundamental da psicanálise à filosofia da linguagem bakhtiniana, entendida como dostoievskiana arte da escuta, consiste na estreita relação que esta estabelece entre indivíduo e palavra, entre consciência e discurso. O mérito de *O freudismo* consiste em ter compreendido este aspecto e em ter desenvolvido a análise da relação entre consciência individual, linguagem e ideologia.

Na sua *pars destruens*, o livro de 1927 é substancialmente uma crítica rigorosa à aparelhagem filosófico-ideológica da concepção de Freud (daí o uso do termo *O freudismo* no título, em vez de "psicanálise" ou "teoria freudiana" etc.). A crítica torna-se particularmente dura em relação a certos extremismos do "freudismo" como, por exemplo, no caso de Otto Rank. Ao contrário, não somente a originalidade do trabalho de Freud, bem individualizada e apreciada nos aspectos fundamentais, mas também com indicações para o desenvolvimento e a valorização de tais aspectos. O que é acima de tudo colocado em discussão são as grandes generalizações e as pretensões totalizantes (assim o complexo de Édipo é considerado como "um magnífico exemplo de efeito de estranhamento a partir da célula familiar").

Sobre o problema da consciência individual, particularmente interessante é o Capítulo IX intitulado "O conteúdo da consciência como ideologia". Aqui encontram-se indiretamente desenvolvidas as indicações marxistas contidas em *Ideologia alemã* acerca da relação entre consciência, ideologia e linguagem. A consciência é linguagem, é "discurso interior" e "externo", ambos objetivos, materiais, histórico-culturais. Os níveis da consciência individual e da ideologia social são diferentes, mas entre eles não existe uma diferença de princípio: a diferença é dada pelo diferente grau de elaboração dos conteúdos da consciência, de uma diferente capacidade de emprego de materiais e de instrumentos sociais, que são instrumentos e materiais sígnicos, em primeiro lugar verbais. Os conteúdos do psiquismo individual e os conteúdos da cultura fazem parte do mesmo processo generativo; as estruturas de produção da consciência individual e as estruturas de produção das mais complexas formas ideológicas são fundamentalmente as mesmas. Os diferentes níveis da consciência individual e da ideologia são níveis diferentes de trabalho sígnico, de trabalho verbal.

A contribuição fundamental do livro de Voloshinov não está na avaliação da teoria e da prática psicanalítica, mas na relevância acerca das questões de inconsciente, reconhecida a dimensão social da linguagem verbal.

Nessa perspectiva, insiste-se particularmente no fato de que a "experiência interna" torna-se acessível também a si mesmo, além de aos outros, somente mediante a tradução em linguagem da "experiência externa". Enquanto expressão social, o discurso interior é tanto material externo quanto o é o discurso geralmente assim denominado. O discurso interior não encontra expressão necessariamente na forma do discurso exterior, mas não por isso é menos material do que este último. Também o discurso interior é o produto de uma socialização e, como o discurso exterior, também o discurso interior é estruturalmente dialógico, enquanto diretamente dirigido a um potencial ouvinte. A linguagem verbal não é somente expressão da interação e da compreensão recíproca na inter-relação entre indivíduos, mas identifica-se com a consciência; ou melhor, sem a ajuda da palavra e do discurso interior nunca seria possível conscientizar-se de nada. Além disso, já que as relações verbais, também estas, são estruturadas socialmente, percebemos facilmente, contrariamente a qualquer pretensão de neutralidade, que o psiquismo e as palavras mediante as quais se obtém a consciência são orientados ideologicamente.

A temática da relação entre psiquismo individual, signos e ideologia social vem retomada no livro publicado por Voloshinov em 1929, *Marxismo e filosofia da linguagem*, em um Capítulo a ela dedicado e intitulado "Filosofia da linguagem e psicologia objetiva". Os títulos citados em alguns dos parágrafos deste Capítulo já são suficientes indicativos acerca desta relação que o problema da consciência individual vem enfrentando: "A tarefa de definir o psiquismo objetivamente", A realidade (de signos) do psiquismo", "A qualidade distintiva de signo interno (discurso interior)", "A natureza socioideológica do psiquismo".

No livro de 1927 de Voloshinov reconhece-se a importância da análise da linguagem verbal na teoria freudiana e sublinha-se a natureza linguística do "inconsciente". Consequentemente a proposta de Voloshinov é aquela de descrever a vida psíquica em termos de signos e, acima de tudo, de linguagem verbal. Uma similar relação o leva a concentrar-se em categorias como "palavra", "enunciado", "linguagem", "reação verbal", "discurso interior" e "discurso exterior". A linguagem vem, assim, reconhecida não como simples instrumento de comunicação, mas como material da qual é feita a própria experiência do locutor. Por consequência, resulta que a significação realiza-se através de uma cadeia ininterrupta de referências de um signo a outro signo, que torna impossível qualquer saída de significado do material (de signo).

Se se leva em conta a natureza linguístico-ideológica do inconsciente, resulta também que a teoria freudiana é a "projeção", na psicanálise, de relações e contradições objetivas do mundo externo, da realidade social. Uma forma de projeção no psiquismo individual da dinâmica social concerne, em primeiro lugar, à relação mais direta com o *outro*, mais imediata que a pressuposta na interpretação psicanalítica: aquela entre médico e paciente. O discurso do paciente é, em primeiro lugar, expressão dessa relação:

Todas as expressões verbais do paciente (as suas reações verbais) sobre as quais se baseia a construção psicológica de Freud são "cenários", acima de tudo, da imediata microrrelação social da qual nasceram, ou seja, da consulta psicanalítica [...]. Os "mecanismos" psíquicos revelam facilmente as suas origens sociais: o "inconsciente" não se contrapõe à consciência individual do paciente, mas sim ao médico, aos seus pedidos e às suas opiniões. A "resistência" é, também esta, principalmente, resistência ao médico, ao ouvinte, em geral a outro homem. A construção psicológica de Freud projeta toda essa dinâmica da inter-relação entre dois indivíduos sobre o psiquismo individual de um só.[40]

Uma outra projeção efetuada a partir da concepção freudiana do inconsciente é a projeção do presente no passado, e este passado consiste, acima de tudo, na idade infantil. O método retrospectivo mediante o qual a psicanálise reconstrói as emoções da primeira infância comporta uma interpretação do passado à luz do presente, ou seja, à luz das representações que fazem parte da vida adulta, *das ideologias das quais é feita a consciência do homem adulto pertencente a uma determinada sociedade*. As noções empregadas para interpretar os conteúdos psíquicos da primeira infância pertencem a uma determinada cultura e a um certo sistema de valores, a uma certa organização das relações sociais, e são significativas somente no contexto do nosso presente "adulto" consciente.

O discurso do qual é feito, por exemplo, o complexo de Édipo é o discurso pertencente ao presente histórico de um certo sistema social que vem projetado no passado mais remoto da vida individual. Tirando tal discurso, não resta mais que um amontoado de fatos fisiológicos isolados, desligados, que, por mais verificáveis na vida infantil, por mais objetivos, não permitem que se passe indutivamente destes à formulação do complexo de Édipo. Sem a projeção no passado, na infância, dos pontos de vista, avaliações, significados, interpretações que pertencem ao presente, o discurso do complexo de Édipo não poderia subsistir. Trata-se de um discurso projetado no passado, mas o código segundo o qual é escrito pertence ao presente. Enquanto discurso, o complexo de Édipo tem a sua ideologia, mas, evidentemente, tal ideologia, a partir do momento em que cada ideologia é um fato social, e não psicológico-individual, não pode estar no psiquismo da primeira infância; esta pertence à consciência do adulto que "lembra", do adulto que "interpreta" o passado.

No Capítulo IX de *O freudismo* "O conteúdo da consciência como ideologia", que se ocupa diretamente do problema da relação entre consciência,

---

[40] Idem, p. 130.

ideologia e linguagem, Bakhtin defende que, analogamente à vida consciente, também o inconsciente exprime-se necessariamente através dos signos verbais. Em consequência, antes de manter a distinção entre "consciência e inconsciente" – que Bakhtin acredita que são considerados como níveis diferentes de consciência (e, logo, de linguagem e de ideologia com a qual esta está indissoluvelmente ligada) –, vêm introduzidos em seus lugares os termos "consciência oficial" e "consciência não oficial", realidades materiais ambas feitas seja de discurso interior, seja de discurso exterior, e que devem ser entendidas não como causa do comportamento, mas sim como uma parte constituinte deles. A "ideologia cotidiana" é constituída do discurso, seja interno, seja externo, que permeia todo o comportamento humano que diz respeito seja à consciência oficial, seja à consciência não oficial. Os estratos da ideologia cotidiana mais próximos à consciência não oficial são mais flexíveis, polissemânticos, dialógicos, em relação à ideologia "oficial". À ideologia não oficial concerne tudo aquilo que é outro em relação à ideologia dominante, oficial, e abraça expressões humanas como o sonho, o mito, a festa, assim como também todos os componentes verbais e não verbais das formações patológicas.

Quanto menor for a distância entre a ideologia dominante e o discurso interior, mais facilmente este último será transformado em discurso exterior. Ao contrário, quanto maior for a discrepância entre consciência oficial e consciência não oficial, maior será o grau de alteridade, de relatividade e de desintegração em relação à unidade e à integridade do sistema dominante.

A consciência interna pode adquirir formulação, clareza e rigor científico em virtude da transformação e do discurso exterior. Quando o discurso interior, a causa da discrepância entre consciência não oficial e oficial, encontra graves dificuldades na transformação em discurso exterior, os motivos do discurso interior podem, até mesmo, deteriorar-se no nível verbal, com a tendência a permanecerem excluídos do domínio de comportamento verbalizado. Ao contrário, existem casos nos quais as tendências que contradizem a consciência oficial não se transformam necessariamente em um indistinto discurso interior, com a consequente tendência a desaparecer por inteiro do contexto social e comunicativo, mas, contrariamente, em contraste com a ideologia oficial, empenham-se em emergir no discurso e gerar formas de ideologia diferentes e alternativas, em graus diferentes. Isso requer, porém, necessariamente, a escuta do *outro*, a compreensão respondente, uma certa possibilidade de entendimento, pelo menos uma relação de indivíduo a indivíduo, não necessariamente um apoio conjunto. A outra palavra precisa da palavra do *outro*. O que destrói é o saber-se sem escuta, não somente sem interlocutor, mas, ainda mais, sem destinatário.

Se considerarmos as coisas do ponto de vista do escritor, a sua disposição à escuta é tal que a ele não interessa minimamente a transformação da ideologia não oficial em oficial nem interessa que o motivo ideológico não seja aquele de indivíduo, mas aquele de individuo típico de um grupo social, de modo que seja capaz de entrar no discurso público até tornar-se discurso político. A ideologia não oficial lhe interessa enquanto tal, independentemente da sua possibilidade de sucesso como ideologia oficial; e se ele assume como herói o indivíduo na sua tipicidade social de uma certa época é porque lhe interessa reencontrar, embaixo da sua casca de indivíduo inatingível no seu gênero e na sua ideologia oficial, o indivíduo desprovido das justificativas ideológicas oficiais, na relação única e indelegável com o mundo e com os outros.

Uma relação muito estreita acontece também entre aquela parte da ideologia da vida cotidiana constituída da ideologia não oficial e entre escritura literária. A arte literária pega inspiração e assunto de representação, mais que na ideologia oficial, nas ideologias da vida cotidiana que estão ainda em formação e que apresentam contradições internas entre elas, além, também, de contradições com a ideologia oficial. Como explicitamente se observa no livro publicado por Medvedev em 1928, *O método formal na ciência da literatura*, a escritura literária penetra no laboratório social no qual as ideologias se criam e se formam, e quase sempre antecipa os motivos ideológicos que somente sucessivamente encontrarão lugar nas ideologias oficiais:

> O artista não pode arrancar nada de posições ideológicas já prontas e consolidadas: essas se revelam inevitavelmente corpos alógenos no conteúdo da obra, dos elementos prosaicos, das tendências. Esses devem ocupar os seus lugares naturais no sistema da ciência, da moral, no programa de um partido político, etc. Na obra de arte essas posições cristalizadas, já prontas, podem, na melhor das hipóteses, ocupar o lugar de aspectos de segundo plano.[41]

A própria interpretação da poética de Dostoiévski implica, em Bakhtin, diretamente a consideração da temática da ideologia e do modo particular segundo o qual, nas diferentes formas ideológicas e nas suas diversas estratificações, organiza-se a estrutura social. Coerentemente às considerações expressas nos dois livros de Voloshinov e naquele de Medvedev, Bakhtin chama a atenção para os limites de uma interpretação da poética de Dostoiévski que se reduza a considerá-la

---

[41] Medvedev, op. cit., 1928, p. 84.

direta expressão ideológica da realidade socioeconômica do capitalismo e que não se preocupe em caracterizar o *modo particular* dessa expressão, dessa refração, tornada representação literária, procurando a explicação para o seu *caráter singular* exatamente na sua capacidade de rendimento da pluralidade e contradição.

Formal, sociológico, dialógico

O ensaio de 1926, *Discurso na vida e discurso na arte*, sobre poética sociológica, tem como subtítulo *Sobre poética sociológica*. Tem mais ou menos o mesmo subtítulo do livro de Medvedev de 1928, sobre o método formal da ciência da literatura: *Uma introdução crítica à poética sociológica*. A instância de um método "sociológico" serve para declarar a direta contraposição ao "método formal" – ao menos nas intenções explícitas – do qual, todavia, vem retomada a problemática de fundo, em primeiro lugar o problema da "especificação do fato artístico". De "método sociológico" fala-se também na terceira seção de *Marxismo e filosofia da linguagem* (Voloshinov, 1929): "Tentativa de aplicação do método sociológico aos problemas sintáticos".

Como sugere Iurii Medvedev e Dária Medvedeva (no ensaio citado), "sociológico" está para "dialógico" e, logo, trata-se de uma poética dialógica, de um método dialógico. Poder-se-ia também dizer *dialético* se dialética fosse entendida em termos de "dialógica". Propriamente à luz de uma dialética dialógica o mecanismo não rege.

De modo que, ainda que se fale de "método sociológico" e de "poética sociológica" toma-se, nesses trabalhos, ao mesmo tempo, também posição contra a redução da aproximação sociológica em ambientes marxistas a sociologismos mecanicistas (uma crítica nesse sentido encontra-se também em *Marxismo e filosofia da linguagem*) e mostram-se as carências do marxismo no campo da ciência da literatura (*literaturovedenie*). Geralmente, no âmbito do marxismo, fazia-se valer o "método sociológico" no estudo da literatura somente a propósito dos problemas de *história* da literatura: somente nesse caso parecia que o materialismo histórico-dialético tivesse algo a dizer. No ensaio de 1926 e no livro de 1928 propõe-se, ao invés, a construção de uma *teoria* da literatura sobre *bases sociológicas*, como também em Voloshinov (1929) propõe-se uma aplicação do método sociológico a problemas de sintaxe.

A separação entre história e teoria da literatura, a primeira relacionada ao "conteúdo", e, logo, vista como sociológica, e a segunda com "formas especificamente artísticas", dá-se, observa-se em Voloshinov (1926), em radical contradição com as próprias bases do materialismo histórico, que exclui qualquer forma de ruptura entre teoria e história. A crítica de Voloshinov (1926) no modo redutivo de entender o "método sociológico na ciência e na literatura" é diretamente voltada ao livro de *Sociologiceskij metod v literaturovedenii* ("O método sociológico da ciência e na literatura"), no qual se distinguem na literatura um "núcleo artístico imanente" e a ação causada pelo ambiente social extra-artístico, considerando somente esse último o objeto da uma análise sociológica.

Para completar a informação, existem dois ensaios de Medvedev, um de 1925 e outro de 1926, dos quais um é voltado à colocação em discussão do "salierismo sem sociologia" do próprio Sakulim (trad. it. em Bakhtin et al., 1995).

O problema central é se, do ponto de vista sociológico, é possível uma análise "imanente" no estudo da literatura, se o "método sociológico" é aplicável mesmo para determinar a "especificidade" do fato artístico, ou se se deve renunciar a si mesmo quando se trata de individualizar leis especificas da arte e da literatura, fazendo-o intervir somente sucessivamente, quando o objeto de estudo são relações entre fatos artístico-literários, autonomamente determinadas na sua "essência", e entre ambiente social artístico.

Assumindo o "método sociológico", Voloshinov (1926) e Medvedev (1928) não pretendem de modo algum renunciar à realização de uma "poética teórica", no sentido adquirido pela expressão por obra dos formalistas (e no debate criado em torno deles), nem propõem uma relação de simples justaposição de "método sociológico" e "poética teórica". Como será feito de maneira mais argumentada e documentada em Medvedev (1928), também em Voloshinov (1926) sustenta-se que a própria proposta sociológica permite determinar cientificamente a assim chamada "estrutura imanente" da obra artística, enquanto todos os outros métodos "imanentes" perdem-se no subjetivismo e no psicologismo, mesmo quando, como no caso do formalismo, partem de premissas antipsicologistas.

A arte em geral e a literatura em particular – diz Voloshinov (1926) – pertencem ao território da ideologia e, como qualquer outra forma de ideologia, são integralmente "imanentemente" sociais: uma vez que seja determinado o fato estético como forma social específica, não resta nenhum "problema imanente" a ser tratado. É errôneo, como faz Sakulin, procurar as relações entre a arte e a sociedade como se fossem duas coisas separadas, como se produção artística não fosse, esta mesma, um elemento do social: a relação é de fato entre a arte, fato social, e o ambiente social extra-artístico, entre uma formação social e outra formação social.

Pode-se considerar o ensaio de 1926 (e também os inéditos de Bakhtin de 1924-25) tanto como expressão de orientação teórico-crítico que o formalismo russo vai assumindo a partir da segunda metade dos anos 1920 quanto – do lado do marxismo e da teoria sociológica da literatura – como exigência de superar o ingênuo sociologismo, os modelos sociogenéticos reducionistas de derivação plechanoviana verificados no assim chamado "realismo", na concepção da arte como "reprodução da vida" (*vosproizvedenie*) e ainda as formas de eclética justaposição de "método formal" e "método sociológico". Essas duas tendências, que são consequência uma da outra e que, como o próprio ensaio de 1926 demonstra, reforçam-se reciprocamente, levarão, no plano programático, ao livro de Medvedev de 1928 e, no mesmo ano – ano de publicação também de *Morfologija skazki* ("Morfologia da fábula") de Propp –, à tese de Tynjanov e Jakobson. No plano da colocação em prática na crítica da literatura, essas tendências convergirão no livro de Bakhtin de 1929, antes de serem transtornadas pela repressão stalinista.

Através da narração por parte de Bakhtin, nas suas conversações com Duvakin, das histórias de vida daqueles que foram, em diferentes formas, as vítimas da revolução, entra-se em contato direto com a atmosfera que se criou na URSS a partir do final dos anos 1920. A prisão de Bakhtin em 1928, à qual se seguiu em 1930 o confinamento em Kustanai, no Casaquistão, é o primeiro forte sinal daquilo que também se abaterá sobre seus amigos do Círculo.

A segunda edição em 1934 de *O método formal* é particularmente indicativa, e pelas notáveis diferenças que apresenta em relação à primeira, do clima repressivo e dos ataques dogmáticos contra o formalismo. Nessa segunda edição, o livro intitula-se, significativamente, não mais *O método formal no estudo literário: uma introdução crítica à poética sociológica*, mas *O formalismo e os formalistas*. Além disso, apresenta cortes notáveis em relação à primeira edição, que se referem às partes nas quais a crítica torna-se mormente construtiva. Desaparecem as avaliações positivas do método formal. Acrescenta-se, ao invés, um prefácio no qual o autor expressa a intenção de "desmascarar" as concepções literárias "antimarxistas" dos formalistas, e faz uma autocrítica por haver procurado, na primeira edição, discutir o método formal no seu próprio terreno e por haver atribuído-lhes o mérito de terem colocado o problema da especificidade do fato literário, que o marxismo, como também por aquilo que concerne à especificidade de outros fenômenos ideológicos, não havia ainda levado em consideração. Existem, além disso, duras críticas a L. Trotski pelo fato de que ele, em vez de combater e desmascarar o formalismo, o estabiliza e o legaliza.[42]

---

[42] Medvedev, op. cit., 1934, 7, cf. H. Günther, 1973, trad. it., pp. 32-3.

A forma de comunicação na qual o objeto artístico se constitui é de inter-relação com as outras formas de comunicação, mas, ao mesmo tempo, cada uma dessas formas tem a sua peculiaridade e não é adaptável a outros tipos de comunicação ideológica, ou jurídica, ou política, ou moral etc. Tarefa da poética sociológica, diz Voloshinov (1926), é entender a particular forma de troca social que se realiza e consolida no material da obra poética, de determinar a forma da palavra poética enquanto forma desta particular troca que se realiza no material constituído do signo verbal.

Para tal finalidade, considera-se como necessário ponto de passagem a análise do discurso cotidiano, do momento em que neste se encontram aquelas potencialidades que são desenvolvidas no discurso artístico. O discurso ordinário fornece o material da obra literária: material que, diferentemente daquele de outros tipos de arte (da escultura, por exemplo), é já sígnico. Como será dito na seção introdutória do ensaio "Estilística da linguagem poética", o escritor não tem relação com um "material nu", com uma espécie de "matéria prima", mas com um material já elaborado socialmente, já tornado significativo, já organizado no plano fonológico, sintático e semântico. O conhecimento das leis segundo as quais é trabalhado o material linguístico no nível ordinário é, portanto, preliminar para a ulterior elaboração no nível artístico. Voloshinov (1926) propõe-se à análise de atos linguísticos concretos, de enunciação (*vyskazyvanie*) concreta (e não de uma abstração da linguística, como o é uma frase isolada), individualizados no enunciado no nível de linguagem elementos e aspectos em comum que se encontram organizados de maneira peculiar na arte verbal.

O resultado dessa análise, mormente significativo para a construção de uma teoria da arte verbal em termos de uma "poética sociológica", são os seguintes:

Não somente o seu significado, mas também a sua forma de enunciado vêm fundamentalmente determinados pela forma e pelo caráter de uma determinada inter-relação social.

O enunciado tem sempre um valor, seja no sentido de que exprime uma avaliação, uma orientação, uma tomada de posição, seja no sentido de que é *objeto* de avaliação. Esses dois aspectos estão entre eles dialeticamente conectados, porque o sentido avaliativo do destinatário interage com o sentido avaliativo do locutor na própria formulação da mensagem, dando lugar a um enunciado determinado.

A relação entre enunciado e situação extraverbal não é de simples reflexão (no sentido de que uma se reflete na outra, de reespelhamento), de simples representação e reapresentação. A palavra intervém ativamente na situação extraverbal, organizando-a, dando-lhe um sentido, um valor, em certos casos constituindo-a, contribuindo com a ação prática da sua manutenção ou da sua modificação e superação.

Ideologicidade do signo verbal. O significado de um enunciado não coincide com o conteúdo supostamente verbal: "as palavras ditas são impregnadas de coisas subentendidas e não ditas". Nesse sentido o enunciado é um *entimena* (em lógica, o entinema é um silogismo no qual uma das premissas vem subentendida). O que é subentendido são os "vividos", valores, programas de comportamento, conhecimentos, estereótipos etc., que não são abstratamente individuais e privados. Tudo isso pode vir a fazer parte da mensagem como parte subentendida e como fator constitutivo seja da sua formulação, seja da sua interpretação, somente porque não é nada limitado à consciência individual abstratamente entendida, nada de individualmente pessoal.

O "eu" pode realizar-se na palavra somente baseando-se no "nós"; a consciência individual constitui-se em relação à ideologia social; consequentemente, uma teoria da ideologia não pode encontrar fundamento na psicologia, mas, ao contrário, é a psicologia que é fundada no estudo da ideologia: são temas que em Voloshinov (1926) são somente acenados e que serão retomados e desenvolvidos em *O freudismo* e também em *Marxismo e filosofia da linguagem*.

A avaliação social "forte" que determina a orientação ideológica do enunciado, exatamente enquanto "subentendida", não está tanto no seu conteúdo explícito, naquilo que é tematizado, que é objeto do discurso, quanto na própria forma do enunciado, além de na sua entonação; está na organização da totalidade do discurso, na escolha das palavras, na sua colocação. Também exatamente na sua "forma" o enunciado é socialmente determinado; para ser compreendido na sua forma específica, requer a aproximação sociológica. Uma vez subordinada a tal proposta, a perspectiva linguístico-formal e também a psicológica readquirem valor, ou melhor, "a cooperação entre elas é absolutamente necessária", mas por si mesmas, no seu isolamento, elas são desviantes.

O destinatário como ouvinte "imanente" é um fator intrínseco ao enunciado e condiciona a sua forma; é um componente da própria voz do autor, do seu estilo, da sua entonação, e não é arbitrariamente escolhido a partir de um "cálculo", mas é já elemento constitutivo do seu discurso interior, antes mesmo de exteriorizar-se.

> "O estilo é o homem", mas nós podemos dizer que o estilo representa ao menos dois homens e, mais precisamente, o homem e o seu grupo social, na pessoa do seu importante representante – o destinatário –, participante fixo do discurso interior e externo do homem.

O caráter social do estilo – social não menos do que as leis gramaticais – vem diretamente tomado em exame na terceira parte de *Marxismo e filosofia da linguagem*, intitulada "Para uma história das formas da enunciação nas construções sintáticas", onde se mostra, através da análise das diversas formas de discurso citado, como a representação e a própria percepção do discurso do outro, da voz do personagem, dependem da avaliação social que, de acordo com as línguas, em certos casos – como já se coloca em Voloshinov 1926 –, são fixadas nas próprias regras gramaticais, e, em outros casos, ao contrário, são uma questão de "estilo".

Em Medvedev 1928, assume uma particular importância o conceito de "avaliação social". A avaliação social é como o elemento mediador entre a unicidade do fato artístico e a generalidade do material linguístico-ideológico.

A avaliação social, que não é atributo exclusivo da poesia, mas encontra-se em qualquer enunciado vivo, concretamente expresso, é aquilo que confere unicidade a um enunciado que, ao mesmo tempo, exprime significados gerais, comuns, estáveis, repetíveis, reencontráveis também em outros enunciados. A avaliação é aquilo que individualiza e concretiza um significado geral, abstrato, de um signo verbal. Em uma palavra abstratamente considerada, ou seja, independentemente de seus contextos linguísticos e situacionais, em uma palavra de dicionário, o elemento da avaliação social não se apresenta: quando a palavra vem concretamente empregada, a unicidade material do signo e a generalidade e amplitude do significado se fundem na unidade do enunciado, o qual pode ser compreendido somente em relação à avaliação social que lhe confere um sentido específico.

Tornam aqui expressas mais ou menos com as mesmas palavras as ideias contidas em Voloshinov (1926); além disso, é antecipada a distinção entre *tema* e *significado* (sem, todavia, fazer recurso a tal terminologia), sobre a qual se dedicara amplamente Voloshinov (1929): aquilo que em Medvedev (1928) vem chamado de "valoração social" é o que constitui o "tema", diferenciado de "significado", em *Marxismo e filosofia da linguagem*.

O material da poesia, diz Medvedev (1928), é a linguagem não como sistema de potencialidade linguística, fonética, gramatical, lexical, mas como "sistema de vivas avaliações sociais": "a língua para o poeta, assim como para qualquer locutor, é um sistema de avaliação social, e quanto mais essa for rica, complexa, diferenciada, mais fundamental e significativas serão suas obras".[43] Com base nisso, Medvedev insiste que a poética não pode basear-se na linguística.[44] A linguística

---

[43] Trad. it., p. 270.
[44] Idem, p. 272.

pode explicar somente por qual motivo duas determinadas palavras *podem* ser colocadas uma ao lado da outra. Mas não pode explicar por qual motivo estas foram *efetivamente* avizinhadas, se se permanece nos limites das potencialidades linguísticas. É, de fato, justamente a avaliação social, da qual a linguística, pelos seus objetivos práticos e teóricos, deve fazer abstração, que transforma uma potencialidade linguística em um concreto fato linguístico. Mas falar de "potencialidade linguística", pré-constituída em relação às avaliações sociais, significa assumir como ponto de partida as abstrações obtidas na ótica da linguística. Na realidade, "as potencialidades da linguagem são recolhidas, no seu nascimento e no seu desenvolvimento, em um círculo de avaliações que inevitavelmente se formam em um determinado grupo social".[45] São os coeficientes de valor e as condições sociais nas quais vem produzido um enunciado que determinam a disposição das palavras e dão a elas um significado específico.

Em consideração a tudo isso, a terminologia dos formalistas sofre sensíveis modificações semânticas. Se se deve falar, como eles fazem, de "procedimento", é necessário dizer que "este move-se em um ambiente linguístico neutro, mas entra profundamente em um sistema de avaliação social e, através disso, torna-se este mesmo um ato social".[46] O procedimento artístico consiste na reordenação, renovação, mudança das avaliações presentes nas palavras que vêm escolhidas, confrontadas, combinadas na arte verbal. Consegue um significado novo da expressão "resistência do material":

> A resistência do material que encontramos em todas as obras poéticas é a resistência da avaliação social que não são nestas respondidas e que o poeta encontra já prontas. Ele dá a essa anotação uma nova avaliação, nova gradação, e a renova. Somente o estudante, quando segue exercícios de latim, experimenta a resistência puramente linguística do material.[47]

Qual é então a relação entre avaliação social e construção poética? O que caracteriza a avaliação social na construção artística?

Segundo Medvedev, a construção poética exprime, representa, a avaliação social por si mesma, não subordinando-a a uma determinada ação prática, a um determinado fim, por exemplo, político, moral, de conhecimento etc., como acontece em outros enunciados que não entram no tipo da construção artística. Na construção poética os enunciados são organizados para fins que não estão fora

---

[45] Idem, p. 271.
[46] Idem, p. 273.
[47] Idem, p. 269.

da expressão verbal, como acontece em enunciados de outros campos ideológicos. Nesse sentido, pode-se dizer que no enunciado caracterizado pela função poética a avaliação social "manifesta-se e cumpre-se na sua pura expressão".[48] Todos os aspectos do material, ou seja, da linguagem como sistema de avaliação social, são empregados em função da expressão da própria avaliação, sem nenhuma outra finalidade. O que comporta que, se a avaliação social estabelece sempre uma ligação entre singularidade do enunciado e a generalidade do seu significado, "somente na função estética, esta penetra em todos os aspectos do material, compreendendo-os todos igualmente como necessários e insubstituíveis".[49] E, diferentemente de um enunciado que não tem como finalidade a representação da própria avaliação e que não é, logo, concluído em si mesmo, a palavra poética tem o caráter da realização, enquanto a avaliação encontra na própria palavra o seu cumprimento. "A realidade do enunciado, nesse caso, não está a serviço de nenhuma outra realidade".[50] A realização pode ser, assim, considerada uma característica da expressão artística que a distingue de toda a forma de criatividade ideológica.

Os diversos significados ideológicos, do conhecimento, políticos, morais, filosóficos etc., entram na construção poética, mas, em vez de terem finalidade de conhecimento, morais etc., entram com o fim de serem representados, e toda a organização da obra gira em torno dessa sua pura representação, a qual, por isso, junto ao significado ideológico do acontecimento representado, é indivisivelmente fundida na construção poética. O "ideologema" extra-artístico, tornado elemento estrutural do romance, não perde nada do seu significado extra-artístico.

> O ideologema, privado do seu significado direto, do seu ferrão ideológico, não pode entrar na estrutura artística; de fato, este não teria mesmo aquilo que é necessário à estrutura poética e que dela é um momento constitutivo, ou seja, a perspicácia ideológica com o seu pleno significado [...]. Sem perder o seu direto significado, o ideologema, entrando para fazer parte de uma obra de arte, forma um novo composto, que é químico e não mecânico, com as características da ideologia artística.[51]

Compreende-se, logo, porque para Medvedev[52] a ciência da literatura é considerada como um dos ramos da ciência ideológica; a qual certamente encontrou no marxismo uma justa impostação da própria problemática em um

---

[48] Idem, p. 277.
[49] Idem, p. 275.
[50] Idem, p. 276.
[51] Idem, p. 89.
[52] Medvedev, op. cit., 1928, trad. it., pp. 55-78.

plano geral, está, todavia, bem longe – como diz também Voloshinov 1929 – de haver feito grandes progressos no estudo das características específicas dos diversos campos da criatividade ideológica, da sua linguagem específica, das diversas formas e princípios que a caracterizam. Determinar a especificidade da construção verbal artística e clarear as características particulares das estruturas poéticas "enquanto estruturas sociais *sui generis*"[53] é tarefa da *poética teórica,* entendida como poética sociológica, na sua relação dialética com aquele outro ramo da ciência e da literatura que é a história da literatura.

Por isso, para Medvedev, a tarefa da crítica marxista não é aquela de evidenciar ideologemas extra-artísticos, mas aquela da definição sociológica do próprio ideologema artístico, da estrutura artística da obra inteira e das funções artísticas de seus elementos individuais, que não são menos sociais e ideológicos que os ideologemas éticos, filosóficos ou políticos contidos na obra; ao contrário, a ideologicidade artística vem diretamente tocada com a mão, é aquilo com o qual o leitor imediatamente se relaciona, diferentemente dos ideologemas extra-artísticos, que são refletidos na obra e que são, por esse motivo, "interpretados duas vezes".[54]

Sobre essa base, coloca-se o problema da "forma da totalidade", na qual um papel central cabe ao conceito de "gênero", considerado pelos formalistas somente depois de já ter individualizado os componentes da construção literária e, logo, interpretado como uma composição mecânica de procedimentos.[55]

Também ainda em *Marxismo e filosofia da linguagem*, no capítulo sobre relação entre estrutura e supraestrutura, evidencia-se a necessidade de estudar cada fenômeno ideológico. Logo, um fato literário como um todo unitário, colocado no campo da ideologia, ao qual de fato pertence – nesse caso ao da literatura – e, interno a esse campo, em relação ao resto do setor específico ao qual é inerente (um gênero literário), tem as próprias leis específicas de refletir e exprimir a estrutura social. Entre as mudanças acontecidas no âmbito econômico e a aparição do "homem inútil" no romance, observa-se em Voloshinov (1929) um processo de reelaboração que diz respeito ao romance como gênero, como unidade orgânica sujeita às próprias leis e a sua atual reestruturação, a qual, por sua vez, não poderia realizar-se senão em estreita conexão com as mudanças também no inteiro campo da literatura.

---

[53] Idem, p. 104.
[54] Idem, trad. it., p. 92.
[55] Idem, trad. it., p. 281 e ss. Da questão do gênero literário em Bakhtin nos ocuparemos mais adiante.

A diferença da critica de Medvedev (1928) ao formalismo, em relação àquela voltada precedentemente em nome do marxismo, está justamente no fato de que a Medvedev interessa enfrentar, *como os formalistas*, o problema central da poética teórica e da qual não se pode prescindir na história da literatura, que é o problema da especificidade na construção da obra literária. Os marxistas, diz Medvedev, entraram na polêmica com os formalistas, "pegaram a empreitada da defesa de conteúdo" e obstinaram-se a convencer os formalistas que os fatores sociais externos à literatura exercem sobre esta uma influência. Medvedev, ao contrário, é bem consciente – diferentemente de quando Titunik (1973)[56] afirma que os formalistas nunca negaram, senão por motivos polêmicos, tal influência e o caráter social da literatura.[57] Um real terreno de confronto entre formalismo e marxismo é, por isso, aquele da construção e da especificação, porque somente mostrando como o método sociológico pode realizar a compreensão da "estrutura imanente" da obra literária obtém-se uma efetiva superação das posições formalistas e, ainda, um enriquecimento da própria crítica marxista.

A literatura, diz Medvedev, faz parte da realidade ideológica; esta reflete a realidade social com toda a sua atmosfera ideológica (ética, conhecimento, religião, política), além de fazer parte do ambiente ideológico. Somente através do filtro da ideologia, o filtro das formações ideológicas estranhas, não artísticas (éticas etc.), e nunca de maneira imediata, a vida como um amontoado de ações, acontecimentos, experiências etc., pode se tornar sujeito, tema, motivo da literatura. A literatura vê a realidade através "do prisma do ambiente ideológico":

> O ambiente ideológico é a única atmosfera na qual a vida como objeto de representação literária pode se desenvolver [...]. Se nós, mentalmente, cancelamos as dimensões ideológicas, se colocamos o homem diretamente no ambiente material da sua concreta realidade produtiva, ou seja, se nós o imaginamos em uma realidade pura, que não seja absolutamente interpretada ideologicamente, não permanecerá mais nada do sujeito e do seu motivo literário. [...] O bem, o mal, a verdade, o delito, o dever, a morte, o amor, a ação heroica, etc., além dessas dimensões ideológicas e de outras parecidas com essas, não pode existir um sujeito ou um motivo.[58]

Ao refletir as outras ideologias, os outros signos ideológicos, a literatura cria novas formas, novos signos da comunicação ideológica – as obras literárias –, que,

---

[56] Titunik, op. cit., 1973, trad. it., p. 177.
[57] Medevedev, op. cit., 1928, trad. it., p. 169.
[58] Idem, trad. it., pp. 81-2.

por sua vez, tornam-se parte constitutiva da realidade social. A literatura tem um próprio papel ideológico, um próprio tipo de interpretação, certas características originais que a contradistinguem das outras formas de ideologia e às quais estas últimas, ao tornarem-se objeto da literatura, devem se adaptar.

A resistência do material ideológico da qual a ideologia literária se serve faz, sim, com que, mais do que refletir a "ideologia oficial" – no sentido do qual se fala também em Voloshinov (1927), ou seja, os sistemas ideológicos já formados –, a literatura geralmente reflita ideologias em formação, penetre, diz Medvedev, no laboratório social no qual as ideologias se criam, se formam e, muitas vezes, antecipe os motivos ideológicos, que só posteriormente encontrarão lugar nas ideologias oficiais.

> O artista não pode arrancar nada de posições ideológicas já prontas e consolidadas: estas revelam-se inevitavelmente corpos alógenos no conteúdo da obra, dos prosaísmos, das tendenciosidades. Estas devem ocupar os seus lugares naturais no sistema da ciência, da moral, no programa de um partido político etc. Na obra de arte essas posições cristalizadas, já prontas, podem, na melhor das hipóteses, ocupar o lugar de aspectos de segundo plano.[59]

As teses expressas em *Formal'nyj metod*, mesmo entrando em um "programa surpreendentemente similar"[60] àquele formulado em 1928 por Jakobson e Tynjanov, todavia, em relação a este último que é simplesmente rascunhado, colocam-se em um nível mais alto e mais complexo de reflexão e de elaboração, além de expressarem consciência crítica em relação ao formalismo, justamente por ele, ainda que não em termos de pacífica evolução, mas de ruptura, ter realizado o desenvolvimento das premissas programáticas.

"A vida pela sua natureza é dialógica"

"Este artigo foi escrito inteiramente por M. M. Bakhtin. Eu limitei-me a fornecer-lhe os materiais bibliográficos necessários e a facilitar a sua publicação na revista, dada a minha relação com a redação". Assim escreve no dia 3 de novembro de 1975 (oito meses antes da morte de Bakhtin – 7 de março de 1976) o biólogo Ivan I. Kanaev (1893-1983) sobre o trecho do artigo "O vitalismo contemporâneo" publicado com o seu nome em 1926. Tal trecho foi enviado por Kanev a S. G. Boĵarov, especialista em literatura russa do século XIX que, muito próximo

---
[59] Medvedev, op. cit., 1928, trad. it., p. 84.
[60] Titunik, op. cit., 1973, trad. it., p. 178,

a Bakhtin nos últimos anos de sua vida, contribuiu amplamente, como sabemos, para a edição dos seus textos. No artigo no qual dá a notícia (1993), Boʃarov acrescenta que Kanaev lhe falou que Bakhtin tinha se dedicado a esse trabalho porque estava diretamente interessado nas questões filosóficas da biologia da época.

Tais interesses são extremamente ligados com as duas temáticas – por sua vez estreitamente ligadas entre elas, mais do que até agora tenha sido compreendido – que, sobretudo, o tornaram conhecido: o "diálogo", examinado acima de tudo através da sua representação literária do "romance polifônico" de Dostoiévski, e o "realismo grotesco" da cultura popular "carnavalesca", estudado através da sua representação em Rabelais.

Para compreender essa ligação, insiste-se no fato de que o "diálogo" em Bakhtin não é o resultado da iniciativa de assunção de um comportamento aberto em relação aos outros (como erroneamente foi muitas vezes interpretado), mas consiste na impossibilidade – de ordem "biossemiótica", podemos dizer, e não somente psicológica e cultural – de fechamento, de indiferença, de não envolvimento.

O corpo, assim como se revela no realismo grotesco, confirma essa situação – ou melhor, não mais do que a sua expressão – de implicação, de inseparabilidade, de não indiferença na qual se encontra, inevitavelmente, o ser humano, e também qualquer outro ser vivente, em graus diferentes relativamente à sua colocação como espécie. Dialogicidade e intercorporeidade são as faces de uma mesma moeda, fazem parte da real, material, interconexão biossemiótica dos corpos vivos.

A propósito de Dostoiévski, Bakhtin fala de pensamento artístico polifônico, *que vai além do romance polifônico como gênero*, e ao qual são *acessíveis*, em toda a sua profunda especificidade, determinados *aspectos reais do homem*, especificamente a *dialogicidade constitutiva da consciência real*, tornados *objetos de representação* artística pela primeira vez.[61] Pelo mesmo motivo, Bakhtin intitula originalmente o seu trabalho sobre Rabelais (apresentado como dissertação e discutido em 1946), *Rable v Istorii realizma* ("Rabelais na historia do realismo"): também aqui *realisticamente* vinham representadas, através da arte verbal, a vida e a consciência humanas nos seus aspectos dialógicos não somente nas suas expressões verbais, mas naquela expressão não verbal dos signos da cultura cômica popular e na sua visão carnavalesca do mundo.

---

[61] Bakhtin, op. cit., 1963, trad. it., pp. 353-4.

"A vida por sua natureza é dialógica. Viver significa participar de um diálogo".[62] Tal diálogo, no âmbito do signo verbal, de discurso exterior ou interior, manifesta-se como interrogar, escutar, responder consentir etc. Ao contrário, nas expressões, sejam verbais, sejam não verbais, da visão realística do corpo grotesco – livre das ilusórias separações, diferenças e hierarquias de papéis, de identidade, de atribuição – manifesta-se como indissolúvel ligação intercorpórea que conecta, sem solução de continuidade, todas as espécies viventes entre elas e com o inteiro universo.

Podemos falar de uma *dialogia bakhtiniana*, que várias vezes, desde *Problemas da poética de Dostoiévski* de 1929, vem por Bakhtin, explicitamente ou implicitamente contraposta à dialética hegeliana e aos seus derivados gerais "históricos e dialético-materialísticos" do socialismo soviético. Existe na base da concepção bakhtiniana uma *dialógica da natureza*, uma *dialógica da vida*, que hoje seria expressa em termos de "biossemiótica" (v. Sebeok 2001b) e que explica o interesse de Bakhtin pelos estudos da biologia da sua época.

Na visão de Bakhtin não existem limites definitivos da dialogicidade verbal e daquela intercorpórea. A primeira estende-se atravessando até as línguas e as culturas, por todo aquele âmbito que Jurij M. Lotman chama "semiosfera"; a segunda, pelo inteiro modo da vida, que podemos indicar como "biosfera" (termo introduzido no sentido moderno por Wladimir Vernadskij nos anos 1920 e usado como título do seu livro de 1926). A propósito da dialogicidade verbal, Bakhtin observa:

> Marx dizia que somente o pensamento enunciado na palavra torna-se pensamento real para o outro, e somente assim torna-se também para mim. Mas este outro não é somente o outro mais próximo (o destinatário segundo), e na procura de uma compreensão responsiva a palavra vai sempre mais para frente.[63]

A propósito da segunda, Bakhtin faz notar que a visão – que somente nos últimos quatro séculos tornou-se dominante – do corpo como corpo individual, delimitado, completo e autossuficiente aparece como uma "ilhazinha pequena e delimitada" em relação ao

---

[62] Bakhtin, "Piano per il rifacimento del libro su Dostoevskij", 1961, em Bakhtin, 1979, trad. it., p. 331.
[63] Bakhtin, op. cit., 1974, trad. it., p. 319.

[...] oceano infinito de imagens grotescas do corpo; infinito seja do ponto de vista do espaço, seja do ponto de vista do tempo, que completa todas as línguas, todas as literaturas e ainda o sistema gestual [...].[64]

Para Bakhtin o diálogo e o corpo são estreitamente interconectados e a adequada imagem do corpo dialógico é o corpo grotesco. É por isso que o grotesco aparece também no romance, particularmente no "romance polifônico" de Dostoiévski. E é por isso que Bakhtin, na segunda edição (a de 1963) da sua monografia sobre Dostoiévski, incluiu um capítulo (o IV) sobre a relação entre o gênero romance e o realismo grotesco do folclore carnavalesco, no qual tal gênero afunda suas raízes. O dialogismo bakhtiniano não pode ser compreendido separadamente da sua concepção biossemiótica de realismo do corpo grotesco. A dialogicidade é o caráter da vida pelo fato de que a presença do vivente comporta, necessariamente, uma relação dialógica entre um intérprete, um objeto interpretado como signo e um interpretante,[65] ou, nas palavras de Bakhtin, que alguma coisa seja julgada na relação dialógica com uma testemunha e um juiz. Essa relação dialógica não está presente só no mundo humano, com o aparecimento da consciência humana, mas também naquele biológico.

> A testemunha e o juiz. Com o aparecimento da consciência no mundo (na existência) e talvez com o aparecimento da vida biológica (talvez não somente os animais, mas também as plantas e a grama testemunham e julgam) o mundo (a existência) muda radicalmente. A pedra permanece rochosa, o sol vibrante, mas o evento da existência na sua totalidade (infactível) torna-se completamente diferente, porque no palco da existência terrestre, pela primeira vez, entra um protagonista novo e principal do evento: a testemunha e o juiz. E o sol, mesmo permanecendo fisicamente o mesmo, tornou-se outro, porque se tornou objeto de consciência da testemunha e do juiz. Esse deixou de existir de maneira pura e simples e começou a existir em si e para si (estas categorias são compreendidas pela primeira vez) e para o outro, porque se refletiu na consciência o outro (da testemunha e juiz): com o que este se é radicalmente modificado, enriquecido, transformado. (Não se trata do outro de si).
> Não se deve entender isso como se a existência (a natureza) começasse a tomar consciência de si no homem, a autorrefletir-se. Nesse sentido a existência permaneceria ela mesma e se duplicaria somente (permaneceria solitária, como era o mundo antes do aparecimento da consciência, testemunha e juiz). Não, apareceu algo de absolutamente novo, apareceu a subexistência [*nadbytie*]. Nessa

---

[64] Bakhtin, 1965, trad. it., p. 350.
[65] Cf. Peirce, 2003; Ponzio, 1993, 2001a, 2001b, 2003; Petrilli, 2001.

subexistência não existe nem mesmo um grão de existência, mas toda a essência existe nesta e por esta.[66]

O ser vivo está situado ao centro de um sistema geral de relações ou arquitetônica que para o ser humano, dada a sua capacidade de tomada de consciência semiótica, de reflexão sobre os signos, de desenvolvimento do seu ser testemunha e juiz, vem indicada por Bakhtin, nos seus primeiros escritos, como "arquitetônica da responsabilidade". Tal arquitetônica da responsabilidade pode ser limitada ao ambiente circunstante do indivíduo, ao seu grupo familiar, profissional, de trabalho, étnico, linguístico, religioso, à sua cultura e à sua comunidade política, ou estendida como consciência semiótica global ao inteiro universo. Bakhtin distingue assim, entre uma "experiência pequena" e uma "experiência grande". Esta última é uma experiência restrita ao limite estreito e asfixiante do eu, do corpo e do mundo. Ao contrário,

> Na experiência grande, o mundo não coincide consigo mesmo (não é aquilo que é), não é fechado e não é completo. Neste existe a memória, que escorre e se perde na profundidade humana da matéria e da vida ilimitada, a experiência de vida de mundos e de átomos. E a história do indivíduo começa por essa memória muito tempo antes em relação aos seus atos de conhecimento (ao seu "eu" conhecível).
> Esta memória grande não é memória do passado (no sentido abstratamente temporal); o tempo é relativo em relação a ela. Aquilo que retorna ao eterno e aquilo que o tempo não restitui. [...] O momento do retorno foi percebido por Nietzsche, mas foi por ele interpretado abstrata e mecanicamente.
> Na experiência grande tudo fervilha de vida, tudo fala, é uma experiência profundamente dialógica.[67]

Na sexta conversa com Duvakin (1973), referindo-se a *Os cantos do labirinto* de Vjaſeslav Ivanov, Bakhtin explica que labirinto é a memória que cada um de nós "tem da infância, e até mesmo mais aquém da infância" e que, ao contrário, Ivanov codividia o ponto de vista de que a memória do homem provém de uma distância infinita e que é ilimitada. Em seguida, Bakhtin menciona Platão, Bérgson, lembra a poesia "Pamiat" ("Memória") (1921) N. S. Gumilev, que diz que existe uma memória do corpo.

O artigo de 1926 sobre problemas de ordem biológica e filosófica, assinado por Ivan I. Kanaev, mas escrito por Bakhtin, é um importante documento

---

[66] Bakhtin, "Dagli appunti del 1970-71", em Bakhtin, 1979, trad. it., pp. 254-5.
[67] Bakhtin, "Arte, mundo, memória, linguagem", das anotações dos anos 1950, em Jachia e Ponzio, op. cit., 1993, pp. 194-5.

para a reestruturação do percurso de pesquisa de Bakhtin a partir dos seus primeiros estudos. Ele atesta um específico interesse pela biologia que, como na pesquisa de Jacob von Uexkull, chamado no artigo de "expoente do vitalismo", é associado – como resulta das obras de Bakhtin nos anos 1920 assinadas por Voloshinov e Medvedev – ao estudo dos signos.

No artigo de 1926 sobre vitalismo (Kanaev, 2002), Bakhtin rejeita tanto a solução mecanicista quanto aquela vitalística, considerada expressão de filosofia especulativa mesmo que acampasse também – como no caso Hans Driesch a quem a crítica de Bakhtin é acima de tudo voltada – uma fundação experimental no âmbito da biologia. Bakhtin rejeita o conceito de homeostasia levado ao extremo e insiste, ao contrário, na osmose existente entre o organismo e o seu mundo circunstante.

Uma das partes interessantes do artigo é aquela na qual Bakhtin contesta a atribuição ao organismo de diversas e iguais possibilidades, ou capacidades, ou, na terminologia de Driesch, "potencialidade perspectiva", entre as quais a única efetivamente realizada em cada caso individual vem indicada como o "significado". Não se pode falar de mais potencialidades e de um único significado, diz Bakhtin: aquilo que efetivamente nos é permitido constatar são mais *significados reais em diferentes condições de desenvolvimento*: o real significado *A* num conjunto de condições *a,* o real significado *B* num conjunto de condições *b* etc. "*A cada conjunto de condições corresponde somente uma possibilidade,* que não pode deixar de se tornar realidade. Em tudo isso, obviamente, sempre e em todo o lugar existem algumas determinadas condições de desenvolvimento". Portanto, é absurdo dizer que alguma determinada condição de desenvolvimento seja realmente colocada no organismo; esta está nele (na sua constituição físico-química), mas está também no inteiro conjunto das condições que o circundam: Driesch, ao contrário, *desconsidera toda a condição,* coloca o organismo abstrato fora do espaço e tempo, reagrupa todos os seus significados *A, B, C* etc., desconsiderando as condições a estes correspondentes *a, b, c* etc. e os destina ao organismo como suas capacidades simultâneas. Aquilo que resulta, diz Bakhtin, é pura ficção. Somente com base na tal ficção pode existir paridade das potencialidades em real momento de tempo.

O artigo sobre vitalismo (Kanaev, 2002) foi escrito em um período de frenética atividade para Bakhtin (1924-1929), que foi aquele quando viveu em São Petersburgo (Leningrado). Foi o período no qual, além do livro de Bakhtin sobre Dostoiévski, apareceram aqueles publicados por Voloshinov e Medvedev sobre Freud, os formalistas russos e a filosofia da linguagem.

Foi essa também feliz temporada peterburguesa de estudos científicos que viu como protagonistas personagens como o geoquímico e biólogo Vladimir I. Vernadskij e o neurofisiólogo Aleksej A. Uchtomskij. O que liga o trabalho desses cientistas com os estudos de Bakhtin é o interesse pelos *mecanismos dinâmicos*, sejam eles indagados em âmbito biológico ou neurofisiológico e, como fez Bakhtin na sua pesquisa específica, em âmbito cultural e particularmente literário.

Vernadskij, nesses anos, introduz o conceito de "biosfera", que terá um papel central nas pesquisas recentes da biossemiótica. A biosfera, que compreende todo o conjunto da matéria viva, é uma zona de fronteira entre terra e sol que se vale da tradução das radiações cósmicas em energia elétrica, química, mecânica e térmica, operada por "transformadores terrestres" como o oceano, por exemplo. O conceito de biosfera desloca a atenção de aspectos parciais e isolados, nos quais a vida se manifesta à totalidade (irrealizável, acrescentaria Bakhtin) da vida planetária concebida não como soma dos organismos viventes, mas como um conjunto unitário; e em uma perspectiva de "ecologia global" evidencia-se a interconexão e a interdependência entre todos os seres viventes, sem as quais a vida no planeta não seria possível.

O conceito de diálogo em Bakhtin como os seus estudos sobre a vida da obra na vida do gênero literário e sobre a vida dos gêneros literários na vida total da literatura, da arte verbal e da simbolização artística em geral, vista, por sua vez, na sua estreita conexão com a vida extra-artística total, sofre os efeitos tanto dessas novas abordagens científicas no âmbito das ciências humanas quanto dos da nova visão cronotópica que se seguem às teorias de Einstein e ao descobrimento da mecânica quântica.[68] Ocupando-se do romance polifônico de Dostoiévski, Bakhtin afirma a necessidade de aproximar-se deste com a "consciência científica do homem contemporâneo" que tem de fazer disso um "universo probabilístico" com o "princípio de indeterminação" com o mundo einsteiniano e a sua pluralidade de sistemas de referência.

Para Vernadskij, Bakhtin[69] fará explicita referencia nos seus escritos de 1970-71 para chamar a atenção sobre a dificuldade de compreender os processos dinâmicos no âmbito da cultura que, como aqueles que caracterizam o transformar da vida biológica individual e a evolução das espécies, desenvolvem-se muito lentamente, ao ponto que não se consegue discerni-los mas, ao contrário, termina-se

---

[68] Cf. S. Salvestroni, "Il dialogo, il confine, il cronotopo nel pensiero di Michail Bachtin", em Corona, 1986, pp. 17-34.
[69] Bakhtin, op. cit., 1979, trad. it., p. 357.

por negá-los. Mas a influência de Vernadskij – que em alguns dos seus artigos do começo dos anos 1920, assim que retorna a San Pertersburgo (1921-1922 e 1926), já antecipavam as reflexões contidas em *Biosfera* (1926) – encontra-se em alguns conceitos fundamentais de Bakhtin, como aquele de "fronteira", de "hibridismo", com o qual ele procura caracterizar algumas zonas de seu interesse para a vida dos fenômenos literários e culturais que, similarmente àqueles da vida biológica, não se deixam compartimentalizar e tratar taxionomicamente.[70] O mesmo artigo de biologia de 1926, publicado com o nome do amigo Kanaev, é "particularmente próximo aos temas tratados pelo já famoso geoquímico e pela definição dada por ele a esses conceitos".[71]

A vida de Bakhtin em Leningrado não era fácil. Pela sua grave doença (osteomielite), conseguiu hospedagem num lugar muito humilde. Bakhtin morou, nos anos de 1924-1927, no apartamento do seu novo amigo, o biólogo Ivan Kanaev, ocupando junto com a mulher um grande cômodo no andar superior, miseravelmente mobiliado, com duas camas e uma escrivaninha. Um dos amigos do Círculo de Bakhtin, o poeta Kostantin Vaginov, descreveu esse cômodo em uma poesia de 1926: "duas cobertas coloridas/ dois travesseiros gastos/ as camas lado a lado/ mas flores na janela. [...] livros sobres as estreitas estantes/ e sobre as cobertas, alguém/ um homem pálido azulado/ e sua mulher menina".[72] Nesse quarto, Bakhtin, além do seu livro sobre Dostoiévski, escreveu ainda o artigo sobre vitalismo, que foi publicado, em 1926, na popular revista científica russa *Homem e natureza*.

Kanaev contribuiu para o interesse de Bakhtin pela biologia. Graças a Kanaev, Bakhtin, como ele mesmo diz em uma nota no seu texto "Le forme del tempo e il cronotopo nel romanzo",[73] assistiu a uma conferência sobre cronotopo em biologia feita por Uktomskij no verão de 1925, em São Petersburgo. Essa conferência influenciou sua concepção sobre cronotopo no romance. E, como Bakhtin acrescenta na nota, "naquela conferência foram tratadas questões de estética". Uktomskij era também um atento leitor de Dostoiévski de cujo conto "O sósia" derivou a sua "lei do interlocutor válido". Como foi amplamente demonstrado,[74] a influência de Uktomskij está também presente na obra de Bakhtin sobre Dostoiévski de 1929. Em particular, foi mostrado o papel do conceito de "dominante" exposto no ensaio de

---

[70] Cf. S. Tagliagambe, "L'origine dell'idea di cronotopo in Bakhtin", em Corona, 1986, pp. 35-78.
[71] Idem, p. 65.
[72] Em Clark e Holquist, 1984, trad. it., p. 140.
[73] Em Bakhtin, 1975, trad. it., p. 231, nota.
[74] Cf. pp. 47-57 do artigo de S. Tagliagambe, op. cit.

Uktomskij de 1925 ("O princípio dominante") na análise bakhtiniana de Dostoiévski. Como observam Clark e Holquist,[75] a obra de Uchtomskij ajudou Bakhtin a vislumbrar possíveis caminhos para entender a relação entre mente e mundo como *continuum* dialógico ao invés de uma separação insuperável: para responder ao mundo físico, o organismo deve modelar-se a seu ambiente, traçar nele um mapa e traduzir seus dados em uma representação biológica. O organismo responde ao mundo autorizando-o, fazendo-se seu autor. Da mesma forma, a consciência do indivíduo humano deve escolher entre diversas opções axiológicas, respondendo às solicitações do mundo social, autorizando as suas respostas, fazendo-se seu autor.

Bakhtin deve a pesquisas geofísicas, neurofisiológicas e biológicas do seu tempo, como aquelas conduzidas por Vernadskij e Uktomskij, a concepção de relação entre corpo e mundo como uma relação dialógica na qual a resposta do organismo é antes de tudo a *modelação* – termo empregado na assim chamada escola de Tartu-Mosca (Lotman, Uspenskij, Ivanov et al.) e retomado por Thomas A. Sebok no âmbito da "semiótica global" – do mundo no qual subsiste o próprio ambiente. Empregando a terminologia da fisiologia no ensaio sobre cronotopo, no qual declara o próprio débito para com Uchtomskij, Bakhtin afirma que

> por mais que mundo real e mundo simbolizado mantenham-se distintos [...] estes são indissoluvelmente ligados entre eles e encontra-se em uma constante ação recíproca; é uma troca contínua similar ao ininterrupto metabolismo entre o organismo vivente e o ambiente que o circunda.[76]

O organismo é inseparável do mundo que o circunda. Desse ponto de vista, a concepção de Bakhtin pode ser associada também àquela do biólogo e semiologista Jacob von Uexkull. Este, ainda que indicado no texto assinado por Kanaev como representante do vitalismo, não defende esse vitalismo incondicionalmente, assim como tornou-se um crítico constante das concepções do tipo comportamentalistas e mecanicistas.

Relatos de Bakhtin. Os diálogos de 1973 com Victor D. Duvakin

Nos diálogos com V. D. Duvakin, Bakhtin relata sobre sua família, seus professores no ginásio e na universidade e sobre as universidades de Odessa e

---

[75] Clark e Holquist, 1984, trad. it., pp. 229-30. Cf. ainda N. Marcialis, "Michail Bachtin e Aleksej Uchtomskij", em Corona, 1986, pp. 79-91.
[76] "Le forme del tempo e del cronotopo nel romanzo", em Bakhtin, op. cit., 1975, trad. it., p. 374.

de São Petersburgo antes da revolução. Fala de sua participação no "Círculo Omphalos", constituído em Petersburgo pelo irmão Nikolaij, um círculo de "estudiosos cômicos, cômicos da ciência... ou, se preferir, palhaços da ciência", um círculo especializado em ridicularização, "ridicularização... não vulgar, mas, ao contrário, em estilo científico e filosófico" através da paródia, da ironia, do "riso contido" de estilo swiftiano e sterniano. Conta sobre poetas, escritores e artistas que tivera a oportunidade de encontrar: Ivanov, Majakovskij, Blok, Pasternak, Malevich, de Chlebnikov. Sobre o poeta Velim Chebnikov, encontrado nos círculos literários de São Petersburgo, atém-se ao seu caráter "carnavalesco":

> O carnavalesco nele não era exterior, não era teatralidade, máscara exterior, mas uma forma interior, seja de suas emoções subjetivas, seja de seu pensamento verbal etc. Ele não podia enquadrar-se em nenhum âmbito, não podia aceitar nenhuma ordem estabelecida [...]. Ele sabia, e isso lhe era característico – por isso eu digo que era muito carnavalesco em um nível profundo –, sabia, por assim dizer, fazer abstrações de tudo aquilo que é singular e sabia perceber um todo infinito, ilimitado, um todo, digamos, planetário.

Também a propósito de Majacoskij, Bakhtin fala em "carnavalesco", mas observando que, ainda que nele, em geral, houvesse muitos momentos carnavalescos, estes nem sempre conseguiam estar à altura do modo de ser que o caracterizava como artista.

Bakhtin conta dos livros que leu, dos poemas e das leituras que escutou, de conferências, de concertos e espetáculos teatrais dos quais participou. Relata a morte, por inanição, de sua mãe e de suas irmãs, durante o sítio a Leningrado por parte dos alemães, na Segunda Guerra Mundial. Conta sobre o irmão Nicolaij, que fugiu da Rússia durante a revolução e se tornou professor de linguística na Inglaterra, em Birmingham.

Nicolai Bakhtin é outro dos "heróis" de Mikhail Bakhtin. Dizendo isso, não me refiro à sua vida romanesca, às várias vicissitudes e múltiplas experiências da breve existência. Nem entendo "herói" no sentido de personagem literário, coisa que, de fato, aconteceu a Nicolai ao inspirar um dos personagens principais do romance *Saints and Scholars*, de T. Egleton (1987), em que Nicolai Bakhtin encontra Ludwig Wittgenstein e torna-se seu amigo, como realmente aconteceu durante seus estudos em Cambridge, contribuindo, ao que parece, com as suas conversações, para o desenvolvimento do *Tractatus* na direção das *Investigações filosóficas*. Refiro-me, ao contrário, à questão do herói enquanto insubstituível centro da ação, da escolha, da responsabilidade, tido por Bakhtin como referência indispensável da reflexão filosófica; enquanto centro único, não indiferente, o que cada um é em sua singularidade; o que se subtrai a qualquer objetivação gnosiológica como uma forma simples e qualquer de empatia e de generalização, de tipificação. Bakhtin conta, em suas conversas com Duvakin, desse "herói" – o irmão – e também de alguns dos amigos, conseguindo colher, em poucas linhas, a condição de "não álibi no ser" que "transforma", para usar as mesmas palavras do ensaio de 1920-24, "a vazia possibilidade em responsável ação real"; confere efetiva validade e sentido a cada significado e valor que, de outro modo, seriam abstratos, "dá um rosto" ao evento que, de outro modo, seria anônimo; faz com que não exista a *razão objetiva* e nem mesmo *aquela subjetiva*, "mas que cada um tenha razão não subjetivamente, mas responsavelmente", sem que isso possa ser entendido como "contradição", senão "por qualquer terceira consciência, não encarnada, não empática e na perspectiva de uma dialética abstrata, não dialógica" (que Bakhtin explicitamente coloca em discussão nos "Apontamentos 1970-1971").

Bakhtin conta dos amigos, os amigos que foram parte constitutiva do seu "círculo", de sua "arquitetônica" peculiar. Narra, sobre eles, as experiências de vida: Pumpianskij, Kagan, Medvedev, Voloshinov, Kanaev, Vaginov, Sollertinskij, Marija Judina... verdadeiramente aqui encontramos a palavra que escuta e conta, a palavra outra, de outros, mas também própria enquanto capacidade de distanciamento do próprio eu: uma grande capacidade de simbolização, de delinear pessoas, textos, palavras, situações, nas suas singularidades, nas suas excepcionalidade, irrepetibilidade.

Bakhtin não é pessoa de autobiografia, e o declara explicitamente nas conversações com Duvakin. Aquilo que pode induzi-lo a falar de si mesmo é a outra palavra, em uma relação de indivíduo a indivíduo, em um diálogo no qual a alteridade não é sacrificada, no qual a palavra é entregue e acolhida como palavra que é testemunha do "evento único" da própria existência, do próprio espaço-tempo, das próprias relações, do próprio ser no mundo sem álibi (*sobytie bytija*, expressão usada pelo próprio Bakhtin em seu ensaio dos anos 1920 sobre a ação responsável e retomada por Boſarov em sua introdução ao livro que recolhe os diálogos com Duvakin).

Victor D. Duvakin tem o grande mérito de nos propiciar a comunhão com esse precioso testemunho. E isso porque se coloca em relação à palavra de Bakhtin com uma palavra que sabe calar e escutar, que acolhe, que pergunta sem nunca tornar-se interrogação, que responde sem nunca exaltar-se e fazer-se valer, um diálogo que, dado o interlocutor, não poderia nunca realizar-se como diálogo entre sujeitos identitários, de papel, entre intelectuais, entre palavras dominadas e transformadas em meios de manifestação, transmissão e oficialização.

Nessas conversações a palavra está fora do discurso, volta a ser palavra originária, fora do sujeito, fora do tema, fora dos lugares comuns, dos papéis e também dos gêneros do discurso oficial (o gênero entrevista especificamente neste caso): uma palavra para a qual não importa outra coisa senão a outra palavra, com a qual, justamente por isso, está em uma relação de efetivo diálogo.

Por que Duvakin "entrevista" Bakhtin? Em fevereiro de 1966 (isso aparece nas conversas com Bakhtin), durante o processo contra Sinjanskij e Daniel, Duvakin foi expulso da Faculdade de Filosofia da Universidade de Moscou por testemunhar a favor de Andreij Sinijanskij, seu ex-aluno que havia continuado o seu simpósio sobre Majakoskij. Então, o reitor da MGU, Ivan G. Petroskij, inventou para ele um novo emprego. Um emprego para um filólogo demitido depois de 27 anos de ensinamento: gravar em uma fita magnética as lembranças da vida cultural da Rússia no início de 1900. Por 15 anos, Duvakin gravou histórias sobre círculos culturais, exposições, cafés literários, gravou a palavra do outro que conta sobre si e sobre a outra palavra, para o seu fundo de documentos sonoros, de memórias orais, conservado na seção de documentos fonográficos da Biblioteca Científica da MGU. Na primavera de 1974, projetava ainda a gravação de um encontro entre Bakhtin e Ju M. Lotman, que acabou não acontecendo.[77]

Bakhtin conta: preso em 24 de dezembro de 1928 sob a acusação de participar de organizações antissoviéticas e por ter frequentado o círculo religioso-filosófico "Voskresenie", dirigido por Aleksandr A. Mejer, foi posteriormente liberado por motivos de saúde em 5 de janeiro de 1929 e deixado em prisão domiciliar à espera do processo (seria condenado a cinco anos de *lager* como correção, a ser cumprida em Solovki – pena posteriormente trocada por exílio na cidade de Kustanaj, para reeducação por trabalhos). Bakhtin comenta assim a sua liberação da Lubianca de Leningrado, à qual se segue o período de prisão domiciliar que passou no hospital antes de ser processado em 22 de julho: "Deixaram-me sair com espírito humanitário. Então, em geral, tudo se fazia com espírito humanitário".

Em Kustanaj, no Casaquistão, Bakhtin conta que o clima era terrível: "no inverno, muito frio, e no verão, o tormento das tempestades de areia. O vento fortíssimo levantava a poeira e era impossível caminhar, sufocava-se...". Foi-lhe designado trabalho de economista na cooperativa distrital de consumo de Kustanaj. Ele, nessa função, publica ainda um artigo, *Opyt izucenija sprosa*

---

[77] Cf. V. V. Radsevskij, *L'infinito Viktor Dmitrieviĵ*, edição russa das conversações com Bakhtin, 2002, pp. 8-12.

kolxoznikov ("Experiência baseada em um estudo de demanda entre trabalhadores de Kolkoz") na revista *Sovetskaja torgovlja* (O comércio soviético), 3, 1934, a única publicação entre 1929 e 1963, ou seja, entre a primeira e a segunda edição de sua monografia sobre Dostoiévski. Mas o amigo Ivan Kanaev, por seus conhecimentos na biblioteca de Leningrado, consegue mandar-lhe livros e até manuscritos,

> [...] A coisa ia assim: de um lado da tampa do recipiente estava escrito o meu endereço e do outro, o endereço de Kanaev. E assim, eu virava somente a tampa. Desse modo, ele expedia a mim, eu tirava a tampa, lia os livros e depois os expedia de novo, simplesmente virando a tampa. Isso é tudo.

Bakhtin conta de seu amigo e poeta Konstantin K. Vaginov e de uma poesia irreverente, blasfêmia para a época, publicada no jornal cujo redator era Pavel N. Medvedev, e revela que no romance *Il canto del capro*, de Vaginov, Pavel N. Medvedev é caracterizado como Kostja Rotikov, que se torna amante das mulheres dos poetas dos quais se ocupava para entendê-los e que é amigo de Teptelkin, o protagonista, personagem extraordinariamente erudito, imerso nos estudos, inspirado a Lev. V. Pumpianskij.

Bakhtin fala de amigos do seu círculo, dos velhos amigos desaparecidos: Pumpianskiij, Voloshinov, Kagan, Medvedev, Sollertinskij, Judina, e dos novos, V. N. Turbin, V. V. Koainov, Boʃarov, Leontina Sergeevna Melichova...

Conta de uma amiga extraordinária, Marija Veniaminovna Judina, musicista, que dentro da música "transportava tudo aquilo que se encontrava na fronteira" entre a musica a as outras artes, entre a literatura e a filosofia, entre a música, a poesia e a religião, e que, por isso, "não se enquadrava absolutamente na moldura do profissionalismo musical", "qualquer profissionalismo era absolutamente estranho a pessoas como ela". Em Maria Veniaminovna Judina "encontravam-se juntas a filosofia, a mitologia, a religião e a música, que são as coisas mais afins no mundo". A música, em suma, é filosófica, religiosa por sua própria natureza... religiosa não em sentido restrito, confessional, [...]" e, além do mais, "Maria Veniaminovna era uma pessoa absolutamente não oficial. Tudo aquilo que era oficial lhe pesava. Como também a mim. Eu também não posso suportar aquilo que é oficial. Por isso Maria Veniaminovna não pôde construir completamente a sua carreira, ou porque não queria, ou porque não podia etc.".

Bakhtin, pessoa não oficial: de um outro círculo em relação àqueles oficiais, públicos, inclinados à não oficialidade antes de sua prisão e de sua condenação, e justamente por isso capaz, nos muitos e longos anos de total exclusão da cultura da época, de prosseguir em sua viagem.

BIBLIOGRAFIA

Esta bibliografia contém referências diretas ou indiretas do posfácio e pretende oferecer uma ampliação e uma atualização, a partir de uma sistematização unitária, por ordem alfabética, da bibliografa esparsa nas notas da edição original em italiano de *A revolução bakhtiniana* (1997).

AVERINCEV, S. S.
1971 "Sinvol", em *Kratkaja literaturnaja enciclopedija*, vol. VI, Moscou, col. 826-831; trad. it. em Ponzio e Jachia, 1993, pp. 197-207.
1993 "Simbolo", trad. it. de "Sinvol" de *Kratkaja litereraturnaja enʃiclopedija*, 1971, em Jachia e Ponzio (orgs.), 1993, pp. 197-207.

AVERINCEV, S. S.; BOCHAROV, S.
1979 "Note al testo", em M. Bakhtin, 1979, trad. it., 1988.

BAKHTIN, MICHAIL M.,
1919 "Iskusstvo i otvetstvennost'", *Den' iskusstva*, Nevel, 13 set. 1919, pp. 3-4; trad. it. em Bakhtin, 1979, "Arte e responsabilità".
1920-24 "K filosofii postupka", em S. G. Bocarov (org.), *Filosofia i sociologia nauki i techniki Esegodnik 1984-85*, Moscou, Nauka, 1986; trad. it. M. de Michiel, *Per una filosofia dell'azione responsabile*, Ponzio (org.), Lecce, Manni, 1998.
1924 *Autor i geroj v estetʃeskoj tvorʃestva*, S. G, Boʃarov (org.), *Filosofia i sociologia nauki i techniki Esegodnik 1984-85*; trad. it. R. Delli Veneri, 1993, *L'autore e l'eroe nell'attività estetica. Frammento del primo capitolo*, em Jachia e Ponzio (orgs.), 1993, pp. 159-84.
1929 *Problemy tvorʃestva Dostoevskogo*, Leningrado, Priboj; trad. it. di M. de Michiel (org.), *Problemi dell'opera di Dostoevskij*, introdução de Ponzio, Bari, Edizioni dal Sud, 1997.
1960-61 "Problema teksta", em Bakhtin, 1979; trad. it. N. Marcialis, *Il problema del testo*, em Ponzio (org.), 1977, pp. 197-229.
1963 *Problemy poetiki Dostoevskogo*, Moscou, Sovetskij pisatel', 2. ed. Revista e ampliada de Bakhtin, 1929; trad. it. G. Garritano, *Dostoevskij, poetica e stilistica*, Turim, Einaudi, 1968.
1965 *Tvoʃestvo Fransua Rable i narodnaja kul'tura srednevekov'ja i Renessansa*, Moscou, Chudozevennaja literatura; trad. it. M. Romano, *L'opera di Rabelais e la cultura popolare*, Turim, Einaudi,1979.
1975 *Voprosy literatuty i estetiki*, Moscou, Chudozevennaja literatura; trad. it. C. Strada Janoviʃ, *Estetica e romanzo*, Turim, Einaudi, 1979.

1979   *Estetica slovesnogo tvorcestva*, Moscou, Iskusstovo; trad. it. C. Strada Janovic, *L'autore e l'eroe*, Turim, Einaudi, 1988.
1996-2003 *Sobranie solinenij*, vols. I, II, V e VI, Moscou, Russkie slovari.
1997a   Per la rielaborazione del libro su Dostoevskij. Frammento II, ulteriori appunti oltre Piano di rifacimento, em Bakhtin, 1979, trad. di M. de Michiel (do texto russo publicado em *Dialog, Karnaval, Chronotop*, 1, 1994, pp. 70-82), em Bakhtin, 1997a, pp. 307-20.
1997b   *Hacia una filosofia dell'acto ético*, Commentarios de Iris M. Zavala y Augusto Ponzio, Rubí, Barcellona, Anthropos.
2000a   "Appunti degli anni 1940-1960", M. de Michiel e S. Sini (org.), *Kamen'. Rivista di poesia e filosofia*, 15, pp. 5-72.
2000b   *Autor i geroy*, S. Pietroburgo,"Aibuca"
2002   *Besedy V. D. Duvakina s M. M. Bachtinym* (1973), 1. ed. 1996, Moscou, Soglasie; trad. it. Michail Bakhtin, *In dialogo. Conversazioni con V. D. Duvakin*, trad. it. Rosa Stella Cassotti, introd. de A. Ponzio, Nápoles, ESI, 2007.
2004   "Dagli appunti degli anni Quaranta", trad. it. F. Rodolfo, em A. Ponzio (org.), *Corposcritto*, 5, Bari, Edizioni dal Sud.

BAKHTIN, MICHAIL M. ET AL.
1995   *Bachtin e le sue maschere. Il percorso bachtiniano fino alla pubblicazione dell'opera su Dostoevskij (1919-29)*, em A. Ponzio; P. Jachia; M. de Michiel (orgs.), Bari, Dedalo.

BAKHTIN, NIKOLAJ M.
    "Izaizni idej. Stat'i, Esse, Dialogi", Moscou, Labirint, 1995. *La scrittura e l'umano. Saggi, dialoghi, conversazioni*, introd. e trad. Margherita de Michiel, apresentação de A. Ponzio, Bari, Edizioni dal Sud.

BAKHTIN, MIKHAIL M.
1919a   "Art and Answerability" (1919), em Bakhtin 1979; trad. ing. 1990, pp. 1-3; trad. it. em Bakhtin et al., 1995, pp. 41-2.
1919b   "Arte e responsabilità", trad. it. em Ponzio, Jachia, de Michiel, 1995.
1919c   "Arte e responsabilidade", em *Estética da criação verbal*; trad. bras. Paulo Bezerra, São Paulo, Martins Fontes, 2003
1920-23   "Author and Hero in Aesthetic Activity", em Bakhtin, 1979; trad ing., 1990, pp. 4-256.
1920-23b   "O autor e o herói na atividade estética", em *Estética da criação verbal*, trad. bras. Paulo Bezerra, São Paulo, Martins Fontes, 2003.
1922a   "L'autore e l'eroe nell'attività estetica (frammento del capitolo primo)", *Filosofija i sociologija nauki i techniki, ezegodnik 1984-1985*, Moscou, 1986; trad. it. em AA. VV., *Bachtin e...*, P. Jachia e A. Ponzio (orgs.), Bari, Laterza, 1993.
1922b   "L'autore e l'eroe nell'attività estetica (capitolo secondo)", em M. Bakhtin, 1979, trad. it. 1988.
1922c   *Toward a Philosophy of the Act*, M. Holquist (ed.); trad. V. Liapunov, University of Texas Press, Austin, 1993; trad. it., "Per una filosofia dell'azione responsabile", em Bakhtin, 1995, pp. 43-100.
1922d   "Per una filosofia dell'azione responsabile e responsiva", trad. it. em Ponzio; Jachia; de Michiel, 1995.
1924   "Il problema del contenuto, del materiale e della forma nella creazione letteraria", em M. Bachtin, 1975, trad. it. 1979.
1929a   *Problemy tvorcestva Dostoevskogo*, Leningrad, Priboj; trad. it., *Problemi dell'opera di Dostoevsky*, Edizioni dal Sud, Bari, 1997.
1929b   "Dal libro problemi dell' opera di Dostoevskij", 1929, em M. Bachtin, 1979, trad. it. 1988.
1929c   *Problemas da poética de Dostoiévski*, trad. bras. Paulo Bezerra, Rio de Janeiro, Forense Universitária, 1981.
1934-35   "Discourse in the Novel", em Bakhtin, 1975; trad. ing. 1981, pp. 259-422.
1938   "Epic and the Novel", em Bakhtin, 1975; trad. ing. 1981, pp. 3-40.
1940   "Da pré-história do discurso romanesco", em *Questões de literatura e de estética (A teoria do romance)*, trad. Aurora Fornoni Bernadini et al., São Paulo, Unesp/Hucitec, 1998, pp. 386-87.
1952-53a   "The Problem of Speech Genres", em Bakhtin, 1979; trad. ing. 1986, pp. 60-102.
1952-53b   "Il problema dei generi di discorso", em Bachtin, 1979, trad. it. 1988.
1952-53c   "Os gêneros do discurso", em *Estética da criação verbal*, trad. bras. Paulo Bezerra, São Paulo, Martins Fontes, 2003.

BIBLIOGRAFIA

1959-61a "The Problem of the Text in Linguistics, Philology, and the Human Sciences: An Experiment in Philosophical Analysis", em Bakhtin, 1975; trad. ing. 1986, pp. 103-31.
1959-61b "O problema do texto na linguística, na filologia e em outras ciências humanas", em *Estética da criação verbal*, trad. bras. Paulo Bezerra, São Paulo, Martins Fontes, 2003.
1961 "Toward a Reworking of the Dostoevsky Book", em Bakhtin, 1979; trad. ing., *Problems of Dostoevsky's Poetics (1929)*, C. Emerson (ed.), University of Minnesota Press, Minneapolis, 1984, pp. 283-302.
1963a *Problemy poetiki Dostoevskogo*, Moscou, Sovetskij pisatel'; trad. ing., *Problems of Dostoevsky's Poetics (1929)*, Emerson (ed.), University of Minnesota Press, Minneapolis, 1984.
1963b *Problemy poetiki Dostoevskogo* (Problemi della poetica di Dostoevskij), Moscou, Sovetskij pisatel', trad. it., *Dostoevskij. Poetica e stilistica*, Turim, Einaudi, 1968.
1963c *Cultura popular na Idade Média e no Renascimento: o contexto de François Rabelais*, trad. bras. Yara F. Vieira, São Paulo, Hucitec, 1987.
1965a *Tvorcestvo Fransua Rable i narodnaja kul'tura srednevekov'ja i*, Moscou; trad. ing. H. Iswolsky, *Rabelais and His World*, Bloomington, Indiana, Indiana University Press, 1984.
1965b *Tvorcestvo Fransua Rable i narodnaja kul'tura srednevekov'ja i Renessansa* (L'opera di Rabelais e la cultura popolare de Medioevo e del Rinascimento) Moscou Riso; trad. it., *L'opera di Rabelais e la cultura popolare*, Turim, Einaudi, 1979.
1970-71a "From Notes Made in 1970-71", em Bakhtin, 1979; trad. ing. 1986, pp. 132-58.
1970-71b "Apontamentos 1970-1971", em *Estética da criação verbal*, trad. bras., Paulo Bezerra, São Paulo, Martins Fontes, 2003.
1971 "Sulla polifonicità dei romanzi di Dostoevskij", it. trans. em M. Bachtin, *Tolstoj* (testi 1922-1971), V. Strada (ed.), Bolonha, Il Mulino, 1986, pp. 131-41.
1974a "Toward a Methodology for the Human Sciences", em Bakhtin, 1979; trad. ing. 1986, pp. 159-72.
1974b "Metodologia das ciências humanas", em *Estética da criação verbal*, trad. bras., Paulo Bezerra, São Paulo, Martins Fontes, 2003.
1975a *Voprosy literatury i estetiki* (Problems of Literature and of Aesthetics), Moscou, Chudozestvennaja literatura; trad. it., *Estetica e romanzo*, Turim, Einaudi, 1979.
1975b *Voprossy literatury i estetiki* (Problemi di letteratura e di estetica), Moscou, Chudozestvennaja literatura; trad. it. *Estetica e romanzo*, Turim, Einaudi, 1979.
1975c *Questões de literatura e estética: a teoria do romance*, trad. bras. Aurora Fornoni Bernadini, José Júnior e outros, São Paulo, Editora Unesp, 1988.
1979 *Estetika slovesnogo tvorcestva* (Aesthetics of verbal art), Moscou, Iskusstvo, 1979; trad, it., *L'autore e l'eroe. Teoria letteraria e scienze umana*, Turim, Einaudi, 1988.
1981 *The Dialogic Imagination. Four Essays*, M. Holquist (ed.), trad. ing. C. Emerson e M. Holquist, Austin, University of Texas Press, 1981.
1986 *Speech Genres and Other Late Essays*, trad. ing. V. McGee, C. Emerson; M. Holquist (eds.), Austin, University of Texas Press.
1990 *Art and Answerability. Early Philosophical Essays by M.M. Bakhtin*, M.Holquist; V. Liapunov (eds.), trad. ing. e notas V. Liapunov, Austin, University of Texas Press, 1990.
1993 *Toward a Philosophy of the Act*, trad. it. e notas V. Liapunov, M. Holquist; V. Liapunov (eds.), Austin, University of Texas Press; trad. it. em Bakhtin et al., 1995, pp. 43-100; trad. bras. Carlos Alberto Faraco e Cristóvão Tezza [para fins acadêmicos], *Para uma filosofia do ato*.
1997 *Hacia una filosofía del acto ético. De los borradores y otros escritos*, comentários Iris M. Zavala e Augusto Ponzio, trad. do russo T. Bubnova, Barcelona, Anthropos/Editorial de la Universidad de Puerto Rico, San Juan.
1998 *Per una filosofia dell'azione responsabile*, trad. da 2. ed. russa M. de Michiel, Lecce, Piero Manni.

BENJAMIN, WALTER
1963 *Ursprung des deutschen Trauerspiels*, Suhrkamp, Frankfurt am Main; trad. it. *Il dramma barocco tedesco*, Turim, Einaudi, 1971.

BOʃAROV, SERGEJ G.
1993 *À propos d'une conversation et autour d'elle*; trad. fran. em Depretto, 1997, pp. 180-204.

BOGATYRËV, PËTR
1962   "Vykriki raznoscikov i brodjacich remeslennikov-znaki reklamy", *Simposium po strukturnomu izuceniju znacovich sistem*, Moscou.
1982   (org.) *Semiotica della cultura popolare*, M. Solimini (org.), Verona, Bertani.

BONFANTINI, MASSIMO A.; PETRILLI, SUSAN; PONZIO, AUGUSTO
2006   *I dialoghi semiotici*, Napoli, Edizioni Scientifiche Italiane.

CAPUTO, COSIMO; PETRILLI, SUSAN; PONZIO, AUGUSTO
1998   (org.) *Basi. Significare, inventare, dialogare*, Lecce, Manni,
2006   *Tesi per il futuro anteriore della semiotica. Il programma di ricerca della scuola di Bari-Lecce*, Milão, Mimesis.

CORONA, FRANCO
1986   (org.) *Bachtin teorico del dialogo*, Milão, Angeli.

DEELY, JOHN; PETRILLI, SUSAN; PONZIO, AUGUSTO
2005   *The Semiotic Animal*, Ottawa, Legas.

DE MICHIEL, MARGHERITA
1995   "Bachtin in Russia negli anni Novanta", em Bachtin; Kanaev; Medvedev; Voloshinov, 1995, pp. 328-37.
2001   *Il non-alibi del leggere. Su Problemi dell'opera di Dostoevskij di Michail Bachtin*, Trieste, Università degli studi, Dipartimento di scienze del linguaggio, dellinterpretazione e della traduzione.

DEPRETTO, CATHERINE
1997   (org.) *L'héritage de Mikhaïl Bakhtine*, Bordeaux, Presses Universitaires de Bordeaux.

EAGLETON, TERRY
1986   *Saints and Scholars*, Londres, Verso.

EMERSON, CARYL
1997   *The First Hundred Years of Mikhail Bakhtin*, Princeton, Princeton University Press.

FLORENSKIJ, PAVEL A.
1989   *Attualità della parola. La lingua fra scienza e mito*, E. Treu (org.), introd. V. Vs. Ivanov, Milão, Guerini.

GRUPO DE ESTUDOS DOS GÊNEROS DISCURSIVOS – GEGE
2006   *Veredas Bakhtinianas. De objetos a sujeitos*, São Carlos, Pedro & João Editores.
2007   *O Espelho de Bakhtin*. São Paulo, Pedro & João Editores.

GÜNTHER, HANS
1973   (org.) *Marxismus und Formalismus*, Monaco di Baviera, Hanser Verlag; trad. it. *Marxismo e formalismo*, E. Rigotti (org.), Nápoles, Guida.

HAYNES, DEBORAH, J.
1995   *Bakhtin and the Visual Arts*, Cambridge, Cambridge University Press; trad. it. L. Colombo, *Bachtin e le arti visive*, Segrate (Milão), Nike.

HIRSCHKOP, KEN; SHEPPER, DAVID
1990   (org.) *Bakhtin and Cultural Theory*, Manchester, Manchester University Press.

HOLQUIST, MICHAEL
1984   *Mikhail Bakhtin*, Cambrige, Belknap Press.

HOLQUIST, MICHAEL; CLARK, KATERINA
1984   *Mikhail Bakhtin*, Cambrige, Mass., Belknap Press.
1998   *Mikhail Bakhtin*, trad. bras., São Paulo, Perspectiva.

HUSSERL, EDMUND
1994   *La filosofia come scienza rigorosa* (1911), prefácio Giuseppe Semerari, Bari, Laterza.

IVANOV, VJACESLAV V.
1973   "Significato delle idee di Bachtin sul segno, l'atto di parola e il dialogo per la semiotica contemporanea", trad. it. V. V. Ivanov; J. Kristeva et al., *Michail Bachtin. Semiotica, teoria della letteratura e marxismo*, A. Ponzio (ed.), Bari, Dedalo, 1977, pp. 67-104.

JACHIA, PAOLO
1992   *Introduzione a Michail Bachtin*, Roma-Bari, Laterza.
1997   *Michail Bachtin: i fondamenti della filosofia del dialogo. Indiviiduo, arte, lingua e società nel circolo di Bachtin, 1919-1929*, Segrate (Milão), Nike.
1993a   "Il fondamento metalinguistico della filosofia critica e dialogica di M. Bachtin", *Strumenti Critici*, 3.
1993b   "Bachtin e gli altri 'autori' delle sue opere: il Circolo di Bachtin e il marxismo", em Jachia; Ponzio (orgs.), 1993, pp. 5-24.

JACHIA, P.; PONZIO, A.
1993   (orgs.) *Bachtin e...*, Bari, Laterza.

KANAEV, IVAN I.
2002   *Sovremennyj vitalizm*, "flelovek i Priroda". trad. it *Il vitalismo contemporaneo*, 1926, 1, pp. 33-42; 2, pp. 9-23; republicado em *Dialogue, Carnival, Chronotope*, 1993, 4, pp. 99-116), trad it. de M. De Michiel in A. Ponzio, 2002a, pp. 21-44 (nova ed. da versão publicada em Bachtin, Kanaev, Medvedev, Voloshinov 1995).
1926   *Il vitalismo contemporaneo*, trad. it. em Bakhtin et al., 1995, pp. 175-98.

KIERKEGAARD, SØREN
1841   *Om begrebet ironi*; trad. it, *Sul concetto di ironia*, D. Borso (org.), Milão, Guerini, 1989.
1843a   *Gjentagelsen*; trad. it., *La ripetizione*, D. Borso (org.), Milão, Guerini, 1991.
1843b   *Enten-Eller*; trad. it., A. Cortese, *Enten-Eller*, 5 vols., Milão, Adelphi, 1976-89.
1995   *Opere*, C. Fabro (org.), Piemme, Casale Monferrato.

KRISYNSKY, WLADIMIR
1998   *La novela en sus modernidades*, Iberoamericana, Madri.

LACAN, JACQUES,
1966   *Ecrits*, Paris, Editions du Seuil; trad. it. G. Contri, *Scritti*, 2 vols., Turim, Einaudi, 1974.

LÉVINAS, EMMANUEL,
1961   *Totalité et infini*, La Haya, Nijhoff; trad. it. A. Dell'Asta, *Totalità e infinito*, introd. S. Petrosino, Milão, Jaca Book, 1990.
1972   *Humanisme de l'autre homme*, Montpellier, Fata Morgana; trad it. A. Moscouto, *Umanesimo dell'altro uomo*, Milão, Il Melangolo, 1995.
1974   *Autrement qu'être ou au-delà de l'essence*, La Haya, Nijhoff; trad. it. S. Petrosino e M. T. Aiello, *Altrimenti che essere o al di là dell'essenza*, Milão, Jaca Book, 1983.
1976   *Noms propres*, Montpellier, Fata Morgana; trad. it. F. P. Ciglia, *Nomi propri*, Casale Monferrato, Marietti, 1984.
1982   *Ethique et infini. Dialogues avec Philippe Nemo*, Paris, Fayard.
1987   *Hors sujet*, Montpellier, Fata Morgana; trad. it. e prefácio F. P. Ciglia, *Fuori dal Soggetto*, Gênova, Marietti, 1992.
1991   *Entre nous. Essais sur le penser à l'autre*, Paris, Grasset et Frasquelle; trad. it. e organização E. Baccarini, *Tra noi. Saggi sul pensare all'altro*, Milão, Jaca Book, 1991.
1993   *Dieu, la mort et le temps*, Paris, Grasset et Frasquelle; trad. it. S. Petrosino e M. Oderici, *Dio, la morte e il tempo*, Milão, Jaca Book, 1996.
1998   *Filosofia del linguaggio*, Julia Ponzio (org.), Bari, Graphis.
2001   *Dall'altro all'io*, trad. J. Ponzio, A. Ponzio (org.), Roma, Meltemi.

LUPERINI, ROMANO
1993   "Allegoria e metodo della conoscenza in Bachtin and in Benjamin. Due note e una parenesi", em Jachia e Ponzio, 1993, pp. 43-56.

MARCELLESI, J. B.; BAGGIONI, D.; DUPAS, O.; GADET, F.; LELIÈVRE, C.
1978   *Linguaggi e classi sociali. Marxismo e stalinismo*, introd. e trad. it. A. Ponzio, Bari, Dedalo.

MATEJKA, LADISLAV
1973   *On the first russian prolegomena to semiotics*, em Voloshinov, 1929, trad. it. N. Marcialis, em A. Ponzio (org.), 1977, pp. 139-60.

MARX, KARL
1844   *Ökonomisch-philosophoische Manuscripte aus dem Jahre 1844*; trad. it. e prefácio N. Bobbio, *Manoscritti economico-filosofici del 1844*, Turim, Einaudi, 1978.
1968   *Matematische manuskripte*, Moscou, Nauka; trad. it. e organização A. Ponzio, *Manoscritti matematici*, Milão, Spirali, 2005.

MARX, KARL; ENGELS, FRIEDRICH
1845-46 *Die Deutsche Ideologie*; trad. it. F. Codino, *L'ideologia tedesca*, em Marx e Engels, *Opere complete*, Roma, Riuniti, 1972.

MEDVEDEV, PAVEL N.
1928   *Formal'nyj metod v literaturovedenii*, Leningrad; trad. it., *Il metodo formale nella scienza della letteratura*, Dedalo, Bari, 1978; trad. ing. A. J. Wehrle, *The Formal Method In Literary Scholarship: a Critical Introduction to Sociological Poetics*, Baltimore, The Johns Hopkins University Press, 1978.

MEJER, ALEKSANDR, A.
1982   *Filosofskie socicenja*, Paris, Presse Libre.

MORRIS, CHARLES
1971   *Writings on the general theory of signs*, The Hague, Mouton.

MORSON, GARRY SAUL; EMERSON, CARYL
1990   *Michail Bachtin. The creation of a prosaic*, Stanford, Stanford University Press.

PASERO, NICOLÒ
1984 (org.) "Saggi su Bachtin", *L'immagine riflessa*, 1/2, 1984.

PASOLINI, PIER PAOLO
1972   "Intervento sul discorso libero indiretto", *Empirismo eretico*, Milão, Garzanti, pp. 85-108.

PEIRCE, CHARLES S.
2003 *Opere*, M. A. Bonfantini (org.), Milão, Bompiani.

PETRILLI, SUSAN
1995a   *Materia segnica e interpretazione*, Lecce, Milella.
1995b   *Che cosa significa significare? Itinerari nello studio dei segni*, Bari, Edizioni dal Sud.
1996b   "Bachtin Read in Italy (1980-1994)", *Le Bulletin Bachtin The Bakhtin Newsletter*, 5, 1996, pp. 55-66.
1998   *Su Victoria Lady Welby. Signifcs e filosofia del linguaggio*, Nápoles, Edizioni Scientifiche Italiane, 1998.
1999   "Semiotic Studies in Bari", *S-European Journal for Semiotic Studies*, XI, 4.
2001   *Teoria dei segni e del linguaggio*, Bari, Graphis.
2005   *Percorsi della semiotica*, Bari, Graphis.
2007   (org.) *Philosophy of language as the art of listening. On Augusto Ponzio's scientific research*, Bari, Edizioni dal Sud.

PETRILLI, SUSAN; CALEFATO, PATRIZIA
1994   *Fondamenti di Filosofia del linguaggio*, Roma-Bari, Laterza, nova ed. 1999.
2003   *Logica, dialogica, ideologica*, Milão, Mimesis.

PETRILLI, SUSAN; PONZIO, AUGUSTO
1998   *Signs of Research on Signs*, fascículo monográfico de *Semiotische Berichte*, Österreichschen Gesellschaft für Semiotik, 22, 3/4.
2000   *Philosophy of Language, Art and Answerability in Mikhail Bakhtin*, Toronto, Legas.

BIBLIOGRAFIA

Pietro Ispano (Petrus Hispanus Portugalensis)
1230   *Tractatus*, trad. it. e organização A. Ponzio, *Trattato di logica*. *Summule logicales*, Milão, Bompiani, 2003.

Poirié, Françoise
1987   *Emmanuel Lévinas. Qui étes-vous?*, Lion, La Manufacture.

Ponzio, Augusto,
1977   (org.) *Michail Bachtin. Semiotica, teoria della letteratura e marxismo*, Bari, Dedalo.
1980   *Michail Bachtin. Alle origini della semiotica sovietica*, Bari, Dedalo.
1981   *Segni e contraddizioni. Tra Marx e Bachtin*, Verona, Bertani.
1991   *Dialogo e narrazione*, Lecce, Milella.
1992   *Tra semiotica e letteratura. Introduzione a Michail Bachtin*, Milão, Bompiani, 2. ed. ampliada 2003.
1993   "Nota" em Bachtin, 1922b.
1993   *Signs, Dialogue and Ideology*, Amsterdã, J. Benjamins.
1994a   *Scrittura, dialogo, alterità. Tra Bachtin e Lévinas*, Florença, La Nuova Italia.
1994b   (em colaboração com P. Calefato e S. Petrilli) *Fondamenti di filosofia del linguaggio*, Bari, Laterza, nova ed. 1999.
1995a   *Alterità e responsabilità in Emmanuel Lévinas*, Milão, Jaca Book.
1995b   *La differenza non indifferente. Comunicazione, migrazione, guerra*, Milão, Mimesis, 2. ed. 2002.
1995c   *Responsabilità e alterità in Emmanuel Lévinas*, Milão, Jaca Book.
1995d   *I segni dell'altro. Eccedenza letteraria e prossimità*, Nápoles, Edizioni Scientifiche Italiane.
1996   *Sujet et altérité. Sur Emmanuel Lévinas*, trad. fr. N. Bonnet, Paris, L'Harmattan.
1997a   *La rivoluzione bachtiniana. Il pensiero di Bachtin e l'ideologia contemporanea*, Bari, Levante.
1997b   (em colaboração com Michele Lomuto) *Semiotica della musica*, Bari, Graphis.
1997c   "Para una filosofia de la acción", em M. M. Bakhtin, 1997, pp. 225-46.
1998a   (org.), "Lévinas vivant", Ata da convenção de mesmo título, 13-14 mar. 1996, Universidade de Bari, Bari, Edizioni dal Sud.
1998b   *La coda dell'occhio. Letture del linguaggio letterario*, Bari, Graphis.
1998d   *La revolución bajtiniana. El pensamiento de Bajtin y la ideologia contemporanea*, trad. esp. M. Arriga Florez, Madri, Catedra.
1999   *La comunicazione*, Bari, Graphis.
2001   *Enunciazione e testo letterario nell'insegnamento dell'italiano come L S*, Perugia, Guerra.
2002a   (org.) *Vita*, fascículo monográfico da série *Athanor. Semiotica, Filosofia, Arte, Letteratura*, 5, Roma, Meltemi.
2002b   *Il linguaggio e le lingue, introduzione alla linguistica generale*, Bari, Graphis.
2002c   *Individuo umano, linguaggio e globalizzazione nel pensiero di Adam Schaff*, Bari, Mimesis.
2003   *I segni tra globalità e infinità. Per la critica della comunicazione globale*, Bari, Cacucci.
2004a   *Linguistica generale, scrittura letteraria e traduzione*, Perugia, Guerra.
2004b   *Elogio dell'infunzionale. Critica dell'ideologia della produttività*, Milão, Mimesis.
2004c   *Semiotica e dialettica*, Bari, Edizioni dal Sud.
2004d   "Ideology", em *Semiotik/Semiotics*, R. Posner; K. Robering; T. A. Sebeok (orgs.), Berlim, Mouton de Gruyter, vol. 4, pp. 3436-47.
2006a   *The dialogic nature of sign*, Ottawa, Legas.
2006b   *La cifrematica e l'ascolto*, Bari, Graphis.
2006b   *Produzione linguistica e ideologia sociale*, 1. ed. 1973; nova e ampliada, Bari, Graphis.

Ponzio, Augusto; Calefato, Patrizia; Petrilli, Susan
1994   *Fondamenti di filosofia del linguaggio*, Roma-Bari, Laterza, 1994, nova ed. 1999; trad. bras., *Fundamentos de filosofia da linguagem*, introd. A. Ponzio, Rio de Janeiro, Vozes, 2007.
2006   *Con Roland Barthes alle sorgenti del senso*, Roma, Meltemi.

Ponzio, Augusto; Petrilli, Susan
1999   *Fuori campo. I segni del corpo tra rappresentazione ed eccedenza*, Milão, Mimesis.
2000a   *Il sentire della comunicazione globale*, Roma, Meltemi.
2000b   *Philosophy of Language, Art and Answerability in Mikhail Bakhtin*, Nova York/Ottawa/Toronto, Legas.
2002   *I segni e la vita. La semiotica globale di Thomas A. Sebeok*, Milão, Spirali.
2003a   *Semioetica*, Roma, Meltemi.
2003b   *Views in Literary Semiotics*, Nova York/Ottawa/Toronto, Legas.

2005a   *La raffigurazione letteraria*, Milão, Mimesis.
2005b   *Semiotics Unbounded. Interpretive Routes in the Open Network of Signs*, Toronto, Toronto University Press.

PONZIO, AUGUSTO; PETRILLI, SUSAN; PONZIO, JULIA
2005   *Reasoning with Emmanuel Lévinas*, Ottawa, Legas.

PONZIO, JULIA,
1999   *L'oggettività del tempo. La questione della temporalità in Husserl e Heidegger*, prefácio Aldo Masullo, Bari, Edizioni dal Sud.
2000   *Il presente sospeso. Alterità e appropriazione in Heidegger e Lévinas*, Bari, Cacucci.

PONZIO, LUCIANO
2000   *Icona e raffigurazione. Bachtin, Malevi*̆, *Chagall*, Bari, Adriatica.
2002   *Visioni del testo*, Bari, Graphis.
2004   *Lo squarcio di Kazimir Malevic*, Milão, Spirali.

PRODI, GIORGIO
2002   *La biologia come semiotica naturale*, em A. Ponzio (org.), 2002a, pp. 63-71.

ROLLAND, JACQUES
1990   *Dostoevskij e la questione dell'altro*, Milão, Jaca Book.

ROSSI-LANDI, FERRUCCIO
1985   *Metodica filosofica e scienza dei segni*, Milão, Bompiani, nova ed. organizada por A. Ponzio, 2006.
1985   *A linguagem como trabalho e como mercado*, trad. Aurora Fornoni Bernardini, São Paulo, Difel.

SCHAFF, ADAM
1992   *Ökumenische Humanismus*, Salzburg, O. Müller Verlag; trad. it. G. Giannico, *Umanesimo ecumenico*, introd. A. Ponzio, Bari, Adriatica, 1994.
1997   *Meditacje*, Wydawnietwo Project, Varsavia; trad. it. L. de Stasio, da ed. esp. de 1998, *Meditazioni*, A. Ponzio (org.), Bari, Edizioni dal Sud, 2001.

SCHAFF, ADAM; SÈVE, LUCIEN
1975   *Marxismo e umanesimo*, introd. e trad. A. Ponzio, Bari, Dedalo.

SEBEOK, THOMAS A.
1979   *The Sign and its Masters*, Austin, University of Texas Press; trad. it. e organização S. Petrilli, *Il segno e i suoi maestri*, Bari, Adriatica, 1985.
1981   *The Play of Musement*, Bloomington, Indiana University Press; trad. it. M. Pesaresi, *Il gioco del fantasticare*, Milão, Spirali, 1984,.
1986   *I Think I Am a Verb*, New York, Plenum Press; trad. it. e organização S. Petrilli, Palermo, Sellerio, 1990.
1991   *A Sign is Just a Sign*, Bloomington, Indiana University Press; trad. it. S. Petrilli, *A Sign is Just a Sign. La semiotica globale*, Milão, Spirali, 1998.
2001a   *Signs: an Introduction to Semiotics*, Toronto, Toronto University Press; trad. it. e organização S. Petrilli, *Segni. Una introduzione alla semiotica*, Roma, Carocci, 2003.
2001b   *Global Semiotics*, Bloomington, Indiana University Press.
2002a   "La semiosfera come biosfera", em A. Ponzio (org.), 2002a, pp. 11-8.
2002b   "Scienze dei segni e scienze della vita", em A. Ponzio (org.), 2002, pp. 85-92.
2002c   *Animale' nella prospettiva biosemiotica*, em A. Ponzio (org.), 2002, pp. 109-22

SEBEOK, THOMAS A.; PETRILLI, SUSAN; PONZIO, AUGUSTO
2001   *Semiotica dell'io*, Roma, Meltemi.

SEMERARI, GIUSEPPE
1982   *Insecuritas. Tecniche e paradigmi della salvezza*, Milão, Spirali, 2. ed. 2005.

SHEPHERD, DAVID; TIHANOV, GALIN
2004   *The Bachtin Circle*, Manchester, Manchester University Press.

BIBLIOGRAFIA

SOLIMINI, MARIA
2000 *Itinerari di antropologia culturale*, Bari, Edizioni dal Sud.

SOLIMINI, MARIA, ET AL.
1995 *L'estraneità che accomuna*, Bari, Edizioni dal Sud.

TITUNIK, IRVIN R.
1973 "The formal method amn the social method", na ed. Ing. de Voloshinov, 1929, trad. it. A. Ponzio (org.), 1977, pp. 161-96.
1973 "Metodo formale e metodo storico", em V.V. Ivanov et al., *Michail Bachtin. Semiotica, teoria della letteratura e marxismo*, A. Ponzio (ed.), Bari, Dedalo, 1977, pp. 161-98.

STRADA, V.
1976 *Introduzione*. In: Bachtin, M. *Problemi di Teoria del romanzo*, 1976
1981 *Dialogo con Bachtin*. In: Intersezioni n°1 1981, pp. 115-24.

TODOROV, TZVETAN
1965 (org.), *Théorie de la littérature*, Paris, Editions du Seuil, prefácio de R. Jakobson, trad. it., *I formalisti russi*, Turim, Einaudi, 1968.
1981 *Le principe dialogique, Mikhail Bakhtine*, Paris, Editions du Seuil; trad. it. parcial, *Michail Bachtin*, Turim, Einaudi, 1990.
1997 *Pourquoi Jakobson et Bakhtine ne se sont jamais rencontrés*, Esprit, 1997.

TYNJANOV, JURIJ N.
1928 (em colab. com R. Jakobson), "Problemy izucenija literatury i jazyka", *Novyj Lef*, 12, pp. 35-37; trad. it. V. Strada, em Todorov (org.), 1965, pp. 145-49.

UEXKÜLL, JACOB
1934 *Streifzüge durch Umwelten von Tieren and Menschen*, Reimbech, Rowolt, 1956; trad. it., *Ambiente e comportamento*, F. Mondella (org.), Milão, Il Saggiatore, 1967.

VAILATI, GIOVANNI
1957 *Il metodo della filosofia. Saggi di critica del linguaggio*, F. Rossi-Landi (org.), nova edição A. Ponzio (org.), Bari, Graphis, 2000.

VAUTHIER, BÉNÉDICTE; CÀTEDRA, PEDRO M.
2003 *Mijail Bajtín en la encruciada de la hermenéutica y las ciencias humanas*, Salamanca, Publicaciones del Semyr.

VERNADSKIJ, VLADIMIR I.
2002 *La biosphère*, Paris, Seuil (ed. orig. Pietroburgo, 1926).

VICO, GIAMABATTISTA,
1725, 1730 *Principj di Scienza nuova*, 3 tomos, F. Nicolini (org.), Turim, Einaudi, 1976.

VOLOSHINOV, VALENTIN N.
1926-30a *Il linguaggio come pratica sociale* (saggi) org. A. Ponzio, trad. it R. Bruzzese e N. Marcialis di Voloshinov, Introd. A. Ponzio, Bari, Dedalo,1980.
1926-30b *La parola nella vita e nella poesia* (1926), trad. it. L. Ponzio em M. M.Bachtin, Linguaggio e scrittura, (org.) A. Ponzio, Roma, Meltemi,2003
1926-30 "Discurso na vida e discurso na arte (sobre a poética sociológica)", trad. bras. Carlos Alberto Faraco e Cristóvão Tezza [para fins didáticos], versão da língua inglesa de I. R. Titunik a partir do original russo.
1926 *Discourse in Life and Discourse in Poetry: Questions of Sociological Poetics*, trad. ing. J. Richmond, *Bakhtin School Papers*, Shukman (ed.), Oxford, RPT Publications, em associação com o Departamento de Literatura da Universidade de Essex, 1988, pp. 5-30.
1927 *Frejdizm*, Moscou-Leningrado, Gosizdat; trad. it. L. Ponzio, *M. M. Bachtin, Freud e il freudismo*, A. Ponzio (org.), Milão, Mimesis, 2005.
1928 "Le più recenti tendenze del pensiero linguistico occidentale", trad. it. em Voloshinov, 1980, pp. 165-200.
1929 *Marksizm i filosofija jazyka*, Leningrad, Priboj; trad. it. M. de Michiel, *Marxismo e filosofia del linguaggio*, A. Ponzio (org.), Lecce, Manni, 1999.

1929   *Marxismo e a filosofia da linguagem*, trad. bras. Michael Lahud e Yara Frateschi Vieira, São Paulo, Hucitec, 1979.

VOLOSHINOV, VALENTIN; BAKHTIN, MIKHAIL M.
1929a   *Marxismo e filosofia del linguaggio*, A. Ponzio (ed.), trad. do russo e introdução M. de Michiel, Piero Manni, Lecce, 1999.
1929b   *Marxismo e a filosofia da linguagem*, trad. bras. Michael Lahud e Yara Frateschi Vieira, São Paulo, Hucitec, 1979.

WELBY, VICTORIA
2002   "Evoluzione della vita e relazioni cosmiche"; trad. it. S. Petrilli do capítulo do livro *What is Meaning?*, em A. Ponzio (org.), 2002a, pp. 45-52.
2007   *Senso, significato, significatività*, introd., trad e organização S. Petrilli, Bari, Graphis.

CONTRIBUIÇÕES DA LEITURA DE BAKHTIN NA ITÁLIA (1970-1998)

Susan Petrilli

1. Nos anos 1970, os seguintes livros de Mikhail M. Bakhtin foram publicados em tradução italiana: sua coleção russa de 1975, traduzida com o título, *Estetica e romanzo*; seu *Rabelais*, de 1965, traduzido como *Rabelais e la cultura popolare nel Medioevo e nel Rinascimento* e, graças a Augusto Ponzio, a trilogia – recentemente reeditada na Rússia – sob o título geral de *Bachtin sotto la maschera* – *Freudismo* (1927), *Il metodo formale nella scienza della letteratura* (1928), e *Marxismo e filosofia del linguaggio* (1929) (o texto principal está traduzido do inglês enquanto que a introdução, que havia sido excluída do texto em inglês, está traduzida diretamente da edição russa de 1930). Os três textos foram assinados por dois colaboradores de Bakhtin como o resultado do trabalho realizado coletivamente pelo Círculo de Bakhtin durante os anos 1920: *Freudismo* e *Marxismo e filosofia del linguaggio* por Valentin N. Voloshinov, e *Il metodo formale nella scienza della letteratura* por Pavel N. Medvedev. Duas importantes antologias, que reúnem escritos de diferentes autores, foram igualmente publicadas no mesmo período: *Problemi di teoria del romanzo* (ver a edição de 1976, de Strada), que incluiu o *Epos e romanzo* de Bakhtin (1938-41) (novamente publicado tanto em *Teoria e realtà del romanzo* como em *Estetica e romanzo*) e *Michail Bachtin. Semiotica, teoria della letteratura e marxismo* (veja-se Ponzio, 1977 – ensaios reunidos por V. V. Ivanov, por J. Kristeva, por L. Matejka, por I. R Titunik e por A. Ponzio com o acréscimo de *Problema teksta* de Bakhtin, 1959-1961, aparecendo pela primeira vez no italiano). Nos anos 1980, o trabalho de Bakhtin foi o centro das atenções na Itália. Em 1984 sua biografia encontrou o que seria seu *Diogenes Laertius* em Michael Holquist (com a colaboração de Katerina Clark) com a monografia *Mikhail Bakhtin*. Em todo o caso, foi Augusto Ponzio

o autor da primeira monografia sobre Bakhtin – considerando-se uma larga escala mundial – sob o título de *Michail Bachtin. Alle origini della semiotica sovietica*, publicada em 1980.

Ponzio examina a pesquisa de Bakhtin em toda sua complexidade e no contexto histórico-cultural de seu desenvolvimento, evidenciando a orientação específica da pesquisa de Bakhtin em contraste com outras correntes filosóficas, literárias, psicológicas e culturais da época. A monografia de Ponzio é teórica em comparação à orientação biográfica da monografia de Holquist-Clark, e bem mais ampla do que *Mikhaïl Bakhtine. Le principe dialogique*, de Tzvetan Todorov, de 1981. Esta última, juntamente com a monografia de Holquist-Clark de 1984 e um trabalho subsequente de Holquist de 1990, *Dialogism: Bakhtin and his World*, não faz justiça ao trabalho de Bakhtin por causa de seu equivocado conceito de diálogo bakhtiniano.

Ponzio reconstrói, em sua monografia, o contexto histórico-cultural no qual Voloshinov, Medvedev e Bakhtin publicaram seus escritos sobre literatura com um foco particular em *La parola nella vita e nella poesia*, assinada por Voloshinov.

Diferentemente dos formalistas russos, Voloshinov insiste mais na relação homológica do que no contraste entre discurso ordinário e escrita literária, e essa luz concentra-se, especificamente, no texto literário. Para contextualizar a contribuição de Bakhtin para a crítica do "freudismo filosófico", como formulado no *Freudismo*, Ponzio descreve o debate em psicologia na URSS durante os anos 1920. Ele analisa a relação entre Bakhtin e Vigotski, assim como o interesse de Vigotski pela psicologia da arte. Em sua descrição da relação entre o Círculo de Bakhtin e o formalismo russo, Ponzio reconstrói o itinerário percorrido por Medvedev e Voloshinov e suas análises do caráter ideológico do material verbal com base no conceito de "exotopia", apresentado nos primeiros escritos de Bakhtin, e no conceito de "representação", presente no livro de Medvedev de 1928, para estabelecer a diferença entre palavra objetiva e palavra objetificada, noções desenvolvidas por Bakhtin em seu livro sobre Dostoévski, no qual trabalha sobre os conceitos de "palavra dialógica interna" e de "polifonia" para caracterizar o romance dostoiévskiano.

Ponzio igualmente analisa a monografia de Bakhtin sobre Rabelais, na qual a distinção (introduzida no *Freudismo*) entre a "ideologia oficial" e "ideologia não oficial" é desenvolvida na relação com a cultura popular, com o carnaval e com o relacionamento entre os "gêneros secundários" e "gêneros primários". Ele também trabalha sobre as analogias e as diferenças entre Bakhtin e Vladimir Propp com relação a seus interesses e às suas metodologias empregadas no estudo da cultura.

Além disso, em sua monografia de 1980, Ponzio reconstrói a disputa de 1950 entre Stalin e Marr concernente à teoria da língua/linguagem e à falsa problematização sobre o fato de a língua ser ou não uma superestrutura. Segundo Ponzio, o tratamento que Bakhtin dá ao signo e à ideologia revela que os fenômenos linguísticos e o fenômeno sígnico não são geralmente caraterizados pelo conceito de "superestrutura", mas, ao contrário, o conceito de "superestrutura" é explicado não mecanicisticamente através do estudo dos signos verbais e não verbais que estabelecem, inexoravelmente, a negociação entre o que se chama de "base" e o que se chama de "superestrutura". Desse ponto de vista, são ambos de grande interesse: a original introdução ao *Marxismo e filosofia del linguaggio* (eliminado da edição inglesa) e o primeiro capítulo de *Il metodo formale e la scienza della letteratura*.

2. Em 1980, Umberto Eco também contribuiu para a discussão sobre o *Rabelais* de Bakhtin com um artigo intitulado "Il *Rabelais* di Bachtin". No entanto, em seu trabalho sobre a teoria da literatura, sobre a relação autor leitor, sobre o problema dos "limites da interpretação", Eco não leva Bakhtin em consideração. Em 1980, outros artigos sobre *Rabelais* são publicados pelo especialista em estudos franceses Giovanni Macchia, pela antropóloga Clara Gallini, e por Ponzio, em colaboração com a antropóloga Maria Solimini (1981). E em 1980 Ponzio publica, em italiano, a coleção de escritos de Voloshinov, originalmente publicados em jornais russos entre 1926 e 1930, *Il linguaggio come pratica sociale* (Bakhtin e Voloshinov, 1980).

Em 1981, um ensaio de V. Strada, "Dialogo con Bachtin" e a tradução italiana de C. Strada Janovic dos "Appunti" de Bakhtin foram publicados na primeira parte do jornal *Intersezioni*. O mesmo texto foi subsequentemente incluído na tradução italiana de 1988 da coleção russa de escritos de Bakhtin de 1979, publicado como "L'autore e l'eroe". Na opinião de Ponzio, a primeira tradução deste texto é melhor que a segunda, tendo o mérito de haver trazido a interessante distinção feita por Bakhtin entre *tisina* e *molcanie* com os termos "silenzio" e "tacere" (silêncio e taciturnidade), repassados, de maneira infeliz, para "silenzio" e "mutismo" na tradução de 1988. Em "Dialogo con Bakhtin", V. Strada se refere a traduções italianas (promovidas por Ponzio) dos livros atribuídos a Medvedev e Voloshinov, e é mais rígido acerca da distinção entre o que pertence ou não ao autor Bakhtin. Por outro lado, em sua introdução (na edição de 1976), Strada aceita a interpretação, concordando que os textos de Medvedev e Voloshinov contêm ideias que "são substancialmente de Bakhtin". No entanto, ele ainda não toma uma posição extrema em "Dialogo con Bachtin" sobre a questão da propriedade privada para os trabalhos do Círculo de Bakhtin. Strada defende que livros atribuídos a Voloshinov e Medvedev, "tendo aparecido na URSS, quando Bakhtin foi proibido de qualquer possibilidade de publicação, sem dúvida desenvolveram as ideias de Bakhtin, mas num contexto 'marxista' que não é de Bakhtin".[1] De fato, como uma leitura de seus trabalhos revelam, o contexto marxista dos livros de Medvedev e Voloshinov não tinha o significado de "marxismo compreendido somente como 'científico' e como 'estado' filosófico", mas sim marxismo crítico que, como declarado nos textos em questão, estava ainda para ser construído em relação a estudos sobre consciência individual e processos cognitivos, signos verbais e não verbais, e o problema da especificidade do texto literário. Strada identifica dois "conceitos-chave" para os trabalhos literários no "modelo dialógico" de Bakhtin: "grande temporalidade" e "extralocalidade",[2] embora ele não tenha tido sucesso em manter a especificidade deste "modelo dialógico", sendo preocupado como é em traçar analogias entre Bakhtin e neokantismo, filosofia heideggeriana, filosofia de Hans Gadamer e – considerando seu objetivo de descrever Bakhtin como um "filósofo personalista" – o trabalho de Martin Buber e "talvez" Max Scheler.[3] Como observado por P. Jachia,[4] Strada negligencia o fato de que Bakhtin critica a filosofia de ambos – Max Scheler e Martin Buber – pela total falta de rigor científico deles.

---

[1] Strada, 1976, p. 116.
[2] Idem, p. 123.
[3] Idem, p. 118.
[4] Jachia, *Introduzione a Bachtin*, 1995, p. 132.

No mesmo ano, 1981, aparece um outro livro de Ponzio, *Segni e contraddizioni. Tra Marx e Bachtin*, em que ele analisa as teorias de linguagem e literatura de Bakhtin com o objetivo de construir uma perspectiva teórica em que os problemas de linguagem e tradução são colocados frente a frente em termos da relação de alteridade e contradição. Outro elemento importante nesse livro é o debate das ideias de Bakhtin com Marx, livre de preconceito e interpretações estereotipadas.

Em 1982, *Tempo e segno,* de Patrizia Calefato, inaugura a série de livros "Segni di Segni" dirigida por Ponzio e Maria Solimini. No parágrafo intitulado "Festa e tempo gioioso in Bachtin", Calefato confronta a perspectiva de Bakhtin sobre tempo com a visão ocidental baseada num conceito cumulativo de história, de acordo com as experiências do sujeito que tomam lugar linearmente, estabilizadas por uma ideia fixa de progresso, velocidade e antecipação.

No mesmo ano, a segunda edição de *Ideologia,* de Ferruccio Rossi-Landi, é publicada com a seção "Linguaggio e ideologia in Bachtin e Voloshinov".[5] Rossi-Landi observa que Bakhtin, Medvedev e Voloshinov têm o mérito de alertar para a "necessidade de uma nova e criativa abordagem marxista para os problemas da linguagem, da ideologia e de suas relações"[6] e denunciar o fato de que categorias mecanicistas estavam estabilizadas em todos os campos, apenas levemente mencionadas ou completamente deixadas de lado por Marx e Engels.

A "trilogia" de Ponzio (*Spostamenti, Tra linguaggio e letteratura, Lo spreco dei significanti*) publicada como uma sequência da série mencionada anteriormente, "Segni di segni", é rica em referências à teoria de Bakhtin, não simplesmente como o objeto direto de estudo, mas também a perspectiva teórica relacionada aos problemas da filosofia da linguagem, a teoria do texto e a teoria da literatura são reconsideradas. Ponzio relata a contribuição de Bakhtin a R. Barthes, J. Kristeva, J. Derrida, M. Blanchot e E. Lévinas. Outra publicação interessante é o volume coletivo *Polifonie*, editado por Ponzio, em relação ao qual eu devo simplesmente mencionar o ensaio posterior, "La polionimia di Kierkegaard", no qual a abordagem de Bakhtin é verificada na "extralocalidade do autor", alcançada por Kierkegaard através do expediente da pluripseudonomia.

A Segunda Conferência Internacional sobre Bakhtin, "Bachtin teorico del dialogo", foi organizada em Cagliari, em 1985. Os resultados desta conferência foram publicados em 1986. O artigo de Ponzio, que une seus estudos sobre Bakhtin e Emmanuel Lévinas (cf. Ponzio, 1995a), foi subsequentemente incluído em seu livro *Filosofia del linguaggio 1,* junto com "Abduzione e alterità", em que o dialógico de Bakhtin é confrontado com o que poderíamos chamar de o semio-lógico de Peirce.

Esta dupla referência está também presente ao longo de outro volume de Ponzio (escrito com a colaboração de Massimo A. Bonfantini), *Dialogo sui dialoghi.* O volume de 1986 *Interpretazione e scrittura,* de Ponzio, também é dedicado à relação da semiótica de Peirce e a filosofia da linguagem de Bakhtin, com um foco na linguagem e no diálogo do ponto de vista do "espaço literário". Referências retornam também ao *estudioso* em alteridade, Lévinas.

---

[5] Rossi-Landi, 1982, pp. 192-203.
[6] Idem, p. 203.

3. Outra conferência internacional sobre Bakhtin foi organizada em 1989, em Urbino (Itália), pelo Centro Internazionale di semiotica e linguistica com o tema "Bakhtin e a epistemologia do discurso". Participantes estrangeiros, incluindo M. Holquist, C. Thomson e I. Zavala, dentre os italianos, Ponzio, organizaram uma conferência com Ângela Biancofiore intitulada "Diálogo, sentido e ideologia" (Dialogue, Sense and Ideology) (Ponzio, 1993d, Susan Petrilli, 1990d) em que confrontavam a teoria bakhtiniana com os "significados" de Welby em "Diálogo e diversidade cronotópica em Bakhtin e Welby" (Dialogue and Chronotopic Otherness in Bakhtin and Welby). Paolo Jachia apresentou "Bachtin e il marxismo".

Em 1990, outro livro de Ponzio surgiu intitulado *Man as a Sign* que, apesar de reproduzir antecipadamente escritos originalmente publicados em italiano, não tem um equivalente nessa língua organizado em um único volume. As categorias bakhtinianas estão presentes na teoria de Ponzio sobre o signo: alteridade, dialogismo, compreensão responsável (ou compreensão responsiva) e, por consequência, a diferença entre signo e sinal. Bakhtin é também apresentado como um objeto direto de análise quando Ponzio retorna ao confronto entre Lévinas e Peirce, além de Rossi-Landi, Schaff e Welby. Usando Bakhtin em conjunção com Peirce e Rossi-Landi, Ponzio sinaliza a direção em que o código semiótico pode ser superado. Este livro também inclui um apêndice de S. Petrilli, *The problem of Signifying*.

Em 1991, Ponzio publicou outros dois livros em que o pensamento bakhtiniano desempenha um importante papel tanto como perspectiva geral quanto como objeto de análise. O primeiro *Dialogo e narrazione* abrange os capítulos "L'acrobata e la sua ombra", "Dialogo e narrazione", "Alterità e origene dell'opera", "Il dialogo fra Rosseau e Jean Jacques". O segundo, *Filosofia del linguaggio 2*, inclui a terceira seção especialmente sobre Bakhtin, "Senso e valore fra identità e alteritá", embora esta última esteja presente, de alguma forma, por todo o livro, começando com a seção "Segno e ideologia" e terminando com "Architetture e metodo".

Duas monografias aparecem sobre Bakhtin em 1992: *Introduzione a Bachtin*, de Paolo Jachia, e *Tra semiotica e letteratura. Introduzione a M. Bachtin*, de Ponzio. Um aspecto notável do livro de Jachia é a comparação – importante não somente pela crítica de Bakhtin, mas também para a consciência ideológica atual – entre Bakhtin e o marxismo, em que a formação da originalidade, autonomia e capacidade inovativa é realçada. Não é a questão de "marxizar Bakhtin", como diz V. Strada (cf. "Introduzione" para a edição italiana de *Tolstoj*, Bakhtin, 1986, p. 45), mas qualquer coisa de marxismo "bakhtinizado" na perspectiva de uma nova forma de humanismo (do tipo proposto por Adam Schaff em *Umanesimo ecumenico* ou o "humanismo da diversidade" de Lévinas. Em *Tra semiotica e letteratura*, Ponzio retorna à sua monografia de 1980, a qual ele amplia com a adição de trabalhos escritos. Sua monografia de 1992 é dividida em duas seções: 1) "La specificita della parola letteraria"; 2) "Soggeto, segno, ideologia". O valor e a característica específica da teoria bakhtiniana é realçada em toda a sua complexidade, diferentemente de tantos outros estudos que fracassaram em fazer justiça a Bakhtin. Eles, de fato, tendem a ser inadequados – apesar de tratarem de problemas importantes – simplesmente porque o trabalho de Bakhtin está sempre mais restritivamente relacionado aos interesses de uma disciplina particular e, portanto, a assuntos setoriais. Por outro lado, o ponto de vista de Ponzio é fundamentalmente teórico, voltado para questões nas quais a pesquisa de Bakhtin é organicamente articulada. O trabalho de Bakhtin é avaliado por Ponzio por lançar luzes tanto a um debate em voga na teoria literária quanto na semiótica – uma área a que Bakhtin está diretamente realacionado tanto quanto a outras ciências humanas que estão sempre presentes como *background*. Por essa razão, além de situar o pensamento bakhtiniano no contexto teórico-ideológico do seu real (direto ou indireto) referente, Ponzio também o confronta com tendências que não foram levadas em consideração, pelo menos diretamente, por Bakhtin, como aquelas ligadas a autores como Propp, Peirce, Lévinas, Blanchot e Chomsky. Esses confrontos são fundamentais para compreender as implicações do pensamento bakhtiniano em seus vários aspectos e para avaliar completamente sua topicalidade, capacidade de inovação e de relevância para a teoria semiótica e literária de hoje. Ponzio também dedica a Bakhtin a Parte VI de seu livro, *Production linguistique et ideologie sociale*, de 1992.

Em 1993, um fragmento do primeiro capítulo, "L'autore e l'eroe nell'attività estetica", do livro de Bakhtin *L'autore e l'eroe*, é publicado pela primeira vez no livro *Bachtin e... Averincev, Benjamin, Freud, Greimas, Lévinas, Marx, Peirce, Valéry, Welby Yourcenar*, editado por Ponzio e Jachia. Esse fragmento que não foi incluído na edição russa dos escritos de Bakhtin, de 1979, nem, consequentemente, teve correspondência na edição italiana de 1988. *Bachtin e...* é dividido em duas partes: "Bachtin e..." e "Simbolo, valore, alterità". Além de "Frammento" de Bakhtin (159-185), esta segunda parte também inclui "Dalle annotazioni", notas de Bakhtin (187-196), traduzidas pela primeira vez da edição russa de 1986 destes textos publicados em "Literaturna-kritisheskie stat'i". A segunda parte de *Bachtin e...* também inclui um artigo fortemente bakhtiniano de S. S. Averincev (que com S. Bocharov editou muitos escritos de Bakhtin para publicação) e "Il simbolo", citado por Bakhtin em seu mais recente trabalho de 1974, "Toward a Methodology for the Human Sciences" (em Bachtin, 1979). Cada uma destas traduções é precedida por uma breve apresentação de Ponzio.

Na primeira parte de *Bachtin e...*, o acadêmico russo é confrontado com outras figuras significantes que povoam a cena cultural de nossos tempos (como sinalizado no título), com pesquisas de A. Biancoforte. p. Calefato, P. Jachia, R. Luperini, S. Petrilli, A. Ponzio e M. Valenti. Uma das contribuições de Ponzio, "Scrittura, opera, alterità", focaliza a relação entre Bakhtin e Lévinas, também examinada por ele em outro artigo ("Bachtin e l'umanesimo dell'alteritá"), escrito em inglês para a Conferência Internacional sobre Bakhtin em Manchester, 1991, e lido em espanhol por Íris Zavalla na ausência do autor. Esta relação é também o tópico de outro livro de Ponzio (*Scrittura, dialogo, alterità*, 1994). Teoria do conhecimento, filosofia da linguagem, filosofia moral e crítica literária podem todas ser transversalmente correlacionadas à noção de alteridade, tema central no pensamento de Bakhtin e Lévinas. O livro de Ponzio discute essa hipótese através de suas análises teóricas e leituras críticas.

Fondamenti di filosofia del linguaggio de A. Ponzio, P. Calefato e S. Petrilli (1994) é rico em referências, implícitas e explícitas, a Bakhtin, incluindo a própria concepção de "filosofia da linguagem": ver em particular as seções "Competenza linguistica, comunicazione e conscienza linguistica"; "Linguaggio e identità"; "Dialogo"; "Linguaggio e produzione letteratia"; "Linguaggio e corpo"; "Filosofia del linguaggio e linguaggio della filosofia".

Outra recente iniciativa editorial é a publicação de "Eutopías", em uma pesquisa intitulada *Tres miradas sobre Bajtin*, de três escritos bakhtinianos de Mercedes Arriaga, Petrilli e Ponzio, originalmente apresentado em um seminário dedicado a Bakhtin, realizado em julho de 1994 na Universidade de Madri.

Um extenso livro editado por Ponzio e Jachia, *Bachtin e le sue maschere*, é também publicado em 1994. Este coleciona vários textos em tradução italiana de Bakhtin e seu Círculo de 1919-29. Alguns são traduzidos diretamente do russo pela primeira vez, como o texto de 1925, "Il vitalismo contemporaneo", assinado pelo biólogo I. I. Kanaev, mas na realidade escrito por Bakhtin como foi explicitado posteriormente.

4. Das mais recentes iniciativas editoriais que abordam leituras de Bakhtin na Itália, podemos simplesmente nos lembrar das seguintes:

A. Ponzio, *La rivoluzione bachtiniana. Il pensiero di Bachtin e l'ideologia contemporanea (1996)*, que propõe através de categorias e uma perspectiva bakhtinianas uma crítica da comunicação globalizada de hoje, conectada ao plano de desenvolvimento do neocapitalismo;

Uma nova edição incrementada do livro de 1992, *Tra semiotica e letteratura. Introduzione a Michail Bachtin* de Augusto Ponzio, 2003;

A primeira tradução italiana da edição de 1929 de *Dostoievski* de Bakhtin, confrontada com a versão de 1963, de M. de Michiel e com uma introdução de A. Ponzio (referida no artigo de Ponzio sobre Bakhtin citado anteriormente);

A tradução italiana de um ensaio de Bakhtin de 1920-24, *K filosofi postupka*, publicada pela primeira vez, em russo, em 1986, e proposta em tradução italiana sob o título *Per una filosofia dell'azione responsabile* (em inglês, *For a Philosophy of Responsible Action*), como um volume independente, em 1998, e com a adição de dois ensaios de Ponzio e Zavala (o mesmo volume com a adição de outros textos de Bakhtin foi publicado na Espanha no mesmo ano). Esse volume em italiano inaugura uma nova série de livros "Di-segno-in-segno" dirigida por A. Ponzio, S. Petrilli e C. Caputo;

Uma edição crítica do *Marxismo e filosofia del linguaggio*, editada por de Michiel com uma introdução de Ponzio programada para aparecer na mesma série, "Di-segno-in-segno", em janeiro de 1999;

A conexão feita entre Bakhtin e Lévinas favorece nosso entendimento sobre o horizonte teórico de Bakhtin e nos ajuda a evitar os mal-entendidos que Augusto Ponzio tem contribuído em evidenciar. De fato, a crítica de Lévinas – ou pelo menos a distância que ele toma – com relação a autores como Buber, Heidegger, Sartre, assim como os representantes do neokantismo, ajuda a entender a crítica de Bakhtin que lhe é muito similar, mesmo que ele não seja necessariamente direto ou explícito.

O fato é que, depois de um começo especificamente filosófico, expresso especialmente em seu primeiro escrito, *K filosofi postupka*, Bakhtin, subsequentemente, dedica-se de maneira completa ao estudo da literatura, no qual ele descobre que a relação de alteridade era desenvolvida de uma maneira que o deixou extremamente interessado em estudar. No texto literário, a tríade da relação de alteridade aparece claramente sendo a relação entre autor, herói e receptor. Por outro lado, Lévinas – que também é particularmente atento ao problema da recolocação da questão de alteridade e resgatando-a a partir da redução da ideologia de identidade, assim como das categorias do sujeito – perseverou no seu estudo filosófico sobre essa questão, a ponto de a filosofia implícita de Bakhtin encontrar em Lévinas sua explicitação completa.

É por isso que acreditamos que o confronto entre Bakhtin e Lévinas – ambos podem ser considerados dois dos maiores e mais originais pensadores de nosso tempo – é fundamental, especialmente se desejamos evitar interpretações errôneas da concepção bakhtiniana de diálogo e alteridade. Não é um exagero situar – como faz Ponzio em *La rivoluzione bachtiniana*, 1997, para Bakhtin, de um lado, e em *Sujet et alterité*, 1996, para Lévinas, de outro – que o trabalho desses dois autores constitui um importante espaço para a interrogação crítica de toda a ideologia ocidental construída na categoria de identidade. A dialética, de Hegel até Sartre, não foi bem-sucedida na condução de uma crítica adequada de identidade ou de razão ocidental para quaisquer respostas satisfatórias. Juntos, Lévinas e Bakhtin representam uma alternativa que deve ser levada seriamente em consideração para uma crítica da razão inspirada pela alteridade: uma crítica que é fundamentada no outro, na responsividade, na razão dialógica.

CRONOLOGIA

Esta cronologia foi construída para trazer informações da "cronologia" de S. G. Bocharov, V. L. Laptun, T. G. Jurchenko, reunida na nova edição de 2002 das *Conversas de Bakhtin com Duvakin*, e da cronologia em apêndice no livro de Craig Brandist, David Shepard, Galin Tihanov, *The Bakhtin Circle* (Manchester, Manchester University Press, 2004), além de ser acrescentada com datas posteriores.

As datas em parênteses são segundo o velho calendário juliano, usado na Rússia até 1918. São Petersburgo foi chamada Petrogrado de 1914 a 1924, renomeada Leningrado em 1924 e ficou até 1991 assim, quando foi novamente renomeada São Petersburgo.

Para notícias posteriores sobre o crescimento do interesse da Rússia por M. M. Bakhtin, ver M. de Michiel, "Bachtin in Russia negli anni novanta", em *Il percorso bachtiniano fino a Problemi dellopera di Dostoievkij* (de A. Ponzio, P. Jachia e M. de Michiel, Bari, Dedalo, 1995, pp. 328-37) e, no âmbito italiano, S. Petrilli, "Bachtin in Itália" (no mesmo livro).

1889
17 (5) de novembro – Matvei Isaiétvitch Kagan nasce na vila de Platnitskoe (província de Pskov).

1891
5 de fevereiro (24 janeiro) – Leib Meerovich Pumpian nasce em Vilnius (hoje na Lituânia).

1892
4 de janeiro (23 de dezembro 1891) – Pavel N. Medvedev nasce em São Petersburgo.
1º de abril (20 março) – Nikolai M. Bakhtin nasce em Orel.
19 (7) de abril – Nasce Bóris M. Zubakin em São Petersburgo.

1895
17 de novembro (4 de novembro) – Mikhail Bakhtin nasce em Orel, segundo filho de Mikhail Fedorovitch Bakhtin e Vervara Zacharovna Bakhtin (nascida Ovetchkina). O irmão mais velho é Nikolai (1894-1950). A família é composta ainda pelas irmãs Maria, Ekaterina, Natalia e Nina, esta última adotada pelos pais.
30 (18) de junho – Valentin N. Voloshinov nasce em São Petersburgo.

1899
9 de setembro (28 de agosto) – Maria Venjaminovna Judina nasce em Nevel.

1902
3 de dezembro (28 de agosto) – Ivan Ivanovitch Solertinskinasce em Vitebsk.

1905
A família de Bakhtin muda-se para Vilnius e, juntamente com Nikolai, Bakhtin estuda no primeiro ginásio de Vilnius.
Kagan é preso enquanto integrante do Partido Revolucionário Social Democrático e é libertado graças a uma anistia em outubro.

1909
Medvedev entra na Faculdade de Direito da Universidade de São Petersburgo, onde segue também o curso da Faculdade de História e Filologia.

1911
A família muda-se para Odessa, com exceção de Nikolai, que fica em Vilnius para completar o ginásio.
Mikhail Bakhtin completa o ginásio em Odessa.
Pumpian se converte à religião ortodoxa russa, assumindo o nome de Lev Vasilevitch Pumpianski.
Início das atividades de Medvedev como crítico literário.

1912
Medvedev publica artigos na revista de Petersburgo *Novaja Studija*.
Kagan, depois de seis meses na Universidade de Lipsia, passa para a Universidade de Berlim para estudar dois semestres com Herrman Cohen e Ernest Cassirer.
Pumpianski começa a frequentar, no Departamento Romano-Germânico, a Faculdade de História e Filologia de São Petersburgo.

1913
Mikhail frequenta lições e conferências pela Faculdade Histórico-Filológica da Universidade Novorossiski (Universidade de Odessa). Depois disso se transfere para a Universidade de São Petersburgo.
Kagan vai de Berlim a Marburgo, onde estuda com Paul Nartop.
Kanaiev inscreve-se na Faculdade de Física e Matemática da Universidade de São Petersburgo.
Voloshinov completa o ginásio e se inscreve na Faculdade de Direito de São Petersburgo. Interessa-se também por música.

1914
Medvedev se forma em Direito na Universidade de Petrogrado. Desenvolve atividades jurídicas e ocupa-se de crítica literária. Publica na revista *Bessarabskaia Izn* (26 de janeiro).
Kagan, quando do início da Primeira Guerra Mundial, é preso e mantido no cárcere por dois meses por ser cidadão de nação considerada hostil.

1915-16
Por intercessão de Nartop, Cohen e Cassirer, Kagan passa de Marburgo a Berlim, onde vive estudando Matemática. Publica na revista *Archiv fur systemaische Philosophie* (1916).
Medvedev entra no exército.

1916
Transferência de Bakhtin a Petrogrado. Lições – até o fim de 1918 (em posição de estudante ou, talvez, de auditor) – próximo às cátedras de Filologia Clássica e de Filosofia da Universidade de Petrogrado. Nos documentos, seja nos da Universidade Novorossinski como naqueles da Universidade de Petrogrado, o nome de M. M. Bakhtin (às vezes M. M. B.) não é mencionado entre os estudantes (diferentemente do irmão mais velho, Nikolai).
Participação de Bakhtin junto com o irmão Nikolai, com M. I. Lopatto, L. V. Pumpianski, os irmãos N. E. e S. E. Radlov, no "Círculo Omphalos".
Bakhtin começa a frequentar a Associação Religiosa-Filosófica de Petrogrado, onde foi introduzido por A. V. Kartachev. Conhece Aleksander A. Meier
Pumpianski está no exército em Nevel, onde conhece Judina.

1916-1917
Saem diversos artigos de Medvedev sobre literatura na revista *Bessarabskaia Izn*.

1917
Medvedev está em Vitebsk e faz parte do Partido Socialista Revolucionário.

1918
Nikolai Bakhtin, que ingressa no exército da Guarda Branca, deixa a Rússia.
Transferência de Bakhtin de Petrogrado a Nevel por sugestão de Pumpianski. Trabalha na qualidade de estudante ligado à escola de segundo grau de Nevel (História, Sociologia e Língua Russa).
Maria Judina retorna à cidade natal de Nevel, interrompendo provisoriamente os estudos no conservatório musical de Petrogrado (onde retornará no fim do ano) por causa de reumatismo nas mãos.
Kagan retorna da Alemanha para Nevel. Forma-se na Universidade de Petrogrado. Começam as reuniões do Círculo Filosófico de Nevel com a importante participação de Bakhtin e de seus amigos que dividiam as mesmas ideias, como Pumpianski, Kagan e Judina, Voloshinov, Zubakin.
Bakhtin e Pumpianski publicam "Discussão sobre Deus e o socialismo" (27 de novembro de 1918). O período de maior atividade do Círculo é marcado em 1919.
Criação da Escola de Filosofia de Nevel.
É publicado o "Vozes enciclopédicas", de Medvedev (aproximadamente 1922), na Revista *Ruskaia Literatura XX Veka*.

1918-1919
Bakhtin desenvolve ampla atividade pública oral: relações, conferências, participações em discussões públicas sobre os temas "Deus e o socialismo", "Arte e socialismo", "Cristianismo e crítica", "Sobre o sentido da vida", "Sobre o sentido do amor" etc. Conferências e discussões sobre Nietzsche e o cristianismo, sobre concepções de mundo de Leonardo da Vinci, sobre Flechovm, sobre arte, sobre o caráter nacional russo na literatura e na filosofia etc.
Direções, com Pumpianski, da encenação da tragédia de Sófocles, de *Édipo*, em Colona. Ciclo de conferências de história da literatura para trabalhadores das artes, direções de curso artístico-culturais acessíveis a todos.
Bakhtin é presidente da Associação Científica de Nevel.
Bakhtin, Judina, Voloshinov (que chegou a Nevel em 1919) Kagan, Pumpianski e Zubakin se encontram para discutir filosofia.

1919
Judina se converte à religião ortodoxa. Inicia sua carreira como concertista de piano.
13 de setembro – Primeira publicação de Bakhtin, o artigo "Arte e responsabilidade" no primeiro e único número do periódico de Nevel *Den iskusstva* ("O dia da arte").
Kagan e Pumpianski são convidados por Medvedev a manter relações com a Universidade Proletária de Vitebsk.
Leitura de Pumpianski no Círculo de Bakhtin sobre Dostoiévski, Gogol etc.

1920
Agosto – Dois encontros de Bakhtin com Ivanov no hospital para trabalhadores intelectuais.
Outono – Transferência de Bakhtin de Nevel para Vitebsk. Ensinamentos no Instituto Pedagógico e no Conservatório Popular de Vitebsk e depois no Instituto Técnico Musical (ensinamento de Literatura Geral, Estética e Filosofia da Música). Novo Círculo ao redor de Bakhtin: além de Pumpianski e Voloshinov, também Medvedev e o musicólogo Solertinski.
Pumpianski, em outubro, passa para Petrogrado, onde frequenta, por breve tempo, o Círculo de Aleksander Meier.

1920-1921
Prosseguimento nas atividades públicas orais de Bakhtin, iniciadas em Nevel. Conferências: "O momento moral na cultura"; "A palavra"; "A nova poesia russa"; "A poesia de V. Ivanov"; "A filosofia de Nietzsche"; "A ideia moral de Tolstoi"; "O simbolismo na nova literatura russa"; "Sobre literatura medieval e francesa do século XVIII". Ciclos de conferências sobre Nova Filosofia e Estética. Discussões sobre A. Blok numa noite em favor do poeta nos últimos dias de sua vida, com a leitura de parte do relato de "O jardim dos..." e da conclusão de *A nêmesis*.

1920-1924
Bakhtin constrói as primeiras obras filosóficas: "Para uma filosofia do ato" ("K filosofii postupka", título dado por Bocharov) e *O autor e o herói* (os trabalhos foram guardados e publicados pela primeira vez respectivamente nas edições póstumas de Bakhtin em 1986 e de 1979 – esta última sem o fragmento do primeiro capítulo) e também obras não apresentadas a nós, como *O sujeito da moralidade e o sujeito do direito*.

1921
Fevereiro – Agravamento da doença (osteomielite) de Bakhtin e internação em hospital.
Voloshinov se estabelece em Vitebsk.
Judina se forma no Conservatório de Petrogrado.
16 de julho – Casamento de Bakhtin com Elena Aleksandrovna Okolovitch. Verão e Outono: repouso em uma vila próxima a Polocko.

1921-1922
Amizade em Vitebsk com Kazinir Malevitch.

1922
Bakhtin: comunicação sobre revista de Petrogrado "Zizn Iskusstva" ("A vida da Arte") de 22 a 28 de Agosto de 1922, referente à preparação do livro sobre Dostoiévski que será lançado em 1929.

1923
Judina começa a ensinar no Conservatório de Petrogrado.
Maio – Retorno de Bakhtin com a esposa a Petrogrado (agora Leningrado).

1924
Artigos de Bakhtin: "O problema da forma, do conteúdo e do material na criação aritstico-verbal", escrito para a revista *Russkii Sobremmenik* ("O contemporâneo russo") e não publicado porque a revista fechou depois do quarto número naquele ano (texto publicado pela primeira vez na obra póstuma de 1975).

1924-1927
Mikhail Bakhtin e a esposa moram no apartamento do novo amigo de Leningrado, Ivan Kanaiev, ocupando um quarto no piso superior, que é descrito em uma poesia de 1926 de Konstantin Vaginov.

1924-1925
Discussões filosóficas no Círculo de Bakhtin: Bakhtin, Pumpianski, Judina, Voloshinov, Medvedev, um orientalista que associa-se em Leningrado, Tumbianski, o biólogo Kanaiev, o poeta Vaginov. Discutem-se temas religiosos e éticos. Freud e a psicanálise também são objetos de discussão. Ciclos de conferências de Bakhtin sobre o autor e o herói na criação artística e sobre a filosofia de Kant. Discussão "O problema de uma... (notas dos apontamentos de Pumpianski)".

1925
Publicação do ensaio de Voloshinov "Pó tu storonu sotstial'nogo: o freidzmi" ("Da parte oposta do social: o freudismo"), *Zveda*, 5, pp.186-214.
Publicação do ensaio de Medvedev "Salierismo científico". Sobre o método formal morfológico.
Publicação do livro de Kanaiev, *Nasledstnennost, Nauchnopopuliarnyi otcherk* ("Hereditariedade. Uma introdução por um especialista"), Leningrado, Priboj.
Verão – Bakhtin assiste à conferência do neurofisiologista A. A. Uchtomskii, o qual traz sugestões na sua concepção de cronotopo no romance.

1925-1928
Bakhtin: numerosas palestras e ciclos de conferências sobre temas filosóficos e literários em círculos nos apartamentos privados, interrompidos por motivo de prisão. Curso privado de História da Literatura Russa (nota nos apontamentos de R. M. Mirkina e publicada em 2000).

1926
O geoquímico e biólogo Vladimir A. Verdanski publica *A biosfera*, Leningrado. A influência de Verdanski é indelével em alguns conceitos de Bakhtin.
Surge o ensaio "Sovremennyi vitalizim" ("O vitalismo contemporâneo"), sob assinatura de Kanaiev, mas, por declaração deste, na realidade o artigo fora escrito por Bakhtin.
Mevedev publica "Sociologismo sem sociologia", *Zveda*, 2, 1926, pp. 267-71.
Surge o ensaio com assinatura de Voloshinov, mas escrito com a colaboração de Bakhtin, "Slovo v izni i slovo v poezii" ("O discurso na vida e o discurso na arte"), *Zveda*, &, 1926, pp. 244-67.

1927
Publicação do livro sob assinatura de Voloshinov, mas escrito com a colaboração de Bakhtin, *O freudismo*.
Medvedev e Nikolai Kliuev publicam *Sergej Esenin*, Leningrado, Priboj.

1928

Medvedev publica "Os Trabalhos imediatos da ciência histórico-literária", *Literatura i marksizm*, 3, 1928, pp. 65-87.

Ensaio com assinatura de Voloshinov, mas escrito com a participação de Bakhtin, "Novejπie teʃenia linguistiʃeskj mysl na zapade" ("As mais recentes tendências do pensamento linguístico ocidental"), *Literatura i marksizm*, 5, 1928, pp. 115-49.

Publicação do livro com assinatura de Medvedev, mas escrito com a colaboração de Bakhtin, *Formal'nyj metod v literaturovedenji* ("O método formal na ciência da literatura") Leningrado, Priboj.

1928

24 de dezembro – Prisão de Bakhtin sob alegação de participação em atividades do círculo religioso-filosófico "Voskresenie", junto com A. A. Méier. No veredicto de condenação é indicada somente a sua participação indireta no círculo, são mencionadas as suas "relações de caráter antissoviético". Nos interrogatórios no Instituto de Detenção Preventiva de Leningrado, os inquéritos se interessam pelas leituras de Bakhtin em círculos privados. A acusação se baseia no artigo 58-11 do código penal da URSS (União das Repúblicas Socialistas Soviéticas), participação em organização antissoviética.

1929

Saem publicados os tomos 11 ("Obras dramáticas") e 13 ("A ressurreição") da *Obra Completa de L. N. Tolstoi* com prefácio de Bakhtin.

Publicação de *Marksizm i filosofija jazica* ("Marxismo e filosofia da linguagem"), com assinatura de Voloshinov, mas escrito com a participação de Bakhtin. Leningrado, Priboj.

5 de janeiro – Acometido pela doença, Bakhtin é mantido em prisão domiciliar até o fim do processo.

Abril – Bakhtin trabalha no prefacio de Tolstoi, "A ressurreição".

Inicio de junho – *Problemas da poética de Dostoiévski*, o primeiro livro de Bakhtin. Leningrado, Priboj.

De 17 de julho a 23 de dezembro – Internação nos hospitais de Leningrado "Urickij" e "Erisman". Obtém a invalidade de segundo grau.

22 de julho – Sentença do Colégio da OGPU (Direção Política do Estado) na qual Bakhtin é condenado a cinco anos de internação no Centro de Correção de Solovski.

2 de setembro – Pedido de Bakhtin ao comissário do povo para a saúde pública N. A. Semarko para que uma comissão médica examine suas condições de saúde.

8 de outubro – Carta de E. P. Perkova para a esposa de Bakhtin, informando-a que a organização "assistência aos detentos políticos" concedeu o auto de certificação médica sobre as condições de Bakhtin.

1930

23 de fevereiro – Deliberação do Colégio da OGPU sobre comutação da detenção de Bakhtin no exílio do Centro de Reeducação para o Trabalho na cidade de Kustanai, no Casaquistão, pelo período remanescente da sua pena assinalada.

29 de março – Partida de Bakhtin e sua esposa de Leningrado para o exílio em Kustanai.

1930-1936

Bakhtin escreve "O discurso no romance" (publicado integralmente pela primeira vez na obra póstuma de 1975).

1931

23 abril – Bakhtin é inscrito como trabalhador de economia da Cooperativa Distrital de Consumo de Kustanai.

Medvedev publica *Laboratorii pisatelia* ("No laboratório do escritor"), Leningrado, Izdatel'stvo.

1934

Medvedev, *Formalizm i formalisty*, Leningrado, Izdatel'stvo.

Agravamento da tuberculose de Voloshinov, contraída em 1914.

Março – Publicação do artigo de Bakhtin "Descobertas baseadas em um estudo das necessidades de membros de fazendas coletivas", na revista *Sovetskaja torgovlja* ("O comércio soviético"), 1934.

Julho – Termina o período de cinco anos de exílio, mas Bakhtin fica em Kustanai ainda por mais dois anos.

1936

Verão – Viagem, durante as férias, a Leningrado e Moscou, encontro com os amigos, Kagan, Medvedev, Judina, Zaleski etc.

9 de setembro – Sob recomendação de Medvedev, Bakhtin recebe o convite para trabalhar como professor de Literatura Geral e de Metodologia do Aprendizado da Literatura junto à cátedra de Literatura do Instituto Pedagógico da Mordóvia, em Saransk.
26 de setembro – Bakhtin se licencia da Cooperativa Distrital de Consumo de Kustanai e parte para Saransk com Elena Aleksandrovna.

1936-1938
Bakhtin trabalha o livro *O romance de formação e a sua importância na historia do realismo*. O manuscrito do livro fora enviado antes da guerra para a editora Sovetskij pisatel de Moscou e se perdeu na casa da editora durante a guerra.

1937
10 de março – Requisição de Bakhtin ao diretor do Instituto Pedagógico de Saranski, A. F. Antonov, de exoneração dos seus encargos por causa do agravamento de sua doença. Mas este pedido é sucessivo à acusação do diretor do Instituto de haver ali uma pessoa "que tinha apenas cumprido 5 anos de exílio por atividade contrarrevolucionária".
5 de junho – Por disposição do Instituto, Bakhtin é demitido em 3 de junho "por ter introduzido o objetivismo burguês no ensinamento da literatura geral, não obstante uma série de advertências e recomendações".
13 de junho – Voloshinov morre de tuberculose em Leningrado.
1º de julho – Revogação por parte do novo diretor do Instituto, P. D. Eremin, da disposição de 5 de junho. Com uma nova disposição, Bakhtin foi destituído do trabalho por seu próprio pedido formal. Retorna a Moscou com a esposa.
14 de agosto – Última viagem a Kustanai.
Outono – Os Bakhtin estão em Moscou. Vivem com a irmã de Bakhtin, Natalia, e seu marido, N. P. Perfilev.
26 de dezembro – Kagan morre de angina do peito em Moscou.

1937-1938
Inverno – Os Bakhtin se estabelecem em Savelovo, Jaroslavl (região de Kalinin), onde vivem com frequentes e breves visitas a Moscou até o fim de setembro de 1945.

1938
Zubakin morre em um campo de prisioneiros, onde estava por "atividade contrarrevolucionária".
17 de fevereiro – Amputação da perna direita de Bakhtin no Hospital de Savelovo.
13 de março – Medvedev é preso em Leningrado. Seu arquivo é confiscado.
17 de julho – Medvedev é fuzilado.

1938-1940
Bakhtin trabalha no livro sobre François Rabelais. O manuscrito é terminado no fim de 1940.
Fim dos anos 1930, início dos anos 1940.
Bakhtin publica *Bases filosóficas das ciências humanas*, em 1996, no v tomo da obra completa.

1940
A mãe de Bakhtin, Varvara Zacharovna Bakhtin, e as suas irmãs Maria, Ekaterina e Natalia morrem por causa das dificuldades durante o cerco alemão a Leningrado em janeiro de 1942. Sobrevive somente o filho de Natalia, o jovem Andrei Perfilev, então com 5 anos.
6 de julho. – Pumpianski morre de câncer no fígado.
14 de outubro – Bakhtin lê o trabalho "O discurso no romance" no Instituto de Literatura Mundial de Moscou, na sessão de Teoria da Literatura (depois disso, foi chamado pelo autor de "Da pré-história da palavra no romance" e incluída com este título na obra póstuma de 1975).
Outubro-dezembro – Artigo "Sátira", escrito sob encomenda da redação da *Enciclopédia Literária* para o 10º volume, que não chegará a ser publicado. O artigo é publicado somente em 1996, no v tomo da obra completa do autor.

1941
24 de março – Estudo de Bakhtin no Instituto de Literatura Mundial, "O romance como gênero literário". O artigo é publicado no v tomo da sua obra completa em 1996.
Outono – Bakhtin ensina na escola média da vila de Ilinkoe, distrito de Kimry, região de Kalinin.
15 de dezembro – Trabalha na escola média número 39 de Jaroslavl, na cidade de Kimry, como professor de Língua e Literatura Russa e de Língua Alemã.
18 de dezembro – Professor na escola média número 14 de Kimry.

1942
Kanaiev é diretor do Departamento de Biologia Geral no Primeiro Instituto Médico de Leningrado.
Abril – Kanaiev é transferido junto ao Instituto, primeiro para Kislovodsk e depois para Krasnoiark.

1944
A quarta irmã de Bakhtin, Nina, filha adotiva dos pais de Bakhtin, morre em um dos hospitais de Leningrado em 1944, por consequências diretas da desnutrição sofrida. As informações sobre esse fato provém de Nikolai Perfilev.
11 de fevereiro – Sollertinski morre de enfarto a Novosibirsk.
Junho – Bakhtin: integração e modificação no *Rabelais*. Publicado em 1992. No período de Savelovo produziu os textos: "A palavra do regimento de Igor na história da epopeia", "Questões da teoria do romance", "Questões da teoria do riso", "A retórica, em mistura com a sua falsidade... o homem no espelho", "Questões de autoconsciência e autoavaliação", "Sobre Flaubert, questões de estilística nas lições de língua russa na escola média" – todos publicados no v tomo da obra completa.

1945
18 de agosto – Disposição do comissário do povo para a instrução sobre nomeação de Bakhtin como professor de Literatura Geral ligado ao Instituto Pedagógico da Mordóvia, com procedimento de transferência da escola média número 14 de Kimry.
Setembro – Transferência de Bakhtin para Saransk, ligado ao Instituto Pedagógico da Mordóvia.
Outubro – Por meio da disposição do diretor do Instituto pedagógico da Mordóvia, Bakhtin é nomeado diretor da cátedra de Literatura Geral.

1946
15 de novembro – Discussões, ligadas ao Instituto de Literatura Mundial de Moscou, da dissertação de Bakhtin intitulada Rable v istorii realizma ("Rabelais na história do Realismo"). Da parte do conselho acadêmico do Instituto – sob proposta de três membros da comissão examinadora, Smirnov e Nusinov, filólogos, e Divelegov, livre-docente em Belas Artes, e depois dos resultados de uma repetida votação (por causa da oposição de N. K. Piksanov, N. L. Brodskij e V. J. Kirpotin) –, foi aprovada para o doutoramento de primeiro grau por unanimidade, mas não para o título de segundo grau (livre-docência), e ainda foi demandada uma decisão para ambos os títulos ao Comitê para os títulos superiores.

1947
20 de novembro – Um artigo de Nikolaiev ("Superar o atraso na resolução dos problemas atuais nos estudos literários") na revista *Kul'tura i ǂizn'* ("Cultura e vida") expressa um severo juízo dos confrontos da avaliação pelo Instituto de Literatura Mundial da tese de Bakhtin: "em novembro de 1946, o conselho acadêmico do Intituto conferiu o grau de doutor a M. M. Bakhtin pela dissertação "Rabelais na historia do realismo", trabalho pseudocientífico e freudiano na sua metodologia. Neste 'trabalho' estudados como seriam os 'problemas' como 'a imagem grotesca do corpo' e as imagens 'do baixo material corpóreo' na obra de Rabelais" etc.

1948
Kanaiev é removido do Primeiro Instituto Médico após decisão da Academia Lênin de Agricultura de adotar o lysenkismo, a teoria genética de Lysenko.

1949
Primavera – Bakhtin assiste à leitura de trecho de B. Pasternak da tradução da primeira parte do *Fausto*, de Goethe, no apartamento de Judina.
21 de maio – Em uma sessão da comissão de revisão, o conselho para os títulos superiores propôs a Bakhtin reelaborar a tese e apresentá-la para um novo exame.

1950
19 de abril – A tese de Bakhtin é reapresentada em sua forma reelaborada.
Maio – Morre Nikolai Bakhtin.

1951
9 de junho – Em virtude do julgamento negativo do professor R. M. Samarin, o conselho de avaliação para os títulos superiores decide não aprovar Bakhtin no segundo grau científico de doutor em Ciências Filológicas, dado que o trabalho apresentado para discussão não responde aos requisitos pedidos.

1952
2 de junho – Recebimento do atestado da concessão do diploma de doutor em primeiro grau em Ciências Filológicas.
Junho – Conferência de Bakhtin "A canção e suas particularidades" para os estudantes de Judina em Moscou, no Instituto Gnesin.

1953
Bakhtin, "Os problemas dos gêneros do discurso". Publicado primeiramente na obra póstuma de 1979 e depois, de forma integral, no v tomo da obra completa.

1958
Março – Torna-se titular da cátedra de Literatura Russa e Estrangeira da Faculdade Histórico-Filológica da Universidade Estatal da Mordóvia, em Saransk, fundada em 1957 sob bases do Instituto de Magistério.

1959-1960
Bakhtin, "O problema do texto". Publicado na obra póstuma de 1975.

1960
Judina é dispensada do Instituto Gnesin por "propaganda de música antissoviética".
Novembro – Bakhtin recebe uma carta dos jovens filólogos moscovitas, V. V. Kojinov, G. D. Gachev, P. V. Palieviski e V. D. Skvozninok, interessados em sua obra.

1961
Fevereiro – Uma carta a Bakhtin de Vittorio Strada Che propõe a reelaboração do livro *Problemas da poética de Dostoiévski* (1929) para a edição em língua italiana ligada à editora Einaudi (Turim). Bakhtin se declara de acordo e inicia imediatamente a reelaboração do livro.
20 de Junho – Chegada de Kojinov, Bocharov e Gachev a Saransk para estar com Bakhtin.
1º de agosto – Aposentadoria de Bakhtin.

1961-1962
Reelaboração do livro de Bakhtin sobre Dostoiévski, inicialmente pela editora italiana (onde aparecerá em 1968), e em seguida pela editora de Moscou Sovetskij pisatel (onde será publicado em 1963). Os vastos materiais preparatórios da reelaboração foram publicados no v tomo da obra completa.

1962
Março – Proposta oficial da editora Sovetskij pisatel de revisar a reedição do livro sobre Dostoiévski em sua forma reelaborada.
18 de junho – Contrato com a editora Sovetskij pisatel para a reedição do livro sobre Dostoiévski.
Novembro – Chegada de V. N. Turbin em Saransk para ter com Bakhtin.

1963
Agosto – Férias na casa da criatividade em Maleevka.
Setembro – O livro sobre Dostoiévski, notavelmente reelaborado e de forma integral, sai com o novo título de *Problemy poetiki Dostoevskogo* ("Problemas da poética de Dostoiévski").
Edições estrangeiras do livro sobre Dostoiévski (1963) enquanto Bakhtin era vivo: em servo-croata, Belgrado, 1967; em italiano, Turim; em japonês, Tóquio, 1968; em francês, Paris e Lausanne; em polonês e romeno, 1970; em alemão, Munique; em tcheco, Praga, 1971; em inglês, Ann Arbor (EUA), 1973.

1965
Publicação do livro de Bakhtin *Tovorjestvo Fransua Rable i narodnaja kul'tura srednevekov'ja i Renessansa* ("A cultura popular na Idade Média e no Renascimento: o contexto de François Rabelais"), Moscou, Chudoaestvennaja literatura.
Traduções do livro sobre Rabelais enquanto Bakhtin era vivo: para o inglês nos EUA, 1968; para o francês, Paris, 1970; para o espanhol, Barcelona, 1974.
Agosto – Bakhtin: "Slovo v romane" ("O discurso no romance"), *Voprosy literatury*, 8, 1965.

1966
Fevereiro – Entrevista de Bakhtin para *Sovetskaja Mordovija* ("Mordovia soviética"): "Será um novo livro?", sobre o projeto de um livro sobre gêneros do discurso.

1967
Bakhtin: "Iz predistorii romannogo slovo" ("A pré-história da palavra no romance") em *Memória acadêmica* da Universidade da Mordóvia, 61, 1967.
30 de maio – Deliberação da presidência do tribunal de Leningrado sobre a reabilitação acadêmica de Bakhtin.

1968
Tradução italiana de G Garritano da monografia de Bakhtin sobre Dostoiévski de 1963. Bakhtin publica *Dostoievski, poetica e stilística*, Turim, Einaudi.
Tradução inglesa de Kristyna Pomorska do livro de Bakhtin sobre Rabelais, *Rabelais and his World*, Cambridge, Massachussetts Institute of Technology.

1969
Outubro – Os Bakhtin partem de Saransk para Moscou no hospital do Kremlin, onde transcorre o inverno 1969-1970.

1970
Kanaiev publica *Goethe como cientista da natureza*, Nauka, Leningrado.
Tradução em francês com introdução de Julia Kristeva do livro de Bakhtin sobre Dostoiévski (edição de 1963).
Janeiro – Bakhtin publica "Epos e romance" na revista *Voprosy literatury*, 1, 1970.
Maio – Transferência de Bakhtin para o Hospital de Klimovski, próximo a Podolski.
26 de agosto – Conferência de Bakhtin sobre Dostoiévski na aula-magna do Hospital para os professores da zona de Podolski.
Novembro – Resposta de Bakhtin a uma questão da revista *Novyj Mir* sobre problemas dos estudos literários contemporâneos. *Novyj Mir*, 11, 1970.
19 de novembro – Judina morre em Moscou de diabetes.

1971
14 de dezembro – Morre Elena Aleksandrovna Bakhtin no Hospital de Podolski.
30 de dezembro – Transferência de Bakhtin para a casa da criatividade dos escritores de Peredelkino.

1972
Terceira edição de *Problemas da poética de Dostoiévski*, Moscou, Chudoaestvennaja literatura.
Bakhtin publica "A arte da palavra e a cultura popular do riso (Rabelais e Gogol)", *Kontekst*, 1972.
31 de julho – Obtenção por Bakhtin da permissão de estadia em Moscou e autorização para sua inscrição na Cooperativa da Casa de Saúde dos Escritores.
Setembro – Transferência de Bakhtin para o apartamento de Moscou.

1973
Livro (coletânea), *Problemas de poética e da história da Literatura* (Saransk), dedicado ao 75º aniversário e ao 50º ano de atividade científico-pedagógica de Bakhtin.
Fevereiro/março – Registro das conversas de Bakhtin com V. D. Duvakin, colaborador científico da cátedra de Informação Científica da Universidade Estatal de Moscou. As *Conversas de V. D. Duvakin com M. M. Bakhtin* foram publicadas sob forma de livro em 1996, com segunda edição em 2002.

1973-1974
Bakhtin prepara a publicação da reunião de seus escritos, que aparecerá na obra póstuma em 1975.

1974
Bakhtin publica "Tempo e espaço no romance", em *Voprosy literatury*, 3.
Bakhtin publica "Por uma estética da palavra", em *Kontekst*, 1973.
7 de março – Mikhail Mikhailovitch Bakhtin morre em seu apartamento em Moscou.
9 de março – Bakhtin é sepultado no cemitério Vvedenskoe (alemão), junto com Elena Aleksandrovna.
Novembro – É publicado o *Voprosy literatury i estetichi* ("Problemas de literatura e de estética"), Moscou, Chudoaestvennaja literatura.

1976
Tradução italiana de Bakhtin *Epos e romance* (primeira edição russa de 1970), em G. Lukacs, M. Bakhtin e outros, *Problemas de teoria do romance*, organizados por V. Strada, Turim, Einaudi, pp. 178-221.

Tradução italiana de N. Cuscito para o inglês, *Seminar Press*, Nova York, 1973, com a tradução de R. Bruzzese, da introdução da edição russa de 1930 do livro publicado por Voloshinov em 1929, *Marxismo e filosofia del linguaggio* (*Marxismo e filosofia da linguagem*), introdução de A. Ponzio, Bari, Dedalo.

1977
Tradução italiana de R. Bruzzese de *Freudismo*, publicado por Voloshinov em 1927: N. Voloshinov, *Freudismo, studio critico*, introdução de G Mininni e A. Ponzio, Bari, Dedalo.
Coletânea organizada por A. Ponzio de textos sobre Bakhtin (de V. V. Ivanov, J. Kristeva, J. Mateika, I. R. Titunik), contendo também a tradução italiana de N. Marcialis, de Mikhail Bakhtin, *Problema teksta* (1959-1961), pp. 197-229: "Michail Bachtin. Semiotica, teoria della letteratura e marxismo" ("Mikhail Bakhtin: semiótica, teoria da literatura e marxismo"), Bari, Dedalo.

1978
Tradução italiana de R Bruzzese do livro publicado por Medvedev em 1928, "Il metodo formale nella scienza della letteratura" ("O método fomal na ciência da literatura"), introdução de A. Ponzio, Bari, Dedalo.
Tradução italiana da reunião dos escritos de Bakhtin de 1975: Mikhail Bakhtin, "Estetica e romanzo" ("Estética e romance"), organizada por C. Strada Janovic, Turim, Einaudi.
Tradução italiana de M. Romano da monografia de Bakhtin de 1965 sobre Rabelais: Turim, Einaudi, 1979.
Setembro – Bakhtin, *Esyetika slovesnogo tvorjestva* ("Estética da criação verbal"), Moscou, Iskusstvo.

1980
A. Ponzio, *Michail Bachtin. Alle origini della semiotica sovietica* ("Mikhail Bakhtin. As origens da semiótica soviética"), Bari, Dedalo.
Coletânea organizada por A. Ponzio, em tradução italiana de R. Bruzzese e N. Marcialis dos ensaios publicados por Voloshinov entre 1926 e 1930, *Il linguaggio come pratica sociale* "(A linguagem como prática social"), Bari, Dedalo.

1981
Todorov, *Le principle dialogique, Mikhail Bakhtin*, Paris, Editions du Seuil.
A. Ponzio, *Segni e contraddizioni. Tra Marx e Bachtin* ("Sinais e contradições entre Marx e Bakhtin"), Bari, Dedalo.

1983
7-9 de outubro – Primeiro colóquio internacional sobre Mikhail Bakhtin: "Mikhail Bakhtine, son cerckle, son influence" / "Mikhail Bakhtin, his Circle, his influence" ("Mikhail Bakhtin, seu Círculo, sua influência"), em Queen's University, Kinson, Ontario, Canadá. Algumas das palestras são traduções em italiano na coletânea ("Ensaios sobre Bakhtin"), organizada por N. Pisero. "A imagem refletida", 1-2, 1984.

1984
Morre Kanaiev.
Kateirna Clark e Michael Holquist, *Mikhail Bakhtin*, Cambridge, Belknap Press.

1985
Ocorre na Itália, na Universidade de Cagliari, o Primeiro Colóquio Internacional sobre Mikhail Bakhtin ("Bakhtin e o diálogo"); as palestras foram publicadas e organizadas por F. Corona, em *Bachtin teorico del dialogo* ("Bakhtin, teórico do diálogo"), Milão, Franco Angeli, 1986.

1986
Os dois textos de Bakhtin de 1920-1924 ainda inéditos, *Para uma filosofia do ato* e *O autor e o herói na atividade estética. Fragmentos do primeiro capítulo*, foram publicados por S. G. Bocharov em *Filosofija i sociologija nauki i techniki, ezegodnik 1984-1985* ("Filosofia e sociologia da ciência e da técnica"), Moscou, Nauka, 1986.

1989
Na Itália, em Urbino, ligado ao Centro Internacional de Semiótica e Linguística, ocorre o IV Colóquio Internacional sobre Bakhtin, onde as palestras foram reunidas por R. F. Barsky e M. Holquist, em *Bakhtin and Otherness* ("Discurso social e social discurso"), 1-2, 1990.

1990
Michael Holquist, *Dialogism, Bakhtin and his world* ("Dialogismo, Bakhtin e seu mundo"). Londres, Routledge.

1992
P. Jachia, *Introduzione a Michail Bachtin* ("Introdução a Mikhail Bakhtin"). Roma-Bari, Laterza.

1993

Tradução Italiana de R. Delli Veneri de Bakhtin, *O autor e o herói na atividade estética. Fragmentos do primeiro capítulo* (1920-1924), publicado por Bocharov em 1986, em P. Jachia e A. Ponzio, 1993, organizadores.
Bakhtin e... *Averincev, Benjamin, Freud, Greimas, Lévinas, Marx, Pierce, Valéry, Welby, Yourcenar,* Roma-Bari, Laterza, pp. 159-184. Este volume contém também de S. S. Averincev, colaborador de Bakhtin e curador da sua obra. *Simbolo,* tradução italiana da voz *Sinvol* em *Kratkaja litereraturnaja enſiclopedija* (vol. VI, Moscou 1971, col. 826-831), em Jachia, Ponzio, organizados em 1993. pp. 197-207.
S. G. Bocharov, "A Propos d'une conversation et autour d'elle", tradução francesa do texto surgida em *Novoeliteraturnoe obozrenie,* 1993, 2, pp. 71-83, em Depretto (org.), *L'heritage de Mikhail Bakhtine,* Bordeaux, Presses Universitaires de Bordeaux.

1994

A. Ponzio, *Scrittura, dialogo, alterità. Tra Bachtin e Lévinas* ("Escrita, diálogo e alteridade entre Bakhtin e Lévinas"), Firenze, La Nuova Italia.

1995

Bakhtin, Kanaiev, Medvedev, Voloshinov, *Bachtin e le sue maschere. Il percorso bachtiniano fino a "Problemi dell'opera di Dostoevskij"* (Bakhtin e sua máscara. O percurso bakhtiniano até "Problemas da poética de Dostoiévski"), coletânea de textos dos autores indicados que precederam a monografia de Bakhtin sobre Dostoiévski de 1929, organizado por A. Ponzio, P. Jachia, M. de Michiel, Dedalo, Bari, 1995.

1996

Início da publicação das *Sobranie soſinenij* ("Obras Completas"), coletânea de Bakhtin a partir do v volume; trabalhos dos anos 1940-início dos anos 1960.
S. Petrilli, "Bachtin read in Italy (1980-1994)", *Le Bulletin Bachtin The Bakhtin Newsletter,* 5, 1996, pp. 55-66.

1997

Bakhtin, *Problemi dell'opera di Dostoevskij* ("Problemas da poética de Dostoiévski"); edição crítica da monografia de Bakhtin sobre Dostoiévski de 1929, confrontada com a de 1963, organizada por M. de Michiel, com introdução de A. Ponzio, Bari, Edizioni dal Sud, 1997. Contém também ("Para a reelaboração do livro sobre Dostoiévski, fragmento II"), tradução italiana do texto russo publicado em *Dialog, Karnaval, Chronotop* (1, 1994, pp. 70-82), pp. 307-320.
Augusto Ponzio, *La rivoluzione bachtiniana. Il pensiero di Bachtin e l'ideologia contemporanea* ("A revolução bakhtiniana: o pensamento de Bakhtin e a ideologia contemporânea"), Bari, Levante: tradução espanhola, *La revolución bajtiniana. El pensamiento de bajtin y la ideologia contemporanea,* Madri, Catedra, 1998.
P. Jachia, *Michail Bachtin: i fondamenti della filosofia del dialogo. Indiviiduo, arte, lingua e società nel circolo di Bachtin* ("Mikhail Bakhtin: os fundamentos da filosofia da linguagem. Indivíduo, arte, língua e Círculo de Bakhtin, 1919-1929"), Segrate (Milão), Nike.

1998

Tradução italiana de Nikolai Bakhtin *A izni idej. Stat'i, Esse, Dialogi,* 1995, *A escrita e o humano. Ensaios, diálogos e conversas.* Tradução e introdução de M. de Michiel, apresentação de A. Ponzio, Bari, Edizioni dal Sud.
Bakhtin, *Para una filosofia de la acción* ("Para uma filosofia da ação responsável"), tradução italiana de M. de Michiel do texto do início dos anos 1920-1924, publicado por S. G. Bocharov com o título "K filosofii postupka" ("Para uma filosofia do ato"), em 1986, de M. Bakhtin. Com dois ensaios de A. Ponzio e Iris M Zavala, organizados por A. Ponzio, Lecce, Manni, pp.19-81 (nova edição da versão publicada em Bakhtin, Kanaiev, Medvedev, Voloshinov, 1995).
Mikhail Bakhtin, *Estetica e romanzo* ("Estética e romance"), nova edição da tradução italiana de 1975, introdução de R. Platone (pp.vii-xxv), Turim, Einaudi.

1999

Judina, *Luſi boaestvennoj liubvi: Literature nasledi,* Moscou e São Petersburgo. Universitetskaja Kniga.
Nova tradução do russo de M. de Michiel do livro publicado por Voloshinov em 1929, *Marxismo e filosofia del linguaggio* ("Marxismo e filosofia da linguagem"), organizada por A. Ponzio, Lecce, Manni.

2000

Tradução italiana dos textos de Bakhtin em *Sobranie soſinenij,* v, 1996; *Apontamentos 1940-1960,* organizados por M. de Michiel e S. Sini, "Kamem". ("Revista de poesia e filosofia"), 15, pp. 5-72.

Mikhail Bakhtin, *Autor e geroy* ("O autor e o herói"), texto de Bakhtin de 1920-1924, São Petersburgo, Aibuca.
Augusto Ponzio e Susan Petrilli, *Philosophy of Language, Art and Answerability in Mikhail Bakhtin* (em colaboração con Susan Petrilli), New York, Ottawa, Toronto, Legas.
Luciano Ponzio, *Icona e raffigurazione. Bachtin, Malevič, Chagall*, Adriatica, Bari.
L'autore e l'eroe nell'attività estetica ("O autor e o herói"), nova edição da tradução italiana de Bakhtin, 1988, Turim, Einaudi.

2001
M. de Michiel, *Non-alibi del leggere. Su Problemi dell'opera di Dostoevskij di Michail Bachtin*, Trieste, Università degli Studi di Bari. Dipartimento di Scienze del Linguaggio, dell'Interpretazione e della Traduzione.

2002
Kanaiev, *Il vitalismo contemporaneo* ("O vitalismo contemporâneo"), tradução italiana de M de Michiel de "Sovremennyj vitalizm", 1926, republicado em *Dialogue, Carnival, Chronotope*, 1993, 4, pp. 99-116, em A. Ponzio (org.) *Vita*, fascículo monográfico da série *Athanor. Semiótica, Filosofia, Arte, Literatura*, 5, 2002, organizada por A. Ponzio, Roma, Meltemi, pp. 21-44 (nova edição da versão publicada em Bakhtin, Kanaev, Medvedev, Voloshinov, 1995).

2003
Nova tradução italiana de L. Ponzio dos ensaios publicados por Voloshinov nos anos 1925-1930: Mikhail M. Bakhtin, *Linguaggio e scrittura* ("Linguagem e escrita"), organizados por A. Ponzio, Roma, Meltemi.
Rosa Stella Cassotti, *Il linguaggio musicale nel circolo di Bachtin, Ivan Sollertinski, M. Judina* ("A linguagem musical no Círculo de Bakhtin, Ivan Sollertinski, M. Judina"), tese de doutorado em Teoria da Linguagem e Ciências dos Signos. Faculdade de Língua e Literatura Estrangeira, Universidade dos Estudos de Bari, 2003.

2004
Tradução italiana de F. Rodolfo de Bakhtin, *Sobranie sočinenij*, v, 1996: *Dagli appunti degli anni quaranta* (Apontamentos anos 1940), organizados por A. Ponzio (Corposcritto) 5, Bari, Edizioni dal Sud.

2005
Nova tradução italiana de L. Ponzio de *Freudismo*, publicado por Voloshinov em 1927; Mikhail Bakhtin, *Freud e il freudismo* ("Freudismo") organizado por A. Ponzio, Milão, Mimesis.

NOTAS DA TRADUÇÃO DO GRUPO DE ESTUDOS DOS GÊNEROS DO DISCURSO

A tradução foi realizada a partir da versão da versão italiana original de 1997 (*La rivoluzione bachtiniana: Il pensiero di Bachtin e l'ideologia contemporânea*. Bari: Levante, 1997).

O texto de Susan Petrilli foi traduzido concomitantemente da versão em inglês e da versão em italiano.

As citações de trechos de obras do Círculo de Bakhtin foram substituídas pelos trechos das traduções já publicadas em língua portuguesa, assim como das outras obras de outros autores já publicadas em língua portuguesa que conseguimos localizar.

Traduzir não nos pareceu muito diferente de escrever um texto. Essa tradução, nosso mais amplo ato de compreensão deste livro de Augusto Ponzio, nos emprenhou de contrapalavras que carregaremos durante muito tempo e que nos ajudarão nos desafios e caminhos de cada um de nós.

A mistura de momentos de trabalho compenetrado (leituras, traduções e revisões, todas tarefas realizadas em duplas e compartilhadas com todo o grupo) e de momentos de descontração pura nos propiciou encontros deliciosos. Foram afazeres tão diversos e intensos, com um grupo tão unido e afinado pela experiência de leitura dos textos do Círculo de Bakhtin, que nos percebemos felizes e extremamente satisfeitos com o crescimento que esse trabalho nos proporcionou.

Própria da formação do Grupo de Estudos dos Gêneros do Discurso (GEGE) desde sua fundação, a diversidade dos tradutores – estudiosos de italiano, espanhol, português e inglês; estudiosos de áreas diversas dos estudos da linguagem e da filosofia – se revelou característica também fundamental para as discussões próprias de um trabalho de tradução.

Juntos fomos melhores do que a soma das nossas individualidades. Uma quimera polifônica abrasileirando a revolução bakhtiniana. E como aprendemos! Aprendemos muito com Augusto Ponzio.

Grupo de Estudos dos Gêneros do Discurso

Equipe de Tradução

Aline Maria Pacífico Manfrim Covre
Ana Carolina Belchior
André Luiz Covre
Andréia Beatriz Pereira
Ariane Lia Covre
Carlos Alberto Turati
Daniela Miotello Mondardo
Diego Aparecido Alves Gomes Figueira
Dionisio da Silva Pimenta
Fabrício César de Oliveira
Ivo Di Camargo Junior
Luciana Nogueira
Maria Angélica de Oliveira Penna
Marina Gimenez Parra
Mauri Siqueira Montessi
Moacir Lopes de Camargos
Pedro Guilherme Orzari Bombonato
Poliana Bruno Zuin
Romulo Augusto Orlandini
Sandra Mara Azevedo
Valdemir Miotello
Vinicius Ghizini

O AUTOR

Augusto Ponzio é considerado um dos maiores especialistas em Bakhtin no mundo. Seus livros, originalmente publicados em italiano, tiveram traduções para diversas línguas, como inglês, francês, alemão e espanhol. Professor de Linguagem e membro do departamento de Práticas Linguísticas e Análise de Texto na Universidade de Bari (Itália), suas principais áreas de pesquisa são Filosofia da Linguagem, Linguística, Semiótica e Teoria Literária.

O COORDENADOR DA TRADUÇÃO

Valdemir Miotello é professor do Departamento de Letras da Universidade Federal de São Carlos (UFSCar). Graduado em Filosofia e com mestrado e doutorado em Linguística pela Universidade Estadual de Campinas (Unicamp), é líder do Grupo de Estudos dos Gêneros do Discurso (GEGE).